Klönne · »Ich spring' in diesem Ringe«

Frauen in Geschichte und Gesellschaft

Herausgegeben von Annette Kuhn und Valentine Rothe

Band 7

»Ich spring' in diesem Ringe«

Mädchen und Frauen in der deutschen Jugendbewegung

Irmgard Klönne

Centaurus-Verlagsgesellschaft
Pfaffenweiler 1990

Umschlagabbildung:
Göttinger Wandervogel – Mädchengruppe (wahrscheinlich vor dem Ersten Weltkrieg) und das Symbol des Wandervogels, die Wildgans.

Fotonachweis:
Archiv der deutschen Jugendbewegung, Burg Ludwigstein;
Privatbesitz von Ursula Eickhoff, Senden; Änne Rumland, Lüneburg;
Margarete Jakob, Nürnberg; Ilse Jacob, Hamburg.

CIP-Titelaufnahme der Deutschen Bibliothek

Klönne, Irmgard:
„Ich spring' in diesem Ringe" : Mädchen und Frauen
in der deutschen Jugendbewegung / Irmgard Klönne. –
Pfaffenweiler : Centaurus-Verl.-Ges., 1988
(Frauen in Geschichte und Gesellschaft ; Bd. 7)
ISBN 3-89085-264-5
NE: GT

ISSN 0933-0313

Satz: Vorlage der Autorin
Druck: Difo-Druck GmbH, Bamberg

Inhaltsverzeichnis

1. Zum Thema und zur Methode

Die klassische deutsche Jugendbewegung, um die Jahrhundertwende beginnend, bis in das "Dritte Reich" hineinreichend und nach 1945 zum Teil wieder belebt, gilt als eine soziale Bewegung, die auf die Gesellschaftsgeschichte Deutschlands bemerkenswerten Einfluß genommen hat. Auch wenn immer nur Minderheiten der jeweils jungen Generation den Gruppen und Bünden der "bewegten" Jugend angehörten, hatten deren Leitbilder und Lebensformen doch, weit über das eigentliche Terrain hinaus, hohen Rang im zeitgenössischen Diskurs über "Jugend und Gesellschaft".

In der Jugendbewegung gab es eine andauernde Auseinandersetzung zur Frage nach der Teilhabe von Mädchen und jungen Frauen am jugendbewegten Leben und zum eigenen Weiblichkeitsentwurf, der verhaltensleitend sein sollte. Angesichts dessen ist es zunächst überraschend, daß unter den zahllosen Darstellungen des "Aufbruchs der Jugend" sich über Jahrzehnte hin keine systematische Studie zur Geschichte der weiblichen Jugend in der Jugendbewegung befand. Die Vernachlässigung dieses Themas ließ mitunter auch bei Experten für die Geschichte der Jugendbünde kuriose Ansichten aufkommen. So schreibt z.B. der britische Historiker Peter D. Stachura, ausgewiesen durch auch beim westdeutschen Leserpublikum vielbeachtete Studien über Jugendbewegung und Nationalsozialismus, von "der Praxis der Jugendbewegung, Jungen und Mädchen in Gruppen zusammenzufassen."[1] Stachura sieht darin einen allgemeinen Beitrag der deutschen Jugendbewegung, einen "aussschlaggebenden Anstoß", zum Konzept der Koedukation. Daß die Teilhabe von Mädchen an der Jugendbewegung als deren "Eindringen" empfunden wurde und höchst umstritten war, daß aus vielen jugendbewegten Gruppen Mädchen ausgeschlossen waren oder wieder verdrängt wurden, daß - ausgenommen die sozialistischen Jugendorganisationen - selbst die "gemischten" Bünde ganz überwiegend Mädchen und Jungen eben nicht in ein und denselben Gruppen zusammenschlossen, all dies bleibt hier außer acht.

Inzwischen liegen erste Untersuchungen über die Rolle der Mädchen und jungen Frauen in der Jugendbewegung vor, die - auch nach Ansicht ihrer Autorinnen - das Thema keineswegs abschließen, sondern vielmehr Perspektiven für in-

1 Peter D. Stachura, Das Dritte Reich und die Jugenderziehung, in: Karl Dietrich Bracher, Manfred Funke und Hans-Adolf Jacobsen (Hg.), Nationalsozialistische Diktatur 1933-1945, Bonn 1983, S. 230. Stachura nennt als Beleg für seine These einen Aufsatz von Bohnenkamp, in: E. Korn, O. Suppert, K. Vogt (Hg.), Die Jugendbewegung - Welt und Wirkung, Düsseldorf 1963. Dort ist diese Version aber so gar nicht zu finden.

tensivere Fragestellungen und Analysen eröffnen.[2] Die spezifische Thematik und Methodik meiner Studie läßt sich folgendermaßen skizzieren:

Ich ziele darauf ab, die in der Geschichte der Jugendbewegung publizistisch geäußerten Weiblichkeitsideale und Vorstellungen vom Geschlechterverhältnis verstehend auszudeuten, auch auf ihren möglicherweise verborgenen Sinn hin, und Zusammenhänge zu identifizieren, die zwischen dieser Ideengeschichte und der gleichzeitigen Sozialgeschichte der Jugendbewegung und der Mädchen und Frauen in der deutschen Gesellschaft allgemein zu entdecken sind. Dabei werden bürgerliche Jugendbewegung und Arbeiterjugendbewegung im Zusammenhang behandelt, weil sie - wie zu zeigen sein wird - trotz ihrer sonstigen strukturellen Differenzen in der Frage der Weiblichkeitsbilder und des Geschlechterverhältnisses unter gleichen Aspekten untersucht werden können.

Meiner Studie liegt eine umfassende Durchsicht und Auswertung derjenigen Zeitschriften, Broschüren und Bücher zugrunde, die jugendbewegtes Selbstverständnis wiedergeben und die archivalisch erhalten sind (vornehmlich im Archiv der deutschen Jugendbewegung auf Burg Ludwigstein); herangezogen wurden von mir diejenigen Texte, die explizit zum Weiblichkeitsbild und zum Geschlechterverhältnis Stellung nehmen.

Das von mir kritisch ausgewertete "ideologische Material" hat seinen besonderen Charakter: Seit den ersten Ausflügen der Wandervögel haben Angehörige der jugendbewegten Gruppen immer wieder ihr Lebensgefühl, ihre Wertvorstellungen und Sinnfindungen zum Gegenstand schriftlicher Reflexionen gemacht. Dabei ging es ihnen nicht darum, ihre Erfahrungen rational erklären zu wollen; vielmehr suchten sie ein Erleben auszudrücken, das sie gleichzeitig für Außenstehende als kaum begreiflich ansahen, eine Überzeugung, die das folgende Zitat verdeutlichen mag:

> "Die bewegende mitte der Jugendbewegung ist ein erlebnis. Als ein irrationaler vorgang, der seine stärksten wirkungen in seelischen bereichen entfaltet, entzieht er sich allen definitionsversuchen. Man kann seine voraussetzungen erklären und seine wirkungen beschreiben, aber man kann es letztlich nur nach-erleben und nicht nach-denken. In seinem allgemeinen sinn ist das erlebnis, um das die Jugendbewegung kreist, das erlebnis der gemeinschaft. In ihrer konkreten lage:

---

2 Als einzige Gesamtdarstellung liegt vor: Magdalena Musial, Jugendbewegung und Emanzipation der Frau - Ein Beitrag zur Rolle der weiblichen Jugend in der Jugendbewegung bis 1933; Dissertation Essen 1982. In allen anderen Studien werden Einzelaspekte behandelt, so die autonomen Mädchenbünde von Marion E. P. de Ras, Körper, Eros und weibliche Kultur: Mädchen im Wandervogel und in der Bündischen Jugend 1900-1933, Pfaffenweiler 1988. Als unveröffentlichte Einzelstudien liegen vor: Monika Römer, Untersuchungen zu den Lebensformen der Mädchen in der bürgerlichen Jugendbewegung (1905-1923) - Verhaltens- und Rollenprobleme 1977; Irene Schultens, Mit gestutzten Flügeln, Studien zur Emanzipationsproblematik der weiblichen Wandervögel Deutschlands 1905-1920, 1980; Sigrid Bias, Der Deutsche Mädchen-Wanderbund im Umbruch der Zeit 1914-1923, 1980; Anne Ahrends, Frauenbild und Geschlechterbeziehungen in der bürgerlichen nicht-konfessionellen Jugendbewegung, 1982; Irmgard Klönne, Mädchen und Frauen in der deutschen Jugendbewegung - Versuche der Selbstbefreiung aus dem Umstelltsein von Weiblichkeitsbildern, 1982

das erlebnis der verlebendigung aller lebensbeziehungen durch das zurückfinden zu urformen menschlicher gesellung."[3]

Es ist kein Zweifel, daß es bei der Schreiblust der Jugendbewegten vielfach um dieses Noch-einmal-Nacherleben von Gemeinschaftserfahrungen ging. Die Masse der Jugendbewegungsliteratur mit ihrer Vielzahl von regionalen und überregionalen Rundbriefen und Zeitschriften, Büchern und Broschüren hat weder zu einer besonderen literarischen Ausdrucksfähigkeit geführt, noch ist sie typischerweise für die Beteiligten mit schärferem Blick auf ihre soziale Realität verbunden gewesen. Die Versuche, sich selbst und anderen die "wesentlichen" Erfahrungen der Jugendbewegung zu Bewußtsein zu bringen, blieben in einem Spannungsverhältnis zur Wirklichkeit und waren vielerlei Ideologisierungen ausgeliefert.

Durch ihren Überschuß an Gefühl und Ideologie boten die schriftlichen Reflexionen der Jugendbewegung besonderen Raum für Spekulationen über das "spezifisch Weibliche". Wenn die hier artikulierten Vorstellungen auch auf übergreifende zeitgenössische Gedanken- und Gefühlswelten verweisen und allgemeine Ideen über das "weibliche Wesen" wiedergaben, so gewannen sie doch im jugendbewegten Zusammenhang ihre besondere Akzentuierung und Bedeutung. Angesichts der nie zuendekommenden Debatten über die Stellung und Rolle der Mädchen und Frauen in der Jugendbewegung waren diese immer wieder gezwungen, sich mit hier formulierten Weiblichkeitsidealen auseinanderzusetzen. Das männlich dominierte Elitebewußtsein der Jugendbewegung verstärkte noch den normativen Charakter der immer neu verschriftlichten Weiblichkeitskonstruktionen. Insofern gehörten die jugendbewegten Idealvorstellungen zur sozialen Realität der betroffenen Mädchen und Frauen, und ihre Untersuchung läßt wichtige Hinweise auf weibliche Erfahrungen in der Lebenswelt der Jugendbewegung gewinnen.

Gewiß liegt in dem methodischen Verfahren der Auswertung von Literatur einer sozialen Bewegung eine Begrenzung der Reichweite meiner Studie, auf die ich an dieser Stelle hinweisen möchte. Die Selbstdarstellungen im jugendbewegten Schrifttum sind Ausdruck einer ganz bestimmten Art des Umgangs mit Erfahrungen. Sie wurden auf publizistische Zwecke hin geschrieben und die VerfasserInnen haben nicht unbedingt typisch für alle an derselben jugendbewegten Praxis beteiligten jungen Menschen gedacht. Sicherlich findet sich in schriftlichen Zeugnissen nur zum Teil wieder, was die lebendigen Menschen in ihren Zusammenschlüssen bewegte. Eine Einordnung der schriftlichen Aussagen in das gesellschaftliche Umfeld kann dazu beitragen, das widersprüchliche

3 Hermann Mau, Die deutsche Jugendbewegung, Rückblick und Ausblick, in: Pädagogik, Heft 7, Berlin 1947, S.401

Verhältnis zwischen publizistischen Selbstbildern und tatsächlichen Erfahrungen sichtbar zu machen.[4]

Materialien für meine Studie sind auch die zeitgenössischen oder nachträglich verfaßten Gesamtdarstellungen der Geschichte der Jugendbewegung. Dabei lasse ich mich von der Fragestellung leiten, in welcher Weise die weibliche Jugendbewegung hier behandelt wurde. Diese Literatur scheint mir aufschlußreich für das Thema, weil die meisten der Autoren und Autorinnen selbst Mitglieder der Jugendbewegung waren und auf deren Selbstinterpretationen eingewirkt haben, was insofern nicht ohne Folgen blieb, als - und hier nehme ich ein Ergebnis der Untersuchung vorweg - der mindere Status von Frauen in der Realität der Jugendbewegung so gewissermaßen seine historiographische Absicherung erhielt. In der Mehrzahl erschienen diese Publikationen schon während der Zeit der historischen Jugendbewegung oder kurz nach Auflösung der Bünde, wie der Sammelband von Will Vesper (1934). Man kann davon ausgehen, daß sie vor allem von Menschen gelesen wurden, die selbst Akteure/Akteurinnen innerhalb des behandelten historischen Phänomens waren oder sich in dessen Tradition bewegten.

Erwähnen möchte ich meinen persönlichen Zugang zu den Fragestellungen der Studie, der nicht ohne Einfluß auf die Behandlung des Themas geblieben ist. Ich selbst bin von Ausläufern der Jugendbewegung geprägt. Etwa zehn Jahre lang habe ich mit großem Engagement einem Mädchenbund angehört. Auf den ersten Blick mag es so erscheinen, als ob solche Erfahrungen während der fünfziger Jahre kaum mit denen der Mädchen und Frauen in der Jugendbewegung während der ersten drei Jahrzehnte dieses Jahrhunderts vergleichbar seien. Dennoch "bewegte" auch mich damals die Tradition jugendbewegter Lebenswelt so, daß sie mir Vertrautheit mit dem Thema vermittelte, also die historiographische Distanz durchbrach.

In meiner Studie gehe ich aus von einer wissenschaftlichen Sichtweise, die im Kontext der neuen Frauenbewegung entwickelt worden ist und am besten als "anderer Blick" auf die Geschichte umschrieben wird.[5] Gemeint ist damit nicht eine "ergänzende" Betrachtungsweise, mit der die jugendbewegte Historiogra-

4 1984 habe ich mit 12 Frauen, "Ehemaligen" der Jugendbewegung, mehrstündige Einzelinterviews durchgeführt. In den folgenden Jahren habe ich anläßlich von Tagungen und Vorträgen mit früheren weiblichen Mitgliedern jugendbewegter Bünde mehrere Gruppengespräche geführt. In einer Befragung 1987, bei der 175 Fragebogen an Teilnehmerinnen der Jahrestagung des "Freideutschen Kreises" und der "Vereinigung Burg Ludwigstein" verteilt wurden, erhielt ich 71 Fragebogen mit z.T. längeren Ausführungen zurück. Ich habe die Aussagen über Erfahrungen in der Jugendbewegung, die ich so gewinnen konnte, nur an wenigen Stellen ergänzend zum publizistischen Material herangezogen; allerdings haben diese Befragungen dazu beigetragen, mir Aspekte des Lebens von Mädchen und Frauen in der Jugendbewegung zu erschließen. Eine systematische sozialbiographische Erhebung könnte sicher zur Thematik meiner Studie weitere Aufschlüsse geben.

5 Vgl. Der "andere Blick" - feministische Wissenschaft, in: alternative, Heft 120/121, 1978; Gisela Bock, Historische Frauenforschung: Fragestellungen und Perspektiven, in: Karin Hausen (Hg.), Frauen suchen ihre Geschichte, München 1983, S.22-60; Claudia Opitz, Der "andere Blick" der Frauen in der Geschichte, in: Beiträge zur feministischen Theorie und Praxis, 11/1984, S. 61-70; Gerda Lerner, Eine feministische Theorie der Historie, in: Wiener Historikerinnen, Die ungeschriebene Geschichte, Wien 1984, S. 404-411

phie um den "vergessenen" Teil der weiblichen Jugend anzureichern wäre. Vielmehr geht es mir um neue Interpretationen des historisch-gesellschaftlichen Vorgangs insgesamt, in denen die Frage nach dem Verhältnis der Geschlechter im Mittelpunkt steht. Ich möchte untersuchen, wie sich in dieser Hinsicht die Denkmuster der männlichen und weiblichen Jugend in den Bünden ausnahmen und in welcher Weise jugendbewegte Deutungen des Geschlechterverhältnisses auf die geäußerten Wahrnehmungen sozialer Realität der Jugendbewegung und der Gesellschaft zurückwirkten.

Eine derart angelegte Untersuchung erfordert, das "Geschlecht" als soziale und historische Kategorie zum Ausgangspunkt der Analyse zu wählen [6], eine Entscheidung, die weitreichende Korrekturen bisher selbstverständlich erscheinender Denkweisen nach sich zieht. Basierten diese - auch dort, wo sie die Geschlechterverhältnisse nicht ausdrücklich thematisierten - auf geschlechtsbiologischen Vorstellungen, so kommt es nun darauf an, die Biologie in ihrer sozialen Überformung, Deutung und Festlegung herauszuarbeiten. Damit gewinnt der Blick auf die geschlechtsspezifische Arbeitsteilung einen vorrangigen Stellenwert in meiner Untersuchung, denn diese begründet die Machtverteilung zwischen den Geschlechtern und bildet zugleich den historisch-sozialen Bezugspunkt, von dem aus ideologische Rechtfertigungen der Reduzierung von Frauen auf biologische Konstanten analysiert werden können.

Aus diesem Grunde greife ich in der Untersuchung jugendbewegter Weltbilder Themen auf, die zunächst in keiner Verbindung mit der Jugendbewegung zu stehen scheinen. Die vorgeblich "privaten" Bereiche, wie Ehe, Haushalt, Familie, Mädchenbildung, Berufsorientierung und Mode werden in die Analyse einbezogen, weil dies die Orte sind, auf die hin die jungen Frauen lebten oder leben sollten und von denen aus sie - auch in der Jugendbewegung - Lebensentwürfe machten. Die aus diesen Zuweisungen und Orientierungen historisch zustandegekommenen weiblichen Verhaltensmuster und "Vorurteile", den Umgang mit Realität und Erfahrung strukturierend, prägten die Fremd- und Selbstdefinitionen der Mädchen und Frauen ebenso wie die tatsächlichen und symbolischen Interaktionen zwischen den Geschlechtern. Insofern die Privatsphäre in Wirklichkeit ein Teilbereich der sogenannten öffentlichen Sphäre ist - und mit dieser widerspruchsvoll verknüpft, ist über die weiblichen Orientierungsmuster nicht

6 Die Einbeziehung der Kategorie des Geschlechts in historiographische Untersuchungen zielt nicht nur darauf ab, Sichtweisen auf die Geschichte, sondern zugleich die geschlechtliche Machtverteilung selbst in Frage zu stellen und zu verändern. Vgl. zum Begriff des Geschlechts: Donna Haraway, Geschlecht, Gender, Genre. Sexualpolitik eines Wortes, in: Kornelia Hauser (Hg.), Viele Orte. Überall?, Berlin/Hamburg, 1987, S. 22-41; Joan Acker, Was wurde aus dem Paradigmenwechsel?, in Argument 177, S. 683-693; Frigga Haug und Kornelia Hauser, Frauenerfahrung und Geschlechtsbegriff, in: Argument 177, S.695-708; Dorothy E. Smith, Eine Soziologie für Frauen, in: Elisabeth List, Herlinde Studer (Hg.), Denkverhältnisse. Feminismus und Kritik, Frankfurt 1989, S. 353-422; zum Denken der Geschlechterdifferenz: Luce Irigaray, Genealogie der Geschlechter, Freiburg 1989; Libreria delle donne di Milano, Wie weibliche Freiheit entsteht. Eine neue politische Praxis, Berlin 1988; Diotima, Philosophinnengruppe aus Verona, Der Mensch ist zwei: Das Denken der Geschlechterdifferenz, Wien 1989.

nur die in der Jugendbewegung vorzufindende symbolische Verarbeitung der Geschlechterdifferenz zu erschließen, sondern zugleich das sich darin ausdrükkende Machtverhältnis zwischen den Geschlechtern.

Zur Gliederung der Studie: Kapitel 2 über die Re-Präsentation der weiblichen Jugendbewegung in der Historiographie der Jugendbewegung gibt einen kritischen Überblick zu bisherigen "Lesarten", die zum Teil selbst als Dokumente jugendbewegten Selbstverständnisses zu werten sind. Beabsichtigt ist mit diesem Kapitel eine Ermittlung der "blinden Flecken" im Geschichtsbild von Jugendbewegung, soweit es um die Geschlechterbeziehungen geht.

Das 3. Kapitel skizziert die Rahmenbedingungen, von denen zur Zeit der klassischen Jugendbewegung "Suchbewegungen" von Mädchen und jungen Frauen bestimmt waren; es sollen auf diese Weise die spezifischen sozialen Problemlagen deutlich werden, aus denen sich weibliche Jugend mit ihrer Teilnahme an der Jugendbewegung zu lösen versuchte.

Die anschließenden Kapitel 4 bis 6, die den Hauptteil der Arbeit ausmachen, stellen die Ergebnisse meiner eigenen, sozialgeschichtlich orientierten Untersuchung von Quellen zur Ideengeschichte dar, also eine kritische Interpretation der Diskurse, die in der Geschichte der Jugendbewegung zu Fragen des Weiblichkeitsbildes und des Geschlechterverhältnisses zu entdecken sind. Das 4. Kapitel zeigt dabei zunächst für die wichtigsten Phasen und Richtungen der Jugendbewegung die Entwürfe zur "Mädchenfrage" und die Ideale eines neuen Geschlechterverhältnisses in ihren Grundzügen und Unterschieden auf. Die Kapitel 5 und 6 gehen im einzelnen der Frage nach, wie Erfahrungen und Probleme von Mädchen und jungen Frauen "im Geiste der Jugendbewegung" gedeutet wurden. Der jeweiligen Themenstellung der jugendbewegten Publizistik entsprechend, untersuche ich im 5. Kapitel, für die Zeit bis zum Ersten Weltkrieg, vor allem Interpretationen der Lebenswelt der Jugendbewegung selbst; im 6. Kapitel, das die Jahre der Weimarer Republik behandelt, werden jugendbewegte Deutungen der "Außenwelt" stärker einbezogen. Dazu gehört auch das Verhältnis von Frauen in der Jugendbewegung zur Frauenbewegung.

Bemerkungen zu Nachwirkungen des jugendbewegten Weiblichkeitsdiskurses in der Zeit des "Dritten Reiches" und Überlegungen zum Ertrag der Jugendbewegung für die Emanzipationsgeschichte von Frauen schließen die Studie ab.

2. Re-Präsentation der weiblichen Jugendbewegung in der Historiographie zur Jugendbewegung

2.1. Der männerbündische "Klassiker": Hans Blüher

Das erste Buch zur Geschichte des Wandervogels, das in seinem Einfluß auf die Jugendbewegung, hier insbesondere auf die Geschichte von Mädchen und Frauen in deren Gruppen und Bünden, eine kaum zu ermessende Bedeutung gewann, erschien 1912[1]. Der Autor, Hans Blüher, gehörte zu den ersten Wandervögeln, und seine Schrift mag diejenige gewesen sein, die in der Jugendbewegung am weitesten verbreitet war.

Wie in zahlreichen späteren Veröffentlichungen Blühers[2] stehen auch hier die Ideen eines männerbündischen Eros im Mittelpunkt der Abhandlung. Im Wandervogel sieht Blüher den Gedanken einer solchen männlichen Gemeinschaft, die sich dem "absoluten Geist" verpflichtet wisse, vollendeten Ausdruck gewinnen. So erzählt er die Geschichte des Wandervogel als Geschichte einer "männlichen" Sozietät, die, nicht, wie die bürgerlich-demokratische Gesellschaft, bürokratisch organisiert sei, sondern ihre besondere, kulturschaffende Kraft aus dem "mann-männlichen Eros" erlange. Anhand der Wandervogelgeschichte sucht Blüher seine These zu entwickeln, derzufolge die männliche Homosexualität die eigentliche Triebgrundlage jeder Kulturentwicklung und entscheidend für die Herausbildung des Staates sei. Die Heterosexualität gewinnt ihren Wert ihmzufolge lediglich aus der Reproduktion der Gattung. Dementsprechend lehnt Blüher die Beteiligung von Mädchen an der Jugendbewegung strikt ab und verurteilt sie als existentielle Gefahr für die männliche Erziehungs- und Kulturgemeinschaft. Wo er in einer kurzen Passage seiner Darstellung konkret auf Aktivitäten und Formen der weiblichen Jugendbewegung eingeht, bewertet er diese nicht kritischer als andere Zeitgenossen. Er betont deren "recht romantische Züge" und hebt hervor, daß die Mädchen sich ohne "alle Ziererei" in ihren neuen Gefilden bewegten:

> "Sie feiern Weihnachten im Walde und schmücken die Stimmung mit ihrer eigenen Poesie. Aber auch wahre Bubenstücke voll übermütiger Tollheit kommen vor."[3]

---

1 Hans Blüher, Wandervogel. Geschichte einer Jugendbewegung (Band 1 und 2); Die deutsche Wandervogelbewegung als erotisches Phänomen (Band 3), Berlin 1912

2 Neben vielen kleineren Schriften vor allem: Die Rolle der Erotik in der männlichen Gesellschaft, Band 1, Jena 1917, Band 2, Jena 1919

3 Hand Blüher, Wandervogel Band 2, 3. A. Berlin 1916, S. 122

Blüher sieht auch durchaus, daß die weibliche Jugend gute Gründe hatte, den bedrückenden Verhältnissen in Elternhaus und Schule zu entfliehen:

> "Gewiß ist das Mitwandern der Mädchen eine Erscheinung, die gar nicht zu umgehen war; es stammt, seiner inneren Begründung nach, aus einer ähnlichen Romantik des Protestes (wie das Wandern der männlichen Jugend, I.K.). Die Mädchen waren nicht weniger unterdrückt als die jungen Männer. Ihre Natur war ebenso mißachtet von der Schule und vom Elternhaus, ihr Gemütsleben ebenso verkrüppelt wie das ihrer Brüder. ... Das Mädchenwandern war eine Bereicherung und Vervollkommnung zum allgemeinen Menschlichen hin. - Wie aber, wenn es Ideen, Tendenzen, Einrichtungen gibt, die, zuerst einseitig gebildet, von dem Augenblick an wo sie sich zum Allgemein-Menschlichen erheben, auch auf dem Wege zu ihrem Untergang sind? ... Unter dieser Voraussetzung wäre das Mädchenwandern einerseits ein Fortschritt zum Allgemein Menschlichen hin gewesen und doch keiner für die Wandervogelsache."[4]

Der mit philosophischen Begrifflichkeiten konstatierte Widerspruch zwischen Männerbund und weiblicher Emanzipation interessierte Blüher nicht wirklich in der hier formulierten Gewichtung. Wo Mädchen in die Gruppen des Wandervogels kamen, sieht er die männerbündischen Gemeinschaften verflachen, "durch den Feminismus unterjocht":

> "Wo die Mädchen in fühlbarer Stärke (in den Wandervogel, I.K.) eindrangen und sich heimisch machten, da trat schneller Verfall ein, (der nur deswegen nicht oft genug als solcher gedeutet wurde, weil diejenigen, die davon Gewinn hatten, d.h. die Älteren, sich ganz wohl dabei fühlten.)."[5]

Das wahrhaft dramatische Moment dieser für Blüher mit dem Hinzukommen von Mädchen zusammenhängenden Veränderungen in den Wandervogelgruppen heißt für ihn: "Sieg des Familientums über den Männerbund."[6] Die Gegenüberstellung von Familie und Männerbund gehört zu den Axiomen der Blüherschen Theorie der männlichen Gesellschaft und entspricht seinen Vorstellungen von einer polaren Unterschiedlichkeit der weiblichen und männlichen Seinsweise. Die Familie begreift Blüher als die Lebensform, die am wenigsten weit über das Tierreich hinausgekommen sei. Sie erscheint ihm als selbstverständlich, weil in ihr ursprüngliche Bedürfnisse nach Reproduktion der Menschengattung gestillt würden. Dieses "Gattungsstreben", das quasi unabhängig von der individuellen Person auf Befriedigung dränge, berührt für ihn "die weiche, unheldische träge Stelle" im männlichen Wesen und entspricht dessen "Trieb nach Erde, Heimat, Bodenständigkeit und fester Wurzel."[7] Für Frauen, die sich nach seiner Überzeugung nicht aus dem Stand des Naturwesens befreien kön-

4 ebenda, S. 124f
5 Hans Blüher, Wandervogel Band 3, 3. A. Berlin 1918, S. 98
6 ebenda, S. 92
7 Hans Blüher, Werke und Tage, Jena 1920, S. 60

nen, sieht er darin die einzige Möglichkeit weib-menschlicher Selbstverwirklichung.

Indem nach Blüher Menschen ihre Geschichte nur als "Männliche Gemeinschaft" machen können, sind Frauen um ihrer Geschlechtszugehörigkeit willen prinzipiell aus der mann-menschlichen Gesellschaft ausgegliedert. Die weibliche Teilhabe an Gesellschaft und Geschichte vermittelt sich im Blüherschen Denken über die Beziehung zu den überlegenen Männern. Die gesamte weibliche Wahrnehmungsfähigkeit ist für ihn strukturiert aus dem Verhältnis der "Hörigkeit", über das die Frau an den Mann gebunden sei. "Das Ernstnehmen des Geistes bei Frauen ist immer nur das Ernstnehmen des Mannes, der ihn vertritt."[8] Demgegenüber verwirklicht sich die "Geistigkeit" des Mannes nach Blüher innerhalb der männlichen Gemeinschaft über das homoerotisch geprägte Beziehungsverhältnis der "Gefolgschaft". Allein eine solche Gesellungsform könne das "geistige Werk" in den sozialen Mittelpunkt stellen.

Mit seiner These, das Gesellungsprinzip der Familie wirke durch seine "deutliche Tendenz zur Vereinzelung"[9] dem sozialisierenden Prinzip des Männerbundes entgegen, zielt Blühers Argumentation auf einen direkten Abwehrkampf gegen die Mädchen und Frauen in der Jugendbewegung. Und tatsächlich ist es im Rahmen seines Theoriegebäudes durchaus konsequent, wenn Blüher den "Fortschritt zum Allgemein-Menschlichen" letztlich nur denken kann als Hinauswurf der Mädchen und Frauen aus dem Wandervogel:

> "Es ist freilich schwer, der Freundlichkeit jener Zerstörerinnen zu widerstehen, denn sie sind wirklich ein ausgezeichnetes Geschlecht von Mädchen. Und das Herz muß bluten - muß! - bei dem Gedanken, sie wieder in die würdelose Verlogenheit ihrer bisherigen Erziehung zurückzustoßen: aber alle Lösungen sind flach, die nicht tragisch sind. Und hat man von uns überhaupt eine andere erwartet? - Der Männerbund ist wichtiger. Die Familie ist selbstverständlich; er aber braucht die Bejahung."[10]

Das mit einer solchen "heroischen" Lösung verbundene Mißgeschick für die weibliche Jugend sieht Blüher dadurch relativiert, daß man nicht wisse, "wie sehr jene Mädchen (im Männerbund) leiden" und auch die "heimliche Tragik" nicht kenne, "die hinter jenem erzwungenen Platonismus"[11] stecke.

Als "unentbehrlich" für die kulturschaffende Kraft der "mann-männlichen Liebesgemeinschaft" des Wandervogels wertet Blüher "das Vorhandensein der 'Männerhelden' sowie die ganze dazugehörige Freundschaftsstimmung"[12]. Der "Männerheld" ist nach Blüher nicht nur dadurch ausgezeichnet, daß er auch als Erwachsener eine stärkere Neigung zum eigenen Geschlecht behalte, sondern

---

8 Hans Blüher, Der bürgerliche und der geistige Antifeminismus, Berlin 1916, S. 7
9 Hans Blüher, Wandervogel Band 2, a.a.O., S.124
10 Hans Blüher, Was ist Antifeminismus?, in: Gesammelte Aufsätze, Jena 1919, S. 91
11 Hans Blüher, Wandervogel Band 3, a.a.O., S. 92
12 Hans Blüher, Wandervogel Band 2, a.a.O., S.124

auch dadurch, daß ihm die "Weiterentwicklung des sexuellen Triebes auf allgemeine Ziele, die der übrigen Menschheit nützlich sind"[13] gelungen sei. "Er gibt die Hefe für die Jugendbünde ab"[14] und schütze so den Wandervogel vor den Gefahren des Verfalls und der Umlenkung der männlich-produktiven Triebenergien in das unproduktive Familienleben.

Neben den Typus des "Männerhelden" stellt Blüher den "erkrankten Männerhelden, den negativen Verfolgungstyp."[15] Dieser verbinde den Kampf gegen die eigene Homosexualität mit einem neurotischen Verfolgungswahn gegen diejenigen, die offen zu ihren homoerotischen Freundschaftsbeziehungen stehen und sei auch verantwortlich dafür, daß der Wandervogel von einer "Mädcheninvasion" heimgesucht worden sei. "Die Mädchen in den Wandervogel zu holen" sei zunächst ein Teil der "klugen Politik" einiger Führer gewesen, die auf diese Weise dem "Verdacht der Homosexualität" des Wandervogels entgegentreten wollten. "Geworben und gehalten" seien die Mädchen jedoch von denjenigen, die eine "halbbewußte Mimikri" getrieben hätten, "um ihre Inversion auch vor sich selbst zu verbergen". Von solchen Führern stamme auch die bekannte Forderung des kameradschaftlich-"harmlosen Verkehrs der Geschlechter"[16].

Nachdem Blüher mit Hilfe seiner Theorie zur männlichen Homosexualität das Verhältnis zwischen der männlichen und weiblichen Jugend im Wandervogel als ein "gebrochenes und fragwürdiges" dargestellt hat, entwickelt er Thesen vom biologisch begründeten Geschlechterkampf, der als ewiger Naturzustand die Beziehung der Geschlechter bestimme und lediglich in seinen Spielregeln modifiziert worden sei:

> "Auf dem Verhältnis des Mannes zum Weibe lastet, biologisch genommen, die alte Todfeindschaft der Geschlechter, und diese drückt sich psychologisch und sexuologisch in der sadistischen Teilfärbung der Sexualität beim Manne und entsprechend der masochistischen beim Weibe aus. In jedem mannweiblichen Verhältnis steckt ein Stück Kampf und ein Stück Grausamkeitswollust. Dort, wo man durch gesteigerte Empfindlichkeit diesem harten und halb tierischen Vorgang auszuweichen gezwungen ist, betäubt man die Situation durch ihr Gegenteil: Die Erotik bekommt jene höfliche, verzärtelnde, minnedienstliche und galante Artung, die eben nichts weiter ist, als die peinliche Verbergung der zugrundeliegenden Grausamkeit. Hinzu kommt die spielerische und ungeistige Haltung des echten Weibes, um das ganze Verhältnis Mann-Weib auf meist recht primitiver Stufe zu halten."[17]

Mit dieser agressiv-sadistisch ausgemalten Beschreibung einer naturgesetzlichen Todfeindschaft zwischen den Geschlechtern demonstriert Blüher beispielhaft einen von ihm als "natürlich" vorausgesetzten männlichen Sexualcharakter.

---

13 Hans Blüher, Wandervogel Band 3, a.a.O., S. 131
14 ebenda, S. 132
15 ebenda, S. 147
16 ebenda, S. 90f
17 ebenda, S. 100f

Folgt man seinem biologistischen Denken jedoch nicht, dann offenbart sich seine Darstellung des Geschlechterkampfes als dessen aktuelle Inszenierung; und sucht man nach seinen Begründungen für das feindliche Geschlechterverhältnis, dann findet sich letztlich nichts anderes als eine frauenverachtende Idee von der "Ungeistigkeit" des weiblichen Gattungswesen: Als "Natur" stehe die Frau weit unter dem entwicklungsfähigen und geschichtemachenden männlichen Geist-Wesen, das sie bis in die Tage des neu entstehenden männlichen Liebesbundes hinein immer wieder in die primitiven Niederungen ihres Urzustandes hinunterziehe und so männliche Individuen in nicht endende Todeskämpfe zwinge. Das Leiden der Frauen unter männlicher "Grausamkeitswollust", das Elisabeth Busse-Wilson in ihrem hervorragenden Verriß der Blüherschen Thesen als Folge männlich-bürgerlicher Besitzängste und angemaßter Eigentumsrechte an der Frau erklärt[18], gilt Blüher nur als Beweis weiblicher Naturhaftigkeit und liefert ihm die Folie für eine glanzvolle Inszenierung des männlichen Eros:

> "Das mann-männliche Liebesverhältnis ist nun grundsätzlich anders aufgebaut. Hier besteht keine ursprüngliche Todfeindschaft durch den Geschlechtergegensatz, diese Erotik hat daher kaum irgend eine Spur von sadomasochistischer Färbung, und die geistige Artung beider Liebenden erzwingt von vornherein einen härteren Stil."

Die hier hervorgehobene männliche Gestaltungskraft der invertierten Erotik, mit der die "halb-tierischen Grausamkeiten" aus menschlichen Beziehungen herausgehalten würden, stellt Blüher immer wieder in den Mittelpunkt seiner Wandervogelgeschichte. In einer solchen großen "Kulturleistung" sieht er sogar einen Schimmer weiblicher Menschwerdung aufscheinen:

> "Wo nun der Mann in der Jugend gleichgeschlechtlich empfunden hat, da nimmt er später jenen besser gearteten, unsadistischen unverzärtelten und anspruchsvolleren Stil zum Weibe mit und beginnt damit das Weib zu adeln. Und erst dadurch, daß heißt durch den Einfluß der invertierten Erotik, bekommt die mannweibliche Liebe in einem Kulturvolke die menschenwürdige Gestaltung."

Angesichts solcher Fähigkeiten männlicher Menschen erscheint es in der Tat borniert, wenn die weibliche Jugend nicht freiwillig ihren Anspruch auf Teilhabe an der Jugendbewegung aufgibt oder doch wenigstens bereitwillig dem ausgrenzenden Druck der Burschen nachgibt. Diese tragen nach Blüher eh' ein ungewisses Schicksal auf ihren jungen Schultern: Denn bevor "so eine große Leistung in der Kultur eintritt, erfordert es viele Tausende von Opfern." Es versteht sich, daß der Geist Blühers als Opfer nur die ihm im Geist verbundenen wahrnimmt, die er in viele "Tragödien" verstrickt sieht:

18 Elisbeth Busse-Wilson, Die Frau und die Jugendbewegung, Hamburg 1920, Wiederveröffentlichung, Münster 1989, S. 64

"Nicht jedem, der in der Jugend Knaben geliebt hat, gelingt es, auch wenn es ihn entscheidend zum Weibe drängt, mit diesem ins Reine zu kommen. Denn er trägt jenen alten Eros-Stil mit sich herum, den nicht jedes Weib annehmen kann."[19]

Das von Blüher konstruierte Weiblichkeitsbild der vom Geist Ausgeschlossenen und dem "mann-weiblichen" Eros Ausgelieferten beinhaltet ein Moment der Opferung, das aber im Prinzip der "Hörigkeit" angelegt ist, so daß hier, Blüher zufolge, weibliche Individuen als Opfer des Geschlechterkampfes nicht zu beklagen sind.

Mit den hier vorgestellten Ideen stand Blüher in der Tradition eines Antifemismus, wie er auch von Möbius und Weininger vertreten wurde. Im Unterschied zu diesen aber entwickelte Blüher seine Vorstellungen im Kommunikationsfeld einer sozialen Bewegung; wodurch seine Leitbilder viel weiterreichende, das Leben von Menschen in einer Teilkultur betreffende Bedeutungen erhielten. Ob sie wollten oder nicht,- die jungen Menschen der Jugendbewegung mußten sich mit den Blüherschen Ideen und auch mit denjenigen, die diese vertraten, auseinandersetzen. Wie unmittelbar dadurch der Umgang zwischen den Geschlechtern beeinflußt und verändert wurde, geht aus einem Beitrag hervor, der 1917 in einer Wandervogelzeitschrift erschien:

"Mit den Mädeln unterhielten wir ein gutes Verhältnis. Wir fühlten uns als Angehörige eines Bundes und lebten in Freundschaft. Mehr nicht: Diese Blütezeit dauerte ungefähr bis zum Erscheinen des Blüherbuches. Jetzt hielt man auch bei uns die Zeit für gekommen, an der hohen Politik des Wandervogels teilnehmen zu müssen. Tornow, noch Ortsgruppenleiter von Ost, glaubt sich jetzt des rechten Wandervogeltums bewußt geworden zu sein. Er kam ins Nest und an mehreren Abenden wurden Probleme aller Art durchgekaut, oft bis in die späte Nacht hinein. Unsere innere Ruhe und unsere Zufriedenheit wurden uns genommen. Vorsichtig den Inhalt der Blüherbücher vor den jüngeren Scholaren verbergend, hatten wir Führer keine anderen Themen als: Blüher."[20]

Die Wirkungen der Blüherschen Schriften zur Jugendbewegung waren nicht nur im frühen Wandervogel, sondern auch in den nachfolgenden Phasen der Freideutschen Jugend und der Bündischen Jugend und sogar der Arbeiterjugendverbände der Weimarer Zeit beträchtlich.[21] Seine Ideen geisterten bis in die Formulierungen hinein identisch durch viele Jahrgänge des jugendbewegten Blät-

---

19 Hans Blüher, Wandervogel Band 3, a.a.O., S. 101

20 Hans Wenckstern, Aus der Geschichte einer Ortsgruppe, in: Jung-Wandervogel, 7.Jg., April 1917, Heft 5, S. 83

21 Mit dem ausdrücklichen Hinweis auf die "Sophistik eines Hans Blühers", der "die eine Hälfte der Jugend, die Mädchen aus dem Reiche der Jugend expatriieren möchte" äußert Gustav Wyneken sich ausführlich über die Koedukation als einen "Grundpfeiler" seiner Erziehungskonzeption der "Freien Schulgemeinde". Zitiert in: Georg Gretor, Jugendbewegung und Jugendburg, Zürich 1918, S.13-15; und auch in den Jungsozialistischen Blättern heißt es 1923, daß die im Wandervogel entwickelte "unbefangene Kameradschaftlichkeit zwischen den Geschlechtern in einem Teil der Jugendbewegung durch den ungesunden Blüherkult wieder verloren" gegangen sei. Hedwig Rowe, Frauenbewegung und Jungsozialismus, in Jungsozialistische Blätter S.49-51, 49

terwaldes. Wo immer die Stellung der Mädchen und Frauen in der Jugendbewegung zum Thema gemacht wurde - und es gab kaum eine Phase und kaum eine Richtung, wo das nicht der Fall war - wurde auch mit Hans Blüher argumentiert. Ausschlaggebend für den Erfolg der Blüherschen Veröffentlichungen waren nicht nur seine Thesen zur männlichen Homosexualität, die erst im Lauf der Zeit korrigiert werden konnten, sondern auch die Tatsache, daß er allgemeine Beobachtungen zutreffend beschrieb und mit psychologischem Talent in neuen Zusammenhängen deutete. Die von ihm entwickelten Interpretationen zum "männlichen Liebesbund", zum Geschlechterverhältnis und zu weiblichen "Wesenseigentümlichkeiten" knüpften an Alltagserfahrungen an und waren gestützt durch überkommene Ideologien und ernstgenommene zeitgenössische Philosopheme über die "Natur des Weibes" und den "Geist des Mannes".

Man mag heute den gravitätischen Stil der Blüherschen Äußerungen belächeln und seine archaischen Bilder vom Geschlechterkampf als historisch erledigt betrachten, - ob dieser selbst aber als historisch überholt oder zugunsten von Frauen entschieden gelten kann, ist die Frage. Im Hinblick auf die Rezeptionsbereitschaft damaliger Leser ist es aufschlußreich, wie offensichtlich und unverhohlen sich männliche Selbstdarstellungslust mit frauenverachtenden Standpunkten verbünden konnte.

Blühers Weiblichkeitskonstruktionen fielen in eine Zeit, in der Mädchen und Frauen ihre Entdeckungslust auf die Außenwelt ausdehnten. Sie suchten nach neuen gedanklichen Leitbildern und fanden bei Blüher vor allem den Verweis auf das gegenüber dem Mann abgesteckte Reich weiblicher Seelen- und Gefühlswelt, jener "Insel der Frau", die von keinem Mann betreten werden könnte. Indem sie sich diesem Reich wie einer Neuentdeckung zuwandten, um hier ihre menschlich-weiblichen Kräfte zu entfalten, akzeptierten die weiblichen Jugendlichen nun auch dort, wo sie aus der traditionellen Frauenwelt bürgerlicher Privatheit ein Stück weit hinauskamen, ihren weiteren Ausschluß von der herrschenden Welt gesellschaftlichen Handelns.

Das heißt nicht, daß die jungen Frauen alle Aussagen der Blüherschen Weiblichkeitskonstruktionen unbedingt für sich hätten anerkennen müssen; sie mögen diese sogar als entwürdigend und unangemessen verworfen haben. Der Realitätsgehalt seiner Ideen lag dort, wo Mädchen und Frauen in den Bünden der Jugendbewegung auf Akzeptanz von Seiten der männlichen Jugend angewiesen waren oder sich angewiesen glaubten, und er lag auch begründet in einer Welt, die ohne weibliche Vorbilder war und kaum Raum für weibliche Selbstentwürfe bot; diese Leere zu füllen, dafür eigneten sich offenbar Vorstellungen über ein "Geheimnis" vom "Reich der Frau".

Wenn Blühers Deutung der männlichen Homoerotik auch zum öffentlichen Ärgernis wurde, so kamen seine Männlichkeitsentwürfe doch Überlegenheitswünschen in einer Knabengeneration entgegen, der die traditionellen Männerbünde nicht mehr ohne weiteres Gewähr auf Statussicherheit und Zukunftsperspektiven boten. Die allgemeine Verunsicherung des männlichen Status fand ihre Zuspitzung in der deutschen Niederlage im Ersten Weltkrieg, die als monströse Kränkung erfahren wurde. In dieser Atmosphäre stützten Blühers Entwürfe von Männlichkeit vorhandene Abwehrgefühle und verdrängende Reaktionen auf erlittene Enttäuschungen, und in diesem Sinne gehörten seine Vorstellungen zu den gesellschaftlichen Ordnungsphantasien, die in Deutschland nach dem Ersten Weltkrieg zunehmend Konjunktur erhielten.

2.2. Sozialistische Deutungen: Karl Korn und Viktor Engelhardt

Während Hans Blühers Wandervogelgeschichte die Anfänge der bürgerlichen Jugendbewegung interpretierte, fand die andere Richtung der Jugendbewegung in Deutschland, die Arbeiterjugendbewegung, die erste Darstellung ihrer Geschichte bei Karl Korn, 1922 erschienen.[22]

Als früheste und umfassende Darstellung der Entwicklung der Arbeiterjugendbewegung von ihren Anfängen bis zum Ende des Ersten Weltkrieges, gilt diese Arbeit bis heute als Standardwerk. Obwohl schon die ersten Organisationsansätze von Arbeiterjugendvereinen auch jugendliche Arbeiterinnen ansprachen und umschlossen, behandelt der Autor die besonderen Probleme der weiblichen Arbeiterjugend bzw. der weiblichen Mitglieder der Arbeiterjugend nicht. Als wichtigster Grund dieser thematischen Ausklammerung kann wohl angesehen werden, daß für Karl Korn von den Positionen der Arbeiterbewegung aus die Emanzipationsprobleme von Frauen hinter den allgemeinen Problemen der Befreiung der Arbeiterschaft verschwanden. Im Mittelpunkt seines Interesses stehen die politischen Restriktionen, mit denen sich die Arbeiterjugend bei der Herausbildung eigenständiger Organisationen auseinanderzusetzen hatte; die staatspolitische Verfolgung und Unterdrückung auf der einen Seite und der Mangel an Verständnis für die Jugend bei den Erwachsenenorganisationen der Arbeiterbewegung auf der anderen Seite.

Dabei ist anzumerken, daß die Teilhabe von Frauen und Mädchen an den Bünden der Arbeiterjugendbewegung zu deren selbstverständlichen Grundsätzen gehörte. Aufgrund dieser programmatischen Gleichberechtigung stellte sich hier nicht wie in der bürgerlichen Jugendbewegung das Frauenthema als prinzi-

22 Karl Korn, Die Arbeiterjugendbewegung, Einführung in ihre Geschichte, Berlin 1922; eine frühere Publikation von Karl Korn, Die Bürgerliche Jugendbewegung, Berlin 1910, behandelt nicht den Wandervogel, sondern die staatlichen und kirchlichen Bemühungen, die proletarische Jugend fürsorgerisch vor der Sozialdemokratie zu "schützen"; diese Studie ist deshalb hier nicht zu berücksichtigen.

pielle Frage weiblicher Partizipation, die mit Thesen zum "weiblichen Wesen" nachdrücklich hätte untermauert werden müssen.

Eine 1923 erschienende Schrift[23] macht schon durch ihren Titel deutlich, daß sie den Selbstverständigungsbemühungen der Jugendbewegung zuzurechnen ist. In der Bezugnahme auf Blühers Werk "Die deutsche Wandervogelbewegung als erotisches Phänomen" betitelt der Autor, Viktor Engelhardt, seine Schrift: "Die deutsche Jugendbewegung als kulturhistorisches Phänomen". Engelhardt schreibt aus der Sicht des jugendbewegten "Weimarflügels" der Arbeiterjugendverbände, der den Sozialismus als "kulturelle Bewegung" und als "vorweggenommenen Entwurf der zukünftigen Gesellschaft" verstanden wissen wollte und sich damit gegen Vorstellungen abgrenzte, die mit einem quasi naturwissenschaftlich begründeten Konzept gesellschaftlicher Entwicklung den proletarischen Klassenkampf ins Zentrum der Arbeiterjugendbewegung stellten.

Seine Studie zeichnet sich durch eine gegliederte Übersicht der einzelnen Phasen und Problemfelder der Jugendbewegung aus, sowohl in ihrem bürgerlichen als auch in ihrem proletarischen Flügel. Der Frage nach der Dynamik von Autonomie und Integration nachgehend, beschreibt Engelhardt die inneren Faktoren der Jugendbewegung, die jeweilige soziale Herkunft der Beteiligten, ihre Problem- und Interessenlage, ihre Zielvorstellungen und Selbstdeutungen und interpretiert diese im Zusammenhang mit den äußeren Einwirkungen und historisch-politischen Ereignissen. So werden wichtige Entwicklungsmomente der Jugendbewegung beleuchtet und es entsteht ein auch heute noch lebendiger Eindruck von damaligen Geschehnissen und ihren Deutungen.

Engelhardts Positionen zur "Mädelfrage" sind im Vergleich zu denen der Mehrheit seiner Zeitgenossen fortschrittlich; er formuliert sie freilich nur am Rande seiner Ausführungen und führt sie kaum über den von Blüher besetzten thematischen Bereich hinaus. Dessen "frauenfeindliche Ideologie" als unzulässige Verallgemeinerung "persönlicher Erlebnisformen" kritisierend, stellt er die Unterlegenheit von Frauen als Folge der historisch herausgebildeten Arbeitsteilung zwischen den Geschlechtern dar:

> "Die Entwicklung der Menschheit ist eine Entwicklung zu immer größerer Arbeitsteilung. Auf unterster Stufe gab es, bis auf die natürlichen Unterschiede, nur gleichartige menschliche Wesen. Auf einer zweiten, welche wohl fast mit dem Beginn der Menschwerdung zusammenfällt, begann eine arbeitsteilige Trennung der Geschlechter - im wesentlichen die Trennung von Haushalt und Jagd. Diese erste Trennung wirkte sich aus und brachte auf dritter Stufe die Spezialisierung und die daraus folgende individuelle Höherentwicklung des Mannes. Die Frau blieb im Haushalt und war damit an die Reste primitiver Wirtschaftsformen gebunden. Ihre 'Hörigkeit' hat soziale - wirtschaftliche - geschichtliche Gründe - keine, die in der Natur irgendwelcher erotischer Beziehungen liegen - und deswegen 'ewig' sind."

23 Viktor Engelhardt, Die deutsche Jugendbewegung als kulturhistorisches Phänomen, Berlin 1923

Entsprechend diesem Ausgangspunkt, die gesellschaftliche Situation von Frauen ausschließlich als Folge einer geschlechtsneutral gedachten gesellschaftlichen Entwicklung zu begreifen, sieht Engelhardt die weibliche "Höherentwicklung" im allgemeinen gesellschaftlichen Prozess angelegt. Dieser werde notwendigerweise "die berufliche Spezialisierung der Frau - und ihre Selbständigkeit" mit sich bringen. Engelhardts Meinung nach hat die Jugendbewegung sogar schon die zukünftige Gleichberechtigung vorweggenommen:

> "Die Jugendbewegung spiegelt im kleinen wider, was sich in der Geschichte im großen vollzieht. Sie räumt dem weiblichen Teil volle Wertigkeit ein - und ist sicher noch nirgendwo am 'Einbruch der Mädchen' gestorben. Im Gegenteil! Sie hat den Mädchen bereits vorwärtstreibende Schritte zu danken."[24]

Es ist interessant, in welcher Weise Engelhardt - der mit der Marx'schen historisch-materialistischen Methode vertraut war - hier die Wirkungen der historisch zustandegekommenen Arbeitsteilung deutet. Ebenso wie er die Unterdrückung von Frauen durch deren Ausschaltung aus dem Erwerbsleben angelegt sieht, glaubt er die Hierarchien zwischen den Geschlechtern allein durch die zunehmende Teilhabe von Frauen an beruflicher Bildung und Erwerbsarbeit überwindbar.

Hier zeigt sich bei Viktor Engelhardt eine ähnliche Blickverengung wie bei Karl Korn. Beide gehen davon aus, daß die gesellschaftliche Arbeitsteilung auch ein Herrschaftsverhältnis setzt; diese Einsicht gilt bei ihnen allerdings nur im Hinblick auf die Erwerbsarbeit. Beide berücksichtigen nicht, daß weibliche Erwerbstätigkeit noch nichts darüber aussagt, welche beruflichen Positionen Frauen offenstehen und wie die Haus- und Familienarbeit zwischen den Geschlechtern verteilt ist; und sie berücksichtigen ebensowenig, daß sich mit der geschlechtsspezifischen Teilung der Arbeit ein Ordnungsverhältnis zwischen den Geschlechtern durchsetzte, das in alle gesellschaftlichen Bereiche und bis in die Körper und Seelen von Frauen und Männern hineinreicht und unterhalb eines allgemeinen Menschenbildes gewissermaßen eine zweite Anthropologie schuf, nach der für Frauen längst nicht gilt, was Männer für sich beanspruchen.

Wo Engelhardt unter der Kapitelüberschrift "Die auftauchenden Probleme" die weibliche Jugend in der Jugendbewegung thematisiert, geht es ihm lediglich um seine Kritik an den Blüherschen Ideen des Männerbundes. Sich dagegen wendend, kennzeichnet Viktor Engelhardt den "Eros des Gemeinschaftslebens" als Ort, von dem aus der "Sozialismus in der Gegenwart" seinen Ausgang nehmen könne. Um den fehlendes Eros zwischen den Geschlechtern und die "Harmlosigkeit" des Kameradschaftsverhältnisses zu erklären und zu rechtfertigen, be-

24 ebenda, S. 17

ruft er sich auf Elisabeth Busse-Wilson[25], die darauf hinweist, daß der weiblichen Jugend die Freiheiten des Jugendlebens nur gestattet worden seien "gegen das stillschweigende Versprechen, auf die Realität des Liebeserlebnisses zu verzichten"[26]. Während aber Busse-Wilson ihre Analyse der "erotischen Neutralität" im jugendbewegten Geschlechterverhältnis aus ihrer Kritik des Verhältnisses zwischen den Geschlechtern in der bürgerlichen Gesellschaft gewinnt, greift Engelhardt solche Überlegungen nicht auf.

Im Grunde sind die Beziehungen zwischen der weiblichen und der männlichen Jugend kein Thema für ihn; weder geschlechtsspezifische Unterschiede des Verhaltens, noch die soziale Position der Mädchen in der Jugendbewegung werden von ihm problematisiert. Dies erstaunt umso mehr, als er im übrigen die besonderen Probleme einzelner Gruppierungen der Jugendbewegung - so des frühen Wandervogels oder der Freideutschen Jugend, der Jungsozialisten oder auch des konfessionell gebundenen Quickbornbundes - in ihren über die Jugendbewegung hinausreichenden Bedingungszusammenhängen reflektiert.

Mit seiner Kritik der Blüherschen Theorien zielt Engelhardt darauf ab, dessen Deutung der Jugendbewegung als "kultur- und staatsbegründend" zurückzuweisen. Neben der Blüherschen Überbewertung der Jugendbewegung kritisiert Engelhardt auch alle anderen Bestrebungen, der Jugendbewegung gesellschaftspolitische Bedeutung zuzuschreiben. Damit wendete er sich auch gegen die mit Beginn der Weimarer Republik einsetzenden Bemühungen von Erwachsenenverbänden und Parteien, die Bünde in ihren Einflußbereich zu ziehen. Gegen die darin angelegte Vereinnahmung der Jugendbewegung für politische Ziele verteidigt er deren Autonomie:

> "Nicht Vorstufe oder Vorbereitung also ist Jugend, sondern, wie die weibliche Menschheit, ein in sich vollendeter Teil des Ganzen; volle Verwirklichung der in ihr liegenden Idee. Jugend ist selbstbedeutend, Jugend ist autonom!"[27]

Entsprechend dieser Inschutznahme jugendlichen Freiraums wehrt er auch Erwartungen als unangemessen ab, daß "diejenigen, die wir oft mit lachendem Antlitz bei Sang und Volkstänzen treffen", schon die "ganze Schwere der erotischen Fragen" lösen könnten. Amüsant mag erscheinen, von wem Engelhardt eine zukünftige Bewältigung der hier zu früh gestellten Aufgaben erwartet: Erst "'reife Männer', ... nur neue 'männliche Tage' können Antwort finden auf das, worum sich die Jugend des Übergangs mühte."[28] Ganz selbstverständlich werden hier weibliche Mühen mit männlichen Lösungen zu einem Entwurf men-

---

25 Elisabeth Busse-Wilson, Liebe und Kameradschaft, in: Adolf Grabowsky/Walther Koch, Die Freideutsche Jugendbewegung, Gotha 1920, S. 50-58 und in: Elisabeth Busse-Wilson, Die Stufen der Jugendbewegung, Jena 1925, S. 93-103, 95; hier zitiert "1925"

26 Viktor Engelhardt, a.a.O., S. 68

27 ebenda, S. 54

28 ebenda, S. 70

schlichen Handeln verbunden, der Allgemeingültigkeit beansprucht und dem sich Frauen selbstverständlich unterordnen sollen.

2.3. Frauen zum Thema, in den zwanziger Jahren: Charlotte Lütkens und Else Frobenius

1925, zwei Jahre nach Erscheinen der Schrift Viktor Engelhardts, unternahm Charlotte Lütkens den Versuch einer soziologischen Deutung der Jugendbewegung.[29] Die einzelnen Argumentationsstränge der Autorin sind nicht immer leicht zu verfolgen; im ganzen neigt sie dazu, Motivationen und Zielrichtungen der Jugendbewegung als i.e.S. politische Momente überzubewerten, was z.T. zu recht problematischen Fehldeutungen führt. Dies zeigt sich auch bei ihrer Abhandlung der jugendbewegten Frauengeschichte, der sie etwa 3 der 189 Seiten umfassenden Arbeit widmet.

Hier befaßt sich die Autorin mit dem "Zurücktreten der Mädchen" aus der Jugendbewegung Anfang der zwanziger Jahre. Sie begründet die zunehmende "Vorherrschaft des männlichen Elements" mit einem zur Geltung kommenden neuen Zug zur "Sachlichkeit und zielbestimmten Aktivität". Durch diese Entwicklung sieht Charlotte Lütkens "das mehr Sentimentale, Bunte und Ziellose" als Merkmal weiblicher Beteiligung zurückgedrängt. Zusammenfassend stellt sie fest:

> "Schließlich ziehen sich die Mädchen wohl noch immer leicht von selber aus Verbänden zurück, die 'politische Arbeit', den Staat auf ihre Fahne geschrieben haben. Das hängt einmal im Besonderen mit dem geringeren Interesse und einer spärlichen Tradition an politischer Betätigung von Frauen zusammen; sodann aber mit der aus der Verfassung des Wilhelminischen Staates begreiflichen Vorstellung von der Politik, die den Charakter verderbe. Die Mädchen widmen sich daher, abseits vom Streit der Knaben und Jünglinge, der Wiederauffindung ihrer weiblichen Art und Berufung, die unter der entseelten Herrschaft der gleich machenden Maschine immer mehr zu versinken drohte."[30]

So richtig die Hinweise von Charlotte Lütkens zum Verhältnis von Frauen und Mädchen zur Politik als Beschreibungen auch sind, so problematisch sind ihre Rechtfertigungen des darin sich ausdrückenden Verhältnisses der Geschlechter zur Macht. Vollkommen verfälschend wird die Darstellung der Autorin, wenn sie mit dem Begriff des "Zurücktretens" der Mädchen einen Vorgang als freiwillig unterstellt, der für viele Mädchengruppen faktisch ein Rausschmiß aus ihren

29 Charlotte Lütkens, Die deutsche Jugendbewegung, Ein soziologischer Versuch, Frankfurt 1925
30 ebenda, S. 174f

Bünden war. Die Vermännlichung großer Bünde seit Beginn der Weimarer Republik verband sich nicht, wie die Autorin meint, mit einer zunehmenden Beschäftigung jugendbewegter junger Männer mit politischen Fragen und Ereignissen, sondern im Gegenteil mit einem zunehmenden Rückzug von den politischen Problemen jener Zeit. Die Rückbesinnung auf vorbürgerliche Lebenswelten, der "Staat", den sie "auf ihre Fahne geschrieben" hatten, verkörperte sich im mädchenfreien Jungenbund, dessen Vorbilder dem germanischen Stammesleben oder dem mittelalterlichen Rittertum entlehnt waren.

Die von Lütkens hervorgehobene "Betonung der Zielgerichtetheit, der Einstellung auf das Kämpferische, auf Zucht, Formung und innere Distanz" war gebunden an eine Vorstellungswelt, in der es keinen Ort für Mädchen und Frauen gab. In einem Bund spielte der Heerführer die überragende Rolle, dem "die Knaben und Jünglinge, ihm geeint durch Liebe und Treue" Gefolgschaft leisteten, wie die als nächste zu behandelnde Autorin, Else Frobenius schreibt;[31] in dem anderen standen ritualisierte Kampfspiele und Gralsmythen im Mittelpunkt des jungenschaftlichen Sehnens nach dem "Neuen Reich". An einer "ritterlichen Tafelrunde um eine weiß gedeckte, mit Grün geschmückte Tafel im Schein von Kerzen und von Pagen bedient", wurde von den großen Aufgaben dieser Welt gesprochen, "von Sendung, gemeinsamen Werke, hoher Verpflichtung und heiliger Verantwortung".[32]

Während die jungen Helden sich selbst als "vom Gral entsendet zum Bruderdienst an der Welt"[33] empfanden, bestanden für die jungen Frauen keine vergleichbaren Vor- und Selbstbilder und auch keine vergleichbaren romantisch-hehren "Politik-Konzepte". Sie wurden in die Verbannung getrieben und symbolisch als "Strohpuppen auf einem großen Feuerstoß verbrannt". Im Feuerzauber solcher symbolischen Frauenmorde erwarteten die jungen Gralsritter, daß "aus der Asche wie ein neuer Phönix der Greif aufsteige"[34], der reine Jungenbund. Die jungen Frauen ihrerseits, derart schicksalsträchtig aus einer Reihe von Bünden hinausgewiesen und ohne organisatorischen Zusammenhalt zersprengt im weiten Land, waren sich zwischen Verstörung und neuer Identitätssuche in einem sicher: Sie wollten nicht zurück "in die eben gesprengten Gefängnisse der bürgerlichen Schicklichkeit und guten Sitte." Sie suchten "andere" Orte und Weiblichkeitsbilder, nach denen sich die jungen deutschen Heldenmänner sehnen konnten. Am Ende fanden sie doch nur die alte Welt: Im Halbdunkel des Küchenfeuers stand die Hüterin des Herdes, versunken in die "Wiederauffindung ihrer weiblichen Art und Berufung, die unter der entseelten Herrschaft der

31 Else Frobenius, Mit uns zieht die neue Zeit. Eine Geschichte der deutschen Jugendbewegung, Berlin 1927, S. 279

32 Rudolf Kneip, Wandervogel - Bündische Jugend 1905 bis 1943. Quellen und Beiträge zur Geschichte der Jugendbewegung, Frankfurt 1967, S. 73

33 Else Frobenius, a.a.O., S. 279

34 Rudolf Kneip, a.a.O., S. 195

gleich machenden Maschine immer mehr zu versinken (drohte)".[35] Hier konnten sie sicher sein, eines Tages "die Ritter des Geistes und der Liebe", welche unter der Losung, "'der neue Mensch und das neue Reich' in die Welt gezogen waren", empfangen zu dürfen; auf dieses Ereignis hatten sie sich vorzubereiten, mit dem Blick auf das Idol, "die jungdeutsche Frau, die mütterliche Schlüsselträgerin des Heims, das in einer neuen Heimats- und Siedlungskultur geschaffen werden"[36] sollte.

Mit ihrem 1927 erschienenden Buch wollte Else Frobenius als "schlichter Chronist eine Geschichte der Jugendbewegung schreiben" und dabei "soviel wie möglich die Jugend selbst zu Worte kommen lassen".[37] Beide Absichten löst die Autorin fraglos ein: Aus männlichem Blickwinkel, der sich auch bei der Betrachtung der weiblichen Jugendbewegung nicht verändert, entsteht ein farbiges, an manchen Stellen detailliertes Bild der Jugendbewegung. Die von Frobenius vermittelten Deutungsmuster reihen sich in die lebensphilosophischen Strömungen der damaligen Zeit ein, die weitgehend auch das Denken der Jugendbewegung beherrschten.

In dem einzigen geschlossenen Abschnitt, in dem auf 8 von insgesamt 411 Seiten die widerspruchsvolle Geschichte der weiblichen Jugend thematisiert wird, behandelt Else Frobenius die Anfänge der jugendbewegten Frauengeschichte. Die ersten Widerstände gegen das Wandern von Mädchen sieht sie von Müttern aufgerichtet, die ihre Töchter "durchaus nicht aus ihrer Hut lassen" wollten. Zum Streit innerhalb der Wandervogelbewegung über die Frage, ob "das Mädchenwandern in den Wandervogel aufzunehmen" sei, stellt sie die gegensätzlichen Positionen dar, die 1907 zu einer der ersten Spaltungen der Jugendbewegung führten. Den Antrag der Jenaer Gruppe, die dafür eintrat, "den Begriff der Jugend auch auf das weibliche Geschlecht auszudehnen", kommentiert die Autorin ausdrücklich, wenn auch in Klammern gesetzt, als "Fortschritt gegen die Theologen des 18. Jahrhunderts, die darüber stritten, ob die Frauenzimmer auch Menschen wären!" Dabei hebt sie hervor, daß es in Jena "keine Vorurteile gegen das Zusammenwandern" gab. "Man findet, daß die Mädchen ebenso Persönlichkeiten sind wie die Jungen, und daß der Umgang mit ihnen veredelnd wirke."(!)[38] Die Gegenargumente aller anderen Ortsgruppen des Altwandervogels, die

> "nicht überzeugt (sind) von dem gleichen Wert und der gleichen Art der Geschlechter innerhalb des Wandervogels (und) eine ungesunde Entstellung des Wandervogelstils (fürchten), der in erster Linie Selbsthilfe der Jungen (sei)",

---

35 Charlotte Lütkens, a.a.O., S. 175

36 Else Frobenius, a.a.O., S. 280;

37 ebenda, S. 12

38 Ein Argument, das auch 60 Jahre später, wenn es um die Einführung der Koedukation im öffentlichen Schulwesen ging, noch nichts von seinem Stellenwert eingebüßt hatte.

respektiert Else Frobenius als ein "reines ehrliches Knabenempfinden, das sich gegen Mädchen sträubt."[39]

Ausführlich geht die Autorin auf Engagement und Argumentation Hans Breuers ein, der als entschiedener Befürworter des "Mädchenwanderns" auftrat;[40] durch dessen Einsatz sieht sie "die rechte Praxis und das rechte Maß für dessen Wert und Art" gewährleistet.[41] Neben einigen Fahrtenberichten von jungen Mädchen, mit denen sie auf deren Gewinn an "Naturfreude und Glück an der neuen Selbständigkeit" aufmerksam machen will, stellt Else Frobenius auch Reflexionen von männlichen Wandervögeln vor, um den Gewinn von neuen "vertieften Seelenbeziehungen" zwischen den Geschlechtern sichtbar zu machen. Offensichtlich fällt ihr nicht auf, daß diese Beziehungen grundsätzlich hierarchisch verstanden wurden: immer geht es um die "Führerfrage" in den Mädchengruppen:

> "Wandervogel sein heißt ein neues Leben führen, heißt sich selbst erleben. Wie führen wir die Mädels dazu? Wer sie führt, muß ernst und tief sein, sonst kann ihre Oberfläche keine Tiefe gewinnen. Und er muß ihre Vertrauen besitzen, muß sie lieben. Es gibt vielerlei Liebe, ich meine die Liebe zum Menschen als Menschen. Die Führerin wird sich besser dazu eignen, aber ein Führer findet sich zuweilen auch. Die Aufgabe ist schwer. Wer sie sich leicht macht, verdient nicht Führer zu sein. Aber der Lohn ist köstlich für den, der ganz Auge und Ohr ist. Man findet Menschenseelen. Wißt ihr überhaupt, was das ist? Selbst die Besten von uns sehen nicht über den Körper hinaus ..."[42]

Eine besondere Betrachtung der Jugendbewegungsgeschichte von Mädchen und Frauen erübrigt sich für Frobenius dort, wo deren Teilhabe nicht grundsätzlich in Frage gestellt wurde. Der Gegenstand ihrer Untersuchung, nämlich "die Jugendbewegung", bleibt für die Autorin das alleinige Subjekt aller Überlegungen; so auch für ihre positiven Urteile über die Rolle der Mädchen in den Bünden, die sie mit deren "Beitrag" und Leistung für dieses Phänomen begründet:

> "Die Mädels haben wesentlich zur Entwicklung des neuen Lebensstils, von Gesang und Tanz, Wandervogeltracht, Landheim und Stadtnest beigetragen. Durch ihren Eintritt in die Bewegung konnte die Wandervogelkultur sich über das Vagantentum der ersten Jahre zu einer deutschen Kulturerscheinung ausbauen."[43]

In der weiteren Darstellung, die anschaulich aber auch zufällig von vielgestaltigen Ausformungen der Jugendbewegung berichtet, gibt Frobenius freilich immer wieder Hinweise auf Aktivitäten der Mädchen und Frauen. Die beiden folgenden Textstellen mögen die Anschauungen der Autorin über die "Rolle"

39 Else Frobenius, a.a.O., S. 67f
40 Hans Breuers Vorstellungen über das Mädchenwandern werden im Kapitel 5, Abschnitt 2 dargestellt
41 Else Frobenius, a.a.O., S. 69
42 ebenda, S. 72;
43 ebenda, S. 74

des weiblichen Geschlechts in der Jugendbewegung erkennen lassen, wobei deutlich wird, daß es ihr um Bedeutungen des Weiblichen "an sich" geht.

Von den Mädchen einer evangelischen Spielschar, die wie viele anderer solcher Gruppen in den zwanziger Jahren Mysterienspiele aufführte, heißt es:

> "Wenige Kerzen erleuchten die geheimnisvoll aufstrebenden Gewölbe. Eine breite Treppe führt zum Altar empor. Die Gemeinde wird zum Mitträger zum Spiel. Sie greift ein durch den Choral. Ein brausendes Orgelvorspiel leitet zu ihm über. Knabenstimmen singen den cantus firmus. Engelchöre, von klaren Mädchenstimmen gesungen, antworten ihnen. Aus der Tiefe des Chores fluten Engel hervor, in weißen, wallenden Gewändern, feierlich getragene Kerzen in den Händen. Sie stellen sich zu beiden Seiten der Treppe auf. Goldiger Schimmer überstrahlt den Altarraum und die jungen andächtigen Gesichter."[44]

In diesem Mysterienspiel erweist sich die imaginierte Weiblichkeit als den realen Frauen und ihren irdischen Erfahrungen himmelhoch überlegen. Die Knaben-Männer auf der Erde singen die Hauptstimme des "cantus firmus" und verkünden die bevorstehende Erscheinung des Menschensohnes. Engelchöre antworten ihnen aus sakralen Räumen; ihre Erscheinung in weißen, wallenden Gewändern trifft die Lebendigen. Als letzte Erinnerung an die Gesetze der wirklichen Welt tragen die Engel-Frauen das sie überstrahlende Licht noch selbst in ihren Händen. Das Geheimnis des Mysteriums hält verschlossen, ob sie ihrer eigenen Opferung andächtig zuschauen oder ob sie, ihrer irdischen leiblich-sexuellen Weiblichkeit enthoben, endlich als "Eingeweihte" das Ereignis der männlichen Gottwerdung mitfeiern. Im weiteren will die Autorin deutlich machen, wie schlicht sich nach lebensphilosophischer Anschauung "eine Neueinstellung zum Weibe, ein Ringen um Reinheit im Verhältnis der Geschlechter" herstellt, wenn dieses nur vom "Glauben an den Führer, den leuchtenden Helden, beseelt"[45] ist:

> "Die Bedeutung der Frauen und Mädchen im Bund liegt darin, daß sie schon durch ihr Dasein und Sein, ihren Einfluß wirken, daß einfach zum Bund, der sich als 'Keimzelle eines kommenden Volkes und als Weg zur Gemeinde der vom Geist Erfaßten' betrachtet, Mädel und Frauen gehören. Denn kein Volk und keine Gemeinde ohne sie."[46]

In diesem Weiblichkeitsentwurf wird Frauen und Mädchen ihr Leben als eine der Natur zugehörige Existenzweise beschrieben und aller Subjektivität beraubt. Im Dasein und Sein erfüllen sie sich selbst - jenseits jeden Raumes für ihre Wünsche und Gefühle. Weibliches Leben erscheint unendlich und geschichtslos, aufgehoben in "Bund, Gemeinde, Volk". Es entbindet Frauen von der aktiven Mitgestaltung in historisch sich entwickelnden gesellschaftlichen

44 ebenda, S. 403;
45 ebenda, S. 280
46 ebenda, S. 299;

Organisationen, schon darum, weil diese nicht als solche gedacht werden. Sie erscheinen als organische Gebilde, in denen Frauen in ihrer zeitlosen Weiblichkeit wirken, aber nicht handeln.

2.4. Nationalsozialistische Deutungen: Guida Diehl, Arnold Littmann, Alfred Thon, Luise Fick

Die beiden im folgenden vorgestellten Bücher zur Geschichte der deutschen Jugendbewegung wurden während der nationalsozialistischen Epoche publiziert, nachdem die freie Jugendbewegung aufgelöst und größtenteils in die Hitlerjugend und den Bund Deutscher Mädel überführt worden war.

1934 erschien ein von Will Vesper herausgegebener Sammelband[47], in dem sich "Führer" und "Führerinnen" der bürgerlichen Jugendbewegung auf 383 Seiten bemühten, die Geschichte ihrer Bünde vor dem Dritten Reich zu rechtfertigen und mehr noch: diese als unmittelbare Vorläuferschaft des Nationalsozialismus darzustellen[48]. In dem letzten der zwanzig Beiträge behandelt Guida Diehl auf 6 1/2 Seiten das "Werden der deutschen weiblichen Jugend"[49]. Sie beschreibt die Situation von Frauen in der "gewaltigen Zeitenwende"[50] seit dem Jahrhundertwechsel als ein Panorama, in dem die politisch-historischen Bedingungen weiblichen Lebens den Charakter dämonischer Mächte annehmen, welche erst durch die "einzigartige Volkwerdung und Neuschaffung der Nation"[51] im Nationalsozialismus gewissermaßen überwältigt werden könnten. In Diehls Vorstellungen verbinden sich wesentliche Elemente nationalistischen und christlich-konservativen Denkens zu einem magischen Lebensbild, das durch seine "Schnittmengen" mit Ideen des Nationalsozialismus maßgeblich zur Integration von Frauen in das Dritte Reich beitrug; nicht wenige Frauen glaubten eigene Erfahrungen und Impressionen in solchen Bildern gedeutet.

Guida Diehl selbst hatte sich mit dem 1916 von ihr gegründeten "Neulandbund" aus dem "Evangelischen Verband für die weibliche Jugend" herausgelöst. Als zentrale Stätte für ihre pädagogische Tätigket hatte sie 1920 ohne finanzielle Unterstützung von Seiten der Kirche in Eisenach das "Neulandhaus" erwerben können und dort eine Buchhandlung und einen Verlag gegründet, in dem sie ihre vielzähligen Publikationen herausbrachte. 1929 kaufte sie noch ein zweites

47 Will Vesper, (Hg.), Deutsche Jugend - 30 Jahre Geschichte einer Bewegung, Berlin 1934

48 Vgl. Luise Fick, Die deutsche Jugendbewegung, Jena 1939, S. 20

49 Guida Diehl, in: Will Vesper, a.a.O., S. 376-383. Diesen Text, wie einige thematisch ähnliche Beiträge, behandele ich ausführlicher als z.B. das Buch von Korn, weil es hier um den Stellenwert der Texte für die weibliche Partizipation an der Jugendbewegung geht.

50 ebenda, S. 380

51 ebenda, S. 383

Haus hinzu, in dem sie während des Winters, wenn das Haus nicht von den Jugendgruppen des Neulandbundes genutzt wurde, eine "Mütterschule" und Erholungsstätte für Mütter unterhielt. Diese Fülle von Aktivitäten belegt nicht nur Guida Diehls Bedeutung für einen Teil der evangelischen weiblichen Jugend, sondern ebenso ihre persönliche Ausstrahlungskraft.

In ihrer Abhandlung schildert Guida Diehl zunächst, wohin die "'Frauenfrage', d.h. die Frage von der rechten Betätigung der Frau vor der Ehe oder bei solchen, die nicht in Ehe und Mutterschaft ihren nächsten Beruf fanden, fürs ganze Leben und von der dadurch bedingten Stellung der Frau im Volksganzen" geführt habe:

> "Während nun das junge Mädchen des einfachen Standes in der Fabrik zu einförmiger abstumpfender Beschäftigung herangezogen wurde und in den Massengeist der Arbeiterschaft der marxistischen Irrlehre verfiel, wurde die junge Tochter des bürgerlichen Standes in Ausbildungen und Berufe hineingeführt, die ihr häufig nicht entsprachen und ihre Frauenseele nicht enwickelten. Beide Gruppen der weiblichen Jugend kamen in schwere innere Nöte. Sie waren gezwungen, aus dem Hause herausgetreten und lernten draußen das Leben kennen, wie es eigentlich ist. Dadurch gerieten sie nicht nur in die schweren Versuchungen des materialistischen Zeitgeistes, sondern sie erkannten auch die Nachtseiten des Lebens, die dunklen Hintergründe des so mächtig und glanzvoll dastehenden Deutschen Reiches. Das bedeutete für die weibliche Seele, die dies früher nicht gekannt hatte und sich nicht zurecht fand, eine schwere Not. Dazu kam, daß sie in den ihr wesensfremden Berufen ihr Eigenstes und Tiefstes gar nicht behaupten konnte. So mußte das weibliche Geschlecht langsam sinken."

In den Weiblichkeitskonstruktionen der Autorin erscheinen Frauen als subjektlose Wesen, welche sich nicht zu den unabwendbaren Geschicken in Beziehung setzen können. Die aus den veränderten sozialen Verhältnisse herrührenden Schwierigkeiten der weiblichen Jugend, sich neue Handlungsräume zu erschließen, werden in das Innere der Frau verlagert. Dort bedrohen sie das, was Guida Diehl als das "Eigenste und Tiefste" bezeichnet: ein Geschlechtswesen ohne Ich-Instanz.

Wie sehr die Autorin für die "gefährdete Frauenseele", die ihr Opfersein erleidet, auch weibliche Sexualität fürchtet, wird von ihr nicht offen ausgesprochen. Nicht nur die doppeldeutige Formulierung, nach der das "weibliche Geschlecht sinken" müsse, wenn es "das Leben, wie es eigentlich ist" kennenlerne, sondern auch Wendungen gegen den als Verführer beschriebenen "Zeitgeist" verweisen darauf. Mit Verlockungen aus der glänzenden und doch zwielichtigen Sphäre der Nacht führe er in "schwere Versuchungen". Diese Bedrohungen wurden, Guida Diehl zufolge, noch gesteigert durch das "liberalistisch-demokratische" Denken der bürgerlichen Frauenbewegung:

> "Diese schuf Frauenberufe und Ausbildungsmöglichkeiten, ohne die aufkommende Frauenfrage in ihrer Tiefe zu erfassen und von der Frauenseele und ihrer

Volksverbundenheit her zu lösen. Sie beschritt den intellektualistischen Weg, der schon von den Männern verlassen werden sollte, und schuf eine Menge Berufe, die dem eigentlichen Wesen der Frau nicht entsprachen. Auch wurde gar nicht geprüft, ob die Nation denn soviel gleichartige Berufe für Mann und Frau schaffen könnte, daß beide Geschlechter zur Betätigung kämen. Notbehelfe wurden zu prinzipiellen Forderungen erhoben und die Frau durch falsche Entwicklung sich selbst entfremdet."[52]

Dieses Bild von der bürgerlichen Frauenbewegung als Feindin des "Wesens" der Frau teilte Guida Diehl nicht nur mit solchen Frauen, die sich ähnlich wie sie selbst schon vor 1933 aktiv für den Nationalsozialismus einsetzten; es beherrschte auch die völkischen Teile der Jugendbewegung.

Gegenüber jenen Mächten des Bösen wie der Frauenbewegung oder der "marxistischen Irrlehre" und dem "Massengeist der Arbeiterschaft", die ihr als für Erkrankungen der weiblichen Seele verantwortlich galten, erschien Guida Diehl die "Nation" als über den Klassen- und Geschlechterkonflikten stehend. Dem "Eigensten und Tiefsten" der Frauenseele verwandt, wirke auch die "Nation" schicksalshaft und dennoch als ordnende Macht, die, wie die Autorin weiter ausführt, in der äußersten Gewalt des Krieges das Chaos der jugendlichen Frauenseele zu lichten vermöge:

"Über diese gärende, suchende Jugend brach wie ein Unwetter der Krieg herein. Ungeheures wurde von der Männerwelt verlangt, und sie hatte ihr Opfer und Heldentum mit dem Tode von zwei Millionen Gefallenen besiegelt. Aber freilich, mit jedem Todesopfer hing das Lebensopfer einer deutschen Frau zusammen, die den Gatten und den Sohn, oder eines deutschen Mädchens, die den Geliebten, den Bräutigam, den Bruder, den Vater hergeben mußte und ein Leben diesen Tod durchleiden und die bittere Entbehrung des Verlustes tragen mußte. In einer Zeit so riesengroßer Opfer mußten die Fragen des eigenen Lebens ... verstummen. Da galt es nur noch, sich in den Dienst des Ganzen zu stellen und sein Bestes an Opfer und Hingabe zu leisten."[53]

Bei Guida Diehl wird die von den preußisch-deutschen Machteliten gezielt verbreitete Legende vom "Verteidigungskrieg" zu einer Deutung des Kriegsgeschehens als Naturkatastrophe. Die entsetzlichen Vernichtungsschlachten werden im Sinne einer vollständigen Identifizierung mit Gewalt und Tod "verarbeitet". Die soldatischen Einsätze der Männer, heroisierend überhöht, erhalten für Frauen eine Art religiösen Offenbarungscharakter. Krieg und "Nation" und die sich darin ankündigende "Volksgemeinschaft" erscheinen als Überlebensperspektiven für Frauen. Inmitten der massenhaften Totenfeiern und des dazugehörigen Heldenkults wird als Ersatz für das von Frauen nicht erbrachte militärische Todesopfer ein zu vollbringendes Lebensopfer imaginiert und ersehnt. Das Hineingehen in das Gemeinschaftserlebnis beendet das Gefühl weiblicher

52 ebenda, S. 377
53 ebenda, S. 379

Bedeutungslosigkeit und verfestigt gleichzeitig eine erneute Ausrichtung auf männliche Erfahrungswelten und Dominanzen. Von Guida Diehl wird dieser Vorgang als Vereinigung der "Frauenseele" mit den Lebensgesetzen des Volkes gedacht, die sich als "schicksalsschwerer" Prozeß vollzöge. Mit dem Begriff des "Werdens" umschrieben, erfordert dieser Prozeß eine konsequente Auslöschung weiblicher Subjektivität.

Bei der Frage, welche Erfahrungen, Wünsche und Ängste von Frauen sich in einer solchen Realitätsdeutung ausdrückten, darf nicht übersehen werden, daß während des Ersten Weltkrieges die Arbeit von Frauen zum erstenmal eine öffentliche Anerkennung fand; und zu bedenken ist hier auch die Art und Weise, in der Frauen ihre Arbeit gewürdigt fanden. In dem von der Militäradministration organisierten "Nationalen Frauendienst" wurde die Frauenarbeit nicht in ihrem rationalen politisch-ökonomischen Wert herausgestellt, sondern als dem weiblichen Wesen zugehöriger persönlicher "Dienst" ideologisiert. Indem hier die Frauen keine eigene Sprache fanden, "die Fragen des eigenen Lebens verstummen" ließen, überantworteten sie ihre konkreten Erfahrungen nicht nur der persönlichen Verdrängung; sie entledigten sich auch ihrer Geschichte: Schmerz und Trauer über den gewalttätigen Tod geliebter Menschen konnten so nicht zur Wut auf die dafür Verantwortlichen werden. Die Sorge, den Verlust des Ernährers der Familie auch nicht durch Entbehrungen und Mehrarbeit ausgleichen zu können, mochte sich weder in Forderungen nach einer Verbesserung der materiellen Situation artikulieren, noch weiblichen Berufswünschen öffentlichen Nachdruck verleihen. Solche möglichen Motive wurden mythologisch verdrängt.

Will man in der Geschichte von Frauen besondere "Verhängnisse" ausfindig machen, dann gehört die hier dargestellte weibliche Unterwerfung unter den deutschen Nationalismus dazu. Da Verhängnisse die Eigenschaft haben, daß eines das andere nach sich zieht, bewirkten die in dieser Zeit geprägten und nicht nur von Guida Diehl verwendeten Begriffe von "Opfer", "Dienst" und "Hingabe", daß in Zukunft jeder Anspruch von Frauen auf Teilhabe an der Öffentlichkeit sich an diesen Kategorien brach. Die Wünsche von Frauen nach mehr Selbstbestimmung wurden immer wieder abgetrennt vom Verlangen nach einer Veränderung der gesellschaftlichen Machtverhältnisse und verlagerten sich in die Bereiche spiritueller Innerlichkeit.

Guida Diehl bezieht die von ihr entwickelten Vorstellungen, wonach weibliche Lebenserfüllung nur in Selbstaufgabe und im Dienst an Volk und Nation zu finden sei, im folgenden auch auf die weibliche Jugendbewegung. Demnach fanden die Mädchen in der Wandervogelbewegung nicht das, was "der weiblichen Seele eigentlich nottat. Sie brauchte vielmehr eine gesunde Lösung der Frauenfrage, eine Beantwortung ihrer angstvollen und oft entsetzten Fragen über die Zustände im Volk, eine Wegweisung in der ganz neuen Lage, in der sie sich befand."

Diese Aufgabe erfüllte nach Guida Diehl die Neulandbewegung. Sie meint, diese sei "die aus der Jugend selbst geborene Erneuerungsbewegung, die ihren eigenen Weg im großen Verwandlungsprozess des Frauenlebens ging." Zu den "Erneuerungsideen" der Neulandbewegung gehörte auch, was Diehl über den 1926 von ihr mitbegründeten "Deutschen Frauenkampfbund" schreibt:

> "Ein starker neuer deutscher Frauenwille, der sich der Entsittlichung, Verschlammung, der Zertretung von Frauenehre und Mutterwürde entgegenwarf und der vom Mann forderte, die Freiheit zu erkämpfen, die Gespenster zu verjagen, die innenpolitische Befreiung Deutschlands zu vollziehen und, wie die Frau, die innerste Erneuerung der deutschen Seele auf seine Fahne zu schreiben."

So ärgerlich und zugleich komisch sich dieser Text heute lesen lassen mag, fällt doch die Aggressivität auf, die hier mit der Unterdrückung persönlicher Wünsche einherging und es fällt auch auf, daß sich bei Diehl der "neue deutsche Frauenwille" noch vor den des Mannes setzte. In Wirklichkeit ordnete er sich nach 1933 schnell in die Massenorganisationen des Dritten Reiches ein. In der NS-Frauenschaft konnte er nichts mehr vom Manne fordern; stattdessen bekam er von der Partei der Herren-Menschen die Aufgabe zugewiesen, "dem Führer politisch und weltanschaulich zuverlässige Führerinnen zu erziehen".[54]

Zu diesem Zeitpunkt war die vorangetragene Fahne mit einem schwarzen Hakenkreuz gezeichnet, als Symbol eines aus germanischer Vorgeschichte begründeten "Lebensgesetzes" und "geschichtlichen Auftrages des Deutschen Volkes". Es ging nicht mehr um die "innerste Erneuerung der Volksseele aus Gottes Kraft"[55], sondern um die effektvolle Legitimierung äußerster Unrechtspolitik durch das Prinzip der "Führergewalt". Schwammige Begriffe, wie die der "Entsittlichung, Verschlammung und Zertretung von Frauenehre" hatten sich unter dem Primat rassistischer und sexistischer Politik fester gefügt. Dem protestantischen Konservatismus entzogen, standen Vorstellungen wie die des "Frauenkampfbundes" den Machthabern so zur Verfügung, wie sie die Politik des "Dritten Reiches" mit vorbereitet hatten. "Zertretung von Frauenehre" wurde nun verstanden als "Kulturschande", "Verschlammung" als "Verjudung", "Entsittlichung" als "Rassenschande". "Mutterwürde" wurde ausdrücklich beschränkt auf die Würde der arischen deutschen Mutter und bedurfte zur ihrer Verteidigung nicht länger eines "starken Frauenwillens". Sie war unantastbar geworden und zum höchsten Gut des völkischen Staates erklärt worden. Der Führer selbst stiftete "als sichtbares Zeichen des Dankes des deutschen Volkes an kinderreiche Mütter ... das Ehrenkreuz"[56], eine Auszeichnung, wie sie bis da-

---

54 Organisationsbuch der NSDAP, 3. Auflage, 1937, S. 267, zit. n. Margret Lück, Die Frau im Männerstaat, Frankfurt am Main, 1979, S.1

55 Guida Diehl, in : Will Vesper, a.a.O., S. 380

56 G. Rühle, Das Dritte Reich, Das 6. Jahr 1938, Berlin 1939, S. 53, zit. n. Margret Lück, a.a.O., S. 125

hin nur heldischen Männern als Anerkennung ihrer Kriegsleistungen verliehen worden war. "Fremdrassige" Mütter allerdings waren von jeder Würdigung ausgenommen. Hunderttausende von ihnen fielen zur "Reinerhaltung der Rasse" nationalsozialistischen Gewaltmaßnahmen zum Opfer. Solchermaßen definiert, war "Mutterwürde" ins Zentrum völkischen Denkens und nationalsozialistischer Herrschaft gerückt worden. Nicht jede Radikalisierung, die Weiblichkeitskonstruktionen wie die der Neulandbewegung durch die Politik des nationalsozialistischen Staates erfuhren, mag den Neuländerinnen recht gewesen sein; aber hatten sie nicht ihre Unterwerfung unter den "Führerstaat" und unter den Mythos der "Volksgemeinschaft" längst vorweggenommen?

Christine Wittrock[57] bezeichnet Guida Diehl als "untypische Vertreterin der Allianz zwischen weiblichem Protestantismus und Faschismus". Gemessen an normativen Weiblichkeitsvorstellungen mag das Verhalten Guida Diehls durchaus "untypisch" gewesen sein. Als "Führerin" der Neulandbewegung hatte sie sich jenes von Wittrock hervorgehobene Gebaren der "Einzelkämpferin" aneignen können, mit dem sie sich um Einfluß auf die NS-Frauenschaft bemühte. Ihre Konfliktfähigkeit in den Auseinandersetzungen um Führungspositionen in der nationalsozialistischen Frauenbewegung begründete sie nicht zuletzt mit der Begeisterung, mit der sie die "Freiheitsbewegung des Nationalsozialismus" begrüßt hatte. Schon vor 1930 war sie der NSDAP beigetreten. Durchaus "typisch" und beispielhaft für die Haltung einer bürgerlichen Mehrheit von Frauen im nationalsozialistischen Deutschland erscheint mir aber, daß Guida Diehl Einwände gegenüber der nationalsozialistischen Frauenpolitik nur zum Ausdruck brachte, wo sie die Ehe als Grundlage sittlicher Normen des Geschlechtsleben angegriffen sah.

Nicht die soziale Abgrenzung und terroristische Verfolgung oder Vernichtung derjenigen Frauen, die der Politik der "Ausmerze" anheimfielen, veranlaßte sie zu ihrem entschiedenen Einspruch. Die "Unverbrüchlichkeit der Gottesgesetze" sah sie dort gefährdet, wo durch die Politik der "Auslese" jene traditionellen christlich-konservativen Weiblichkeits- und Familienideale, für die sie sich ein Leben lang eingesetzt hatte, in Frage gestellt waren. So riefen Bestrebungen nach einer Aufwertung der nichtehelichen Mutterschaft ihren öffentlichen Protest hervor. Während das Interesse der Befürworter dieser Konzepte darauf gerichtet war, die Geburtenrate der "arischen" Bevölkerungsmehrheit zu erhöhen, kritisierte Guida Diehl in einem Artikel, den sie 1940 im "Neulandblatt" veröffentlichte, die ihrer Meinung nach hinter diesen Absichten stehenden Motive als "willkürliche Triebhaftigkeit" und "verantwortungslose Genußsucht"

57 Christine Wittrock, Weiblichkeitsmythen, Das Frauenbild im Faschismus und seine Vorläufer in der Frauenbewegung der 20er Jahre, Frankfurt am Main 1983, S. 115

und beklagte das Fehlen von "christlichem Gewissen" und "germanischem Ehrgefühl".[58]

In die Auseinandersetzungen um diesen Beitrag schaltete sich auch die "Reichsfrauenführerin" Gertrud Scholtz-Klink ein. Sie hatte sich "schon seit längerer Zeit" gewünscht, dem "Neulandblatt den Garaus zu machen, oder aber Frau Diehl als Parteigenossin abzulehnen."[59] Wie weit sie zu dem gegen Guida Diehl eingeleiteten Parteigerichtsverfahren[60] beigetragen hat, kann hier nicht beantwortet werden. Sicher ist aber, daß Diehl Ende 1940 aus der "Reichsschrifttumskammer" ausgeschlossen wurde, was einem Publikationsverbot gleichkam.

Wenngleich wesentliche Elemente der von Guida Diehl vertretenen Ansichten seit dem Ende des vergangenen Jahrhunderts zu den Leitmotiven weiblichen Selbstverständnisses gehörte, betont diese in dem hier vorgestellten Aufsatz doch immer wieder die Eigenständigkeit, mit der die Neulandbewegung "tieferes weibliches Sein erfaßte und durchsetzte". Dies hebt sie auch in Gegenüberstellung zu den anderen Bünden der Jugendbewegung hervor, welche weibliche Gruppen "nur als Begleiterscheinung der männlichen Jugend"[61] aufgefaßt hätten.

Ohne die kritische Perspektive Guida Diehls zu teilen, benutzt Arnold Littmann, der auch in diesem Sammelband publizierte [62], dasselbe Argument, um zu begründen, daß er die weibliche Jugendbewegung nicht weiter berücksichtigt. Der Autor behandelt in seinem Beitrag die Zeit ab 1925 und konzentriert sich auf jene Verbände der Bündischen Jugend, die sich durch eine deutliche Ablehnung weiblicher Mitglieder auszeichneten, - ein Sachverhalt, der aber von Littmann nicht erwähnt wird.

> "Die Aufgaben des großen Bundes (Bund der Wandervögel und Pfadfinder, I.K.), der mit allen Gliederungen - Jungenschaft, Jungmannschaft, Mannschaft und Mädchenbund - etwa 12-15 000 junge Menschen umfaßt, gehen also bereits weit über den Aufbau eines bloßen Jungenbundes hinaus. Die Schaffung des einheitlichen großen deutschen Jungenbundes unter einem Führer und unter einheitlicher Tracht bleibt zwar noch die Hauptaufgabe auch dieses Bundes, aber die Tatsache, daß etwa ein Drittel des gesamten Bundes aus Menschen besteht, die dem Kindesalter längst entwachsen sind und den Bund für ihr Leben bewahren wollen, verlangt die Erfindung neuer lebendiger Formen für das Alter der Jungmannschaft."[63]

---

58 Guida Diehl, Die Unverbrüchlichkeit der Gottesgesetze, in: Neulandblatt, 25. Jg. 1940, Heft 2, S. 10ff

59 Gertrud Scholtz-Klink, Schreiben an den Stellvertreter des Führers vom 11.4.1940, zit. n. Christine Wittrock, a.a.O., S. 119

60 Am 10. Juli 1940 leitete das Gaugericht Thüringen das "umfangreiche" Verfahren unter dem Aktenzeichen G.1597/37 an das Oberste Parteigericht der NSDAP wegen seiner "grundsätzlichen Art" weiter. Wie darüber entschieden wurde, ist mir unbekannt.

61 Guida Diehl, in: Will Vesper, a.a.O., S. 380

62 Arnold Littmann, Die bündische Jugend von 1925-1933, in Will Vesper, a.a.O., S. 121-187

63 ebenda, S. 130

Nach der Lektüre dieses Abschnitts mag man sich fragen, ob Littmann über die zunächst aufgeführte "Gliederung" des Mädchenbundes noch irgendeine weitere Aussage im Sinne hat. Der Grammatik zufolge läßt sich nicht ausschließen, daß möglicherweise der Begriff der "Menschen, die den Bund für ihr Leben bewahren wollen", auch diejenigen aus dem Mädchenbund umfaßt; aber die Wiederholung von Kategorien, die sich eindeutig auf die männliche Spezies der Menschen beziehen, legt nahe, daß diese Annahme voreilig gewesen sein könnte, - es sei denn, die jungen Frauen würden als Teil der "Jungmannschaft" definiert. In einer Fußnote macht Littmann dann doch diese Leerstelle zum Thema, allerdings nur, um zu begründen, warum er auf eine Darstellung der weiblichen Jugendbewegung verzichtet:

> "Die weibliche Bewegung, soweit man hier überhaupt von Bewegung sprechen kann, (ist) eigentlich nicht original. Die Bünde sind ursprünglich Angelegenheiten der Knaben und Männer. Wo reine Mädchenbünde gegründet wurden, haben sie sich mit der Nachahmung der Symbole und der wesentlichsten Formen des Jugendlebens der männlichen Bünde begnügt, selbstverständlich mit weiblichen Vorzeichen und Akzent."[64]

Das Genre der Fußnote reicht Arnold Littmann aber noch nicht aus, um seinen männerbündischen Abwertungen der Mädchen und Frauen in der Jugendbewegung einen angemessenen Ausdruck zu verschaffen. Alle Begriffe, mit denen Littmann Authentizität und Besonderheit bündischer Werte und Lebensweisen beschreibt, tragen trotz einem halben Jahrhundert sich wandelnder Geschlechterpraxis und Auffassung von Weiblichkeit eindeutig männliche Bedeutungen. Die von ihm betonte Nähe zu nationalsozialistischem Ideengut dient nicht nur der Rechtfertigung und Anbiederung, sondern sie liegt auch in dem Littmannschen Inbild der bündischen Jugendbewegung selbst:

> "Der Bund fordert mit Recht den ganzen Menschen, ganz mit all seinen Fähigkeiten, ganz in jeder Sekunde und ganz für das Leben. Er fordert und weiht ihn zu diesem Dienst in Formen, die mit der Wirkungskraft kultischer Riten und priesterlicher Weihe zu vergleichen sind, die den einzelnen Jungen, den Jüngling, den Mann an dieses Ganze binden, stärker als es je bloße Verstandeslehre vermocht hat. Die Jugend wird von dem Mythos des Bundes, dem Mythos des Reiches im Spiel und im Kampf, in der Gruppe, im Stamm, am Feuer, im Alltag und in der Feierstunde ergriffen."[65]

Seine Gesellschaftsutopien schöpft er aus den Mythen germanischer Frühgeschichte, die in den Bünden der Jugendbewegung neu Gestalt gewannen. In dieser als Vorbild beschriebenen Welt war die Rollenteilung zwischen Männern und Frauen Teil der gefügten Ordnung. Aufkommenden Zweifeln an der Richtigkeit seines Ideals einer nach Geschlechtern getrennten kulturellen Praxis weiß

64 ebenda, S. 158
65 ebenda, S. 136, dort auch das folgende Zitat

Littmann mit einem Hinweis auf fehlgeschlagene Versuche in der sozialistischen Jugendbewegung zu begegnen:

> "Wo sich Jugendgemeinschaften der jüngeren Jugend mir einem starken gemeinschaftlichen Leben der Jungen und Mädchen bildeten, war ihre Lebensdauer beschränkt. Bis weit in die sozialistische und kommunistische Jugendbewegung hinein erstreckte sich die natürliche gegenseitige Ablehnung der Geschlechter in den Entwicklungsjahren."

Mit immer neuer Beweisführung kommt der Autor zu immer derselben Schlußfolgerung, nach der die Jugendbewegung eigentlich nichts für Mädchen sei und bestätigt damit doch nicht mehr, als daß er eine die männliche Dominanz restabilisierende Funktion der Jugendbewegung bis zum letzten verteidigt. Die Mädchen können sich auf den Kopf stellen beim Wandern und Lagern, beim Singen und Spielen, jenen doch im wesentlichen geschlechtsneutralen Ausdrucksweisen für jugendliche Bedürfnisse, - sie bringen nichts als Kopien zustande. Und wo sie sich bemühen, jeden "männlichen" Bewegungsausdruck zu vermeiden und mangels anderer Alternativen auf "weibliche" Verhaltensmuster in ihrem Gemeinschaftsleben zurückgreifen, - es gelingt ihnen immer noch nicht, auf die richtigen Füße zu springen. Sie bleiben in "Nachahmungen" befangen; nur tragen diese nun unvergleichlich "weibliche Vorzeichen und Aktzent(e)". Für diejenigen, die trotz aller aufgebotenen Argumente nicht von seiner These überzeugt sind, fügt Littmann noch ein letztes hinzu:

> "Und in der Zeit der Jungmannschaft trat das Mädchen und die Frau glücklicherweise nicht als Massenwesen mehr in Erscheinung, sondern empfing ihre viel größere Bedeutung als Individuum, als Helferin des Mannes und Mitgestalterin einer neuen Geselligkeit. Dazu bedurfte es aber in der rein bündischen Bewegung keiner großen Bundesorganisation der Frauen."

Nachdem die Jugendbünde durch die hier angedeutete Entwicklung "glücklicherweise" zu dem geworden waren, was sie seiner Auffassung nach in ihrem Wesen nach sind, nämlich Männerbünde, kann der Autor das ärgerliche Thema der Mädchen und Frauen in der Jugendbewegung endlich abschließen. Er weiß die jungen Frauen nach kurzen Jugendjahren neuer, wenn auch nicht original weiblicher Erfahrungen wieder dort, wo sie seiner Meinung nach hingehören: Im Schoß der Familie oder in eigener Haushaltung, die freilich in Abweichung von der vorgestellten germanischen Stammeskultur ohne Anteil an der Öffentlichkeit ist, kann die Frau ihrer "viel größeren Bedeutung als Helferin des Mannes" Ausdruck verschaffen, - eine Aufgabe, der sie als "Massenwesen" nicht so selbstverständlich nachkommen konnte. Von den wenigen in der "Jungmannschaft" verbliebenen weiblichen Einzelwesen verzeichnet Littmann, daß sie in dieser Erscheinungsform "ein neues Verhältnis zum anderen Geschlecht und auch neue gesündere und klarere Formen der Geselligkeit geschaffen"[66] hätten.

In den übrigen Beiträgen des Vesper-Bandes werden die Mädchen und Frauen in der Jugendbewegung, wenn überhaupt, dann nur im Zusammenhang mit der "Mädelfrage" erwähnt. Alfred Thon[67] spricht die "Gefahr weiblicher "Gefühlsseligkeit" an, die durch "das Hinzutreten der Mädchengruppen" im Wandervogel aufgekommen sei:

> "Diese Gefahr wirkte sich in späteren Jahren aus im 'Ewig Jugendbewegten'. Wo diese Gefahr jedoch durch männliche Führung überwunden wurde, da blühte ein an Formen reiches Leben auf."[68]

Leider läßt Thon im weiteren unklar, warum erst die Zurückdrängung der Mädchen zur Vielgestaltigkeit jugendbewegter Ausdrucksformen beigetragen habe, so daß dann nur noch ein an männlichen Gefühlsseligkeiten reiches Leben in den Wandervogelbünden aufzufinden war. Der "Ewig-Jugendbewegte" jedenfalls war in jeder Ausformung der Jugendbewegung anzutreffen. Daß sein Auftreten aus der Beteiligung weiblicher Mitglieder erklärt wird, scheint mir eine ungewöhnliche Spielart frauenfeindlicher Geschichtsschreibung zu sein. Das Phänomen des "Ewig-Jugendbewegten" ist eher mit den von Thon hervorgehobenen jugendbewegten Lebensformen zu erklären. Ganz unabhängig von den jeweiligen konkreten Inhalten jugendbewegter Kultur lag das Schwergewicht des Zusammenschlusses im Gemeinschaftserlebnis begründet. Die emotionale Bindung an diese Gemeinschaft verstärkte immer auch die Entfernung zur gesellschaftlichen Umwelt. Dabei ist zu bedenken, daß nur aus der Ablehnung bürgerlicher Normen jugendbewegtes Leben entstehen konnte. Nach der Gemeinschaftserfahrung aber wurde das Verhältnis zur bürgerlichen Lebenspraxis ein Problem. Die altersgemäße Wiederhinwendung zum bürgerlichen Leben stellte für die Jugendbewegung immer wieder eine Schwierigkeit dar. Nicht nur wurden Älteren-Bünde eigens gegründet, um hier einen Kompromiß zu finden, sondern auch die Idee des "Lebensbundes" hatte darin ihren Ursprung.

Darüberhinaus aber war der Übergang in die Erwachsenengesellschaft für die einzelnen Mitglieder unterschiedlich schwierig. Das soziale Herkommen spielte eine nicht unerhebliche Rolle für die Möglichkeit, mit dem Absprung aus der Jugendbewegungskultur nicht gleichzeitig eine dort gefundene Lebensidentität aufgeben zu müssen. Die "Ewig-Jugendbewegten" scheiterten an der Notwendigkeit - und an den Bedingungen ihrer Rückkehr in die bürgerliche Lebenspraxis. Daß dieses Problem für die jungen Frauen weniger dramatisch auftrat, lag nicht zuletzt daran, daß die Jugendbewegung immer ein männerbündisch geprägter Lebenszusammenhang blieb. Insofern war für Frauen die pre-

66 ebenda, S. 158f
67 Alfred Thon, Geburt und Jugend des Wandervogels, in: Will Vesper, a.a.O., S. 9-22
68 ebenda, S. 19

käre Lebensweise und Identität des "Ewig-Jugendbewegten" nicht einmal als Möglichkeit gegeben. Die gesamte "Älterenfrage" in der Jugendbewegung hat für die Frauen niemals ein vergleichbare Rolle gespielt wie für die jungen Männer. Wenn Littmann erleichtert feststellt, daß über 18jährige junge Frauen nicht mehr als "Massenwesen" in den Bünden anzutreffen waren, dann ist dieses Phänomen nicht ausreichend mit der ablehnenden Stellung der jugendbewegten Männer zu erklären. Vielmehr spiegelten sich in deren Haltung nur die gesamtgesellschaftlich geltenden Erwartungen an die soziale Rolle der Frau wieder. Danach hatte sich eine junge Frau nicht nur auf ihre zukünftige Rolle als Ehefrau und Mutter vorzubereiten, sondern war ebenso dazu angehalten, in der elterlichen Familie häusliche Aufgaben zu übernehmen. Jede außerhäusliche Aktivität wurde daraufhin überprüft, ob und wie weit sie die Chancen für diesen "Lebensberuf" beinträchtigte oder förderte. Und noch eine Überlegung gehört in diesen Zusammenhang: Im Gemeinschaftsleben der Jugendbewegung entwikkelten die jungen Menschen eine "Sonderkultur", in der sie ihre emotionalen Fähigkeiten und Bedürfnisse viel spontaner und unmittelbarer entfalten konnten als in jedem anderen gesellschaftlichen Raum. Da aber solche emotionalen Momente wie Sinnlichkeit und Spontaneität, Offenheit und Sensibilität grundsätzlich mit der weiblichen Geschlechtsrolle in Verbindung gebracht werden, fanden die jungen Frauen auch außerhalb der Jugendbewegung leichter als die jungen Männer jene sozialen Zusammenhänge, in denen emotionale Lebensorientierungen ihren Platz haben.

Die zweite Veröffentlichung zur Geschichte der Jugendbewegung, die während der NS-Zeit erschien, stammt von Luise Fick.[69] Diese Autorin stellt das Verhältnis der Jugendbewegung zum Nationalsozialismus in den Mittelpunkt ihrer Abhandlung. In der Gegenüberstellung der reichsdeutschen Jugendbewegung und der grenzdeutschen in Österreich und dem Sudetenland zeichnet sie Entwicklungslinien nach, die von der "volklich-unpolitischen Bewegung der Jugend" über die "Suche nach echtem Menschentum zu einer völkischen Bewegung"[70] geführt hätten. Ihr besonderes Interesse gilt dabei den wenigen Gruppen, "die den Weg von der vorpolitischen zur politischen Jugendbewegung bewußt und entschieden"[71] gegangen seien und damit "folgerichtig den Weg beschritten, der zur Selbstaufhebung ins Politische führen mußte."[72] Abgesehen von ihren ideologischen Wertungen bietet die Autorin eine bis heute lesenswerte Darstellung der völkischen Strömungen der Jugendbewegung. So eindeutig und

69 Luise Fick, Die deutsche Jugendbewegung, Jena 1939
70 ebenda, S. 9
71 ebenda, S. 160
72 ebenda, S. 167

offensichtlich ihre weltanschaulichen und politischen Optionen waren, geriet sie doch nicht auf die Ebene verfälschender und vereinfachender Schlagworte.[73]

Das politische Interesse von Luise Fick bestimmt auch ihre Darstellung und Deutung der weiblichen Teilhabe an der Jugendbewegung. Damit hebt sich die Verfasserin deutlich ab von allen anderen bisher vorgestellten Autoren und Autorinnen, die die Geschichte der Mädchen und Frauen ausschließlich aus dem Subjektstandpunkt der männlichen Mitglieder als "Problem" der Jugendbewegung zum Thema machten. Nach Luise Fick kam der "volklich-kulturelle" Wert der frühen Wandervogelbewegung auch im gemeinsamen Wandern von Jungen und Mädchen zum Ausdruck:

> "So schuf sich die Jugendbewegung einen natürlichen Ersatz für das, was ihr - seit die Geburtenbeschränkung aufkam - die Familie nicht mehr bot und was ihr auch die übliche Erziehung versagte: das Bruder- und Schwesterverhältnis. Die erkünstelte Entfremdung der Geschlechter und ihre doch unnatürliche Begegnung in der Atmosphäre der Tanzstunde und des Bummels konnte sich ja erst dann auf das ganze Leben der jungen Menschen vergiftend auswirken, als das geschwisterliche Zusammenleben in der Familie zu fehlen begann."

Bei den Versuchen, ein "kameradschaftlich-geschwisterliches" Verhältnis zwischen Jungen und Mädchen herzustellen, "bildeten sich ungezwungene Formen für das geschwisterliche Miteinander, dessen Gesetze ohne Vorbilder oder gedankliche Überlegungen einfach da waren, ebenso wie das Gesetz von Führen und Folgen selbstverständlich gelebt wurde."[74]
Auffällig an diesen Aussagen über Bedingungen und Motivation der weiblichen Jugendbewegung ist, daß die Beweggründe junger Frauen, "eine gewohnte Zurücksetzung nicht länger als unabwendbares Geschick"[75] hinzunehmen, von Luise Fick in familiensoziologische Überlegungen eingebunden werden. Allerdings reduziert sie damit die Probleme einer veränderten sozialen Situation junger Mädchen auf die in der Kleinfamilie sich durchsetzende Verringerung der Umgangsmöglichkeiten von Geschwistern und zwischen den Geschlechtern. Die neuen Erfahrungen in der Jugendbewegung werden auf das Modell des "Geschwisterverhältnisses" hin gedeutet und in das familiale Wertesystem eingefügt. Nach Luise Fick hat sich mit den Anfängen der Jugendbewegung nichts anderes als ein "gesundes Volks- und Jugendempfinden" durchgesetzt, mit dem sich die jungen Menschen einen Ersatz für verlorengegangene Lebensweisen geschaffen haben. Das zugrundegelegte Bild der deutschen Familie, in der junge Menschen "gleicher Artung und gleichen Strebens" geschwisterlich miteinander umgehen, erhält mit der Gestalt des "Führers", als pater familias, seine "natürli-

---

73 Eine ähnlich informative und auf nationalsozialistische Deutungen hin ausgerichtete Darstellung der frühen Wandervogelbewegung liegt vor mit der Studie von Heinrich Ahrens, Die deutsche Wandervogelbewegung von den Anfängen bis zum Weltkrieg, Hamburg 1939

74 ebenda, S. 61

75 Wandervogel, 4. Jg. 1910, Heft 1, S. 1

che" hierarchische Ordnung. Die "lebendige Gemeinsamkeit" des familialen "Kreises" sieht die Autorin allerdings nur solange erhalten, als die Mitglieder des Wandervogels durch "Selbstauslese" die "innere Kraft hatten, dieses Ideal zu verwirklichen". Nachdem immer mehr Jungen und junge Männer dazugekommen seien, "denen gerade dieses Zusammensein mit Mädchen ein Anreiz zum Eintritt war, und als der Führermangel durch das Anschwellen der Mitgliederzahl immer größer wurde, traten Entartungserscheinungen ein"[76], die die Führer gezwungen hätten, getrennte Mädchen- und Jungenbünde zu gründen. Auf diese Weise hätten die Mädchen lernen sollen, "so zu wandern, wie es ihrer Art entsprach." Hier deutet Luise Fick an, daß die von den Wandervogelführern vorgedachte Bestimmung weiblicher Art stark am "Ideal des 'sittsamen Mägdelein'" orientiert gewesen sei. Die Mädchen jedenfalls hätten zu dieser Zeit "noch nirgends ein weibliches Eigenziel" entwickelt. Für sie habe "in besonderem Maße" gegolten, "die Freiheit zu erlangen vom Zwang des Hauses und der Gesellschaft, die Freiheit zur Fahrt, zur praktischen Kleidung, zur selbständigen Wahl des Freundeskreises und zum Fernbleiben von der üblichen Geselligkeit."[77]

Die Suche der weiblichen Jugend nach dem Ausdruck ihrer "Eigenart" ist für die Autorin auch im weiteren für die Betrachtung und Wertung weiblicher Jugendbewegungsgeschichte bestimmend. Unter diesem Gesichtspunkt diskutiert sie auch die Krise der Bünde nach dem Ersten Weltkrieg. Sie sieht diese nicht etwa durch die allgemeinen sozialen Umbrüche oder durch den Generationswechsel innerhalb der Bewegung begründet, sie lehnt auch ausdrücklich ab, sie "als unausbleibliche Folge des Führermangels"[78] zu erklären, sondern betont, daß es den jungen Frauen nicht gelungen sei, den Platz der Feldsoldaten auszufüllen: "Bei allen persönlichen Einsatz haben die Mädchen doch nichts Eigenes, neues hingestellt, das den veränderten Verhältnissen Rechnung getragen hätte."[79]

Was das "Eigene, Neue" hätte sein können, entwickelt Luise Fick nicht aus den Bedingungen derjenigen, die in den Bünden organisiert waren. Die Argumentation der Autorin läuft darauf hinaus, daß dies "Eigene" in den frühen Phasen der Bewegung nicht habe entdeckt werden können, obwohl "die ganze Art der Mädchen von Natur aus" schon darauf gerichtet gewesen sei, die von der Jugend entdeckten "volklichen, volkstumserhaltenden kulturellen Werte"[80] auszugestalten. Das gemeinsame Leben im Landheim und im Stadtnest, das Singen und Tanzen auf den von Jungen und Mädchen zusammen veranstalteten Festen habe

76 Luise Fick, a.a.O., S. 62
77 ebenda, S. 115
78 ebenda, S. 179
79 ebenda, S. 117
80 ebenda, S. 179

zu einer "Verweichlichung" der Jungen geführt, welche nur noch von der "Verrüpelung, die sogar bei Mädchen um sich griff"[81], übertroffen worden sei.

Einsicht in die Aufgaben weiblicher Eigenart gewannen die Mädchen und Frauen in die Jugendbewegung nach Luise Fick erst während der zwanziger Jahre. Am frühesten hätten sie in den völkischen Bünden - vor allem im "Bund der Adler und Falken" - die Verantwortung für das Ganze des Volkes erkannt. Diese Bünde "sahen von vornherein die Gesamtaufgabe im Volk, an der auch die Mädchen - in ihrer besonderen Art, aber als gleichberechtigt Mitgestaltende - notwendig teilhaben mußten und fanden von da aus zur Wehrhaftigkeit und Straffheit."[82]

Durch gemeinsame Arbeit an "gemeinsamen großen Zielen, die über den eigenen Bund weit hinausgingen", hätten die jungen Frauen diese "Schwäche ihres Wesens: den Individualismus und das gefühlsselige Schwärmen" überwunden:

> "Auslese und harte, aber frauenhafte Erziehung wurden auch für sie ein Ideal. So fanden jetzt, nachdem die Jungen zu sich selbst gekommen waren, auch die Mädel zu ihrem eigenen Wesen zurück. Je mehr für den Jungenbund Mannhaftigkeit als Erziehungsziel betont wurde, desto stärker wurde von den Mädchen das entsprechende Gegenbild der fraulichen Frau - gleichgültig, ob sie in der eigenen Familie oder im Beruf wirkt - herausgearbeitet: Das Bild der Frau, die zugleich Mutter, Frau und Kameradin sein kann, die weder für sich noch für den 'einen' allein, sondern zugleich für ihr Volk lebt."[83]

Luise Fick identifiziert mit dem von ihr vorgestellten Weiblichkeitsbild der völkischen Richtung der Jugendbewegung wesentliche Elemente nationalsozialistischer Weiblichkeitsvorstellungen, nach denen die Belange des "Volkes" und der "Volksgemeinschaft" subjektive wie objektive Widersprüche weiblicher Existenz transzendieren. Die diesem Ideal verbundenen Weiblichkeitsbilder entsprachen in der Tat dem Denken maßgeblicher Gruppen in der bündischen Phase der Jugendbewegung. Die Gegenbilder zu diesem völkisch-jugendbewegten Frauenideal waren nicht auf die von Luise Fick umschriebenen beschränkt. Es gehörte die "junge Dame" dazu, von der sich die Mädchen im Wandervogel abgewandt hatten, und ebenso jenes Wandervogelmädchen, das individualistisch die gewonnene Freizügigkeit einer höheren Tochter genoß. Den bürgerlichen Privilegien verhaftet, fehlte ihm aus der Sicht des völkischen Flügels der Jugendbewegung die Orientierung auf das "Volksganze", die "nicht klassengebunden war, sondern für das ganze Volk verpflichtet werden konnte".[84] Diesem Gegenbild haftete auch ein romantisches, gefühlsseliges

81 ebenda, S. 117
82 ebenda, S. 160
83 ebenda, S. 180
84 ebenda, S. 114

"Schwärmen" an, das die Frauen für den "Dienstgedanken" unfähig gemacht habe.[85]

Mit verblüffender Selbstverständlichkeit unterstellt Luise Fick den männlichen Mitgliedern der Jugendbewegung ein gewissermaßen "rationales" Konzept der "Volksgemeinschaft". Danach hätten diese schon immer den Kampf um die "kommende Volkseinheit" geführt, während die jungen Frauen "schwer" um ihre "Erkenntnis" hätten ringen müssen. Dabei orientiert sie ihre Vorstellungen über die staatsbildende Kraft der jugendbewegten Jungen- und Männerbünde offensichtlich an der männerbündisch institutionalisierten Politik des Nationalsozialismus. Erst das Vorbild der "volksbewußten, soldatisch-disziplinierten" Jungen habe auch die Mädchen und Frauen in die Lage versetzt, ihren Platz in der "Volksgemeinschaft" zu finden. So ist für die Autorin weibliche Identitätsentwicklung innerhalb der Jugendbewegung gleichbedeutend mit dem Ideal der "deutschen Frau", die ihre Aufgaben unter den von völkischen Männern vorgegebenen Bedingungen wahrnimmt.

Daß dieses Abhängigkeitsverhältnis kein personales bleibt, kein bürgerlich-individualistisches, soll die "Auslese der nordischen Menschen" gewährleisten, denen "das schicksalhafte Zueinandergehören in Rasse, Blut, Haltung und Geistigkeit bewußt geworden ist".[86] Gemeinsam arbeiten hiernach Männer und Frauen an großen Zielen, die über einen Ehe-Bund weit hinausgehen. Der kommenden Volksgemeinschaft widmen sie ihre Kraft. In vielfacher Hinsicht und gleichgültig, ob in der eigenen Familie oder im Beruf, immer wirkt die Frau als Kameradin und Gehilfin des Mannes für das Wohl des Volkes. In der Familie ist sie nicht nur zuständig für die Hausarbeit, sie weiß sich ebenso als hilfsbereite und ergänzende Mitgestalterin des Mannes an dessen Werken verantwortlich. Als Mutter leistet sie zugleich Mutterschaft für das Volk. Sie bringt Kinder zur Welt und zieht sie groß für Volk und Vaterland. Kann sie nicht in biologischer Mutterschaft ihrem Wesen reinsten Ausdruck verleihen, so findet sie im Gemeinwesen ein reiches Aufgabenfeld für ihre soziale Mütterlichkeit. Dienstleistungsberufe und bestimmte Zweige der industriellen Lohnarbeit gelten als diejenigen Arbeitsfelder, die ihrer besonderen Natur entgegenkommen.[87] Die hier gefragten Qualifikationen, wie Integrationsfähigkeit, Geschicklichkeit und Harmoniebedürfnis, stellen gleichzeitig die Voraussetzungen für das "Kameradschaftsverhältnis" zum Manne dar; als dessen Charakteristikum ist in diesem Zusammenhang hervorzuheben, daß die Frau nicht als Konkurrentin auftritt.

Da ein solcher Dienst am Volk nur mit "Wehrhaftigkeit" und "Straffheit" nach innen wie nach außen zu bewältigen ist, wird von der Frau verlangt, "mit heroi-

---

85 ebenda, S. 161
86 ebenda, S. 171
87 Annemarie Tröger, Die Frau im wesensgemäßen Einsatz, in: Frauengruppe Faschismusforschung, Mutterkreuz und Arbeitsbuch, Frankfurt 1981, S. 246-272

scher Anspannung ihre Bewährungsprobe (abzulegen)."[88] Was bliebe ihr auch anderes übrig angesichts einer solchen Lebensfülle "volklich" und staatlich sanktionierter Pflichten? Es sei denn, sie hätte an den "Schwächen ihres Wesens" festgehalten, und sich die Glückserfahrungen erster Selbstständigkeiten nicht als "Individualismus und Gefühlsseligkeit" abwerten lassen, sondern ihnen in kollektivem Handeln gesellschaftliche Geltung verschafft.

Solche Momente jugendbewegter Autonomieansprüche waren nicht vereinbar mit den Zielvorstellungen und Maßnahmen des völkischen Staates und sind auch für Luise Fick eine "Übersteigerung der Selbstverantwortung, (die) fern von der politischen Wirklichkeit, pazifistisch und machtfeindlich sein wollte." Ihrer Meinung nach galt es, nur jene Werte der jugendbewegten Kultur beizubehalten, die den völkisch-politischen Anforderungen entgegenkamen; alle anderen gehörten zu jenen jugendbewegten Anwandlungen, die "'aufgehoben' im Sinne von ausgelöscht"[89] werden müßten.

2.5. Im Zeichen der "Vergangenheitsbewältigung": Werner Helwig

Nach dem Ende des Dritten Reiches war es wieder die Frage nach dem Zusammenhang von Jugendbewegung und Nationalsozialismus, die im Mittelpunkt des Interesses jugendbewegter Historiographie stand, - nunmehr freilich aus nachfaschistischer Sicht. Ein 1960 erschienenes Buch von Werner Helwig[90] wird hier als wichtiges Beispiel für diese neue Epoche der Beschäftigung mit der Jugendbewegung aufgegriffen; diese wird nun als ein historisches Phänomen betrachtet. In seiner dichterischen Historiographie versammelt Werner Helwig eine große Runde von Freunden und ehemaligen Führern der Jugendbewegung, jene "Oberpachanten", "Rebellen", "Barden", "Amateurphilosophen" und "Desperados", die dem "Phönix der Jugendbewegung" seine Schwingen verliehen hatten, zu einem imaginären Gastmahl. Es versteht sich, daß zu dieser phantastischen Tischgesellschaft keine "Kameradin", "Musikantin" oder auch "Vagantin" eingeladen wurde. Sie hätte bestenfalls ein musisches Ambiente gestalten können. Aber hier ging es um Themen, die keine Ablenkung vertrugen.

Der Diskurs wird bei Helwig geführt zur Verteidigung der Jugendbewegung gegenüber Anschuldigungen, diese sei "der 'Vortrupp' jener einen, ganz und gar fatalen"[91] Bewegung gewesen. In mimetischer Verfahrensweise werden von

88 Gertrud Scholtz-Klink, Die Frau im Dritten Reich, Tübingen 1978, S. 49
89 Luise Fick, a.a.O., S. 221
90 Werner Helwig, Die Blaue Blume des Wandervogels, Gütersloh 1960
91 ebenda, S. 10

Helwig Reden und Taten der illustren Gesellen kommentiert und gedeutet. "Von den Mädchengruppen war nicht die Rede." Wo sie von Helwig erwähnt werden, meint dieser, er "müßte eigentlich das häufigste jugendbewegte Gebrauchswort setzen und sagen, die Mädchen wurden 'abgelehnt'." Ohne dies zu problematisieren, deutet er in einem Abschnitt an, daß es daneben noch eine andere Tatsache gab:

> "Meines Wissens geschah es um oder nach 1905, daß das weibliche Element Ansprüche geltend machte und zuerst mit separierten Einzelgruppen, später mit eigenen Bünden, dazwischen gruppenweise in den maskulinen Aufstand eindrang, ihn durchsetzte, und, wie einige behaupten, zersetzte. Und es waren zunächst Mädchen zwischen sechzehn und dreißig, die den Wandervogelaufzügen das Bild eines in Bewegung geratenen Volkes von jungen Leuten aufprägten."[92]

Daß Werner Helwig nur die männliche Hälfte des in Bewegung geratenen jungen Volkes neu in Szene setzte, wurde mehrfach von ehemaligen Angehörigen der Jugendbewegung kritisiert und veranlaßte 1961 Käthe Mancke und Elisabeth Wolf zu einer Umfrage unter noch erreichbaren ehemals jugendbewegten Frauen. Mehr als 70 von ihnen nahmen die Gelegenheit wahr, Erinnerungen ihres "begeisterten Mitmachens" aufzuschreiben.[93]

Ein Jahr nach Helwigs Veröffentlichung legte Karl Otto Paetel eine Geschichte der Jugendbewegung[94] vor, in der er sich kritisch mit dem Verhältnis zwischen der Bündischen Jugend und dem Nationalsozialismus auseinandersetzt. Er konzentriert sich dabei auf die Frage nach dem "selbstständigen unabhängigen Einsatz im politischen Raum"[95] und würdigt Gruppierungen, die sich in Opposition zur nationalsozialistischen Bewegung gestellt hatten. Die Teilhabe von Mädchen und Frauen an der Bündischen Jugend wird nur beiläufig erwähnt.

2.6. Eine "wertneutrale" Position: Walter Z. Laqueur

1962 erschien ein bis heute als Standardwerk geltender Überblick zur Geschichte der deutschen Jugendbewegung von dem britischen Autor Walter Z. Laqueur.[96] In seiner ideologiekritischen Darstellung bemüht sich Laqueur aus-

92 ebenda, S. 123

93 Akte Mädchenwandern 101/17, Umfrage von Käte Mancke und Elisabeth Wolf "Mädchen im Wandervogel", Archiv der deutschen Jugendbewegung Burg Ludwigstein (im folgenden zitiert als AdJB)

94 Karl Otto Paetel, Jugendbewegung und Politik, Bad Godesberg 1961

95 ebenda, S. 85

96 Walter Z. Laqueur, Die deutsche Jugendbewegung, Köln 1962

drücklich um die "wertneutrale" Position des Wissenschaftlers. Umso ärgerlicher sind oberflächliche und flüchtige Interpretationen, wie sie bei der Berücksichtigung der weiblichen Jugendbewegung zum Vorschein kommen.

In dem Kapitel, das unter der Überschrift "Kampf der Geschlechter" etwa 20 der insgesamt 274 Buchseiten umfaßt, findet sich auf anderthalb Seiten ein knapper Abriß der Widerstände, die der weiblichen Jugend von Seiten der männlichen Wandervögel entgegengebracht wurden. Diese Ausführungen schließt der Autor mit der Feststellung ab, daß innerhalb der Freideutschen Jugend von Anfang an auch junge Frauen mitgearbeitet hätten. Mehr über den "Kampf der Geschlechter" in der Jugendbewegung erfahren die LeserInnen nicht. Weder führt der Autor aus, in welcher Weise der weibliche Teil der Jugendbewegung durch die männlichen Kampfmaßnahmen betroffen war, noch gibt er nähere Aufschlüsse über den "jungenschaftlich" geführten Kampf gegen die Mädchen und gegen die "Verweiblichung" der Jugendbewegung. Eine Lücke, die auch deshalb besonders ins Auge fällt, weil Walter Z. Laqueur historische Verbindungslinien der Jugendbewegung in die Jahre nach 1945 hinein zieht.

Auf allen übrigen Seiten des Kapitels befaßt sich der Autor mit Fragen der sexuellen Disposition der in der Jugendbewegung zusammengefaßten männlichen Jugend. Seine Vermutungen über die männliche Homosexualität im jugendbewegten Milieu gipfeln im Bedauern darüber, daß die Psychoanalytiker und Psychologen der zwanziger Jahre versäumt hätten, am Beispiel der Jugendbewegung eine Feldforschung über jugendliche Homosexualität durchzuführen.[97]

2.7. Engagierte Kritik: Harry Pross

Der 1964 veröffentlichten ideologiekritischen Studie von Harry Pross[98] zur Geschichte der Jugendbewegung kommt weitaus größere Bedeutung zu. Seine Überlegungen zur Stellung von Mädchen und Frauen in der Jugendbewegung fallen gegenüber den üblichen Deutungen aus dem Rahmen.

Pross ordnet den "Aufbruch der Jugend" in den kulturgeschichtlichen Rahmen des Deutschen Reiches und der Weimarer Republik ein. Unter Einbeziehung soziologischer und psychologischer Ansätze bringt er eine aufschlußreiche Darstellung der Möglichkeiten und Grenzen damaliger Jugendbewegung. Seine Analysen konfrontiert er jugendbewegten Selbstbildern, wodurch diese wichtige

97 ebenda, S. 75-79
98 Harry Pross, Jugend Eros Politik, Bern/München 1964

Korrekturen und Richtigstellungen erfahren. Durch die von Pross gewählte essayistische Schreibweise wird nicht nur etwas von der Lebendigkeit und Programmlosigkeit der jugendbewegten Zusammenschlüsse vermittelt; in deren Widersprüchlichkeiten verdeutlicht sich zugleich die politisch-historische Wirkungsgeschichte der bewegten Jugend. In einem kurzen Abschnitt geht Harry Pross auf die historisch-sozialen Bedingungen ein, unter denen die weiblichen Mitglieder der Jugendbewegung den gewonnenen Freiheitsraum für sich nutzen konnten. Er weist zunächst auf die dem Wandervogel vorausgegangene "gesellschaftliche und geschlechtliche Revolution"[99] der Frauenbewegung hin, die den Freiheitsbestrebungen der Töchter des Bürgertums die Wege geebnet habe. Demgegenüber betont er, daß die Emanzipationsbestrebungen der männlichen Jugend in der Jugendbewegung Betätigungs- und Entwicklungsmöglichkeiten der weiblichen Jugend eingeschränkt und überformt hätten. Schon der Beginn des Mädchenwanderns sei der männlichen Selbstdarstellungslust hinderlich gewesen. Auf Wanderungen und Fahrten seien die Mädchen als "Zeugen aus einer anderen Welt mit ihren bürgerlichen Ansprüchen" angesehen worden. "Sie konnten nach der Heimkehr berichten und drohten dadurch, das Spätere in die Gegenwart hineinzuziehen."[100]

Überzeugend und über alle anderen Darstellungen hinausweisend setzt Harry Pross sich mit dem Vorwurf auseinander, daß die weiblichen Mitglieder der Jugendbewegung für die "Verbürgerlichung" des Wandervogels verantwortlich seien. Dieser Vorwurf hatte die Mädchen schon sehr früh getroffen, - zu einer Zeit, als sie sich erst höchst vereinzelt ihren Brüdern oder Freunden angeschlossen hatten, und er begleitete auch nach dem Ersten Weltkrieg den "revolutionären" Hinauswurf der Mädchengruppen aus Bünden der freien Jugendbewegung. Gegen diese Deutung stellt Harry Pross die These auf, die Aufnahme von Mädchen in den Wandervogel sei "umgekehrt ein Zeichen der schon erfolgten Verbürgerlichung der ersten Ausbrecher" gewesen.

Richtig erscheint mir, wenn Harry Pross darauf hinweist, daß die Rolle der Mädchen und Frauen in der Jugendbewegung durch das "Durcheinander von jugendlichem Betätigungsdrang und rückwärts gewandter Ideologie" bestimmt gewesen sei; infolgedessen hätten sie sich dem herrschenden männlichen Stil angepaßt; es seien ihnen keine eigenen Sehnsüchte nach Abenteuern und neuen Erfahrungen in "fremden" Räumen zugebilligt worden. Besonders interessant ist, was Pross über die Sprache Hans Breuers sagt, der als einer der wichtigsten Wandervogelführer die Aufnahme weiblicher Mitglieder aus "volkspädagogischen Erwägungen" vertreten hatte. Breuers Wortschatz zeige eine Fülle mütterlicher und weiblicher Symbole:

99 ebenda, S. 121
100 ebenda, S. 111

"Er wollte die Gleichheit im Mütterlichen wiederherstellen, aber nicht in einem menschheitlichen, humanen Sinn, sondern im engeren der Muttersprache und des Volkes. Um diese Mutter Germania drehen sich die Gedanken im vieltönigen Reigen. Das Volkslied, der Volkstanz, die Feuerrunde - alles wird hier zum Kreisel der Kinder um die große Mutter. Da durften die Mädchen nicht fehlen. Sie gehörten ins Bild. Sie mußten mit ins Ornament, mit dem diese neue Altdeutschheit verziert wurde."[101]

So sieht Pross die weiblichen Mitglieder der frühen Jugendbewegung dem Dilemma ausgeliefert, daß zwar "das Mädchenhafte und das Frauliche erwünscht (war), aber nicht die Frau und nicht das Mädchen."[102] Als man erkannt habe, daß die "mädchenhaften" Wesen Mädchen und die "fraulichen" Frauen waren, habe man ihnen traditionell weibliche Verhaltensweisen und Aufgaben angetragen. Als Beleg nicht nur für die kritiklose Übernahme der geschlechtsspezifischen Arbeits- und Rollenteilung, sondern auch für die Unterordnung weiblicher Interessen unter männliche Prinzipien führt der Autor die "Verbannung der Mädchen" aus den andauernden Debatten der Jugendbewegung an. Dabei verweist er nachdrücklich darauf, daß auch das von der Jugendbewegung proklamierte "Kameradschaftsverhältnis" zwischen den Geschlechtern nichts daran geändert habe, zumal sich für Frauen damit etwas anderes verband als für Männer:

"Die erzwungene Kameradschaftlichkeit produzierte auf die Länge einen Mädchen- und Frauentypus, der schon dadurch, daß er sich der zivilen Mode entzog und sich jahraus, jahrein in altdeutsche Säcke hüllte, bewies, daß mit seiner Weiblichkeit etwas nicht in Ordnung war. Es war eine auf Abruf für große Zeiten zurückgelegte Weiblichkeit, die ihre Reize verhängte bis die Stunde der Offenbarung kam."[103]

Wenn Harry Pross abschließend meint, daß die Jugendbewegung der Frauenemanzipation nicht weitergeholfen habe, dann ist eine solche Aussage einzuschränken und zu differenzieren. Ohne diese Frage an dieser Stelle weiter zu diskutieren, erscheint es doch als Hinweis auf mögliche Widersprüchlichkeiten, wenn Pross angesichts der strengen Konventionen, denen junge Frauen um die Jahrhundertwende ausgeliefert waren, schreibt: "Was der Wandervogel dem Mädchen an Freiheit bot, war so viel, daß mehr gar nicht zu bewältigen gewesen wäre. Niemand kam auf die Idee, eine andere Funktion als die der 'Haustochter' im Wandervogel wahrzunehmen."[104]
Am Rande sei erwähnt: Angesichts des ausgewiesenen Kenntnisreichtums von Pross überrascht es, daß sich auch bei ihm[105], wie in anderen Darstellungen[106],

101 ebenda, S. 123
102 ebenda, S. 125
103 ebenda, S. 128
104 ebenda, S. 123
105 ebenda, S. 122

die ausdrückliche Anmerkung findet, im Jung-Wandervogel, einem besonders die Jugend-Autonomie betonenden Zweig der Wandervogelbewegung, seien Mädchen nicht zugelassen gewesen. Demgegenüber finden sich in den Jahrgängen der Zeitschrift des Jung-Wandervogel viele Hinweise auf eigene Mädchengruppen.[107]

2.8. Das offiziöse Standardwerk: Werner Kindt

Als letztes Werk soll die von 1963 bis 1974 von Werner Kindt herausgegebene voluminöse "Dokumentation der Jugendbewegung"[108] vorgestellt werden, als sozusagen offiziöse Selbstdarstellung der Jugendbewegung. Diese umfangreiche Sammlung von Dokumenten und Kurzchroniken der einzelnen Bünde gilt als Standardwerk zu diesem Thema und stellt eine wichtige Grundlage für die Forschung dar. In dem zweiten Band dieser Reihe gibt Wilhelm Flitner eine ideengeschichtliche Einführung in die Jugendbewegung und deren Dokumentation, in der er sich auch über die Stellung der Mädchen und Frauen äußert:

> "Anfangs waren die Gruppen der Jugendbewegung rein männlich, aber dann machten sie ernst mit der kulturellen und politischen Gleichberechtigung der Geschlechter, mit Koedukation und voller Partnerschaft im Berufsleben, in der erotischen Sphäre und in der Ehe.[109]

Mit dieser Aussage wird der Jugendbewegung das Ideal eines partnerschaftlichen Zusammenlebens nicht nur als Absicht und Zielvorstellung, sondern auch als kulturelle Praxis zugesprochen. Etwaigen Einwänden gegen eine derart idealisierende Darstellung begegnet der Autor mit dem Hinweis, daß es auch in dieser Frage "wie überall, Konflikte zwischen Norm und Realität" gegeben habe - gewisse "Niveauunterschiede", dies sei aber "selbstverständlich". Überprüft man die Quellenauswahl der "Dokumentation", ob sich dieses Selbstverständnis von "Gleichberechtigung" darin dokumentiert, so stoßen aufmerksame LeserInnen allerdings auf erhebliche "Niveauunterschiede" zwischen diesem Anspruch

106 Laqueur, a.a.O., S. 72

107 In Jung-Wandervogel, 3.Jg. 1913, Heft 10, findet sich eine Aufstellung der verschiedenen Ortsgruppen. Danach gehörten zu der Zeit 77 Jungengruppen und 26 Mädchengruppen zum Jungwandervogel. Die o.g. Fehleinschätzung hängt wohl mit den Gründen der separaten Herausbildung des Bundes Ende 1910 zusammen; dieser trat öffentlich für die Legitimität homoerotischer Positionen als "auf Freundschaft beruhender Auslese" ein.

108 Werner Kindt (Hg), Dokumentation der Jugendbewegung, Grundschriften (Band I), Düsseldorf/Köln 1963; Die Wandervogelzeit (Band II), Düsseldorf/Köln 1968; Die bündische Zeit (Band III), Düsseldorf/Köln 1974; (im folgenden zitiert als "Dokumentation")

109 Wilhelm Flitner, Ideengeschichtliche Einführung in die Dokumentation der Jugendbewegung, in: "Dokumentation" Band II, S. 10-17

und seiner Realisation in der Quellenpublikation. Und mehr noch: Das Werk macht auf eindrucksvolle Weise deutlich, wie weitgehend der Begriff der Jugendbewegung auch in deren "offizieller" Geschichtsschreibung den Imaginationen einer "männlichen Tatgemeinschaft" verbunden blieb und mit der Sortierung der hier zusammengetragenen Dokumente diese Sichtweise auch weiterwirken wird.

In den ersten Band, in dem bemerkenswerte Texte aus der und über die Jugendbewegung zusammengestellt sind, ist auch der sicherlich wichtigste historische Aufsatz über die Mädchen in der Jugendbewegung aufgenommen worden: "Liebe und Kameradschaft", von Elisabeth Busse-Wilson[110], ein Text, auf den ich an anderer Stelle eingehe.

Der zweite Band enthält neben einigen wenigen Einzeldokumenten, die eine Beteiligung der weiblichen Jugend am Wandervogel belegen, als Material über Mädchen und Frauen in der Jugendbewegung lediglich ein knapp 6 Seiten umfassendes Kapitel über den ersten selbständigen Mädchenbund. Insgesamt findet die weibliche Jugendbewegung hier auf etwa 15 von 1.071 Seiten ihre RePräsentation. In dem Sachregister tauchen unter dem Stichwort "Mädchengruppen und Mädchenwandern" etwa ebensoviel Erwähnungen auf wie unter dem Stichwort "Jugendmusik".

Der dritte Band widmet dem Kapitel über die "Mädchen in der bündischen Jugend" genau 7 von insgesamt 1.840 Seiten. Im Sachregister finden sich unter dem Stichwort "Mädchenfrage" etwa ebenso viele Hinweise wie unter dem Stichwort "Meißnerformel".

Die in die Bände der "Dokumentation" aufgenommenen Kurzbiographien weisen neben 327 biographischen Skizzen über Männer aus der Jugendbewegung 7 über Frauen aus. In der Begründung für die Auswahl der aufgenommenen Namen heißt es, sie seien "nach der Bedeutung ausgewählt (worden), die ihre Träger in ihrer aktiven Zeit für die Jugendbewegung hatten, nicht also nach ihrer Bedeutung im späteren Leben."[111] Ein Hinweis, der die posthume Diskriminierung von Frauen noch einmal deutlich hervorhebt; denn wen hätte es erstaunt, so wenige Frauen gewürdigt zu finden, wenn die berufliche Karriere das Auswahlkriterium gewesen wäre? Eine Interpretation dieses Befundes fällt nicht schwer: Offensichtlich hielten die Autoren und Mitarbeiter der "Dokumentation" - fast durchweg ehemalige Bundesführer - das Thema "Mädchen und Frauen" für ausgesprochen peripher.

Diese Annahme findet sich bestätigt durch einen Briefwechsel zwischen dem Herausgeber der Quellensammlung, Werner Kindt und Gertrud Classen, genannt "tutta" (1905-1974), die einmal Gauführerin im "Wandervogel-EV" war,

---

110 Elisabeth Busse-Wilson, Liebe und Kameradschaft, in: "Dokumentation" Band I, 327-334; Erstveröffentlichung 1920 in: Adolf Grabowsky/Walther Koch, Die freideutsche Jugendbewegung, Gotha 1920

111 "Dokumentation", Band III, S. 17-53

danach Bundesführerin des "Wandervogel-Mädchenbundes" und Herausgeberin der Bundeszeitung und später der "Deutschen Freischar" angehörte.

Am 10. Juni 1974 - der letzte Band der "Dokumentation" lag längst beim Verlag, denn die Arbeiten daran waren im März desselben Jahres abgeschlossen gewesen - schrieb Werner Kindt an Gertrud Classen:

> "Es ist ein großer Jammer, daß ich bis Ende vorigen Jahres von der Existenz Eures Wandervogel-Mädchenbundes nichts ahnte und Deine Chronik über die Jahre 1923-1928 nicht kannte und für meinen 3. Dokumentationsband auswerten konnte. Dabei war immerhin doch ich es gewesen, der auf dem Bremer Jungentag 1920 gegen die Jungenbündler Front gemacht hatte und in den 'Bremer Leitsätzen' für die weitere Zusammenarbeit der Jungen und Mädchen eingetreten war."[112]

Die hier zitierten Briefzeilen eines Mannes, der sich sogar als Verfechter der Interessen von Mädchen in der Jugendbewegung in Erinnerung ruft, scheinen mir außerordentlich bezeichnend für das Ansehen der weiblichen Jugend in den Bünden der Jugendbewegung zu sein. Sie lassen sich darüberhinaus auch als ein Beispiel für die "Spätfolgen" des Jugendmythos interpretieren, der im Jugendbewegungsdiskurs einen für die beiden Geschlechter sehr unterschiedlichen Niederschlag fand. Den Knaben und Männern der Bewegung war mit deren Metaphern Rahmen und Maßstab für eine Mythisierung ihrer selbst gegeben. Dementsprechend konzentrieren sich auch die Verfasser der "Dokumentation" zur Jugendbewegung vornehmlich auf die Geschichten und Mythen ihrer Führergestalten und bringen diese in Verbindung mit der Darstellung der jugendbewegten Organisationen und Bünde wie auch deren Ideegeschichte und kulturhistorischen Leistungen. Angesichts einer solchen Sichtweise wäre es für die Autoren wohl einer Profanisierung gleichgekommen, neben den mit "Charisma" und "Schöpfertum" ausgezeichneten Führern und Gründern der Jugendbewegung auch junge Frauen als Führerinnen und Begründerinnen zu würdigen. Ebenso abwegig erschien es ihnen, in den Mädchen solche Kameradinnen und Gefährtinnen zu erkennen, deren Leistungen neben denjenigen der "Kameraden" festzuhalten wären.

Schon zu Beginn der Arbeiten an der "Dokumentation", Anfang der sechziger Jahre, hatten sich Frauen, die ehemals der Jugendbewegung angehörten, darum bemüht, diese vorherrschende Perspektive zu korrigieren. Sie wandten sich in einer Fragebogenaktion an andere frühere Mitglieder und sammelten zeitgenössisches Material der weiblichen Jugendbewegung.[113] Auch Gertrud Classen war seit dem ersten Anschreiben Werner Kindts an sie damit beschäftigt, alte Kontakte wieder herzustellen und verlorengeglaubtes Dokumentationsmaterial zu sammeln. Aus ihren Briefen ist ein Aufbäumen gegen das Vergessen einer so-

112 Akte Gertrud Classen, AdJB (Unterstreichungen im Original)
113 siehe hierzu Anm. 93 in diesem Kapitel

zialen Bewegung herauslesen, deren "Sinn" für viele Frauen, wie sie 1927 schrieb, "nicht zuletzt in dem Selbstbewußtsein einer Generation von Mädchen und Frauen (lag, I.K.), die die Schwere einer Umwertung 'ihrer' Werte und einer ungeheuren Umwertung ihrer Fähigkeiten zu tragen (hatte)."[114]
Als Zeugnis für ihre Betroffenheit angesichts der Nichtberücksichtigung weiblicher Jugendbewegung in der "Dokumentation", aber auch als Zeugnis für ihren Kampf gegen deren Vergessen soll hier aus einem Brief zitiert werden, den sie im Juni 1974 an eine Freundin aus dem Wandervogel schrieb:

> "Ich wünschte, es wäre so, wie du schreibst, daß ich von Werner Kindt aufgefordert worden wäre, ausführlicher über die weibliche jugendbewegung und ihre folgen zu berichten, aber sein band 3 der Dokumentation ist ja so gut wie abgeschlossen und so konnte es sich leider nur eine kurzchronik des 'WV-Mädchenbundes' und der mädchen der 'Deutschen Freischar' handeln und die konnte ich ihm nur bis Neuhaldensleben liefern. Nach einem längeren briefwechsel habe ich den eindruck gewonnen, daß er im grunde auch nicht an mehr interessiert ist: wobei ich mich täuschen kann.
> Ich hatte mir jetzt aus unserer stabi seine bisherigen bände geholt und wenn man auch zugeben muß, dass die Wandervogelzeit bis 1920 im wesentlichen von den 'jungen' geprägt wurde, so glaube ich doch, daß die letzten jahre aus jener zeit doch etwas mehr von den mädchen mitgeprägt wurden, als dort zum ausdruck kommt. Aber wie dem auch sei, in einem kleinen team ... haben wir uns dennoch hingesetzt und solch eine kurzchronik verfasst und an ihn abgeschickt, es ist in der kurzen zeit eine zeittafel geworden, aus der im grunde nicht mehr hervorgeht, als daß auch mädchen dabei waren, jedoch bei weitem nicht, welch eine progressive rolle sie gespielt haben und wieviel emanzipation sie durchgesetzt haben in einer gesellschaft, die noch nicht alle betreffenden eierschalen abgelegt hatte. Obwohl ich recht krank bin, habe ich mich entschlossen, material zu sammeln für ein buch über die 'weibliche jugendbewegung', um diese lücke auszufüllen und das grundmaterial sicherzustellen für die nachwelt. Da in München solch eine große zahl von bedeutsamen und offenbar arrivierten ehemaligen WV-'mädchen'? beisammen ist, wären das die geeigneten mitarbeiter an dieser aufgabe ... Ich weiß, das ist eine enorme arbeit, doch ist sie die grundlage für ein wesentliches stück deutscher zeitgeschichte, ich meine, wir sind geradezu verpflichtet, diese aufgabe auf uns zu nehmen."[115]

Daß der hier zitierte Brief erhalten blieb, ist mehr einem Zufall zu verdanken, als dem Bestreben, die Leerstellen der "Dokumentation" auszugleichen. Gertrud Classen selbst konnte ihren Plan, eine Geschichte der weiblichen Jugendbewegung zu schreiben, nicht mehr ausführen. Sie war schwer krank, aber sie nahm den Kampf um das Erinnern einer Lebensperiode auf, die für sie schon 37 Jahre vorher zuende gegangen war. Mit aller Kraft wollte sie Zeitgeschichte und Frauengeschichte sichtbar machen. Damals, 1927, war sie aus der Deutschen Freischar ausgetreten, nachdem sie zunächst viele Mädchengrupppen ihres Bun-

---

114 Gertrud Classen, Einigung der Bünde, in: Wandervogel Mädchenbund, Juni 1927, Heft 6, S. 1-3, 3

115 Akte Gertrud Classen, Brief an Gustl Karle vom 12.6.1974, AdJB

des an diese angeschlossen hatte. Ihre "letzte politische 'heldentat'", schreibt sie im Mai 1974, sei es gewesen, die Wandervogelmädchen in ihrer Abschiedsrede aufzufordern, mit ihr zusammen in den kommunistischen Jugendverband einzutreten. "Nun, ja! ich war damals noch ein politisches Kind und heute kann ich über mich lachen."[116] Sie selbst war 1928 der KPD beigetreten.

> "Ich hatte sozialistische ideale, vielleicht ein wenig christlich gefärbt, aber nichts davon schien mir in der Jugendbewegung realisierbar. Natürlich habe ich für meine überzeugung gekämpft, mehr aber konnte ich nicht tun, denn am ende sind sie doch alle in die arme Hitlers gelaufen (nun, nicht alle)."[117]

In einem anderen Brief, der nur zum Teil erhalten blieb, schreibt sie über diese wenigen an den Herausgeber der "Dokumentation":

> "... nein, ich werde dir diesen brief eines ehemaligen Berliner mädels aus unserem bund nicht beilegen, wozu auch, dein band ist so gut wie fertig und wird also die volle wahrheit nicht mehr aufnehmen können. Endlich habe ich auch erfahren, was aus einer hohen anzahl mädchen aus den berliner gruppen geworden ... Die nazis haben sie hingemordet, eine einzige gruppe fast völlig. Ich habe gestern hemmungslos geweint, was bei mir sehr selten vorkommt. Sie waren alle aus dem WV-Mädchenbund bzw. nachher 'Deutsche Freischar', alles tapfere deutsche menschen. Als ich 1938 mit meiner wirbeltuberkulose in Beets-Sommerfeld bei Berlin lag, auf dem steinharten sandkissen mit dem streckverband, 15 kg am kopf und je 15 an den beinen, erhielt ich eine warnung von einem meiner mädels (schon Freischar) aus der emigration Dänemark, dass mein name in einem Neuköllner kommunistenprozess genannt worden sei. Der professor der heilstätte, von dem ich wusste, dass er ein antifaschist sei, hat mir umgehend trotz nichtausheilung (obwohl ich bereits seit 2 jahren fest lag) ein stützkorsett machen lassen, so daß ich nachts in die Schweiz flüchten konnte, unbehelligt, denn die gestapo wusste mich ja auf nr. sicher. So hat mir dieses mädchen WVMB und später Deutsche Freischar das leben gerettet. Trotzdem musste ich im mai 39 nach Berlin zurück. Jener prozess war abgeschlossen (9 todesurteile und ein mädchen aus meiner organisation: 'Gruppe Revolutionärer Fach- und Kunsthochschüler', deren politische leiterin ich seit 29 war, eine junge studienkollegin (architektin und jüdin) vergast. - Das mädchen, das mich gewarnt hat, ist im KZ an tuberkulose zugrunde gegangen, heruntergeholt von einem schiff nach Holland in die USA! Ich fürchte, die ganze wahrheit wird schrecklich sein ... ich kann zwar nicht mehr bildhauern, aber die wahrheit aufzeichnen, das kann ich noch".[118]

Vermutlich ist dies einer der letzten Hinweise Gertrud Classens auf eine erschreckende Wahrheit. Unter ihren inzwischen archivierten Briefen fand ich nur noch einen einzigen mit einem späteren Datum. Offensichtlich reichten die Kräfte der Schreiberin nicht mehr so weit, wie sie es sich gewünscht hatte. Am 3. September 1974 starb Gertrud Classen.

---

116 ebenda, Brief an Werner Kindt vom 6.5.1974
117 ebenda, Brief an Werner Kindt vom 17.4.1974
118 Akte Gertrud Classen, Brieffragment vom 7.6.1974, AdJB

Auch wenn die politischen Ereignisse und das persönliche Engagement der jungen Frauen und Männer, von denen Gertrud Classen in ihrem Brief spricht, nicht mehr in jenen Zeitraum fielen, der hier zur Diskussion steht, sind dennoch enge Zusammenhänge anzunehmen. Die Frage nach der Art des politischen Engagement der ehemals zur Jugendbewegung gehörigen Menschen in der Zeit nach 1933 gehört bis heute zu den heiß umstrittenden und viel diskutierten Themen derjenigen, die sich mit den Traditionen der Jugendbewegung auseinandersetzen.

Die große Mehrheit der ehemaligen Mitglieder des bürgerlichen Flügel der Bewegung reagierte damals so, wie Gertrud Classen es in ihrem Brief anspricht: sie glaubte, auch im "Dritten Reich" ihren bisherigen Vorstellungen weiter nachleben zu können. Viele begrüßten das neue System sogar als Verwirklichung dessen, wofür sie sich bis dahin eingesetzt hatten. Diejenigen, an deren politischen Widerstand Gertrud Classen erinnert, waren in der Minderheit. Dennoch rührte auch deren politische Solidarität nicht zuletzt aus Erfahrungen her, die sie in der Jugendbewegung gewonnen hatten.

Wohin die Dokumente, die Gertrud Classen erwähnt, nach ihrem Tod gekommen sind, war nicht zu klären. Sie waren ihr offensichtlich so wichtig, daß sie sie nur "zu treuen Händen" weitergeben wollte, um auf diese Weise etwas von den Erkenntnissen und Gefühlen derjenigen zu bewahren, die ihr Leben eingesetzt und verloren hatten im Kampf um ein Leben, wie sie es sich gewünscht hatten.

2.9. Soziologische Empirie: Ulrich Aufmuth, Otto Neuloh und Wilhelm Zilius

Als jugendsoziologische Studie legte 1979 Ulrich Aufmuth eine Untersuchung der Wandervogelbewegung bis 1914 vor.[119] Angesichts der Fülle von Überlegungen, die der Autor zum Phänomen der "Jugend", wie sie sich als Altersgruppe und Lebensphase um die Jahrhundertwende herausgebildet hatte, beiträgt, ist es erstaunlich, daß er an keiner Stelle Hinweise auf geschlechtsspezifische Unterschiede macht. Ohne jemals eine geschlechtsneutrale Definition von "Jugend" aufzugeben, ist die Studie Aufmuths dennoch an eindeutig männlichen Sichtweisen orientiert.

119 Ulrich Aufmuth, Die deutsche Wandervogelbewegung unter soziologischem Aspekt, Göttingen 1979

Mit der Veröffentlichung von Otto Neuloh und Wilhelm Zilius[120] liegt seit 1982 eine zweite soziologische Untersuchung zur Jugendbewegung vor, diesmal auf der Grundlage einer Befragung von ehemaligen Mitgliedern der Jugendbewegung.[121] Unter dem Gesichtspunkt "Jungen und Mädchen" werden sowohl die Beziehungen zwischen den Gruppen der Mädchen und Jungen als auch die persönlichen Beziehungen zwischen den Geschlechtern behandelt. Die in der Befragung zutagetretenden Vorbehalte der männlichen Jugendbewegten gegenüber den weiblichen Mitgliedern verdichten sich in der Gegenüberstellung der Charakterbilder des typischen Wandervogeljungen und des Typus des Wandervogelmädchens. Der Junge wird beschrieben als "feiner Kerl, offen, ehrlich, optimistisch, mit mehr geistiger Aufgeschlossenheit, Regsamkeit und Phantasie als andere Jungen, der darum auch mehr zu bieten hatte, mit gewisser Ernsthaftigkeit und körperlicher Belastbarkeit, mit kommunikativen Kompetenzen und nicht schulfreudig."[122]
In den Beschreibungen des Mädchentypus, "der sich noch schärfer von den allgemein gültigen bürgerlichen Norm jener Zeit als der Typus des WV-Jungen abhob", werden an erster Stelle äußere Merkmale des hervorgehoben:

> "Sie kleidet sich nicht direkt reformerisch, aber auch nicht nach altem Muster. Sich achtet auf ihren Anzug - daß sie gut aussieht: Was paßt zu ihr - keine enge Taille, keine spitzen Schuhe, kein Bubikopf. Also das modisch betonte wurde abgelehnt. Ein anständiges Mädchen; damit die Haare nicht wild herumfliegen ein Stirnbändchen, was dann den Anlaß gab, am Nestabend einmal die Aufgabe zu stellen: Wie machen wir uns hübsch mit Stirnbändchen."

Die dem Mädchentypus des Wandervogel zugesprochene "Repräsentation des Weiblichen" wird noch verdeutlicht durch die Gegenbilder der "Teepuppe", der "aufgeputzten Dame" mit "schon erwachsenen weiblichen Allüren". Als "innere" Persönlichkeitsmerkmale werden genannt: "Aufgeschlossen (zu sein), patent, (mit) Freude am Wandern und Singen, fröhlich und kameradschaftlich, vielseitig und hilfsbereit, mitmachen und sich einigen können." Die Autoren betonen, diese Kennzeichnungen beruhten auf einem "eindrucksvollen Konsens" aller Befragten und werten die Aussagen über den Mädchentypus als "die genaue Entsprechung des WV-Jungen" - was wohl heißen soll: Abbild des WV-Jungen, "denn die Mädchen mußten sich stark angleichen, um sich mit ihren

120 Otto Neuloh/Wilhelm Zilius, Die Wandervögel, Eine empirisch-soziologische Untersuchung der frühen deutschen Jugendbewegung

121 24 der 142 Befragten waren Frauen (17%). Bei der Auswertung der Daten wurden leider keine geschlechtsspezifischen Differenzierungen vorgenommen. Aufschlußreich für das soziale Profil der Frauen in der Jugendbewegung hätten neben dem Eintrittsalter (S. 194) und der Bundeszugehörigkeit (S. 195) vor allem der Bildungsweg (S. 190) und der Beruf (S. 191) sein können.

122 ebenda, S. 100f

Gruppen in dieser rauhen Welt der Fahrten behaupten zu können. Viele von ihnen kennzeichnet daher auch eine gewisse Burschikosität".[123]
Bei näherer Betrachtung stellt das in der Studie nachgezeichnete Bild des Wandervogel-Mädchentyps nichts weniger als ein Abbild des männlichen Wandervogels dar, sondern drückt stattdessen die Unmöglichkeit aus, als Mädchen im Wandervogel dem Jungentypus gleich zu sein. Die von den Mädchen erstrebte Ähnlichkeit stürzte die jungen Frauen in einen unauflösbaren Konflikt zwischen dem Wunsch nach Gleichheit und dem nach Differenz; er ist den Mädchen "auf den Leib geschneidert" und erfaßte ihre ganze Person. "Kleider machen Leute" und Kleider bezeichnen den sozialen Unterschied zwischen den Geschlechtern. Wo in der Absetzung von anderen Weiblichkeitsmustern Vorstellungen von freierer Kleidung und einem weniger sexualisierten Geschlechtsrollenverhalten sichtbar werden, bleiben die neuen Identitätsangebote doch der alten Ordnung verhaftet. Die Mädchen bezogen sich nicht auf die Wandervogelideale allein; sondern "sie wollten von den Jungen anerkannt werden" und so rangierte die Beziehung zum Mann vor dem Ziel, sich selber zu befreien. Die Mädchen meinten, sie müßten "die Jungen imitieren, um sich selber zu befreien". Aber dieser Weg zur Selbstbefreiung, der auch eine Werbung um männliche Anerkennung war, führte in eine Sackgasse, denn nun "waren die Mädchen nicht gerade sehr reizvoll gekleidet"; sie "wollten ja mehr Jungs als Mädchen sein"[124] und verloren auf diese Weise jede Attraktivität. So suchten die jungen Frauen ihren Protest gegen "weibliche Allüren" mit einem Weiblichkeitsausdruck zu verbinden, der an den weiblichen Körper gebunden blieb und sie weiterhin als den Jungen gegenüber "anders" und "unähnlich" kennzeichnete. Sie richteten sich "anständig" her, ordneten sich anstellig unter und lehnten auch den "Bubikopf" ab, denn dieser Kurzhaarschnitt galt als Infragestellung der gegebenen Geschlechterordnung; ebenso aber eröffnete ihnen auch das offene Haar keinen Ausweg, - signalisiert es doch (bis heute) etwas Begehrliches und Gefährliches; es wurde anmutig "eingebunden", und "gebunden" blieben damit auch weibliche Wünsche nach Autonomie und Hoffnungen auf ein selbstbestimmtes Leben; sie blieben gebunden an den weiblichen Körper und an Wertvorstellungen, in denen die männlichen Maßstäbe Vorrang haben.

Zutreffend, so meine ich, hätten die Autoren das von ihnen skizzierte Geschlechterverhältnis umschrieben, wenn sie es bei dem von ihnen benutzten Begriff der "Entsprechung" belassen hätten. Drückt dieser doch durch seine Uneindeutigkeit jene Beziehung aus, in der sich die jungen Frauen als das "andere" Geschlecht zum "Einen" befanden und beließen. Jeder Hinweis auf eine noch dazu "starke" Angleichung aber suggeriert eine "Gleichheit", die offensichtlich von niemandem gemeint war. Gegenüber dem hier interpretierten weiblichen

123 ebenda, S. 102f
124 ebenda, S. 91

Typus des Wandervogels nimmt sich die Beschreibung des männlichen Typus weit weniger kompliziert aus. Dieser setzt sich als Subjekt, ohne "Entsprechungen" und ohne "Angleichungen" an ein anderes Geschlecht. Außer der besonderen "Belastbarkeit" betrifft keines der Merkmale die männliche Körperlichkeit; "ungebunden" kann der Wandervogeljunge alle Energien auf die Entwicklung seiner personalen Identität konzentrieren.

2.10. Jugendtheoretische Zuordnung: Hermann Giesecke

1981 erschien Hermann Gieseckes Studie zur Geschichte der Jugendbewegung und Jugendarbeit in Deutschland.[125] Obwohl auch unter jugendsoziologischem Blickwinkel verfaßt, unterscheidet sich diese Studie von den eben vorgestellten Publikationen vor allem dadurch, daß Giesecke die Jugendbewegung nicht aus sich selbst heraus interpretiert, sondern sozialgeschichtliche und erziehungswissenschaftliche Konzepte in den Mittelpunkt stellt. Zentrale Kategorie ist bei Giesecke die der "Kulturpubertät", womit die gesellschaftliche Ausgliederung der Jugend als einer sozialen Gruppe umschrieben wird. Angesichts des sozialen und normativen Wandels sieht der Autor die junge Generation vor die historisch neue Situation gestellt, daß "Identität nicht einfach mehr durch Identifikation zustandekommt":

> "Es wird den Jugendlichen 'Kulturpubertät'zugemutet, das heißt ein relativ offener Lebens- und Handlungsspielraum, in dem sie selbst durch Erfahrung und Auseinandersetzung eine Identität gewinnen und - praktisch gesprochen - einen eigenen Lebensplan entwerfen und seine Realisierung beginnen müssen."[126]

Giesecke betont, daß dieser gesellschaftliche Freiraum nicht nur die Chance auf Autonomie und Eigenverantwortung beinhalte, sondern ebenso Verunsicherung und Vereinzelung bedeuten könne, eine widerspruchsvolle Situation also, die in den betroffenen Jugendgenerationen durch die Gruppenbildungen der Jugendbewegung bewältigt worden sei. Hier hätten die Jugendlichen jene Orientierungs- und Identifikationsmöglichkeiten gefunden, die ihrem Bedürfnis nach Autonomie und Bindung entsprachen. Ein Ziel der Untersuchung Gieseckes ist es, herauszuarbeiten, in welcher Weise die verschiedenen Ausformungen der Jugendbewegung den Spielraum jugendlicher Identitätsfindung ausgefüllt haben; und es ist erfreulich, daß der Autor nicht nur schichtspezifische, sondern auch geschlechtsspezifische Differenzen berücksichtigt. Dabei kommt er zu dem

125 Hermann Giesecke, Vom Wandervogel bis zur Hitlerjugend, München 1981
126 ebenda, S. 211

Ergebnis, daß "die meisten Mädchen" von der "Kulturpubertät" ausgeschlossen gewesen seien, da sie keine realen Entscheidungs- und Handlungsperspektiven vorgefunden hätten:

> "Ihre traditionelle Sozialisation und Erziehung zielte auf eine Existenz in der Familie, an der Seite eines Mannes. Darauf wurden ihre sozialen Vorstellungen und Handlungsmöglichkeiten weitgehend beschränkt. Berufstätigkeit, die sich nach 1918 ausdehnte, wurde weniger als eigenständig soziale Handlungskompetenz verstanden, die es mit der anerzogenen 'Familienkompetenz'zu verbinden galt, sondern eher als ein Durchgangs- oder Zwischenstadium bis zur Familiengründung."[127]

Interessant finde ich, wie Giesecke - fast beiläufig und ohne sie so zu benennen - die Situation der weiblichen Jugend als "paradoxe Realität" konstatiert: Ebenso wie die männliche Jugend durch den gesellschaftlichen Wandel betroffen, sei auch die weibliche Jugend den sozialen und normativen Sicherheiten der traditionellen Gesellschaft entrückt; gleichzeitig aber bleibe ihr das Experimentierfeld der "Kulturpubertät" verschlossen, da dieses nur für die gesellschaftliche Praxis der männlichen Jugend vorbereite. Bedauerlich ist nun, daß die weiteren Ausführungen Gieseckes über die Situation der weiblichen Jugend diese "unmögliche Konstruktion" abbilden - und kategorial verfestigen.

Der Autor sieht, daß die Bünde der Jugendbewegung sowohl von ihren Inhalten als auch von ihren Formen her "Männerbünde" waren und er meint auch, daß das jugendbewegte Weiblichkeitsbild der "Kameradin" eher auf eine "Erweiterung der traditionellen Rolle als auf den Erwerb neuer sozialer Kompetenzen" abgezielt habe. Diese Feststellungen veranlassen ihn aber nicht zu Überlegungen darüber, was solche männlichen Dominanzen denn wohl für die weiblichen Mitglieder der Jugendbewegung bedeutet haben mögen. Wo er darüber spekuliert, was "'Pubertät' im Sinne eines psychosozialen 'Moratoriums'" für Mädchen bedeutet haben könnte, nämlich eine "Emanzipation von Mutter und Tante" und "emotionale Erfahrungen" mit dem anderen Geschlecht, meint er, gerade diese Chancen hätten die Bünde nicht bereitgestellt. Dort "konnte man mit Mädchen als Individuen nichts anfangen". Abgesehen davon, daß diese Argumentation mir durchaus nicht als schlüssig erscheint, meine ich, daß das "Problem" der männlichen Bünde nicht die Mädchen als "Individuen" darstellten, sondern gerade deren kollektive Zusammenschlüsse. Das Resümee Gieseckes sieht dann folgendermaßen aus:

> "Es erscheint so, daß die Emanzipation des Mädchen derartiger Gruppen- und Führerbindungen gar nicht bedarf, daß sie eher eine individuelle ist, bzw. sein muß, die ganz bestimmter Bedingungen und Voraussetzungen bedarf, z.B. einer qualifizierten Bildung und einer eigenständigen beruflichen Perspektive. Es scheint ferner so, daß die Emanzipation des bürgerlichen Mädchens, ihre Fähig-

127 ebenda, S. 219f

> keit etwa zu partnerschaftlichen, gleichberechtigten Beziehungen, damals außerhalb der Bünde und wohl außerhalb der Jugendarbeit überhaupt noch am ehesten möglich war."[128]

Mit diesen Schlußfolgerungen legt Giesecke die Erkenntnis nahe, ohne sie allerdings selbst zu realisieren, daß die von ihm eingeführte sozialwissenschaftliche Kategorie der "Kulturpubertät" den widersprüchlichen und komplexen Lebensrealitäten von jungen Frauen nicht gerecht werden kann, weil und indem sie auf die Lebensbedingungen der männlichen Jugend hin gedacht ist. Insofern ist es zwar konsequent, aber nicht weiterführend, wenn Giesecke, die Geschlechterdifferenz in seine Kategorie nicht aufnehmend, weibliche Emanzipation nur als individuelle, d. h. aber als Anpassung weiblicher Lebensbedingungen an diejenigen der männlichen Jugend denken kann. So vermag der Autor die Geschichte und Realität weiblicher Jugend in dem behandelten Zeitraum theoretisch nicht zum Thema zu machen und verweist damit auch auf der Ebene der Wissenschaft das weibliche Geschlecht in die Zweitrangigkeit.

Die Dominanz des Männlichen findet sich noch einmal bestätigt, wenn Giesecke meint, daß der Vergesellschaftungsprozeß von "Jugend", in dem "Jugendliche als von ihren konkreten sozialen Herkünften losgelöst gedachte Individuen"[129] definiert werden, die weibliche Jugend erst heutzutage erfaßt habe. Um den Vergesellschaftungsprozeß der weiblichen Jugend zu Beginn dieses Jahrhunderts oder heute angemessen untersuchen zu können, bedarf es zunächst einmal der Einsicht in die allgemeinen sozialen Bedingungen und Eingebundenheiten von heranwachsenden jungen Mädchen. Das erfordert meines Erachtens, den Aspekt der doppelten Vergesellschaftung von Frauen und Mädchen in die Analyse einzubeziehen, denn Frauen sind seit jenen gesellschaftlichen Umbrüchen, die Giesecke zum Ausgangspunkt seiner Untersuchung wählt, in zwei Praxisfeldern vergesellschaftet, die nicht nur verschieden, sondern auch durch einander widersprechende Anforderungen strukturiert sind.

Wenn diese Widersprüche weiblicher Lebensrealität historisch bearbeitet werden, dann könnte sich zeigen, daß auch die These von Giesecke, nach der "das Problem der weiblichen Identität sich in einer normativ weitgehend horizontalen Gesellschaft eher noch verschärft zu haben scheint"[130], nicht länger haltbar ist.

Die jungen Frauen waren in den ersten Jahrzehnten dieses Jahrhunderts noch eindeutiger als heute auf den privaten Bereich der Familie hin orientiert und ihr Bezug auf den öffentlichen Bereich des Berufes war mit einem Katalog von Ausgrenzungen besetzt, der ihnen eine Standortbestimmung in den für Frauen weitgehend veränderten gesellschaftlichen Lebensbedingungen besonders schwer machte. Hier wären widersprüchliche Verhaltensanforderungen an Mäd-

128 ebenda, S. 106f
129 ebenda, S. 215
130 ebenda, S. 220

chen auf die sich darin ausdrückenden gesellschaftlichen Widersprüche hin zu untersuchen und nicht, wie Giesecke es tut, die Verhaltensweisen der weiblichen Jugend im Vergleich mit den Sinn- und Wertesystemen der "kulturpubertierenden" männlichen Jugend als widersprüchlich herauszustellen; daran gemessen erscheinen die Lebensäußerungen der Mädchen allzu leicht als defizitär.[131]

Das Konzept der "Kulturpubertät" wäre im Hinblick auf die spezifische Vergesellschaftung von Frauen, die an sie gestellten ambivalenten Verhaltensanforderungen und die widersprüchlichen Erfahrungen und Haltungen von Mädchen neu und anders zu denken. Erst dann ließen sich im Selbstverständnis und in der Verhaltensstrategie der weiblichen Jugend die Bedingungen erkennen, unter denen sich junge Frauen im Spannungsfeld zwischen Autonomie und Anpassung bewegen.

2.11. Frauen zum Thema, in den achtziger Jahren: Magdalena Musial und Marion de Ras

Eine systematische Darstellung der weiblichen Jugendbewegung wurde 1982 von Magdalena Musial vorgelegt.[132] Damit wurde zum erstenmal die weibliche Jugendbewegung für "geschichtswürdig" befunden, - eine Tatsache, die die Arbeit Magdalena Musials selbst schon wieder historisch bedeutsam macht. Die Stärken dieser als Dissertation verfaßten Studie liegen da, wo die Autorin die Entwicklung der weiblichen Jugendbewegung beschreibt und sie damit der Vergessenheit entreißt. Hier bietet die Arbeit einen wertvollen Beitrag zu der Rekonstruktion der Geschichte einer Bewegung. Wenn ich Musials Studie trotz der geleisteten Recherchen kritisiere, dann geht es mir dabei vor allem um die Wertungen, mit denen die Autorin die zentrale Frage ihrer Untersuchung, nämlich die "Beziehung zwischen der Jugendbewegung und der Emanzipation der Frau"[133] klären zu wollen, beantwortet. Sie kommt dabei zu folgendem Resümee:

---

131 vgl. ebenda, S. 104ff und 136ff

132 Magdalena Musial, Jugendbewegung und Emanzipation der Frau - Ein Beitrag zur Rolle der weiblichen Jugend in der Jugendbewegung bis 1933; Dissertation Essen 1982. Vgl. auch Sabine Behn, "...und die Mädchen verbengeln und verwildern!", in: Archiv für die Geschichte des Widerstandes und der Arbeit, Heft 9, 1989

133 Musial, S. 2

> "Durch die weibliche Jugendbewegung haben es die Mädchen erreicht, sich von der Unmündigkeit und von der Unterdrückung zu befreien, die an die Rolle der Frau in der Gesellschaft geknüpft war."[134]

An dieser Aussage wird deutlich, daß Magdalena Musial die weibliche Jugendbewegung als eigenständigen gesellschaftlichen Bereich betrachtet, herausgelöst aus den sozio-ökonomischen Bedingungen gesellschaftlichen Lebens und unabhängig von den Herrschaftsverhältnissen, die erst die "Rolle der Frau in der Gesellschaft" begründen. Musial definiert Emanzipation als "Selbstbewußtwerdung und Selbstbefreiung mit dem Ziel aktiver Lebensbewältigung".[135] Mit dieser sozialisationstheoretischen Deutung von Emanzipation wird weibliche Selbstbefreiung letztenendes auf individuelle Lebensbewältigung beschränkt. Ob damit aber die Widersprüchlichkeiten des weiblichen Lebenszusammenhangs, unter denen sich Frauen auch zu sich selbst als Person verhalten müssen, auch nur annähernd erfasst werden können, stelle ich in Frage. Ebensowenig wie der von Musial benutzte Emanzipationsbegriff ist meines Erachtens das von ihr verwendete Rollenkonzept geeignet, die sozialgeschichtliche Realität zu erfassen. Die Autorin meint:

> "Der einzelne soll fähig werden, seine wechselnden sozialen Rollen immer neu zu reflektieren und zu beurteilen, um sie je nach der eigenen Entscheidung auszufüllen, zu verändern oder abzulehnen. Eine solche Erziehung bietet die Chance zu verhindern, daß der einzelne Mensch sich fraglos den Gesetzen und Normen von Kollektiven unterwirft und sich blind den Gegebenheiten anpaßt."[136]

Meine Einwände gegen diese Deutung beziehen sich nicht nur darauf, daß beim Erlernen und Durchsetzen von neuem Rollenverhalten wesentliche Muster der Geschlechterrollen unberührt bleiben, weil sie durch frühkindliche Sozialisation zutiefst verankert sind; viel wichtiger erscheint mir noch, daß geschlechtsspezifische Verhaltensmuster ursächlich begründet sind durch die gesellschaftliche Arbeitsteilung zwischen den Geschlechtern und diese deshalb auch in die Analyse einbezogen werden müßte.

Für Musial hat der weibliche Teil der klassischen deutschen Jugendbewegung nach Phasen der "Imitation" und der "Divergenz" zur "Autonomiephase"[137] gefunden; "Besinnung auf die weibliche Eigenart" führte nach Musial zur Trennung vom männlichen Teil der Jugendbewegung, zu eigenen weiblichen Jugendbünden und zur "Selbstbewußtwerdung" der Mädchen und Frauen in der Jugendbewegung. Diese Deutung geht nach meinem Dafürhalten an zwei wesentlichen sozialgeschichtlichen Tatbeständen vorbei:

---

134 ebenda, S. 268
135 ebenda, S. 30
136 ebenda, S. 30
137 ebenda, S. 233

Erstens brachte die Konstituierung separater Mädchen- und Frauenbünde, die dem geschichtlichen Vorgang nach nur partiell auf der Entscheidung der Mädchen und Frauen selbst beruhte, keineswegs eine Gleichberechtigung der Geschlechter in der Jugendbewegung hervor. Ausgesprochen oder unausgesprochen herrschte weitgehend eine geschlechtsspezifische Rangordnung: Die weiblichen Bünde galten als nachrangig, und jugendbewegt aktive Mädchen versuchten demgegenüber immer wieder einmal, durch Übernahme männlichbündischer Verhaltensweisen sich ein "höheres" Ansehen in der Jugendbewegung zu verschaffen. Die geschlechtsspezifische Rangordnung in den Bünden wurde dann nach 1933, beim Übergang bündischer Formen des Jugendlebens in die nationalsozialistische Jugendorganisation, übernommen und institutionalisiert.

Zweitens war entgegen der Interpretation von Musial das in der weiblichen Bündischen Jugend vorherrschende Bild von "weiblicher Eigenart" inhaltlich nicht so ausgestaltet, daß der Begriff "Autonomie" hier einen Sinn haben könnte, - es sei denn, man wollte darunter den simplen Sachverhalt organisatorischer Eigenständigkeit verstehen.

Mit der 1988 veröffentlichten Arbeit von Marion de Ras[138] liegt eine Studie über die Mädchen im Wandervogel und in der Bündischen Jugend vor, die sich wohltuend von allen bisherigen Darstellungen und Analysen der Jugendbewegung unterscheidet. Die Autorin präzisiert ihr Untersuchungsinteresse genau: Es ging ihr nicht vorrangig darum, "ob und in welcher Weise die Mädchenbewegung eine Emanzipationsbewegung war, oder ob sie als eine konservative Bewegung, etwa eine 'braune Revolution' zu charakterisieren wäre, auch nicht, ob die Mädchen unterdrückt wurden", vielmehr lag ihr daran, "das Bewegen überhaupt, die Konstruktionen der Mädchenbewegung zu ermitteln."[139]

Mit der Analyse dieser Konstruktionen ist es der Autorin gelungen, die in den Mädchenbünden entwickelten Ideale von "Mädchengemeinschaft", "Weiblichkeit" und "weiblicher Kultur" nachzuzeichnen und deren widersprüchliche, auf "Trennung" und "Entgrenzung" hin angelegten Bedeutungsgehalte sichtbar zu machen; besonders gut gefällt mir der dabei entstehende Einblick in die Entwicklungsabschnitte und jeweiligen Besonderheiten der einzelnen Mädchenbünde innerhalb der "freien" Jugendbewegung. Wenn ich meine, daß mit dieser Untersuchung der konstitutiven Elemente weiblicher und jugendbewegter Identität gleichzeitig ein wichtiger Beitrag zur Frauengeschichtsforschung vorliegt, der über den Rahmen von Jugendbewegung hinausweist und Ideen sichtbar macht, die nachhaltigen Eingang in weibliche Subjektwerdung gefunden haben, so möchte ich damit einen Einwand gegen die Interpretationen von Marion de Ras verbinden: Nach meinem Eindruck wird solchen Konstruktionen wie der

138 Marion E.P. de Ras, Körper, Eros und weibliche Kultur: Mädchen im Wandervogel und in der Bündischen Jugend 1900-1933, Pfaffenweiler 1988
139 ebenda, S. 4

"heiligen Insel" oder dem "weißen Ritter", gemessen an der Realität des jugendbündischen Lebens, von der Autorin ein allzu starkes Gewicht beigemessen.

Thematisch unterscheidet sich die Studie von Marion de Ras von meiner Arbeit vor allem dadurch, daß ich mich nicht wie de Ras auf die "Selbst"-Konstruktionen der weiblichen Jugend in den Bünden konzentriere, sondern die Weiblichkeitskonstruktionen im Zusammenhang mit den Geschlechterbeziehungen charakterisiere. Während de Ras allein die Mädchenbewegung des Wandervogels und der freien Bünde der Bündischen Jugend untersucht, beschäftige ich mich auch mit den anderen Phasen und Richtungen der Jugendbewegung und beziehe den gesellschaftlichen Kontext mit ein.

Zusammenfassend läßt sich sagen: Sieht man von den beiden zuletzt genannten Studien über Frauen in der Jugendbewegung und einigen kritischen Ansätzen bei Harry Pross und Hermann Giesecke ab, so ist Historiographie zum Wandervogel und zur Bündischen Jugend im Hinblick auf meine Fragestellung weitgehend affirmativ. In den vorliegenden Gesamtdarstellungen zur Geschichte der Jugendbewegung wird die Frage nach der weiblichen Partizipation in unterschiedlicher Weise aufgegriffen; selten jedoch gerät sie aus den thematischen Grenzen heraus, die ihr schon in der historischen Bewegung selbst gesetzt waren. Sie erscheint weitgehend als "Mädelfrage", die, soweit sie "gelöst" werden konnte, im Konzept der "Kameradschaft" zwischen den Geschlechtern emanzipatorisch aufgehoben, d.h. überwunden worden sei. Es zeigt sich, daß in der jugendbewegten Historiographie die zeitgenössischen Abwertungen von Frauen in der Öffentlichkeit voll zum Tragen kommen, wobei zu bedenken ist, daß im Unterschied zu vielen anderen historischen Vorgängen Mädchen und Frauen in der Jugendbewegung öffentlich erkennbar beteiligt waren; dennoch oder gerade deshalb aber werden sie in ihrer Eigenschaft als historisch Handelnde negiert.

Hier ist noch einmal darauf hinzuweisen, daß Studien zur historischen Jugendbewegung vorzugsweise von Menschen gelesen wurden und werden, die selbst an dieser Bewegung teilgenommen haben, also eben auch von den Frauen, die einst jugendbewegt waren. Die männliche Geschichtsbetrachtung zur Jugendbewegung aber fordert diesen Leserinnen eine Sichtweise ab, die nur als schizophrene Perspektive bezeichnet werden kann. Weibliche Erfahrungen werden denen, die sie gemacht haben, enteignet, indem sie verschwiegen oder die weiblichen Mitglieder der Jugendbewegung zu ärgerlichen Randerscheinungen einer eigentlich männlichen Bewegung herabgewürdigt werden.

Wenn mitbedacht wird, daß die Aneignung historischer Erfahrungen ein wesentlicher Faktor "zum Aufbau einer stabilen Ich-Identität und zur gemeinsamen politischen Handlungsorientierung" sein kann[140], dann läßt sich die Wirkung

140 Annette Kuhn, Identitätsgewinnung durch Frauengeschichte - Gefahren, Grenzen, Möglichkeiten, in: Geschichtsdidaktik, 10. Jg. 1985, Heft 2, 117-128, 117

dieser Publikationen so deuten, daß Frauen, ihrer Geschichte enteignet, auch ihre Gegenwart und Zukunft nicht bewußt gestalten können. Anzunehmen ist, daß darüberhinaus die männlichen Wertsetzungen in der jugendbewegten Geschichtsschreibung für beide Geschlechter so etwas wie historiographisch verursachte Kollektivneurosen herausbildeten, und zwar mit jeweils geschlechtsspezifisch eigentümlichen, aber darum nicht weniger dramatischen Symptombildungen.[141]

Es versteht sich, daß vom Standpunkt der hier kritisierten Autoren aus solche Überlegungen und Einwände als "ideologisch" und "feministisch" zurückgewiesen werden können. In der vorherrschenden Richtung der "Hausgeschichtsschreibung" der Jugendbewegung erscheint die männlich-menschliche Spezies als der "Normalfall", dem gegenüber die Frauen zum "Sonderproblem", hier zur "Mädelfrage" erklärt werden. Der Stand der Literatur legt es insofern nahe, die Weiblichkeitsbilder und die Ideen zur Geschlechterfrage in der Jugendbewegung noch einmal näher zu betrachten und kritischer zu deuten; dem soll im folgenden eine Skizze der gesellschaftsgeschichtlichen Bedingungen vorausgehen, unter denen Mädchen und Frauen sich der Jugendbewegung zuwandten.

141 Ich habe hier von Begriffen der Psychoanalyse Gebrauch gemacht, um den Gedankengang zuzuspitzen.

3. Der sozio-kulturelle Kontext: Gesellschaftlicher Wandel und weibliche Lebensperspektiven zur Zeit der Jugendbewegung

3.1. Der weibliche Lebenszusammenhang unter dem Einfluß der Industrialisierung

Das für Frauen bedeutsamste Ergebnis des Industrialisierungsprozesses war die Trennung der Reproduktionssphäre "Familie" von dem Ort der Produktion. Diese sich mit dem Rückgang von der agrarisch-handwerklichen Produktionsweise durchsetzende Aufspaltung des Lebens in Leben und Arbeit, in Privatsphäre und Öffentlichkeit, veränderte die gesellschaftliche Stellung der Frauen von Grund auf. Nicht, daß Frauen bis dahin rechtliche oder politische Entscheidungsfreiheiten gehabt hätten; seit undenklichen Zeiten waren sie unter die Gewalt des Hausvaters gestellt gewesen. Aber sie standen dabei "mitten im Leben" und hatten von daher "etwas zu sagen". Mit ihrer Arbeit trugen sie unmittelbar zur Ernährung und zum Wohlstand des Hauses bei und befanden sich aufgrund ihrer Verantwortung für Organisation und Ablauf von umfassenden Arbeitsprozessen in der Familienökonomie in einer fast gleichberechtigten Stellung. Eingebunden in vielfältige soziale Kontakte, verfügten sie über mehr Einfluß im Alltagsleben, als die Vormachtstellung der Männer in Haus und Öffentlichkeit vermuten lassen könnte. Im ständisch geregelten wirtschaftlichen System waren Männer und Frauen waren aufeinander angewiesen, was bedeutete, daß auch die Frauen eine gewisse Machtposition innehatten. Die harte körperliche Arbeit der Frauen in den Unter- und Mittelschichten stand der Ausbildung spezifischer "Weiblichkeit" entgegen. In Sprache und Gebärden waren sich Männer und Frauen ähnlich, denn der Verhaltenskodex war durch Standeszugehörigkeit und nicht durch einen besonderen "Geschlechtscharakter" bestimmt.

Mit der Auflösung der Familienökonomie und der zunehmenden Bedeutung des Marktes aber büßten die Frauen an gesellschaftlicher Anerkennung ein. In dem Maße, in dem sich jetzt nur noch die Produkte männlicher Tätigkeit in ihrem Wert realisierten, wurde auch nur der männlichen Arbeit der Charakter von "Arbeit" zugesprochen. Ausgeschlossen von diesem Tätigkeitsbereich, verloren die Frauen auch den Zugang zu der immer bedeutungsvoller werdenden Öffentlichkeit. So sehr die Haus- und Familienarbeit auch weiterhin gesellschaftlich notwendig war und sogar an Bedeutung gewann, erfuhren die häuslichen Tätigkeiten doch eine massive Abwertung. Wert hatte nur noch, was auch Geld brachte. Letzlich wurde weiblicher Arbeit jeder Arbeitscharakter abgesprochen;

sie wurde zur "Arbeit aus Liebe"[1], zum Liebesdienst. Mit diesen ideologischen Verzerrungen des sinnlich-konkreten Umgangs von Frauen mit Dingen und Menschen veränderte sich auch das Bild der Frau. Wie Bettina Heintz und Claudia Honegger es ausdrückten, wurde "die Frau, einst begehrlich und lebendig, nun zur 'guten Mutter' verformt. Ausgesperrt von Handlungsfeldern, die ihrem Gatten offenstehen, findet sie sich, zurechtgeschnitten auf die Hälfte ihrer Person, im privaten Binnenraum der Familie wieder."[2]
Aber die Entwicklung der Familie zum gesellschaftlichen "Binnenraum" hatte noch weiterreichende Folgen in der sozialen Reduzierung von Frauen: Gegenüber der auf Erwerb ausgerichteten und von Egoismus und Konkurrenz getriebenen äußeren Welt erschien die Familie als ein immer wichtiger werdender Bereich des persönlichen Glücks, der durch Liebe bestimmt und von Arbeit befreit sein sollte, - eine Gegenüberstellung, die zunehmend mit dem Wesensunterschied von Mann und Frau identifiziert wurde. Damit aber erhielt die durchaus nicht neue Kontrastierung von weiblichem und männlichem Wesen eine entscheidend neue Qualität, denn während die Ständegesellschaft insgesamt noch eine breite Palette weiblichen Verhaltens als "natürlich" erscheinen ließ, schränkten die mit dem bürgerlichen Familienideal sich ausprägenden Weiblichkeitsnormen den Verhaltenskanon von Frauen empfindlich ein. Karin Hausen hebt zu Recht hervor, daß mit dem Wechsel des Bezugssystems von Standesdefinitionen zu Charakterdefinitionen gleichzeitig ein Wechsel von einem partikularen zu einem universellen Zuordnungssystem stattfand, das sich nicht zuletzt aufgrund seiner "wissenschaftlichen" Fundierungen als besonders hartnäckig erweise.[3]

Die darin liegende neue Dimension im Herrschaftsverhältnis zwischen den Geschlechtern zeigt sich nicht zuletzt in den unterschiedlichen Charakterzuschreibungen. Während dem Mann die für die Berufswelt gültigen Merkmale, wie Verstand, Willenskraft und Selbständigkeit zugesprochen werden, findet sich die Frau auf Wesensbestimmungen festgelegt, die ihr persönliches Durchsetzungsvermögen außerordentlich einschränken. Neben Liebe, Güte, Zärtlichkeit und Hingabefähigkeit zeichnet sie auch für Tugenden wie Zufriedenheit, Langmut und Bescheidenheit verantwortlich. In ihrer vollen Ausprägung erscheinen die Geschlechtscharaktere nicht nur als sich polar gegenüberstehend, sondern auch als sich ideal ergänzend. Und ebenso sind nach dieser Vorstellung, wie Karin Hausen sagt,

---

1 Gisela Bock, Barbara Duden, Arbeit aus Liebe - Liebe als Arbeit, in: Frauen und Wissenschaft, Beiträge zur Sommeruniversität für Frauen Juli 1976, Berlin 1977

2 Claudia Honegger, Bettina Heintz (Hg.), Listen der Ohnmacht, Frankfurt 1981, S. 31

3 Vgl. Karin Hausen, Die Polarisierung der "Geschlechtscharaktere" - Eine Spiegelung der Dissoziation von Erwerbs- und Familenleben, in: Werner Conze, Sozialgeschichte der Familie in der Neuzeit Europas (Industrielle Welt, Schriftenreihe des Arbeitskreises für moderne Sozialgeschichte, Bd. 21) Stuttgart 1976, S. 363-393

"Mann und Frau nach Natur und Bestimmung auf Ergänzung angelegt und demgemäß ist es einem einzelnen Menschen unmöglich, sich zur harmonischen Persönlichkeit zu entwickeln. Diese in der Literatur der Klassik und Romantik hochstilisierte Idee der Ergänzung verallgemeinert und steigert den in der Sexualität angelegten Gattungszweck zur psychischen Verschmelzung in der Seelengemeinschaft."[4]

Es wundert nicht, daß diese ideologische Konstruktion vom gebildeten Bürgertum entwickelt wurde. Hier hatte sich am frühesten die Trennung von Erwerbsarbeit und Hausarbeit angebahnt, und hier hatte der schöne Schein des Familienlebens auch am ehesten Bezüge zur Lebenswirklichkeit. Diese Bevölkerungsgruppe konnte als erste Kindern und Jugendlichen einen Sonderstatus einräumen. Ergänzend zur vom Vater und Mann ausgeübten Berufstätigkeit wuchs hier den Frauen neben ihrer traditionellen Funktion des Kindererziehens auch die Aufgabe zu, die dem weiblichen Geschlechtscharakter zugeordneten emotionalen Fähigkeiten zu vermitteln. Diese Eigenschaften waren nicht nur für die psychische Stabilität der Kinder funktional, sondern sicherten gleichzeitig die psychische Reproduktion der (Ehe)-Männer.

Obwohl schon zu Beginn der bürgerlichen Gesellschaft ausformuliert, hatte der sich in den "Geschlechtscharakteren" ausdrückende Normenkatalog um die Jahrhundertwende und während der ersten Jahrzehnte des zwanzigsten Jahrhunderts nichts von seiner sozialen Relevanz eingebüßt. Im Gegenteil, die gesellschaftlichen Umbrüche jener Zeit und deren kulturkritische Bewertung verliehen den weiblichen "Wesenseigenschaften" einen erhöhten Stellenwert. Bei der Suche nach Gegenkräften zu der als "Entseelung in der Massengesellschaft" empfundenen Entwicklung rückte das bürgerliche Familienbild in das Zentrum der allgemeinen Aufmerksamkeit. Mit der "Restabilisierung" der Familie glaubte man zugleich den entscheidenden Faktor zur Lösung der "sozialen Frage" gefunden zu haben. Dabei konzentrierten sich die immer neuen Beschwörungen zur Erhaltung humaner Qualitäten durch die Familie ausschließlich auf die Frauen; diese galten als verantwortlich für das "letzte" gesellschaftliche Refugium. Es gehört nicht viel dazu, um zu erkennen, wie identifikationsfähig solche Weiblichkeitsbilder für Frauen sein konnten und wie leicht sie damit in patriarchalen Abhängigkeiten gehalten werden konnten.

Für die bürgerlichen Frauen bedeutete dies, Selbstwertgefühl, Identität und gesellschaftliches Ansehen allein über den beruflichen Status des männlichen Familienoberhauptes gewinnen zu können. Dies aber forderte besonders von den Frauen des großteils verbeamteten Bildungsbürgertums den Einsatz ihrer ganzen Kraft, denn die beruflichen Pflichten der Beamten des Kaiserstaates waren nicht nur auf die dienstlichen Aufgabenbereiche beschränkt, sondern schlossen die gesamte Privatsphäre mit ein. Auch die Ehefrauen waren von den gesell-

4 ebenda, S. 377

schaftlichen Zwängen des Beamtentums unmittelbar betroffen: Für Wohlanständigkeit und Pflichttreue, für standesgemäßes Auftreten und Wahrung staatlicher Würde zeichneten die Frauen zum Teil mehr verantwortlich als ihre verbeamteten Ehemänner. Die Ausgestaltung des standesgemäßen Lebens in Öffentlichkeit und Privatsphäre machte einen großen Teil ihrer Arbeit aus und stellte hohe Anforderungen an sie. Eine wichtige Rolle spielten dabei die gesellschaftlichen Verpflichtungen, die den Nachweis der eigenen Gesellschaftsfähigkeit erbrachten. Die Teilnahme am System der Einladungen diente der Selbstrepräsentation und galt zugleich als Voraussetzung für jede berufliche Karriere.

Die gesellschaftlichen Verpflichtungen wickelten sich meist in den Privatwohnungen ab und waren für die Frauen mit viel Arbeit verbunden[5] - eine Tatsache, die dem Mythos vom "Müßiggang" der bürgerlichen Frauen extrem entgegenstand und die sie deshalb zu verbergen und zu verschleiern trachteten. Die wichtige Rolle des Dienstpersonals im bürgerlichen Haushalt war nicht zuletzt in eben diesen Widersprüchlichkeiten begründet. Dienstboten hatten nicht nur die umfangreichen Hausarbeiten zu übernehmen, sondern galten ebenso wie der Mythos vom Müßiggang der bürgerlichen Frau als Symbol des sozialen Status des Hausherrn und seiner Familie. Bevor in wirtschaftlichen Notlagen Dienstboten entlassen wurden, sparte man lieber an anderen Stellen des familären Budgets.

3.2. Junge Frauen zwischen gesellschaftlicher Realität und Weiblichkeitskonstruktionen

3.2.1. Weibliche Lebensbedingungen im Bürgertum

Sucht man nach der gelebten Wirklichkeit der hier skizzierten weiblichen Lebensbedingungen im Bürgertum, dann heißt das, nach den Strategien zu fragen, mit denen Frauen sich ihre Lebenssituation als identifikationsfähige persönliche Praxis aneigneten. Und hier zeigten sie sich als überaus phantasiebegabt, den objektiven Zwängen und Unterordnungen im weiblichen Lebenszusammenhang Sinn, Bedeutsamkeit und persönliche Bedürfnisbefriedigung abzugewinnen. Zutreffend weist Ulrike Prokop darauf hin, daß noch heute neben der alltäglichen Organisation und Abwicklung der Arbeit in Haushalt und Familie der "Bereich des Imaginären" eine wichtige und widersprüchliche Rolle für die

5 Vgl. Sibylle Meyer, Das Theater mit der Hausarbeit, Frankfurt am Main 1982

Realitätsbewältigung von Frauen spielt.[6] Mithilfe ihrer Imaginationskraft ritualisierten sie ihre alltäglichen Handlungen, deuteten Konflikte und Unbehagen positiv um und besetzten die Mängel ihres Lebens mit Bedeutungen, die ihnen gestatteten, in ihrer unmittelbaren Umgebung Glück und Zufriedenheit zu erfahren. Hier aber bot der Bereich des bürgerlichen Haushalts um die Jahrhundertwende mit allen dazugehörigen familiären Repräsentationspflichten vielfältige Möglichkeiten, um der weiblichen Sehnsucht nach Kommunikation, Selbstdarstellung und persönlicher Bedeutung entgegenzukommen.

Dies galt allerdings weit weniger für die heranwachsenden Töchter des Bürgertums. Für diese bedeuteten der für Frauen gültige Normenkatalog und der ihnen zugewiesene Ort der Familie eine derartige Beschränkung ihrer Lebensbedürfnisse, daß hier keine Imaginationsfähigkeiten ausreichten, um die Widersprüche zwischen Wunschträumen und Wirklichkeit noch überbrücken zu können. Die mit der einseitigen Orientierung auf Ehe und Familie verbundene Erziehung der "höheren Töchter" ließ kaum Möglichkeiten, mit positiven Selbstbildern die Leere dieses Lebens zu füllen. Folgende Sätze Rousseaus, um die Mitte des achtzehnten Jahrhunderts formuliert, können auch noch für die Jahrhundertwende und die ersten Jahrzehnten danach als Leitmotive der bürgerlichen Mädchenerziehung angesehen werden:

> "Von der Gesundheit der Frau hängt die der Kinder ab; von ihrer Sorgfalt hängt die erste Erziehung der Männer ab; von den Frauen hängen ihre Sitten und Leidenschaften, ihre Neigungen und Vergnügungen, ja ihr Glück ab. Die ganze Erziehung der Frauen muß daher auf die Männer Bezug nehmen. Ihnen gefallen und nützlich sein, sie in der Jugend erziehen, sie beraten, trösten und ihnen das Leben angenehm machen und versüßen: das sind zu allen Zeiten die Pflichten der Frau, das müssen sie von ihrer Kindheit an lernen."[7]

Dieser Text stellt unverhüllt heraus, welche Bedeutung der bürgerlichen Weiblichkeitserziehung zukam. Scheint es doch so, als ob das Überleben der Gesellschaft allein davon abhinge, daß das weibliche Geschlecht begreife, für keinen anderen Zweck auf der Welt zu sein, als dem Mann oder dem männlichen Geschlecht zu seinem ihm bestimmten Leben zu verhelfen. Nichts anderes scheinen Frauen und Mädchen lernen zu müssen, als sich mit jeder Lebensäußerung in den Dienst männlicher Menschwerdung und Bedürfnisbefriedigung zu stellen. Dabei verblüfft, mit welcher Offenheit herausgestellt wird, daß es bei der Ausbildung weiblicher Tugenden nicht, wie sonst immer wieder vorgegeben,

---

6 Die symbolische und imaginative Partizipation an der gesellschaftlichen Öffentlichkeit gewann eine umso größere Bedeutung im Leben von Frauen, je mehr sich die produktiven Tätigkeiten der Selbstversorgung mit Nahrungsmitteln und anderen Gegenständen des täglichen Bedarfs aus der Familie hinausverlagerten und an ihre Stelle der Kauf von Waren trat. Vgl. hierzu Ulrike Prokop, Weiblicher Lebenszusammenhang, Von der Beschränktheit der Strategien und der Ungemessenheit der Wünsche, Frankfurt 1980;

7 Jean Jacques Rousseau, Emile oder über die Erziehung, Paderborn 1971, S. 394

um die Kinder ging, sondern um die Männer. Selbst in dem umwegigen Hinweis auf die Kinder wird der zentrale Bezugspunkt weiblicher Existenz noch einmal verdeutlicht, werden diese doch nur in ihrer männlichen Spezies in den Blick genommen.

Eine Weiblichkeitserziehung, die diesem einzigen Lebenssinn Nachdruck zu verleihen suchte, bedurfte keiner auf intellektuelle Kompetenz hin ausgerichteten Bildungseinrichtungen. Lediglich die "Geistesbildung des Mannes" ließ es angezeigt erscheinen, auch der Frau "ebenbürtige Bildung zu ermöglichen, damit der deutsche Mann nicht durch die geistige Kurzsichtigkeit und Engherzigkeit seiner Frau am häuslichen Herd gelangweilt und in seiner Hingabe an höheren Interessen gelähmt werde, daß ihm vielmehr das Weib mit Verständnis dieser Interessen und der Wärme des Gefühls für dieselben zur Seite stehe."[8] Solche Vorstellungen bei Männern, die es "wissen mußten", lassen es nicht verwunderlich erscheinen, daß erst gegen Ende des neunzehnten Jahrhunderts von staatlicher Seite höhere Mädchenschulen eingerichtet wurden. Bis 1908 waren diejenigen jungen Frauen, die eine gymnasiale Ausbildung erreichen wollten, allein auf private Initiativen, wie sie von vielen Vereinen der bürgerlichen Frauenbewegung begründet worden waren, angewiesen. Das Abitur mußten sie unter erschwerten Bedingungen als "Externe" an einem Jungengymnasium ablegen. Von dem Recht, an einer deutschen Universität zu studieren, blieben sie allerdings auch nach dem Bestehen der Reifeprüfung ausgeschlossen. Selbst nachdem es 1908 durch die "Neuordnung des höheren Mädchenschulwesens nebst den Bestimmungen über die Zulassung der Frauen zum Universitätsstudium" unter bestimmten Bedingungen gestattet war, staatliche Mädchengymnasien einzurichten und junge Frauen die Berechtigung zum Universitätsstudium erhalten hatten, blieb ihnen dort der Anspruch auf Zulassung zu Abschlußexamina noch vorenthalten.

Die Lehrinhalte an den privaten und öffentlichen Einrichtungen des höheren Mädchenschulwesens waren absolut darauf ausgerichtet, jene Tugenden auszubilden, die nach dem Konstrukt des Geschlechtscharakters als dem weiblichen Wesen zugehörig und angeboren betrachtet wurden. Neben den grundlegenden Fertigkeiten in hauswirtschaftlichen Dingen stand die Erziehung zur Selbstbeherrschung und Selbstzurichtung im Mittelpunkt aller pädagogischen Bemühungen. Trotz dieser eindeutigen Ausrichtung darf dennoch nicht die Mehrdeutigkeit der höheren Mädchenschulbildung übersehen werden. Der Besuch dieser Schulen bedeutete für die jungen Mädchen des Bürgertums nicht nur die Möglichkeit, bestimmte Interessen auszubilden, sondern häufig auch die einzige Chance für Freundschaften mit Gleichaltrigen, und er brachte gewisse Freiheiten außerhalb der familialen Kontrolle. Auch ist zu bedenken, daß mit der höhe-

8 Denkschrift der 1. deutschen Hauptversammlung von Dirigenten und Lehrern in den höheren Mädchenschulen, Weimar, September 1872, zit. n. Der Mädchen-Rundbrief, 1. Jg. 1923, Heft 3, S. 8

ren Mädchenbildung die formalen Voraussetzungen für eine weibliche Erwerbstätigkeit erreicht werden konnten, wenn auch z.B. die auf solche Berufsziele hin ausbildenden privaten und staatlichen Lehrerinnenseminare von niedrigerem Rang als ähnliche Einrichtungen für Männer waren.

Gleichwohl zielte die höhere Töchtererziehung typischerweise keineswegs auf eine zukünftige Berufsausbildung ab.[9] Lida Gustava Heymann und Anita Augspurg beschreiben in ihren Lebenserinnerungen, was die "Institution des 'Höhere-Tochter-Spielens'" in den Jahren nach der Schulzeit bedeutete:

> "Eine - man darf schon sagen - glückliche freie Kindheit war beendet, die Schule verlassen, ein neuer Lebensabschnitt begann, der der höheren Tochter. Für weibliches Wesen mit normalen Instinkt bedeutet das 'Höhere-Tochter-Spielen' ein Drohnen-Dasein ohne sinnvolle Betätigung und Arbeit. In einer Zeit, wo ein junges, gesundes Menschenkind voller Kraft, Hoffnungen, Wünsche, Ideale, aber auch schwerer Zweifel sich sein Leben gestalten will, arbeiten, schaffen und wirken, verbannte es die damals landläufige Norm in die Enge des Hauses, um allen Familienmitgliedern zu dienen, allen Ausbeutungsobjekt für nichtige Dinge zu sein; in Literatur, Künsten und Sprachen zu dilettieren; zu warten bis der Freier erschien, der es - wie das so schön hieß - ihrem natürlichen Berufe zuführte, d.h. ins Ehejoch spannte."[10]

Ohne weiterführende Bildungsmöglichkeiten und ohne Berufschancen blieb der weiblichen Jugend des Bürgertums nichts anderes als dem Gebot nachzukommen, sich in die Pflichten der zukünftigen Hausfrau und Mutter einzuüben. Die Beschäftigung im Haushalt, mit Handarbeiten und schönen Künsten unter den Augen von Müttern und Tanten hielt sie in Abhängigkeit und Hilflosigkeit.

Für Elisabeth Busse-Wilson war das soziale Schicksal der Töchter des Bürgertums ein zentrales Thema. Sie beschäftigt sich ausführlich mit der gesellschaftlichen Funktion der umfassenden Einengung des Handlungsraums der weiblichen Jugend:

> "Kaum der Kindheit entwachsen, trennt sich ja das Mädchen von den Gleichaltrigen, insonderheit auch vom Jüngling und hält innerlich wie äußerlich zur Matrone, mit ihr zusammen die bürgerliche Sitte verkörpernd. Das ganze Schwergewicht der bürgerlichen Moral hängt also, wie paradox dies auch klingen mag, an den sechzehn- bis achtzehnjährigen, die in demselben Augenblick, wo sich ihnen die Jugend auftuen will, Träger der Konvention werden."[11]

---

9 Käte Frankenthal erzählt in ihren Lebenserinnerungen, die Mitschülerinnen eines der renommiertesten Pensionate hätten 1906 auf ihren Plan, einen Beruf ergreifen zu wollen, "entsetzt und belustigt" reagiert, die Vorsteherin sei "schnell bei der Hand" gewesen, "überspannte Ideen zu verhindern", womit auch der Lehrerinnenberuf gemeint gewesen sei: Der dreifache Fluch: Jüdin, Intellektuelle, Sozialistin, Frankfurt 1981, S. 8f

10 Lida Gustava Heymann und Anita Augspurg, Erlebtes Erschautes, Deutsche Frauen kämpfen für Freiheit, Recht und Frieden 1850-1940, Margrit Twellmann (Hg.), Mannheim 1972, S. 7f

11 Elisabeth Busse-Wilson, 1920, a.a.O., S. 56

Die der weiblichen Jugend aufgezwungene Verantwortung für die bürgerliche Moral drückt sich für Busse-Wilson am sichtbarsten in dem jungen Frauen auferlegten Keuschheitsgebot aus. Als besonders "perfide" an der Keuschheitsforderung stellt sie heraus, daß diese nicht den Wert eines sittlichen Selbstzwecks habe, sondern nur einen "Verhältniswert" darstelle, nämlich den, als "tadellos intakte Bräute" in die Ehe zu gehen. Den dadurch verursachten "Zustand des Dürfens und des Nichtdürfens, des Ausgeschlossenseins und des Teilhaftigseins" bezeichnet sie als "moderne Form von Tantalusqual". Als folgenschwer an dieser Lage stellt sie heraus, daß das Ziel des Keuschheitsgebotes, "der Erfüllung der Liebe alle Möglichkeiten abzuschneiden, zugleich aber einen einzigen schmalen Weg der Verwirklichung offenzulassen"[12], bei den jungen Frauen eine bis ins Unermeßliche gehende Orientierung auf den Mann nach sich ziehe. Dabei betont Elisabeth Busse-Wilson, daß die "in einem ungeheuren Maße übersteigerten" Erwartungen an die Ehe nicht nur die jungen Frauen in eine ihre gesamte psychische, geistige und materielle Existenz umfassende Ausweglosigkeit führe, sondern auch eine totale Überforderung für den Mann darstelle: "Der Spender dieses Glücks müßte nicht ein Mensch, sondern ein Gott sein, um sie erfüllen zu können."[13] Wollte oder mußte eine junge Frau aus bürgerlicher Familie allen Widerständen zum Trotz aus diesen Abhängigkeiten hinaustreten und einen Beruf ergreifen, geriet sie mit allen vorherrschenden Weiblichkeitsvorstellungen in Konflikt. Die Härte, mit der eine solche Verletzung weiblicher Normen sanktioniert wurde, läßt sich nur damit erklären, daß sie als Zuwiderhandlung gegen die weibliche Natur verstanden wurde und angstauslösende Gefühle hervorrief.

Bis in die Zeit vor dem ersten Weltkrieg waren die Möglichkeiten für eine "standesgemäße" Erwerbstätigkeit außerordentlich beschränkt. Im wesentlichen hatten die Töchter des Bürgertums nur die Berufsperspektive der Lehrerin oder der Erzieherin. An staatlichen Schulen, auch nicht an denen für Mädchen, hatten sie zunächst nicht unterrichten dürfen. Bis 1918 war eine Ausübung des Lehrerinnenberufes an die Ehelosigkeit gebunden. Wenn auch nicht mehr gesetzlich verankert, bestand diese Regel auch danach als ungeschriebenes Gesetz weiter und wurde mithilfe von Sonderbestimmungen bis in die fünfziger Jahre hinein immer wieder auch formell aufrechterhalten.

Die Situation der unverheirateten "Haustöchter" wurde für die weibliche Jugend des Bürgertums in eben demselben Maße unerträglich, in dem alle wichtigen Inhalte, über die sich Menschen miteinander in Beziehung setzen, wie Arbeit, Bildung und Teilhabe an der gesellschaftlichen Öffentlichkeit, aus der Familie hinausgelagert wurden. Ausgeschlossen von diesen Möglichkeiten menschlicher Produktivität, erfuhren junge Frauen die Weiblichkeitsideologie

12 ebenda, S. 43
13 ebenda, S. 45

zunehmend als sinnentleerte Moralität, die sie um die Erfüllung aller Wünsche und Bedürfnisse brachte.

Gegenüber dieser gesellschaftlich verordneten Langeweile, die mit allen zur Verfügung stehenden Verboten durchgesetzt wurde, eröffnete die Jugendbewegung den heranwachsenden Töchtern des Bürgertums bisher ungeahnte Handlungsfelder und Erfahrungsmöglichkeiten. Hier erschloß sich ihnen ein Lebensraum, nach dem sie sich gesehnt hatten und in dem sie ein Bewußtsein von Jugend als Chance persönlicher Handlungsfreiheit entwickeln konnten.

3.2.2. Frauen und Mädchen im proletarischen Milieu

Anders und viel härter als die bürgerlichen Frauen waren die Frauen aus der Arbeiterschaft von den Entwicklungen der kapitalistischen Produktionsweise betroffen. Die Belastungen ihres Alltags lagen auch darin, daß die Arbeitsbedingungen des Proletariats nicht nur den persönlichen, sondern ebenso den familiären Lebensbedürfnissen widersprachen. Lange Arbeitszeiten, gesundheitsschädliche Arbeitsbedingungen, niedrige Entlohnung und unwürdige Wohnverhältnisse bedeuteten für die Arbeiterfrauen ständige Überforderungen. Für die Mehrheit der Frauen in der Arbeiterklasse gilt, daß sich ihnen mit der Aufspaltung der gesellschaftlichen Arbeit in Erwerbsarbeit und Hausarbeit keinerlei Emanzipationsmöglichkeiten eröffneten. Dies scheint selbstverständlich, aber ist es nicht eher erstaunlich? Denn anders als Frauen im Bürgertum waren die Proletarierinnen, ebenso wie die Männer ihrer Klasse, immer zur Lohnarbeit gezwungen. Im Arbeitermilieu konnte auch nicht, wie unter den Bedingungen bürgerlicher Lebensweise, der Mythos vom Müßiggang der von Arbeit befreiten Frauen entstehen. Die häuslichen Tätigkeiten der Arbeiterfrauen boten zu keinem Zeitpunkt die Möglichkeit, ihnen den Charakter von Arbeit abzusprechen. Arbeit war dort immer Plackerei und konnte unter keinen Umständen mit dem schönen Schein von Anmut und Emsigkeit verschleiert werden. Dennoch herrschten im Widerspruch zur sozialen Realität auch im Arbeitermilieu Werthaltungen vor, die der weiblichen Erwerbstätigkeit feindlich gegenüberstanden. Dieses Phänomen erscheint noch aus einem weiteren Grund als erklärungsbedürftig. Viele Arbeiterfamilien wohnten noch nicht lange in den Städten; ihre tradierten kulturellen Wertvorstellungen aus vorindustrieller Lebensweise hätten durchaus eine erwerbsmäßige Arbeit von Frauen positiv bewerten können. Verständlich erscheint allerdings, daß diese Tätigkeiten zunächst im vertrauten familialen Bereich gesucht wurden. Gestützt wurden solche Vorstellungen auch von dem Wunsch und der Notwendigkeit, die Kinder zu betreuen.

In diesen Motiven lag der Ansatzpunkt für die proletarische Übernahme des bürgerlichen Weiblichkeitsbildes der Gattin und Mutter, das die alleinige Zuständigkeit von Frauen für die Familie mit Merkmalen weiblicher Wesensbestimmung begründete. Das dazugehörige Männlichkeitsbild, nach dem es zu den besonderen Fähigkeiten des Mannes gehörte, für die Frau und die Familie wirtschaftlich aufkommen zu können, drückte sich auch in dem Männlichkeitsideal der Arbeiterschaft aus. In Reaktion auf die Ausbeutungsform industrieller Arbeit zu Beginn dieses Jahrhunderts waren es hier die Merkmale von physischer Kraft und Überlegenheit, die das Arbeiterbewußtsein prägten. Aus solchen Überlegenheitsgefühlen heraus empfanden die männlichen Mitglieder der Arbeiterfamilie eine außerhäusliche Erwerbstätigkeit ihrer Frauen als persönliche Kränkung und Zeichen für eigene Unmännlichkeit. Als "private" Personen auf die Mitarbeit der Frauen angewiesen und gleichzeitig dagegen eingestellt, waren sie in ihrer "öffentlichen" Existenz durch die Abneigung gegen weibliche Erwerbstätigkeit geprägt.

Einen Ausweg aus diesen Widersprüchen sahen viele Frauen in der Heimarbeit. Dies war ein Erwerbsbereich, in dem sie nicht als Konkurrentinnen und Kolleginnen ihre Ehemänner in Rollenkonflikte brachten, denn diese waren in die aufstrebenden Industriebranchen gegangen. Getrieben von äußerster Not, sahen Heimarbeiterinnen in dieser Erwerbsform am ehesten die Chance, ihre Kinder vor einer sonst drohenden Verwahrlosung schützen zu können. Noch 1931 heißt es in einer Veröffentlichung über die soziale und kulturelle Situation von Frauen:

> "Tausende und abertausende Frauen (ihre genaue Zahl wird nie zu bestimmen sein) sitzen 8-10 Stunden täglich und noch länger bei angestrengtester Arbeit, meist Näherei und einzelnen Arbeiten der Textilindustrie, um einen Elendslohn damit zu verdienen."[14]

Die Heimarbeiterinnen arbeiteten ohne Tarif, und zu den hier skizzierten Belastungen kamen noch die Hausarbeit und Kinderversorgung hinzu; man kann sich leicht vorstellen, wie häufig diese die Arbeitsvorgänge "störten". Neben der Frauen-Heimarbeit entwickelte sich eine Arbeitsform für Frauen im unteren Sektor der Fabriken. Ein großer Teil der proletarischen Bevölkerung lebte in wirtschaftlichen Verhältnissen, die nur wenig über der absoluten Verelendungsgrenze lagen. Die Beschreibung, die August Bebel 1879 von den Lebensbedingungen der Arbeiterfamilie gab, hatte auch noch in diesem Jahrhundert vielfach ihre Gültigkeit:

> "Da ferner die Wohnungsmieten im Vergleich zum Einkommen des Arbeiters, der niederen Beamten und des kleinen Mannes viel zu hoch sind, müssen sie sich auf

14 Dora Benjamin, Vorbereitung und Auswirkung der Frauenerwerbsarbeit, in: Ada Schmidt-Beil (Hg.), Die Kultur der Frau, Berlin 1931, S. 155-163, 158

das äußerste einschränken. Es werden Schlafburschen oder Logiermädchen in die Wohnung genommen, öfter auch beide zugleich. Alte und Junge wohnen auf engstem Raume, ohne Scheidung der Geschlechter zusammen, oft Zeuge der intimsten Vorgänge. ... Die vielfach erörterte Zunahme der Verrohung und Verwilderung der Jugend ist vorzugsweise solchen Zuständen geschuldet. Und welche Wirkung muß für die Kinder die Erwerbsarbeit haben? Die schlechteste, die sich denken läßt, sowohl physisch wie moralisch. Die immer mehr zunehmende industrielle Beschäftigung auch der verheirateten Frau ist namentlich bei Schwangerschaften, Geburten und in der ersten Lebenszeit der Kinder, während diese auf die mütterliche Nahrung angewiesen sind, von den verhängnisvollsten Folgen. Ist das Kind zur Welt, so ist die Mutter gezwungen, wieder so rasch als möglich zur Fabrik zurückzukehren, damit ihr Platz nicht von einer Konkurrentin besetzt wird."[15]

Das Wohnungselend gehörte zu den besonders belastenden Faktoren der proletarischen Lebenssituation; es erlaubte niemandem, auch nur einen Augenblick allein zu sein und war durch die enge nachbarschaftliche Nähe mit vielen Einmischungen und Konflikten belastet. Wie wenig die Arbeiterwohnung den Erholungsbedürfnissen entsprach, betont auch Lisbeth Franzen-Hellersberg in ihrer 1932 erschienenen Studie über die Lebenssituation junger Arbeiterinnen:

"Es gibt Arbeiterwohnungen in Berlin mit 13 Hinterhöfen, es gibt Barackenbauten, die mehr Ställen als menschlichen Behausungen gleichen. Hygienische Zustände sind hier wie im 18. Jahrhundert. Säuglinge werden in Waisenhäuser gebracht, da man mit Recht fürchtet, daß sie von Ratten angegriffen werden können. Innerhalb dieser Wohnverhältnisse bedeutet jede kleine Ecke Wohnraum eine Verdienstchance. Es wird eine Schlafstelle errichtet, fremden Leuten wird Quartier gegeben. Die Kinder schlafen mit den Eltern und Geschwistern zusammen in einem Bett."[16]

Die in vieler Hinsicht zerstörerischen Belastungen der proletarischen Lebensverhältnisse verdoppelten sich noch einmal für die weiblichen Angehörigen dieser Klasse. Proletarische Mütter hatten noch nach der ermüdenden Erwerbsarbeit, die nicht selten Gelegenheitsarbeit war, Wohnung, Wäsche und Kinder zu versorgen. Müde und abgespannt arbeiteten sie bis in die Nächte hinein, um wenigstens den äußeren Anschein einer Ordnung herzustellen und fanden gleichzeitig nicht den geringsten Ausgleich für ihre Überbelastung. Ursächlich dafür waren nicht nur traditionelle Vorstellungen über die weibliche Zuständigkeit für die Hausarbeit; hinzu kam hier, daß die männlichen Verhaltensmuster unter den bedrängenden Ausbeutungsverhältnissen besonders autoritäre Ausformungen erhielten. Auch wenn Max Horkheimer, wie an dem folgenden Text deutlich wird, die durch die Wirtschaftsweise verursachten Entfremdungen in der Familie nicht als Herrschaftsverhältnis zwischen den Geschlechtern problematisiert, macht er doch auf den gemeinten Sachverhalt aufmerksam:

15 August Bebel, Die Frau und der Sozialismus, Berlin 1954, S. 181f
16 Lisbeth Franzen-Hellersberg, Die jugendliche Arbeiterin, Tübingen 1932, S. 55

"Infolge dieser raumzeitlichen Trennung von beruflicher und familiärer Existenz kann jeder bürgerliche Vater, auch wenn er im sozialen Leben eine armselige Funktion ausübt und einen krummen Rücken machen muß, zu Haus als Herr auftreten und die höchst wichtige Funktion ausüben, die Kinder an Bescheidenheit und Gehorsam zu gewöhnen. So wird es möglich, daß nicht nur aus großbürgerlichen Schichten, sondern auch aus vielen Gruppen der Arbeiter und Angestellten immer wieder Generationen hervorgehen, welche die Struktur des Wirtschafts- und Gesellschaftssystems nicht in Frage stellen, sondern sie als natürlich und ewig anerkennen."[17]

Wie weitgehend auch die Töchter der Arbeiterschaft von der patriarchalen Dominanz in der Familie betroffen waren, wird aus dem Bericht einer jungen Textilarbeiterin deutlich:

"Von Beruf bin ich Fleyerin und will hier wahrheitsgetreu meinen Arbeitstag als solchen und als Haustochter schildern. Mein Tag beginnt in der Frühe um 1/2 6 Uhr und ist am späten Abend beendet. Ich mache in aller Eile Toilette, mache die vier Betten meiner Angehörigen und staube die Möbel flüchtig ab. Hernach wische ich meine Drei-Zimmer-Wohnung mit zwei Treppen und Gängen hurtig durch und es ist schon 3/4 7 Uhr. Schleunigst richte ich mein erstes und zweites Frühstück für mich und meine drei Brüder und oft komme ich gar nicht mehr dazu, mein erstes einzunehmen, denn Punkt 7 Uhr ruft die Sirene zum Beginn der Arbeit. Ich habe nur 5 Minuten zur Arbeitsstelle, aber bis ich mich dort umziehe, ist jede Minute kostbar, denn ich arbeite im Akkord und der ist so bemessen, daß man Glück hat, wenn man mit ihm fertig wird. Fertig werde ich mit ihm, denn es fehlt mir noch manches Wäschestück in meinem Kasten. Ich sollte meiner Gesundheit halber nicht mehr Spinnen und habe einige Zeit im Tagelohn für 37,5 Pf. pro Stunde gearbeitet. Mit diesem Lohn konnte ich mir nichts mehr anschaffen, so muß ich dann weiter Anforderungen an meine Gesundheit stellen. Von 3/4 12 bis 1 Uhr ist Mittagspause. Auch während dieser Zeit habe ich keine Ruhe, denn ich muß zu Hause das Mittagsbrot warm machen und den Tisch für meine drei Brüder und mich decken. Diese haben es schöner als ich. Sie setzen sich an den vollen Tisch und wenn sie satt sind, verlassen sie ihn und lassen alles stehen und liegen. Ich dagegen muß Tisch und Bänke abputzen und das Geschirr zusammenstellen. Jetzt muß ich mich schon wieder hetzend zur Arbeit begeben, denn gleich wird die Sirene wieder heulen. Um 5 1/4 Uhr ist Feierabend in der Fabrik: aber für eine Haustochter oder Mutter noch lange nicht. Es muß noch das Eßgeschirr vom Morgen und Mittag reingemacht, die Strümpfe und sonstige Kleinigkeiten ausgebessert werden. Größere Sachen tragen wir zur Näherin. Alle 14 Tage habe ich und meine Mutter Wäsche. Wir brauchen dazu zwei Tage und vier Abende zum Bügeln. Da wird es die ganze Woche 1/2 10 oder noch später bis wir fertig sind.
Freitag und Samstag stehe ich um 1/2 4 Uhr auf, dann ist großes Reinemachen. Die Wohnung mit Gängen und Treppen putzen und die Zimmer hernach bohnern. Die Möbel werden abgestaubt und die Küchenmöbel mit Seife und Soda gereinigt, denn am Samstagnachmittag, den ich frei habe, reicht die Zeit dazu nicht aus. Am Samstag ist kalte Küche bei uns, denn es gibt viel zu besorgen für den Sonntag und jedes hat Hunger und will gleich essen. Jetzt gilt's die Samstagskleidung für meine Brüder und die Sonntagskleidung herrichten und zuletzt komme ich selbst dran. Am Sonntag helfe ich meiner Mutter bei der Hausarbeit

17 Max Horkheimer, Autorität und Familie, Paris 1936, S. 58

und es wird 1/2 2 Uhr bis ich fertig bin. Wenn ich um 1/2 8 zur Ruhe gehen will, bleiben gerad 6 Stunden für mich. Außerdem opfere ich meine Nachtzeit. An den Wochentagen komme ich sowieso nicht so früh zu Bett vor Arbeit und manchmal muß ich auch meinem Bräutigam ein Plauderstündchen widmen.
Sie fragen sich vielleicht, warum die Mutter so wenig helfe. Das scheint nur so, denn alle Tage steht sie um 1/2 4 Uhr auf und kocht uns das Essen. Sie muß um 6 Uhr gehen, denn sie hat fast eine Stunde zu ihrer Arbeitsstelle. Mittags kann sie nicht heimkommen und abends kommt sie um 1/2 7 todmüde an und richtet doch noch so manches. Am Samstag hat sie um 1 Uhr frei, aber einmal haben wir selbst Wäsche und das andere Mal wäscht sie bei einer Herrschaft. So ist die Zeit einer Haustochter und Arbeiterin ganz mit Arbeit gefüllt und vom Wochenende bleibt ihr leider herzlich wenig."[18]

Auf die in diesem Text betonte gemeinsame Betroffenheit von Müttern und Töchtern im Arbeitermilieu verweist auch Franzen-Hellersberg. Sie macht aber auf Fluchtwege aufmerksam, derer sich nur die Töchter bedienen konnten, um gelegentlich der familialen Diskriminierung zu entgehen. Dabei wird nicht nur deutlich, welche Funktion im proletarischen Milieu außerfamilialen Zerstreuungen zukam, sondern auch, daß Mädchen, um in der Öffentlichkeit agieren zu können, sich leicht in neue Abhängigkeiten begaben:

"In der durchschnittlichen proletarischen Familie lassen sich Väter und Brüder mit größter Selbstverständlichkeit von dem schon müder von der Arbeit heimkehrenden Mädchen bedienen. Häufig wird erzählt, wie gerade diese häuslichen Pflichten nach Arbeitsschluß die Mädchen veranlassen, sich außerhalb des Hauses aufzuhalten und sich dort zu zerstreuen, was dann allerdings nicht ohne Freund, Kinobesuch usw. möglich ist. Die Frau und auch schon das junge Mädchen ist das Lasttier in der proletarischen Familie. Alle vaterrechtlichen, rein männerrechtlichen Instinkte finden hier eine sonst in Europa nicht vorhandene Ausprägung."[19]

Es waren aber nicht allein die den weiblichen Familienmitgliedern zugewiesenen Hausarbeiten, in denen sich die familiale Minderbewertung von Frauen ausdrückte. Denn anders als ihren Brüdern wurde den Töchtern der Arbeiterschaft nur selten eine berufliche Ausbildung zugestanden. Kaum aus der Schule entlassen, mußten sie zum Familienbudget dazuverdienen. Den größten Teil ihres Verdienstes als Ungelernte in Fabrik, Handwerk und Gewerbe hatten sie zuhause abzugeben, während für ihre Brüder vielfach Lehrgeld aufgebracht wurde. Obwohl ebenso wie diese zur Erwerbsarbeit gezwungen, hatten so die Mädchen kaum einen vergleichbaren Zugang zu den individuellen Emanzipationsmöglichkeiten der Erwerbsarbeit.

---

18 Mein Arbeitstag - Mein Wochenende. 15o Berichte von Textilarbeiterinnen. Gesammelt und herausgegeben vom deutschen Textilarbeiterverband/Hauptvorstand, Arbeiterinnensekretariat; der Verband hatte 1928 die weiblichen Mitglieder (61% der Gesamtzahl) im Rahmen eines Preisausschreibens dazu aufgerufen, von ihrem Alltag zu erzählen. Als Buch erschienen 1930, S. 34f

19 Lisbeth Franzen-Hellersberg, 1932, a.a.O., S. 47f

Zu den Benachteiligungen in der Arbeitswelt gehörte aber nicht nur der Mangel an Berufsausbildung. Dieser war eine der Absicherungen einer umfassenden Diskriminierung im Bereich der Lohnarbeit, eines von vielen Elementen, die den circulus vitiosus der Frauendiskriminierung in Gang hielten. Dazu gehörte auch, auf unqualifizierte Arbeitsplätze verwiesen zu sein, ohne Aufstiegschancen, mit schlechteren Arbeitsbedingungen und einer Entlohnung, die nicht zum Leben reichte. Dies waren Bedingungen, die jedes junge Mädchen davon abhalten mußten, seinen Eigenwert zu erkennen und ein entsprechendes Leistungsstreben zu entwickeln. Unter solchen als natürlich erscheinenden Verhältnissen war jeder Gedanke an die eigene Person unmittelbar bedürfnisorientiert und körperbezogen. Diese Körperbezogenheit der Arbeitermädchen aber verband sich ganz selbstverständlich mit Orientierungen auf den Mann, mit Hoffnungen auf Heiratsaussichten, denn diese allein versprachen eine "bessere" Zukunft.

Angesichts dieser Ausrichtungen im Lebensentwurf junger Proletarierinnen wird das "erotische Geltungsbedürfnis" verständlich, das Lisbeth Franzen-Hellersberg als hervorstechenden Charakterzug der jungen Arbeiterinnen beschreibt. In diesem Verhalten lagen all' jene Widersprüchlichkeiten, die zu den weiblichen Lebensbedingungen im Proletariat dazugehörten. Während die jungen Mädchen auf der einen Seite lernten, die Hausarbeit anders als die Erwerbsarbeit als zu ihrer Person gehörend zu akzeptieren, wünschten sie sich auf der anderen Seite, einmal nicht so leben zu müssen wie ihre Mütter. Diese Wünsche drückten sie in ihrem öffentlichen Verhalten aus, mit dem sie sich zugleich Ablenkung und Zerstreuung verschafften. Die ihnen dabei zur Verfügung stehenden Weiblichkeitsinszenierungen waren jedoch zugleich geeignet, jene Lebensverhältnisse zu befestigen, die sie doch eigentlich überwinden wollten.

Eine entscheidende Rolle für die Berufsorientierungen der jungen Arbeiterinnen spielte das subjektive Gefühl von Freiheit, das sich für sie gegenüber einer Tätigkeit als Dienstmädchen mit der geregelten Arbeitszeit, vor allem aber dem formalisierten Lohn der Fabrikarbeiterin verband. Das Gefühl ihrer Freiheit erlebten sie in der Lust, sich kleine Modeartikel kaufen zu können; diese waren für sie nicht nur Ausdruck und Steigerung ihres Selbstwertgefühls, sondern symbolisierten zugleich die Hoffnung auf eine bessere Zukunft, deren äußere Zeichen sie bedeuteten. Ihre Erwerbstätigkeit galt den Arbeitermädchen immer als vorübergehende; der Traum vom "eigentlichen" Leben danach ließ sie die schlimme Gegenwart leichter ertragen.

Soweit junge Mädchen aus der Arbeiterschaft einen Zugang zur sozialistischen Jugendbewegung fanden, indem sie in die "Kinderfreundebewegung" kamen oder durch sozialdemokratisch-gewerkschaftlich orientierte Eltern oder auch durch Freunde auf die Arbeiterjugendbewegung aufmerksam wurden, konnten sie hier Lebensmöglichkeiten und Sinngebungen kennenlernen, die in ihrem Alltag sonst nicht vorkamen. Dabei ging es um viel mehr als nur um einen Ausgleich zu ihrer vielfach trostlosen Leben in den Industriestädten; motivierend war die Berührung mit kulturellen Gütern, die neue Orientierungsmöglichkeiten eröffneten und Bedürfnissen nach persönlicher Entfaltung entgegenkamen.

Nicht wenige derjenigen Arbeitermädchen, denen ein sozialer Aufstieg gelang, haben die dazu notwendigen Impulse durch die Arbeiterjugendbewegung erhalten. Die hier erfahrenen Wertvorstellungen half ihnen, ihr individuelles Emanzipationsinteresse mit kollektiven Zielen zu verbinden, die ihnen einen Ausweg aus ihrer hoffnungslosen Lage aufzeigten. Sie lernten, daß ihre soziale Situation nicht geschichtslos und unveränderbar war; und so überrascht es nicht, daß Mädchen aus der Arbeiterjugendbewegung auch vielfach unter denjenigen Frauen zu finden sind, die zu einem politischen und sozialen Engagement in Parteien und Gewerkschaften kamen.

3.2.3. Dienstmädchen und weibliche Angestellte

Von den 6,8 Millionen ledigen Frauen in Deutschland waren 1925 5 Millionen als erwerbstätig gemeldet, davon 2,5 Millionen, die als Arbeiterinnen in Industrie und Gewerbe tätig waren; 1,3 Millionen Frauen waren in die neueren Berufe der Angestellten und Beamtinnen gegangen; 1,2 Millionen arbeiteten noch immer als Hausangestellte.[20] Das Arbeitsverhältnis der Hausangestellten umfaßte für die Dauer der Anstellung den gesamten Lebenszusammenhang der jungen Frauen. Sie konnten weder das Recht auf geregelte Arbeitszeiten noch das Recht auf gesicherte Freizeiten für sich in Anspruch nehmen.

Die Hausangestellten waren "Mädchen für alles". Bis 1918 bildeten die Gesindeordnungen die rechtlichen Grundlagen für das Arbeits- und Dienstverhältnis zwischen "Personal" und "Herrschaft". Wie wenige Rechte, aber viele Pflichten dem Dienstpersonal darin zugewiesen waren, geht aus einer Berliner Umfrage aus dem Jahr 1900 hervor.[21] Danach arbeiteten Dienstmädchen zu 88,7 % länger als 14 Stunden täglich, 7% verfügten wöchentlich über den freien Sonntagnachmittag, 85% bekamen 14täglich den Sonntagnachmittag frei, 44% hatten ihren Schlafplatz auf Hängeböden, im Korridor oder im Bad; erst nach der Jahrhundertwende wurden für die Dienstmädchen in Berlin anstelle der Hängeböden kleine, nicht beheizbare Kammern gebaut.

Auch nach Aufhebung der Gesindeordnung blieb das Verhältnis der Dienstmädchen zu ihrer "Herrschaft" von den Merkmalen vorkapitalistischer persönlicher Abhängigkeit geprägt. Die nicht in Frage gestellten Standesunterschiede

---

20 Ergebnisse der Volkszählung 1925, zit. n.: Die Treue, 22. Jg. März 1930, S. 65

21 Uta Ottmüller, Die Dienstbotenfrage, Münster 1978, S. 84

bedeuteten für die jungen Mädchen im Status der Hausangestellten noch weit in die dreißiger Jahre hinein eine unwidersprochene Ausnutzung und Vereinzelung. Die Arbeitsverhältnisse wurden nicht im Rahmen gewerkschaftlicher Interessenvertretung, sondern vom Standpunkt ihres "sittlichen Wertes" her diskutiert.[22]

Die große Mehrzahl der Dienstmädchen gehörte zu jener "ersten Generation" von städtischen Frauen, die allein oder mit ihren Familien vom Lande in die Städte gezogen war. Viele dieser jungen Mädchen "in Stellung" fanden Anschluß an den konfessionellen Flügel der Jugendbewegung. Das hier zunehmend in jugendbewegte Kultur eingebundene religiöse Gedankengut entsprach den Werthaltungen des ländlichen Milieus, aus dem sie kamen. Gleichzeitig wurde eine Zugehörigkeit zu diesen Gruppen auch vonseiten der "Herrschaft" am ehesten geduldet. Zwar wurden bei der konfessionell-jugendverbandlichen Abwägung der "Licht- und Schattenseiten dieses Berufes" die erstgenannten arg betont:

> "Wir wissen, daß er durch die abwechslungsreiche Arbeit - Hausarbeit, Kochen, Waschen, Plätten, Pflege des Heims und unmittelbaren Dienst am Menschen - soviel Reichtum geben kann wie wenig andere, daß er aber auch starke Opfer an eigenem Jugendleben, an persönlicher Freiheit fordert."[23]

Aber es wurden hier Probleme und Konflikte der Lebenssituation von Dienstmädchen ernstgenommen. Sie konnten Fragen des "Familienanschlusses", der Arbeitszeiten und der Berufsaussichten besprechen und erhielten Anregungen für Weiterbildungsbemühungen. So fanden die jungen Mädchen in den Gruppen die sozialen Kontakte, die sie am meisten entbehrt hatten.[24]

Neben der weiblichen Heimarbeit oder Fabrikarbeit und der Arbeit im fremden Haushalt war durch die sich ausweitende Warenproduktion für den Massenkonsum der städtischen Haushalte ein neues Berufsfeld für Frauen entstanden, das bald zu einem "typisch" weiblichen werden sollte. Denn mit der Gebrauchsgüterproduktion entwickelte sich ein umfangreiches Netz von Groß- und Einzelhandel; das Verkehrswesen und das Banken- und Kreditgeschäft wurden

---

22 Vgl hier: Das BDJ-Mädchen als Haushelferin, in: Die Treue, 17.Jg. 1925, Heft Nr. 7, 171f und Heft Nr. 8, S. 189; Frida Engelbert, Wie kann ich als Haustochter sozial arbeiten?, in: Der Jungstreiter, 2. Jg. 1925, Heft Nr. 7, S. 50-52; Elke Hasse, Die Haustochter, in: Mädchenheft des Jungborn, April 1932, Heft Nr. 1, S. 11-13

23 Was kann aus Hausangestellten werden?, in: Die Treue, 22. Jg., März 1930, S. 51

24 Vgl. Fr. Fuckel, Vom Schwesterndienst im Rheinisch-Westfälischen Diakonieverein, in: Die Treue, 18.Jg. 1926, Heft Nr. 2, S. 14-16; Käthe Schmidt-Ewald, Unsere Stellung zur hauswirtschaftlichen Arbeit, in: Unser Bund, 16. Jg. 1927, Heft Nr. 3, S. 85-88; Stellenvermittlung, in: Unser Bund, 13. Jg. 1924, Heft Nr. 5, S 112f; Hauswirtschaftliche Schulung, in: Der Ring, 2. Jg. 1926, Heft Nr. 6, S. 187-190; Haushaltspflegerinnenberuf, in: Der Ring, 2. Jg. 1926, Heft Nr. 6, S. 190f; Auskunft über die Wohlfahrtsschule und über die Ausbildung von Gewerbelehrerinnen, in: Der Ring, 2. Jg. 1926, Heft Nr. 3, S. 93-95; Auskunft über ländliche Frauenberufe, in: Der Ring, 2. Jg. 1926, Heft Nr. 4, S. 62f

ausgeweitet. Bald arbeitete in den neu gegründeten Kontoren und Verwaltungen ein großes Heer weiblicher Angestellten. Sie wurden gebraucht als Buchhalterinnen und Kontoristinnen, als Kassiererinnen, Telephonistinnen und Stenotypistinnen; sie saßen an der Schreibmaschine und standen als Verkäuferinnen und Ladenmamsells hinter den Tresen der kleinen Geschäfte und großen Warenhäuser. Zwischen 1907 und 1925 hat sich die Anzahl der in diesen Berufen beschäftigten Frauen mehr als verdreifacht und bildete dann einen Anteil von 40% aller hier tätigen Erwerbspersonen.

Die weiblichen Angestellten kamen aus den verschiedensten Bevölkerungsschichten. Nach einer Erhebung des Gewerkschaftsbundes der Angestellten (GDA) über die wirtschaftliche und soziale Lage seiner Mitglieder stammten mehr als 40% aus Kreisen der mittleren Angestellten und Beamten, fast 30% aus der Arbeiterschaft und etwa ebensoviele aus dem selbständigen Mittelstand und gehobenen Beamtenschichten.[25] Etwa 80% der weiblichen Handels- und Büroangestellten waren unter 30 Jahren alt.[26]

Für die Töchter des Bürgertums erschloß sich in dieser hierarchisch gegliederten Berufsgruppe eine "standesgemäße" Möglichkeit, berufstätig zu werden, - sei es aus wirtschaftlicher Notwendigkeit oder um dem Müßiggang und der Leere des Haustochterlebens zu entfliehen; für die Arbeitertöchter lag die Attraktivität der Angestelltentätigkeiten in deren gehobenen sozialen Attributen, die auch auf die wenig qualifizierten Berufsgruppen wie z.B. die Verkäuferinnen abfärbten.

Während die weitaus große Mehrheit der gehobenen männlichen Angestellten eine ihrem Tätigkeitsbereich entsprechende mehrjährige Lehre durchlaufen hatte und die Posten der Bürovorsteher und Verwaltungsleiter männlich besetzt wurden, waren die jungen Frauen auf Arbeitsplätzen beschäftigt, die ohne alle Weisungsfunktionen waren. Entsprechend den dort auszuführenden mechanischen und unselbständigen Tätigkeiten gehörte zur beruflichen Ausbildung bestenfalls der Besuch von sogenannten "Pressen", wo in mehrwöchigen oder auch mehrmonatigen Kursen Stenographie, Maschineschreiben und die Grundkenntnisse der Buchführung vermittelt wurden. Die für die weiblichen Arbeitsplätze in diesem Sektor erforderlichen Qualifikationen setzten kaum mehr Fachwissen und Branchenkenntnis voraus; stattdessen beruhten sie auf Fähigkeiten, die zu den traditionell-weiblichen Tugenden und Charaktereigenschaften gezählt wurden. In welcher Weise diese abstrakten Qualifikationen als konkret-berufliches Arbeitsvermögen einsetzbar und nutzbar waren, macht Elisabeth Busse-Wilson in ihren Hinweisen auf das Berufsprofil der weiblichen Angestellten deutlich:

25 Lina Hahn, Die Frau in der Angestelltenbewegung, in: Ada Schmidt-Beil, a.a.O., S. 168-173, 168
26 Margarete Schuckert, Die Mitwirkung der Frau in Handel und Gewerbe, in: Ada Schmidt-Beil, a.a.O., S. 130-139, 131

"Die ideale Sekretärin behält mehrere Befehle des Chefs gleichzeitig im Kopf, mit Takt dirigiert sie die Ausführung derselben, auch wenn sich die Anordnungen widersprechen. Sie kann im Augenblick umorganisieren, denn sie hat inzwischen schon für den Chef vorausgedacht. Dabei ist sie in der Abwicklung ständig auf reibungslose Sauberkeit bedacht, sie pflegt die Maschine von der wohlgeordneten Karthotek bis zum Entspannungstee, denn sie hat einen überraschenden Instinkt dafür, daß mangelnde Pflege an einer Stelle den ganzen Betrieb gefährdet. Mit Klugheit legt sie wichtige Besprechungen in eine Stunde, die dem Erfolg günstig ist. Eine besondere Begabung für das Begreifen fremder Gedankengänge und eine Einfühlungsraschheit ohne Flachheit, verbunden mit der Bereitschaft zur exakten Ausführung einer Anordnung ergeben ein Charakterbild, von dem man sich fragen muß - ist hier das ausführende Organ dem führenden nicht gleichgeordnet? Auf dem Boden formaler Unselbständigkeit und Abhängigkeit ist hier doch eine Art Vollproduktivität am Werke."[27]

Während in den vielen Provinzstädten des Deutschen Reiches das Bild dieses weiblichen "Arbeitsheeres" sittsam brave Züge trug, bildete sich in den Großstädten, vor allem in Berlin und Hamburg, ein Profil heraus, das geprägt war von den neuen Werten der Großstadtkultur und zum Symbol weiblicher Emanzipation wurde. Zum Bild der berufstätigen "neuen Frau" gehörte es hier, "schick" und "modern" zu sein, sportlich und hübsch, begehrenswert und jung, weder romantisch, noch jüngferlich, sondern nüchtern und aufgeschlossen.

Schon das Klischee zeigt, daß diese Vorstellung von weiblicher Emanzipation keinerlei Tendenzen einer in der Arbeit veränderten Position von Frauen beinhaltete, - was durchaus der sozialen Wirklichkeit Rechnung trug. Stattdessen lagen in dieser spezifischen Identifizierung von "Weiblichkeit" und "Emanzipation" zweierlei Merkmale, die jedes für sich folgenreich waren: Zum einen verlor durch eben diese Gleichsetzung zweier Begriffe, die bis dahin immer oppositionell gedacht worden waren, die ebenso gefürchtete, wie verabscheute Emanzipation ihre Schreckensseiten und wurde zur Projektionsfläche für männliche Wünsche und Interessen. Denn anders als die lesbische oder jene emanzipierte Frau, die einen Angriff auf männliche Vorherrschaft darstellt, ließ sich die feminin-weibliche Frau aus dem Prinzip des männlichen Gegenpols definieren. Zum anderen wurden die Zeichen des weiblichen Körpers hier in eins gesetzt mit der neuen Mode- und Warenwelt. Dadurch aber fügte sich das Bild der "neuen Frau", in dem sich gesellschaftlich erwünschte Weiblichkeit mit der "auf der Tagesordnung stehenden" Emanzipation verbinden ließ, in den Modernisierungsschub der Gesellschaft zur Konsumgesellschaft ein.

Auf unsicheren Arbeitsplätzen, die unter dem Diktat von Kostensenkung und Umsatzoptimierung standen und deren Entlohnung für die Mehrheit der weiblichen Beschäftigten weit unter der Grenze der Lebenshaltungskosten lag, imaginierten viele Frauen in den von der neuen Reklameindustrie verkündeten "Emanzipations-" und Aufstiegsbotschaften ihre eigenen Wünsche nach einer

27 Elisabeth Busse-Wilson, Manuskript, in Privatbesitz

sorglosen und luxurierenden Lebensweise. Sie kauften sich Stöckelschuhe, Lippenstift und modische Kunstseidenbekleidung - jene neuen Symbole der öffentlichen Glanz- und Glimmerwelt, die ihnen in Zeitschriften, Magazinen und Filmen angepriesen wurden. An diesen Zeichen des Reichtums und des Überflusses teilzuhaben, erschien ihnen als Möglichkeit einer Teilhabe an der damit identifizierten Lebenswelt. Um ihre reale Emanzipation betrogen, hatten sie doch gegenüber der vorher erlittenen Enge soviel symbolische Freizügigkeiten gewonnen, daß sie bereit waren, sich dafür auch mit ihrer untergeordneten Stellung abzufinden.

Damit sind die Effekte einer solchen weiblichen "Strategie" allerdings noch nicht hinreichend beschrieben. Während die Frauen durch die männliche Anerkennung ihrer erotischen Ausstrahlungskraft Unzufriedenheit und Hoffnungslosigkeit kompensieren konnten, wurden sie gleichzeitig damit in ihrer nur privaten Existenzweise bestätigt und erneut darauf festgeschrieben, denn die Anerkennung galt zunächst ihrer personengebundenen Geschlechtsidentität. Indem aber nun weibliche Sexualität und Körperlichkeit zu Merkmalen der öffentlichen Existenz von Frauen wurden, gingen diese ebenso wie die von Busse-Wilson beschriebenen "weiblichen Talente" der Einfühlsamkeit, Umsichtigkeit und Sauberkeit in das Lohnarbeitsverhältnis ein. Sie wurden zu abstrakten Qualifikationsmerkmalen des weiblichen Arbeitsvermögens und leisteten der weiblichen Unterordnung unter die Geschlechterhierachie Vorschub, denn die Bewunderung weiblicher Attraktivität vermittelte Frauen das trügerische Gefühl gleichberechtigter Arbeitsbeziehungen. Darüberhinaus gewannen die Zeichen weiblicher Erotik noch eine andere Bedeutung für den Tätigkeitsbereich der weiblichen Angestellten: Sie waren funktional, wirkten sich "entspannend" und umsatzsteigernd aus.[28]

Diese Weiblichkeitskonstruktion war schon eines neuen Jahrhunderts würdig; man hätte sie erfinden müssen, wenn sie sich nicht wie ein "Phönix" aus den sich zuspitzenden Widersprüchen der Geschlechterdifferenz und -polarisation aufgeschwungen hätte. So wundert es nicht, daß die "neue Frau" und ihr faszinierendes Ambiente als Nachweise weiblicher Gleichberechtigung gefeiert wurden. Anzumerken bleibt, daß die bei jungen Arbeiterinnen als "übertriebenes erotisches Geltungsbedürfnis" abgewerteten Verhaltensweisen in den subjektiven wie in den äußeren Bedingungen derselben gesellschaftlichen Deprivation geschuldet waren, aus der die Inszenierung der "modernen Frau" herrührte. In beiden Fällen war es der defensive Versuch junger Frauen, mit den erfahrenden Diskriminierungen lebensbewältigend umzugehen. Die einen wie die anderen hatten keinen anderen Reichtum als den ihrer Körper, dem sie mit den Symbolen des Überflusses aus der Warenwelt einen höheren Wert zu geben trachteten.

---

28 Vgl. hierzu: Ute Frevert, Vom Klavier zur Schreibmaschine - weiblicher Arbeitsmarkt und Rollenzuweisungen am Beispiel der weiblichen Angestellten in der Weimarer Republik, in: Annette Kuhn/Gerhard Schneider (Hg.), Frauen in der Geschichte, Düsseldorf 1979, S. 82-112

Daß die Kompensationsversuche der proletarischen Mädchen kein gesellschaftliches Ansehen fanden, lag in der einfachen Tatsache begründet, daß in deren Arbeitssituationen weibliche Erotik und Körperlichkeit disfunktional waren und als Störfaktoren wirkten.

Die hier am Weiblichkeitsbild der "neuen Frau mit Bubikopf" skizzierten Ambivalenzen in den Lebens- und Arbeitssituationen junger Frauen zu Beginn dieses Jahrhunderts markieren Probleme und Konfliktfelder, denen die weibliche Jugend jener Zeit konfrontiert war und mit denen sie sich auseinanderzusetzen hatte.

Nach Beginn der Weimarer Republik wurden die in den Läden und Büros als Handelsangestellte beschäftigten Mädchen und jungen Frauen zur Mehrheit der den jugendbewegten Bünden angehörigen weiblichen Jugend. In den Zusammenhängen der Jugendbewegung fanden sie nicht nur einen körperlichen und psychischen Ausgleich für die Überanstrengungen und Enttäuschungen ihrer beruflichen und familialen Eingebundenheiten. Die Diskussionszusammenhänge in den Gruppen und Bünden boten ihnen auch Gelegenheiten für einen Erfahrungsaustausch und für die Kritik an den eigenen Arbeitssituationen. Auf der Suche nach Lebensentwürfen und Selbstbildern, die eine Alternative zu der "halbseidenen Existenz" der "modernen Frau" darstellen könnten, umschloß das jugendbewegte Gegenbild des "Wandervogelmädchens" solche "natürlichen" und "echten" Momente von Weiblichkeit, die auch heute noch aus der Kritik an einem sexistischen und der Warensymbolik verhafteten Weiblichkeitsentwurf gewonnen werden können. Auf dem Hintergrund der kulturkritischen Vorstellungswelt der Jugendbewegung und der zunehmend Bedeutung gewinnenden Konstruktion der "Volksgemeinschaft" geriet eine große Anzahl dieser jungen Frauen allerdings in völkische und deutschtümelnde Anschauungen hinein, die sie in immer neue Widersprüche zu ihren tatsächlichen sozialen und ökonomischen Lebensbedingungen brachten.

3.3. Weibliche Ansprüche auf Gleichberechtigung

Die ansatzweise Auflösung der überkommenen Standes- und Klassengrenzen zwischen Frauen, wie sie sich im Berufsbereich der weiblichen Angestellten und im Bild der "modernen Frau" zeigte, hatte sich schon während des Ersten Weltkrieges und mehr noch in der unmittelbaren Nachkriegszeit angekündigt: Die Kriegsbegeisterung ebenso wie der vereinzelte Widerstand von Frauen gegen den Krieg waren abgelöst worden durch den Schrecken des Krieges, durch Hunger und Not bei der Mehrheit der weiblichen Bevölkerung. Im Nationalen Frauendienst, in dem vor allem bürgerliche Frauen die "Heimatfront" durch Fürsorgearbeit zu sichern hofften, waren sich Frauen aus allen Bevölkerungskreisen nähergekommen. Durch Revolutionsgeschehen und gesellschaftliche Demokratisierungstendenzen war auch für die Frauen aus der Arbeiterklasse dem Anspruch auf gleiche Rechte Nachdruck gegeben. Die in starren Konventionen festgelegten Grenzen zwischen den Geschlechtern schienen sich aufgelockert zu haben: Frauen waren während des Krieges wegen der expandierenden Kriegsindustrie und der Einberufung der Männer in viele Berufsbereiche vorgedrungen, die bis dahin als ausschließlich männlich gegolten hatten. Die hier gewonnenen Selbständigkeiten und die Überlebensarbeit für ihre Familien hatten ihnen ein neues Selbstbewußtsein vermittelt. Auch durch die Niederlage des Militärs als eines traditionellen Männerbundes waren bisher selbstverständlich erscheinende Normen ins Wanken gebracht worden. Politisch fand der Wandel seinen Höhepunkt mit der in der Weimarer Verfassung festgelegten Norm einer "grundsätzlichen" Gleichberechtigung von Frauen.

Elisabeth Busse-Wilson chrakterisiert das Lebensgefühl, das Frauen in den gesellschaftlichen Umbrüchen jener Zeit gewonnen hatten, folgendermaßen:

> "Ihre kühnsten Erwartungen waren in Erfüllung gegangen. Die Mitarbeit in fast allen kommunalen und Staatsämtern war zugestanden. Und so gingen sie denn gleich ans Werk, um Dienst am Menschen und am Volksganzen zu tun. Wohl von keiner Menschenschicht ist nach 1918 so viel und mit solcher Inbrunst gearbeitet worden, wie von den Frauen. Eines durften sie auf jeden Fall mit Freude erleben - die Achtung vor dem weiblichen Geschlechte wuchs. Aus halb gutmütig, halb süffisant geschonten Damen waren sachliche Kameraden geworden. Das spürte man der Haltung der Männer an: sie sahen in uns nicht mehr jene Wesen, die nur auf die Hochzeitsreise lauerten. Das weibliche Geschlecht war nicht mehr von Zweideutigkeiten umgeben. ... Die Atmosphäre um die Frauen ist sauberer geworden."[29]

In den folgenden Jahren zeigte sich, daß solche Erfahrungen weiblichen Aufbruchs nicht von langer Dauer waren. Schon bald wurde die Verfassungsnorm der "grundsätzlichen" Gleichberechtigung durch die Demobilisierungsmaßnahmen eingeschränkt. Durch staatliche Sonderregelungen angeleitet und mit staatlichen Druck begleitet, mußten Frauen zugunsten der aus dem Kriege heimkehrenden Männer Arbeitsplätze verlassen.

Mit dieser Politik war signalisiert, wo die Determinanten für neu zu ordnende Geschlechterbeziehungen und für von Frauen zu gewinnende Handlungsräume in der neuen Republik lagen, nämlich in einer prosperierenden Wirtschaft und in einem aufnahmebereiten Arbeitsmarkt. Beide Bedingungen stellten sich in der Weimarer Republik nicht her. Das fast bruchlose Wiederaufleben militaristischer Traditionen und die Ausgrenzungsstrategien männlicher Machteliten zerstörten ebenso wie die Inflation und Massenarbeitslosigkeit viele Hoffnungen von Frauen auf gesellschaftliche Gleichstellung. Sie blieben weiterhin ausge-

29 Elisabeth Busse-Wilson, Biographische Notizen, in Privatbesitz

schlossen von der Gestaltungsmacht in allen sozialen, wirtschaftlichen und staatlichen Belangen. Trotz allen gesellschaftlichen Wandels gerieten die herkömmlichen Geschlechtergrenzen im Machtsystem nicht ins Wanken. Nur sehr wenige Frauen erreichten Zugang zu Berufen, in denen sie an gesellschaftlichen Entscheidungsprozessen teilhatten. Selbst die Anzahl der Lehrerinnen, also jener Gruppe von Frauen, der es als erster gelungen war, in qualifizierte Berufe zu kommen, überstieg kaum 100 000. Lediglich im Bereich der wissenschaftlichen Ausbildung konnten die jungen Frauen trotz geschlechtsspezifisch getrennter Sozialisations- und Bildungsziele im Laufe der Weimarer Republik aufholen. 1931/32 studierten mehr als 20.000 Studentinnen an wissenschaftlichen Hochschulen und stellten damit 16% der gesamten Studentenschaft.

Soweit Frauen nicht über eine Sexualisierung des weiblichen Körpers die Benachteiligungen ihres Lebens zu kompensieren suchten, konzentrierten sich weibliche Emanzipationsversuche immer stärker darauf, gesellschaftliche Anerkennung durch Arbeit und "Sachlichkeit" zu gewinnen. Dies waren gesellschaftlich anerkannte Werthaltungen; sie waren am ehesten dazu geeignet, Vorwürfe und Vorurteile gegenüber dem öffentlichen Agieren von Frauen zurückzuweisen, aber auch unerfüllte persönliche Wünsche zu verdrängen. An Arbeit fehlte es nicht, denn die allgemeine Not erforderte pausenlosen Einsatz von Frauen; aber wie bisher blieb ihre Arbeit vielfach unbezahlt oder unterbezahlt, und in keinem Fall gehörte sie zu den gesellschaftlich hochgeschätzten Tätigkeiten. Um sich dennoch des Wertes ihrer Arbeit vergewissern und die Überanstrengungen ertragen zu können, ohne in Hoffnungslosigkeit zu verfallen, wollten Frauen die Würde der weiblichen Person wieder herstellen mit einem spezifisch weiblichen Arbeitsethos der "inneren" und "wahren" Werte. Es waren jene Haltungen, die in einem achtungsvollen persönlich-privaten Umgang zwischen Menschen begründet sind und die speziell aus der Kindererziehung und der Pflege Hilfsbedürftiger nicht wegzudenken sind. Mit den Namen Liebe, Opfer und Dienst bewerteten Frauen positiv, was durch die allgemeine Form der Aneignung des weiblichen Arbeitsvermögens Ausdruck der gesellschaftlichen Erniedrigung von Frauen war - ein Status ohne jedes Prestige und doch von außerordentlicher Nützlichkeit für das "Gemeinwohl".

Diese weiblichen Lebensentwürfe zeigen, daß trotz der fehlenden gesellschaftlichen Alternativen die überkommende Zentrierung von Frauen auf Haus und Familie von Grund auf ins Wanken geraten war. Die nachwachsende Frauengeneration fand weder Vorbilder noch soziale Räume für die sich verändernden Bedürfnisse und Zukunftsplanungen, eine Situation, die als tiefgreifende Verunsicherung erlebt werden mußte.

Hier nun gewann die Jugendbewegung an Bedeutung, denn die jugendbewegte Abwendung von bürgerlichen Normen und Werten schloß eine Kritik an den traditionellen weiblichen Geschlechtsrollen ein, unterlag aber keinem Nützlichkeitsdenken, das der weiblichen Jugend gesellschaftlich zielgerichtete

Verhaltensweisen abgefordert hätte. Das "Programm" der Absichtslosigkeit und zweckfreien Betätigung eröffnete den jungen Mädchen und Frauen einen Wertehorizont, der ihnen zuvor niemals zugestanden worden war. Sowohl in den Wandervogelgruppen wie in der Bündischen Jugend waren sie mit dem Anspruch auf Gleichberechtigung angetreten, aber anders als in der Erwachsenenwelt bezog sich dieser zunächst einmal auf den begrenzten Bereich der jugendbewegten Kultur und richtete sich nur in sehr vermittelter Weise auf den gesellschaftlichen Problemhorizont der Gleichberechtigung - eine Tatsache, die vonseiten der Frauenbewegung der weiblichen Jugend in den Bünden immer wieder vorgehalten wurde. Die von der Jugendbewegung entwickelte Kultur des Gruppenlebens, des Wanderns, der Fahrt und musischer Aktivitäten war prinzipiell geschlechtsneutral. Deshalb mußten die Erwartungshaltungen der weiblichen Jugend hier als durchaus realitätsnah erscheinen.

Wenn sich dennoch in der jugendbewegten Praxis die "prinzipielle" Möglichkeit für eine Veränderung der traditionellen Geschlechtsrollen als außerordentlich begrenzt erwies, dann hing dies mit Grundströmungen der Jugendbewegung zusammen, die sich aus ganz anderen - und weiblichen Interessen entgegenstehenden - Motiven speisten.

3.4. Verunsicherungen von Schichten, durch die das Milieu der Jugendbewegung geprägt war: Das Klein- und Bildungsbürgertum

Die rapide Entwicklung Deutschlands um die Jahrhundertwende zur Industriegesellschaft zeigt sich am deutlichsten an den schnell wachsenden großen Städten. Bevölkerungszunahme, wirtschaftliche Strukturveränderungen und die Erfindung neuer Produktionsmethoden hatten große Wanderungsbewegungen mit sich gebracht. In der Zeit zwischen 1871 und 1914 wuchs die Gesamtzahl der Bevölkerung des Deutschen Reiches von 39,4 auf 67,8 Millionen an. Durch intensivierte Arbeitsverfahren in der landwirtschaftlichen Produktion waren dort viele Arbeitskräfte freigesetzt, die nun in der sich enorm ausbreitenden Industrie ihren Erwerb suchten. Hatten 1871 noch nahezu zwei Drittel der Menschen auf dem Lande gelebt, drehte sich dieses Zahlenverhältnis bis 1925 zugunsten der Städte um.[30]

Bis in die Zeit der Reichsgründung hinein waren die Städte Lebenszentren des selbständigen Bürgertums und Orte der gewerbetreibenden kleinen Handwer-

30 Vgl. Jürgen Kuczynski, Geschichte des Alltags des deutschen Volkes 1600-1945, Band 4, Köln 1982, S. 192

kerschaft gewesen. In den nachfolgenden Jahrzehnten aber entwickelten sie sich zu Zentren der Industrie und zu Wohnorten des Proletariats. Die riesigen Gewinne in den "Gründerjahren" des deutschen Nationalstaates veranlaßten die Unternehmer zu immer neuen Investitionen und dauernden Vergrößerungen der Produktionsanlagen, was zu einem Zuzug immer neuer Arbeiter führte. Das Nebeneinander von Armut und neuem industriellen Reichtum ließ die Klassenunterschiede deutlicher und bedrohlicher hervortreten. Gegen die dichtbevölkerten Wohnbezirke der Arbeiterschaft, deren Mietskasernen und dunklen Hinterhöfe Orte des Elends und der Hoffnungslosigkeit waren, standen die repräsentativen und stuckbeladenen Bauten der neuen Geschäftshäuser und die großbürgerlichen Wohnsitze der finanzkräftigen Oberschicht.

Die Unüberschaubarkeit der Städte bildete einen der wichtigsten Gründe für die umfassende Verunsicherung jenes Klein- und Bildungsbürgertums, aus dem die Angehörigen des Wandervogels zunächst vorwiegend kamen. Diese Bürgerschichten hatten bis dahin die städtische Kultur geprägt und büßten nun ihre tragende Rolle ein. Sie hingen an Wertvorstellungen, die sich auf eine Gesellschaft als überschaubaren und stabilen sozialen Zusammenhang bezogen. Zwar hatte sich schon früher gezeigt, daß die Hoffnungen auf einen harmonischen Interessenausgleich in einer liberalen Wirtschaftsordnung nicht mit den neuen Prinzipien von Profitmaximierung, Konkurrenz und technologischem Fortschritt zu vereinbaren waren; mit Beginn der neunziger Jahre aber griffen die Widersprüche zwischen den traditionellen Werten und der sozialen Realität zunehmend in die Lebensverhältnisse dieser bürgerlichen Schichten. Die erfahrbare Unsicherheit ihres gesellschaftlichen Status stürzte diese in eine tiefgreifende Identitätskrise. Hier wirkte sich auch aus, was Helmuth Plessner mit dem Begriff von Deutschland als "verspäteter Nation"[31] umschrieben hat. Denn der gesellschaftliche Wandel hatte sich sozusagen hinter dem Rücken des Bürgertums vollzogen. Im Unterschied zu den anderen westeuropäischen Ländern hatte sich in Deutschland die Industrialisierung nicht im Rahmen bürgerlich-republikanischer Emanzipation entwickelt, sondern unter den Herrschaftsverhältnissen des Wilhelminismus. Dementsprechend waren vor allem das Bildungsbürgertum und die höhere Beamtenschaft des Kaiserstaates in ihren gesellschaftspolitischen Orientierungen auch noch um die Jahrhundertwende weitgehend feudal-obrigkeitsstaatlichen Vorstellungen verhaftet. Deutschland fehlte jene liberale Haltung und jenes Selbstbewußtsein, die das Bürgertum Frankreichs und Englands im Verbund der Durchsetzung bürgerlicher Demokratie und kapitalistischer Ökonomie entwickelt hatte.

In ähnlicher Weise war auch das Kleinbürgertum von dem deutschen "Sonderweg" betroffen. Auch dieses hatte den Verlust seiner ständischen Traditionen

31 Vgl. Helmuth Plessner, Die verspätete Nation, Über die Verführbarkeit bürgerlichen Geistes, Stuttgart 1959

nicht durch bürgerlich-liberale Wertsetzungen ausgleichen können. Das Fehlen jenes bürgerlichen Fortschrittsbewußtseins, wie es in den Postulaten der französischen Revolution seinen klassischen Ausdruck gefunden hatte, hielt diese Bevölkerungskreise in einem Unverständnis den neuen Entwicklungen gegenüber. Helmuth Plessner beschreibt ihre Beziehungslosigkeit zu den sich mit der kapitalistischen Produktionsweise verbindenden bürgerlich-liberalen Idealen folgendermaßen:

> "Freiheit, Zivilisation, internationale Solidarität, Demokratie, sämtlich unpreußische Ideale und im Widerstreit mit der bewußt machtmäßig gedachten Politik, wurden, da im Einklang mit einer Gesellschaft freier Konkurrenz, die nach weltwirtschaftlichem Austausch strebte, zu wirtschaftlichen Parolen und in Erinnerung an den literarischen Humanismus der Goethezeit zu apolitischen, idealistischen Bildungsinhalten."[32]

Die Hoffnungen des deutschen Bürgertums auf nationale Größe und soziale Harmonie schienen zunächst mit dem Aufstieg des Deutschen Reiches teilweise erfüllt, denn mit der Reichsgründung 1871 war das Ziel der nationalen Einigung realisiert worden; als aber die Folgen der Industrialisierung dem deutschen Bürgertum mehr und mehr problematisch oder - wie das Auftreten der Arbeiterbewegung - bedrohlich erschienen, entwickelte sich eine immer stärkere Abwehrhaltung der "Moderne" gegenüber. Idealistische Werte vermengten sich mit rückwärts gewandten Sehnsüchten und nationalem Chauvinismus; an die Stelle von Fortschrittsglauben traten vielfach Kulturpessimismus und Zivilisationshaß. Den Verlust seiner Privilegien befürchtend und die Funktionslosigkeit des klassisch-humanistischen Bildungsgutes, dem es seine Stellung zu verdanken hatte, erkennend, verlor das deutsche Bildungsbürgertum seine der Aufklärung verbundene Intention; ein Vorgang, den Plessner folgendermaßen festhält:

> "Eine wachsende Hemmungslosigkeit im Fortschritt vor Augen, entsteht aus dem humanistischen das polemische Interesse an der Entwertung der Moderne als einer Dekadenz von der Höhenlage, der Größe und Überlegenheit vergangener Zeiten, Menschen, Ereignisse zu der Sinnlosigkeit bürgerlich-proletarischer Arbeitswelt."[33]

In seinem Unverständnis gegenüber den neuen, auf instrumentelle Rationalität und Technikentwicklung ausgerichteten Bildungswerten suchte das deutsche Bildungsbürgertum nach Erklärungsmustern zur Deutung der gesellschaftlichen Umbrüche, wofür sich sozialdarwinistische Denkweisen anboten; zugleich verfestigte sich die Auffassung, daß nur die Rettung der "alten geistigen Werte" vor dem gesellschaftlichen Verfall bewahren könnte.

32 ebenda, S. 80
33 ebenda, S. 87

Die Hoffnung auf eine Erneuerung der "alten Werte" richtete sich auf die Jugend, die in "jugendlich-reinem Idealismus" ihre Kraft und Gläubigkeit gegen den "Ungeist des aufkommenden Materialismus" setzen sollte. Solchen Erwartungen kam eine generelle Aufwertung des Jugendalters entgegen, die eng verknüpft war mit den Veränderungen der auf industrielle Produktion ausgerichteten Gesellschaft; die mit den neuen Wirtschafts- und Arbeitsprozessen verbundenen Anforderungen verlängerten die Ausbildungszeiten und erhöhten die Qualifikationsanforderungen - eine Entwicklung, die vornehmlich die männliche Jugend betraf. Neben dem Bildungsbürgertum schickte jetzt auch das aufstrebende Wirtschaftsbürgertum seine Söhne auf die Universitäten oder die neuen technischen Hochschulen.

Von vielfältigen Erwartungen und Lernanforderungen bestimmt, verschafften diese Tendenzen der männlichen Jugend Toleranzräume, in denen sie ihre Generationsinteressen formulieren und jugendspezifisch ausleben konnte. Dabei versteht sich fast von selbst, daß die weibliche Jugend mit den hier ausgeführten Erwartungshaltungen einer Erwachsenengeneration gegenüber dem "Nachwuchs" nicht gemeint war. "Jugend", im Genus weiblich, und geschlechtsneutral in der Definition, konnte im Kontext der Ideologisierung von Jugend nur männlich gedacht werden. Wer anders, denn ein Mann, konnte als Retter bedrohter kultureller Werte auftreten? Wer anders, denn ein Mann, vermochte als Träger sozialer, nationaler und quasi-religiöser Heilsbotschaften zu gelten?

Die weibliche Jugend war in einer Weise in das kulturkritische Denken einbezogen, die in keiner Verbindung zum Jugendmythos stand und auch nicht geeignet war, die Debatte über Jugendrechte um eine weiblich-emanzipatorische Dimension anzureichern. Der Weiblichkeitsdiskurs im Kontext der Kulturkritik war dadurch abgesteckt, daß die "Krise der Gesellschaft" zugleich als "Krise der Familie" gedacht wurde. Auch hier ging es um die Erneuerung der "alten Werte"; die sich damit verbindenden Erwartungen an die weibliche Jugend waren aber nicht "konservativ-revolutionär" gedacht. Die "Krise der Familie" sollte durch deren "Restabilisierung" überwunden werden, eine Erwartungshaltung, die der weiblichen Jugend keine Erweiterung ihrer Handlungsräume versprach, sie im Gegenteil auf alte Rollenmuster verpflichtete.

Im Laufe der Weimarer Republik, als neben den unverheirateten auch verheiratete Frauen zunehmend auf eine Erwerbstätigkeit angewiesen waren und die gesellschaftlichen Veränderungen sich in einer sinkenden Geburtenrate, in erhöhten Abtreibungsziffern und Scheidungsquoten ausdrückten, gewann dieses Argumentationsmuster noch an Schärfe. Nun erschien die "Krise der Familie" vornehmlich als "Krise der Frau" - als derem "Egoismus" geschuldet und nur zu korrigieren durch eine noch stärkere Rückbesinnung des weiblichen Geschlechtes auf seine "Natur" und Mütterlichkeit.

Angesichts dessen ist es nicht erstaunlich, daß die Jugendbewegung im Bannkreis männlicher Motive und Protesthaltungen agierte. Mädchen und junge

Frauen aber nahmen an den jugendbewegten Gruppen und Lebensformen Interesse; im folgenden wird untersucht, wie in den wichtigsten Phasen und Richtungen der Jugendbewegung auf diese "Anfechtung" reagiert wurde.

In meines Vaters Garten / legt ich mich nieder und schlief / da träumet mir ein Träumelein / wie's schneiet über mich.

Hermann Pfeiffer. Aus dem Schmuck des neuen Zupfgeigenhansls.

aus: Wandervogel, 7. Jahrgang, Heft 2

4. Jugendkultur zwischen Antifeminismus und Idealen eines neuen Geschlechterverhältnisses - Entwürfe der Jugendbewegung

4.1. Jugendbewegung als Rebellion, als Reform?

Die mit der Industrialisierung verbundenen gesellschaftlichen Umbrüche, die das "alte" Bürgertum bis in die Grundfesten seines Selbsverständnisses erschüttert hatten, standen auch im Mittelpunkt der von der Jugendbewegung formulierten Kultur- und Gesellschaftskritik. Dabei nahm sie Anregungen anderer Reformbestrebungen, wie der Lebensreformbewegung und der Reformpädagogik auf. Jede dieser Bewegungen hatte ihren eigenen Schwerpunkt, gemeinsam aber waren sie geprägt von der Abneigung gegenüber der "Zivilisation", der Furcht vor der "Vermassung" und der Abscheu gegenüber allem, was mit dem "System des Erwerbsgier und des Mammonismus" in Verbindung stand[1]; gemeinsam war ihnen auch die Sehnsucht nach einem "heilen" und "natürlichem" Leben.

Die Jugendbewegung verschrieb sich Idealen, die nicht nur aus Projektionen einer vergangenen Welt, die als "heil" gedacht wurde, stammten, sondern zugleich Ansprüche bestätigten, die sie in der Familie kennengelernt hatte: soziale Geborgenheit, Menschlichkeit, Aufrichtigkeit und Wahrhaftigkeit. Ihrer Elterngeneration warf sie vor, diese Werthaltungen zu Phrasen verkommen zu lassen und damit teilhaftig zu sein an der "doppelten Moral" der bürgerlichen Gesellschaft. Gegen diese "Hohlheit" und "Philisterhaftigkeit" setzte die Jugendbewegung ihre Forderungen nach Freiheit für ein selbstgestaltetes Leben, in dem die "verratenen" Ideale vollwertige Gültigkeit haben sollten.

Im Unterschied zu den beruflich situierten und sozial eingebundenen Erwachsenen, die ihre Ängste und Abwehrhaltungen gegenüber der neuen Zeit in kulturpessimistische Diskurse umsetzten, aber nicht lebenspraktisch realisieren konnten, verbanden die Gruppen der Jugendbewegung ihre Zivilisationskritik mit dem zeitweiligen faktischen Auszug aus den Zentren des gesellschaftlichen Lebens. Diese widersprüchliche Protesthaltung der Wandervögel, die einerseits gegen die Konventionen der Elterngeneration aufbegehrten und andererseits deren Werthaltungen und deren Zivilisationskritik beim Wort nahmen, gab der entstehenden Jugendbewegung ihre besondere Stoßkraft und ihr nachhaltiges Profil.

---

1 Charlotte Lütkens, a.a.O., S. 34f

Schon der zeitgenössische Mythos der Jugendbewegung war geprägt vom Stolz auf eine rebellische Auflehnung gegen das "Spießbürgertum" und auch der Hoffnung, "wahre" Alternativen zur Entfremdung in einer industrialisierten und technisierten Welt gefunden zu haben. Während der tatsächliche Ort jugendbewegten Lebens die Gemeinschaft der Gruppe "auf Fahrt" war, entwickelten schon die frühen Wandervögel ein übersteigertes Selbstbild, das weit über die mit den selbstorganisierten Wanderungen verbundenen Autoritätsbrüche hinausreichte. Die Angehörigen der bürgerlichen Jugendbewegung fühlten sich als Träger eines "anderen" Lebens und einer "neuen" Gesellschaft. Diese überladenen Selbstdefinitionen waren eingebettet in den Kulturpessimismus und den damit verbundenen Jugendkult einer Erwachsenengeneration, die die Jugendbewegung als Hoffnungsträger einer kulturellen Erneuerung der in die Krise geratenen alten Gesellschaft begrüßte. Ohne hier auf den Tiefsinn des Mythos Jugend[2] näher einzugehen, läßt sich als These formulieren, daß dieser die Aufstandsphantasien von Bürgersöhnen mit Ideen von einem "Bruch mit der Gesellschaft" speiste und auch der Ablehnung von Mädchen im "Bunde der Berufenen" den Gestus des "Eigentlichen" gab.

Die ersten Schülergruppen, die um die Jahrhundertwende und bald schon in abenteuerlicher Aufmachung mit Rucksack und bebänderter Laute im Morgengrauen aus den Städten wanderten, waren reine Jungengruppen. Draußen in der "freien" Natur fanden sie Gelegenheit, den sie bedrängenden Verhältnissen zu entfliehen, und hier erschlossen sich ihnen sowohl Freiheiten des Jugendlebens als auch die "Rückkehr zur Natur" und zum "einfachen Leben" - jene Werte, um deretwillen sie hinausgezogen waren. Mit der Abkehr vom autoritären Alltag der Wilhelminischen Gesellschaft, in der sich das obrigkeitsstaatliche System vielfach im Verhalten seiner Institutionen spiegelte, bot sich den Jungen die Gelegenheit, unbeobachtet und unkontrolliert zusammenzusein. Im Kreise der Gleichaltrigen begründeten sie jene Erlebniswelt, die in vielen Geschichten reproduziert werden konnte und so den Grundstoff bildete für den Mythos Jugendbewegung. Die Werte ihres Gemeinschaftslebens halfen ihnen, sich dem Ordnungs- und Statusdenken ihrer Herkommensschicht zu entziehen, das ihnen im Lebensraum der Familie ebenso wie in den Bereichen von Schule, Beruf und Universität entgegentrat.

Eine Unterwerfung unter die Konventionen der obrigkeitsstaatlichen Gesellschaft mußte ihnen umso fragwürdiger erscheinen, als die damit verbundenen Garantien der eigenen Zukunftssicherung unsicher geworden waren. Ständische und bildungsbürgerliche Privilegien waren weitgehend ins Wanken geraten. An ihre Stelle traten mehr und mehr individuell zu erbringende Leistungen. Auch die Söhne der aufsteigenden Arbeiterschichten meldeten ihre Ansprüche an und

2 Einen Überblick über Ideologisierungen von Jugend und Jugendbewegung bieten Thomas Koebner, Rolf-Peter Janz und Frank Trommler (Hg.), "Mit uns zieht die neue Zeit", Der Mythos Jugend, Frankfurt/Main 1985

schmälerten die ehemals selbstverständliche berufliche Vorrangstellung der nachwachsenden Generation des Bürgertums. Eine weitere Verunsicherung der beruflichen Perspektiven männlich-bürgerlicher Jugend ging mit der enormen Ausweitung des Handels- und Verkehrssektors einher. Die "Schmutzkonkurrenz" der auf den Arbeitsmarkt strömenden Frauen veränderte hier das bisher seriöse Berufsbild des Handlungsgehilfen oder Bürovorstehers.

Durch diese Veränderungen in der öffentlichen Sphäre des männlichen Lebens waren auch bisher selbstverständliche Muster und Hierarchien im Geschlechterverhältnis ins Wanken geraten. Denn mit den Umbrüchen im beruflichen Statusgefüge gingen Positionen verloren, aus denen sich bis dahin die Männlichkeitsideale von Kraft, Verstand und Mut begründen und legitimieren ließen. Die Furcht, daß mit den Status- und Kompetenzverlusten des traditionell-männlichen Bürgertums männliche Identität und Überlegenheit abgewirtschaftet haben und verloren gehen könnten, intensivierte den ideologischen Kampf um Verteidigung und Wiederaufrichtung dieser Männlichkeitsideale; dieser aber war identisch mit Abwehr und Abwertung des anderen Geschlechts. Gegenüber den Verunsicherungen in der Berufs- und Lebensperspektive der Söhne der bis dahin führenden Bürgerschichten stellte die Jugendbewegung einen Raum dar, der weitgehend frei war von Konkurrenz- und Statusproblemen. Hier konnten die Jungen und Männer ihren Träumen von einem unbeschwerten Leben ebenso nachhängen, wie die "Wiedergeburt" des männlichen Mannes fröhliche Urständ feiern konnte.

Von daher ist die oft vertretene Deutung der Jugendbewegung als Rebellion stark zu relativieren; für die Mehrheit der männlichen Jugendbewegten bedeutete sie wohl eher eine Fluchtbewegung vor der angstverursachenden Moderne in eine "pädagogische Provinz". Wenn darin dennoch ein erheblicher Gewinn für eine jugendgemäße Emanzipation lag, dann vor allem deshalb, weil jener "Freiraum" Möglichkeiten beinhaltete, sich wenigstens teilweise von streng definierten Erwachsenenrollen zu befreien - so vor allem von der patriarchalen Vaterfigur.

Die kulturelle Alternative der Jugendbewegung war in der Zeit vor dem Ersten Weltkrieg die einzige Möglichkeit für die heranwachsende Jugend des Bürgertums, Konflikte mit ihrer Familie, in Schule oder Studium und anderen gesellschaftlichen Bereichen kompensierend auszuleben und neue Identitäten zu suchen. Eine identifikationsfähige Gegenwelt zu den beunruhigenden Problemen der sozialen Realität entdeckten die Wandervögel und nach ihnen die Gruppen der Bündischen Jugend auf ihren Wanderungen durch Wälder, zu Seen und Meeren oder fern gelegenen kleinen Ortschaften. Natur und Landschaft wurden ihnen zu Sinnbildern für die "deutsche Heimat"; das bäuerliche Leben, dessen Eingebundenheit in den Kreislauf der Jahreszeiten und auch dessen lebendiges Brauchtum und alte Handwerkskunst prägten den eigenen Kulturbegriff und erweckten den Wunsch nach einer Regeneration von "Volk", "Natur" und "Vaterland".

Die Freiheiten des Wandervogellebens erschöpften sich nicht in der Wiederentdeckung vorindustrieller Traditionen und im gemeinsamen Singen längst vergessener Volkslieder. Zum Wandern gehörte auch das freie Übernachten in Wäldern und Scheunen, das Abkochen unter freien Himmel, das Lagerfeuer am Abend. Das bestimmende Moment jugendbewegter Kultur aber lag für alle Wandervogelgruppen und auch für die Bündische Jugend der Weimarer Zeit im Erlebnis der Gemeinschaft. Ob sie wanderten, diskutierten oder Feste feierten: die Mitglieder der Jugendbewegung fühlten sich miteinander verbunden. Die Entdeckung ihrer "Innenwelt" und das Erlebnis der sie umgebenden primären sozialen Welt der "Gruppe" wurden zu den wesentlichen Erfahrungen der jungen Menschen in der Jugendbewegung. Charlotte Lütkens beschreibt diese Gefühlswelt 1925 folgendermaßen:

> "Die unerfüllte Sehnsucht nach einer Heimat führte sie zusammen, so innig zusammen, wie nur tiefste Sehnsucht und beglückendstes Finden Menschen zusammenführen kann. Nicht auf Grunde einer Idee, eines Bewußtseins schließt sich dieser Ring der Jugend - sondern auf dem Grunde gemeinsamer Not und seelischen Erlebens."[3]

Die jungen Leute, die sich in der Jugendbewegung zusammengefunden hatten, schufen sich vielfältige Symbole für diese emotionale Erfahrung, und über unterschiedliche Anschauungen hinweg vermittelte allein diese Gestimmtheit des Gefühls den Zusammenhalt von Bund und Gruppe. Ziel und Sehnsucht waren damit vorgegeben; es ging um die ständige Wiederholung der einmal erfahrenen Erlebniswelt. In der Identifikation mit den hier erlebten Werten glaubte die Wandervogeljugend, einen alternativen Entwurf zu der bestehenden Ordnung gefunden zu haben. Dem lauten und prunkvollen "Hurra-Patriotismus" der Wilhelminischen Gesellschaft setzte sie ihre Verbundenheit mit dem wandernd erfahrenen "Vaterland" entgegen; der "Anonymisierung" und "Vermassung" der Großstadtkultur setzte sie die Gemeinschaftswerte des wiederentdeckten "einfachen Lebens" im "Volkstum" entgegen. Diese Ideen standen in vielerlei Schattierungen im Mittelpunkt der neuromantischen Vorstellungswelt des Wandervogels und gewannen eine problematische Bedeutung für die politischen Orientierungen der Jugendbewegung.

Die langfristigen politischen Wirkungen der von der Jugendbewegung neu belebten romantischen Ideenwelt deckten sich durchaus nicht mit den Vorstellungen, die diese selbst sich von deren Wirksamkeit gemacht hatte. Die Wandervögel und Bündischen glaubten, sie würden mit den besseren, weil "echten" Kulturwerten die bestehende Gesellschaft "unterwandern" können. George L.

3 Charlotte Lütkens, a.a.O., S. 72

Mosse verweist auf den Widerspruch, der aus der Eingebundenheit der bürgerlichen Jugendbewegung in die begrenzte Gedankenwelt ihrer Schicht und in die herrschenden Strömungen der deutschen Geistesgeschichte resultiert:

> "Obwohl die Jugend rebellierte, war ihr Aufruhr nur das vergebliche Bemühen, sich von ihren ureigenen Begrenzungen zu befreien. Ihre kulturellen Errungenschaften hatten keinen Einfluß auf die Ausrichtung der politischen oder wirtschaftlichen Kräfte. Ihr radikaler Umschwung nach rechts verstärkte lediglich ihre anti-modernistische Position und führte sie im Laufe der Weimarer Republik in das Lager anti-demokratischen Denkens."[4]

So zutreffend diese Rückschau auf die Positionen der Jugendbewegung auch ist, so lassen diese sich damit doch nicht voll erschließen. In ihrem Lebensstil entwickelte die Jugendbewegung eine kulturelle Alternative zu einer Gesellschaft, an der sie die Unwahrhaftigkeit der Verkehrsformen kritisierte, also die in Konventionen erstarrten Beziehungen der Menschen untereinander und die Unterdrückung subjektiver Lebensbedürfnisse, die Verdrängung aller Emotionalität. Im Gemeinschaftsleben der Gruppe entkamen die jungen Menschen der Vereinzelung, der ihre Generation unter den sozialen Verhältnissen des entwickelten Industriekapitalismus erstmals voll ausgeliefert war. Die neue Erlebnisqualität der "Gruppe" und des "Bundes", ohne die der Wandervogel und die ihm nachfolgende Bündische Jugend nicht zu denken sind, vereinigte alle Angehörigen der Jugendbewegung - unabhängig von gegensätzlichen politischen Standpunkten, die sich noch vor dem Ersten Weltkrieg herauszubilden begannen.

Der Zusammenhalt der Gruppe beruhte im wesentlichen auf der emotionalen Zuneigung zueinander; Sympathie war auch die Grundlage für das vielbeschworene Gemeinschaftserlebnis in der Jugendbewegung; die "Verschworenheit" der Gruppe gewährte ihren Mitgliedern das Bewußtsein ihrer Besonderheit, wobei diese eng gebunden war an die Ausstrahlungskraft der jeweiligen "FührerInnen"; jeder Führungsanspruch - und daran war die männliche Jugend überreich - verband sich mit diesem "Charisma". Die gruppendynamische Struktur der Jugendbewegung ließ jede Kontroverse über sachliche Differenzen oder unterschiedliche Ideen sehr schnell zu einer bündischen "Existenzfrage" werden, wobei solche Auseinandersetzungen vollständig verquickt waren mit persönlichen Rivalitäten, Sympathien und Antipathien und sich einer rationalen Auseinandersetzung weitgehend entzogen. Von daher gehören die vielen Abspaltungen und Neugründungen ebenso elementar zur Jugendbewegung wie die "Gruppe" oder "Horde" als Grundform ihres sozialen Lebens. Dieses Konfliktlösungsverhalten, in dem nicht getrennt wurde zwischen persönlichen und sachlichen Auseinandersetzungen, gründete in der spezifischen Assoziationsform der Jugendbewegung, in der die Entscheidungsprozesse durch keinerlei Bürokratie geregelt

---

4 George L. Mosse, Ein Volk - ein Reich - ein Führer, Die völkischen Ursprünge des Nationalsozialismus, Königstein 1979, S. 203

waren und informelle Lebensweisen vorherrschten, die denjenigen von Frauen sehr ähnlich sind. Während es bei Frauen aber negativ gewertet wird, wenn das Gefühl nicht aus der sachlichen Auseinandersetzung herausgehalten wird, trug die Aneignung weiblicher Verhaltensweisen im jugendbewegten Lebensstil nicht unerheblich zum Mythos der Jugendbewegung bei. Hier wirkte sich die männliche Vorurteilsstruktur so aus, daß dieselben Konfliktlösungsmuster bei den einen "typisch weiblich", nämlich irrational und hysterisch genannt, bei den anderen aber überhaupt nicht als Verhalten gewertet, sondern lediglich in den darin zum Tragen kommenden produktiven Ergebnissen gewürdigt wurden; als "weibisches" Verhalten kritisiert, hätten diese wohl kaum eine positive historische Würdigung erfahren.

Aus ihren Lebensformen entwickelte die Jugendbewegung eine kulturelle Praxis, die nicht auf ihr "Jugendreich" beschränkt blieb, sondern weit in die dominanten Bereiche kulturellen Lebens hineinwirkte. Die Wiederentdeckung der alten Volkslieder, in denen die frühe Wandervogelbewegung den vollendeten Ausdruck ihrer Ideale fand, stand am Anfang der späteren Jugendmusikbewegung. Das Aufspüren vorindustrieller Volkskunst spielte eine wichtige Rolle für die Wiederbelebung alter Handwerkskunst; in Verbindung mit dem Schauenlernen von Motiven und Landschaften hatte dies Einfluß auf die Kunsterziehungsbewegung. Das Streben nach einem gesunden und "natürlichen" Leben fand seinen Niederschlag in den unterschiedlichsten Lebensreformbestrebungen, stand am Anfang der Siedlungsbewegung und bildete auch Anknüpfungspunkte für die Alternativbewegung der Gegenwart. Die neue "Körperkultur" der Jugendbewegung gewann maßgebliche Bedeutung für die weibliche Selbstbefreiung und verband sich mit der Gymnastik- und Tanzbewegung. Hiervon zeugen die beiden ausschließlich von jungen Frauen gegründeten Gymnastikseminare Loheland und Schwarzerden; Schwarzerden ist aus der Jugendbewegung heraus enstanden. Beide Institute bestehen noch heute und sind ihren Vorstellungen aus der Gründungszeit nahegeblieben.

Die Entdeckung von Bund und Gruppe als Formen jugendlicher Selbsterziehung fand nicht nur ihren Niederschlag in reformpädagogischen Landerziehungsheimen, Schullandheimen und Reformschulen, sondern erhielt auch Eingang in die gesamte Jugendpflege und Sozialarbeit, in denen ebenso wie in der Volkshochschulbewegung viele ehemalige Mitglieder der Jugendbewegung tätig wurden. Der Einfluß, den die jugendbewegte Wanderlust auf die Gründung des Jugendherbergswerkes nahm, braucht kaum genannt werden, so naheliegend ist der Zusammenhang. Kulturell wurde also die Jugendbewegung zu einem einflußreichen Faktor der deutschen Gesellschaftsgeschichte nach der Jahrhundertwende.

4.2. Einige Bemerkungen über die "Unangemessenheit" weiblicher Wünsche

In einem Lied, das zu den am meisten gesungenen Liedern der Jugendbewegung gehörte, heißt es in der fünften Strophe:

"Mann und Weib und Weib und Mann
sind nicht Wasser mehr und Feuer.
Um die Leiber legt ein neuer
Frieden sich. Wir blicken freier,
Mann und Weib, uns an."

Vielleicht ist diese Strophe nicht immer mitgesungen worden. Worte und Sinngehalt werden in der Melodie eher auseinander gerissen als ineins gefügt, dennoch drückt der Text einen wesentlichen Aspekt dessen aus, was schon in der ersten Zeile des Liedes anklingt: "Wann wir schreiten Seit' an Seit'..." Von Hermann Claudius stammend, war das Lied 1920 von einer Hamburger Gruppe auf dem Reichsjugendtag der sozialistischen Arbeiterjugend in Weimar erstmalig vor einer großen Menge gesungen worden. Innerhalb weniger Wochen und Monate breitete es sich in der gesamten Jugendbewegung aus und gehörte seitdem dort zu den beliebtesten Liedern.

Ich denke, daß der hier ausgedrückte Wunsch nach einem neuen Verhältnis zwischen den Geschlechtern, in dem sich Männer und Frauen nicht wie "Feuer und Wasser" feindlich und zugleich unfrei gegenüberstehen, von der weiblichen Jugend in die Bewegung getragen worden ist. Neben den für beide Geschlechter in ähnlicher Weise gültigen Bedürfnissen nach einem selbstgestalteten Lebensraum lag hier ein wesentlicher Unterschied zwischen den Erwartungshaltungen der männlichen und der weiblichen Jugend in den jugendbewegten Bündigungen. Für die Mädchen und Frauen ging es im Zusammenhang der neuen Jugendkultur immer auch darum, einen gleichberechtigten Umgang mit der männlichen Jugend zu finden. Damit meine ich nicht, daß Mädchen und Frauen ein besonderes Interesse an gemischtgeschlechtlichen Gruppen gehabt hätten. Ihre Erwartungen an die männliche Jugend richteten sich darauf, daß im jugendbewegten Milieu die im Alltag herrschende Aufteilung des Lebens in streng nach Geschlechtern getrennte Lebens- und Aufgabenbereiche keine Gültigkeit haben sollte.

Diese Besonderheit weiblicher Wünsche war kein zufälliges Ereignis. Darin drückte sich, ebenso wie in der männlichen "Interesselosigkeit" daran, der unterschiedliche gesellschaftliche Status der beiden Geschlechter aus. Die männliche Jugend hatte es nicht nötig, ihre Anliegen auf mehr Lebensqualität mit Wünschen an die Mädchen zu verbinden. Umgekehrt jedoch gehörte es zu dem vielleicht unbewußten, aber erfahrungssicheren Wissen der jungen Frauen, daß jede auf Freiheitsgewinn angelegte Veränderung ihrer Lebenssituation mit einem

Abbau von Distanz und Hierarchie zwischen den Geschlechtern verknüpft war. Für sie war die nach Geschlechtern getrennte Moral, die Unterscheidung zwischen männlichen und weiblichen Verhaltensnormen und -regeln, männlichen und weiblichen Rechten und Aufgaben, mit vielerlei Geboten und Einschränkungen verbunden, die alltäglich erfahrbar waren. Mit dem Zutritt der Mädchen zum Wandervogel war ihnen gewissermaßen zugestanden worden, daß die hier herausgebildete Lebensform nicht den männlichen Praxisbereichen zugerechnet, sondern als geschlechtsneutral angesehen würde. Von daher glaubten die jungen Mädchen, in der Jugendbewegung Bedingungen finden oder herstellen zu können, die ihnen eine herrschaftsfreie Beziehung zu der männlichen Jugend ermöglichen würden. Vom Prinzip her hätten in der zweckfreien Kultur der Jugendbewegung solche Wünsche realisiert werden können, denn hier waren die Konventionen der bürgerlichen Gesellschaft und die dazugehörigen Geschlechtergrenzen aufgebrochen und in Frage gestellt. Die damit aufscheinenden Möglichkeiten erhielten ihre eigentliche Bedeutung dadurch, daß die jugendbewegte Kultur Tätigkeiten und Freizügigkeiten umfaßte, die Mädchen und Frauen bisher nicht zugänglich gewesen und die noch nicht gesellschaftlich integriert und institutionalisiert waren.

Dennoch war es eben auch die Ungleichheit der Wünsche, über die sich die gesellschaftlichen Machtbeziehungen zwischen den Geschlechtern in der Jugendbewegung reproduzierten und durch die die weibliche Jugend sich in ihren offensiven Verhaltensmöglichkeiten einschränken ließ. Die Orientierung auf das dominante Geschlecht, die Ausdruck der gesellschaftlichen Geschlechterhierarchie war und auch des Wunsches, diese zu überwinden, stand einer Umgestaltung der geschlechtlichen Machtverhältnisse insofern entgegen, als sich die weibliche Jugend dadurch in neue Abhängigkeiten brachte. Dies behinderte sie umso mehr, als der weibliche Wunsch von der Mehrheit der männlichen Jugend in den Bünden weder geteilt noch ernst genommen wurde.

Bevor noch das erste Mitwandern von Schwestern und Freundinnen die Fahrenslust der Jungen und Männer beeinträchtigen konnte, hatten diese schon etliche Jahre lang ungetrübt Wanderfreuden genossen. Die von ihnen geschaffenen Leitbilder eines rauhen und romantischen Vagantenlebens waren umso mehr identifikationsfähig, je stärker sie im Gegensatz zu herrschenden Gewohnheiten standen; neben der Herausforderung an die Erwachsenengeneration spielte hier vor allem auch der Kontrast zu der Normalität und Langeweile des Lebens gleichaltriger Mädchen und Frauen eine gewichtige Rolle. Im Spiegel weiblichen Unvermögens gewannen die Leistungen männlichen Protestes hervorragende Bedeutung im männlichen Selbstbild.

Indem auch Mädchen und junge Frauen anfingen, aus den für sie besonders strengen und belastenden Konventionen und Ansprüchen bürgerlicher Familienbindungen auszubrechen, forderten sie die männlichen Mitglieder des Wandervogels heraus, auch ihnen die Freizügigkeit ihrer Jugend zuzugestehen und sich nicht länger in weiblicher Machtlosigkeit zu spiegeln. Die Reichweite dieser Herausforderung macht Elisabeth Busse-Wilson deutlich:

> "Daß die Jugendbewegung auch die Mädchen zur Jugend rechnete: Mit dieser scheinbar selbstverständlichen Forderung vollzog sie wohl den stärksten Bruch mit der bürgerlichen Auffassung, obgleich keine der beiden Parteien dieses zugestehen wird."[5]

Damit sind die Fronten angedeutet, zwischen die junge Frauen der Jugendbewegung in ihrem Bemühen um Selbstbefreiung gerieten. Versperrte ihnen auf der einen Seite ein Massiv von Moralvorstellungen den Weg aus der bürgerlichen Enge, so traten ihnen auf der anderen Seite die jugendbewegten Burschen entgegen, und diese waren gut gerüstet mit männlichen Aufbruchsphantasien. Gegenüber dem übersteigerten Selbstbild der Jungen und Männer hatten die jungen Frauen es doppelt schwer, sich ihren Platz in der Jugendbewegung zu erkämpfen. Mußten sie sich einerseits mit Leitbildern auseinandersetzen, mit denen das jugendbewegte Gegenmilieu als spezifisch männlich besetzt gehalten wurde, so bemühten sie sich andererseits, die Spuren und Merkmale ihrer Unterdrückung zu überspielen. Diese wären ihnen nur als Beweise weiblicher Inferiorität entgegengehalten worden; sie zum Thema ihres Aufbegehrens zu machen, fehlten ihnen die Erfahrungen und das Wissen. Darüberhinaus aber nahmen auch die neu erreichten Freiheiten ihre ganze Aufmerksamkeit gefangen.

In allen Zeitschriften der Jugendbewegung und über viele Jahrgänge hinweg finden sich unter den Stichworten "Mädelfrage" oder "Geschlechterverhältnis" die unterschiedlichsten Meinungen und Ausführungen zur Stellung der Frauen in der Jugendbewegung. Sie sind Ausdruck harter Auseinandersetzungen, in denen sich die jungen Mädchen das Recht auf ein selbstbestimmtes Jugendleben erstreiten mußten. Immer wieder versuchten junge Männer der Jugendbewegung, ihr eigenes Selbstverständnis und das ihres Bundes aus der Abgrenzung gegenüber den weiblichen Bundesangehörigen zu gewinnen. Wenn sie nicht so radikal waren, ihre "jugendrevolutionäre" Identität vom Ausschluß der Mädchen abhängig zu machen, dann beschäftigten sie sich angelegentlich damit, Mädchen weibliche Wesens- und Verhaltensanforderungen zuzuschreiben, um diesen einen minderen Status zuzuweisen. In diesem Bemühen aber trafen sie auf die schon beschriebenen existentiellen Verunsicherungen junger Mädchen und Frauen, die nach neuen Anhaltspunkten für ihre Identität suchten, nachdem die alte weibliche Lebenswelt "aus allen Fugen geraten" war, sich aber keine sozialen Räume auftaten, in denen sie eigenständigen Platz finden konnten.

Im folgenden soll dargestellt werden, inwieweit und in welcher Weise die weiblichen Wünsche nach veränderten Geschlechterbeziehungen und erweiterten Handlungskompetenzen in "Bund" und Gesellschaft trotz der den Mädchen

---

5 Elisabeth Busse-Wilson, 1925, a.a.O., S. 93

und Frauen entgegenstehenden Widerstände Eingang in die jugendbewegte Kultur fanden und in welchen Bildern sich dies ausdrückte. Dabei konzentriere ich mich auf Richtungen der Jugendbewegung, die dieser ihr kulturelles Profil gaben und dabei jeweils eigene Leitbilder für das Geschlechterverhältnis fanden. Wenn ich dabei die PfadfinderInnenbewegung nicht gesondert aufführe, dann deswegen, weil dort eine neue Ausgestaltung der Geschlechterbeziehung keine so bedeutende Rolle spielte wie in anderen Gruppierungen. Die ersten Pfadfinderinnenbünde wurden etwa um diesselbe Zeit gegründet, in der auch die Wandervogelmädchengruppen entstanden, hatten aber keine ähnlich enge Verbindung zu den männlichen Pfadfinderbünden. Von daher bildeten die militärischen Formen des Scoutismus nicht das Bild, an dem sich das Verhalten der Mädchen messen lassen mußte. Die von den pfadfinderischen Mädchenbünden später gefundenen Leitbilder weiblicher Jugendkultur fügen sich ein in das Spektrum der anderen Bünde, die zum bürgerlichen Flügel der Jugendbewegung gehörten.[6]

Bei meiner Entscheidung, die Arbeiterjugendbewegung neben die bürgerliche zu stellen und sie als eine eigene Richtung innerhalb der gesamten Jugendbewegung zu behandeln, gehe ich von folgender Überlegung aus: Der geläufige Begriff von Jugendbewegung ist auch im wissenschaftlichen Diskurs geprägt von historischen Abgrenzungen der frühen bürgerlichen Jugendbünde gegenüber den Jugendpflegeverbänden, die von staatlicher Seite oder auch von den großen gesellschaftlichen Interessengruppen gegründet worden waren. Diese Gegenüberstellung wurde aber in eben demselben Maße fragwürdig, wie sich der jugendbewegte Lebenstil während der Weimarer Republik in kirchlichen und anderen jugendpflegerischen Verbänden ausbreitete. Mit dieser Ausweitung verschoben sich nicht nur objektiv die Grenzen zwischen "freier" Jugendbewegung und organisierten Erziehungsverbänden; eine Unterscheidung zwischen jugendbewegter Autonomie und von außen kommenden Einbindungen fand auch in der subjektiven Realität des Gruppenlebens vielfach keine Entsprechungen mehr. Jugendverbände in der Arbeiterbewegung wurden damit Teil der Jugendbewegung; zugleich wurden konfessionelle Jugendverbände zu Teilen der bürgerlichen Jugendbewegung.

6 Vgl. Elise von Hopffgarten, Pfadfinderbuch für Mädchen, München 1912; Wolf Kuhnke, Blaue Blume und Spinnrocken, Gießen 1984

4.3. Der frühe Wandervogel

Nahezu gleichzeitig waren schon vor der Jahrhundertwende an verschiedenen Orten Deutschlands die ersten Schülergruppen regelmäßig zu ein- oder mehrtägigen Wanderfahrten aufgebrochen. Ihren organisatorischen Ausdruck gewann diese Wanderbewegung unter Hermann Hoffmann-Fölkersamb in Berlin, wo dann 1901 der Verein "Wandervogel - Ausschuß für Schülerfahrten" gegründet wurde. Dieser Wandervogel, der zunächst unter der Leitung des legendenumwobenen Karl Fischer stand und aus dem sich 1904 durch eine Spaltung der Steglitzer Wandervogel und der Altwandervogel (AWV) bildeten, breitete sich schnell aus - 1912 zählte man schon 20 000 Wandervögel.[7] In diesen ersten Jahren entwickelte sich auch der dem Wandervogel eigentümliche Lebensstil. In kleinen "Horden" zogen die Jungen aus der Stadt hinaus und entdeckten für sich ein abenteuerreiches Leben. Die Erfahrungen der Gruppengemeinschaft verbanden sich mit neuen Naturerlebnissen und erschlossen die kultische Welt des Wandervogels: Wandermärsche im Morgengrauen, Abkochen im Freien - erst auf kleinen Spirituskochern, bald im Hordentopf auf offenem Holzfeuer; überhaupt das Feuer und die Feuerrunde, Übernachtung im Stroh oder in einfachen Quartieren. Als Leitbild galt der mittelalterliche Scholar oder der "Kunde" der Landstraße. Die Jungen trugen einfache, z.T. wild aussehende Kleidung und schmückten ihre Hüte mit langen Fasanenfedern.

Mit Hans Breuer, einem der ersten Wandervogelführer, erfuhr die wild-wüchsige Wandervogelromantik der frühen Jahre entscheidende Umgestaltungen. Die mit seinem Namen verbundene Neugründung des "Wandervogel - Deutscher Bund" (WV-DB) im Jahre 1907 brach mit dem Ideal des rauhbeinigen Vagantentums und verfeinerte und kultivierte das Wandervogelleben. Jetzt erhielt der Wandervogel jenes Gesicht, das sich bis heute vorwiegend mit ihm verbindet und das während der Weimarer Republik das Bundesleben großer Teile der Jugendbewegung - vor allem konfessioneller und völkischer Bünde - prägte. Breuers Reformen zielten darauf ab, "daß der Wandervogel die 'deutsche Wiedergeburt' von unten betreiben müsse, zeitlich sowohl wie sozial: Ausbruch in die Wälder, Bauerntum, mittelalterliche Städte und Dome, Heimatkunde und volkstümliches Brauchtum, schließlich moderne Städte und Arbeitsverhältnisse gar."[8]

Der Gründung des WV-DB war ein Konflikt im Altwandervogel vorausgegangen, der sich nicht zuletzt an der Frage des "Mädchenwanderns" entzündet hatte. Auf der Bundeshauptversammlung in Berlin 1907 hatte Ferdinand Vetter für die Ortsgruppe Jena den Antrag gestellt, auch Mädchen in den Wandervogel aufzu-

7 Aufruf, Verband Deutscher Wandervögel, Februar 1912, Akte 114/1, AdJB
8 Harry Pross, a.a.O., S. 121

nehmen. Als der Antrag abgelehnt wurde, trat die Ortsgruppe Jena aus dem AWV aus und gründete zusammen mit Gruppen aus dem südwestdeutschen Raum - Hans Breuer war der Führer der Heidelberger Wandervögel - den WV-DB. Hier blieb es zunächst den einzelnen Ortsgruppen überlassen, ob sie ihre Wanderfahrten mit Jungen und Mädchen gemeinsam oder auch getrennt unternehmen wollten. Die gemeinsamen Wanderungen, die einer ausdrücklichen Einwilligung durch die Eltern oder anderer Erziehungsberechtigten bedurften, waren unter dem Stichwort "Gemischtwandern" ein heiß diskutiertes Thema. In dem 1913 gegründeten Vereinigungsbund der Wandervögel (WV-EV), in dem auch der WV-DB aufging, setzte sich die Regel der nach Geschlechtern getrennten Wanderfahrten durch.

Nur der 1910 in einer weiteren Abspaltung vom AWV entstandene Bund "Jungwandervogel" (JWV) schloß sich dem WV-EV nicht an. Diese kleine, ideologisch aber wichtige Gruppierung wandte sich ausdrücklich gegen den mit der Ausweitung des Wandervogels verbundenen "Massenbetrieb" und gegen die "Bevormundung durch Oberlehrer". Die Führer der Gruppen sollten nicht älter als 25 Jahre sein und die Ortsgruppen nicht mehr als "40 Scholaren" umfassen. "Er (der JWV) will 'Qualität' statt 'Quantität'".[9] Mit diesen in der Satzung verankerten Bestimmungen wurde den Autonomieansprüchen von Jugend und den Prinzipien von "Auslese" und "Elite" erneut Nachdruck verliehen. Zwar wirkten sich diese Richtlinien zunächst gegen die weibliche Jugend aus, denn gerade die Mädchen wurden bezichtigt, den "Massenbetrieb" mitverursacht zu haben. Bis 1911 wehrte sich der JWV gegen die Aufnahme weiblicher Mitglieder. Danach aber schloß sich schnell eine Reihe von Mädchengruppen dem Bund an und die hier als Führerinnen engagierten jungen Frauen griffen schon zu einem sehr frühen Zeitpunkt frauenzentrierte Themen auf. Ende 1917 gründeten die Mädchengruppen einen eigenständigen "Mädelbund im Jungwandervogel". Durch welche Faktoren sich die weibliche Jugend des Bundes veranlaßt sah, sich von dem männlichen Teil des JWV zu trennen und als wie eigenmächtig dieses Vorgehen empfunden wurde, wird deutlich aus einem Beitrag eines Mädchens namens "Tuck". Sie schreibt:

> "Daß man sich über unser eigenmächtiges Handeln wundert, kann ich verstehen, aber daß man mir schreibt, wir hätten im Vollgefühl unserer Kraft und Sicherheit über die Köpfe derer hinweg beschlossen, die draußen ihre Knochen für uns zu Markte tragen, scheint mir unüberlegt, denn ich weiß, daß die meisten Führer im JWV erlöst aufatmen, daß wir Mädel endlich den entscheidenden Schritt in dieser Richtung getan haben. Es geht uns doch nur ganz allein an, und ich sehe nicht ein, weshalb wir bis zum nächsten Bundestag warten sollen."[10]

9 Copalle/Ahrens, Chronik der Freien deutschen Jugendbewegung, Band I, Bad Godesberg 1954, S. 38

10 Tuck, in: Jung-Wandervogel, 8.Jg. 1918, Heft 1, S. 17

Eine der Wortführerinnen in den Debatten der jungen Frauen im JWV, in denen es nicht nur um Fragen des Bundeslebens ging, sondern auch um Probleme des weiblichen Berufs- und Erwachsenenlebens, war Marie Buchhold. Sie setzte sich ausdrücklich für eine engere Gemeinschaft der älteren weiblichen Jugend im JWV ein. Die von ihr entwickelten Ideen und Argumente lassen schon vieles von den Vorstellungen erkennen, die sie ab 1923 zusammen mit Elisabeth Vogler und bald auch einigen anderen Frauen in dem von ihnen als "Frauenbildungsstätte" gegründeten und noch heute bestehenden Gymnastikseminar Schwarzerden zu verwirklichen suchte.[11]

Es scheint so, daß für den Zustrom der Mädchengruppen zum JWV und für die von diesen schon während des Ersten Weltkriegs entwickelten selbständigen Aktivitäten jene Positionen des Bundes ausschlaggebend waren, die sich zunächst gegen die Mädchen ausgewirkt hatten. So mögen z. B. die in der Satzung festgelegten Altersgrenzen für Führer Gelegenheiten für die Mädchengruppen geschaffen haben, sich etwas unabhängiger von männlichen Vorstellungen zu bewegen. Denn mit dem Entstehen der weiblichen Jugendbewegung waren von allen Seiten männliche Führungsansprüche angemeldet worden und die besonderen Qualifikationen für die patriarchale Bevormundung wurden nicht zuletzt mit Eigenschaften und Erfahrungen begründet, wie sie die kritisierten "Oberlehrer" aufzuweisen hatten.

Als der eigentliche Wegbereiter des "Mädchenwanderns" aber gilt Hans Breuer, der wohl wichtigste Führer des WV-DB, also jenes Bundes, dessen Gründung und frühe Geschichte unmittelbar verknüpft ist mit der Entwicklung der weiblichen Jugendbewegung. Durch Breuers Engagement breitete sich nicht nur die Mädchenbewegung außerordentlich aus, sondern die gesamte Wandervogelbewegung gewann an gesellschaftlicher Akzeptanz. An der unter Breuers Einfluß sich ausprägenden Kultur des Wandervogels ist deutlich zu erkennen, wie ambivalent dessen Engagement für die weibliche Jugend wurde. Einerseits bemüht, die für Mädchen geltenden Geschlechterschranken abzubauen, und andererseits den Vorstellungen über die Polarität der Geschlechter verhaftet, setzte Breuer sich für Veränderungen im Wandervogel ein, die den traditionellen Geschlechterrollen Rechnung trugen. Statt den wild-romantischen und verwegenen Wandelvogelgesellen ebensolche ungezähmt-romantischen Frauenspersonen an die Seite zu stellen, erfuhren nun andere Vorbilder eine neue Wertschätzung, in denen zwar die bürgerlichen Ausformungen der Geschlechterrollen kritisiert, nicht aber die gesellschaftlich definierten Weiblichkeitsvorstellungen in Frage gestellt waren.

Wäre es wohl denkbar gewesen, den "Vaganten" der frühen Wandervogeljahre die "Vagantinnen" folgen zu lassen, und hätten nicht auch mittelalterliche Vor-

11 Vgl. hierzu: Chronik der Schule Schwarzerden 1927-1987, Geschichte einer Frauensiedlung, Schwarzerden/Rhön e.V. (Hg.), 1989; ferner: Irmgard Klönne, Auszug aus den Institutionen, in: Ilse Brehmer (Hg.), Mütterlichkeit als Profession?, Pfaffenweiler 1990

bilder eines fahrenden Volkes von Weibern längst verschüttete Leitbilder für neu anzueignende Ideale abgeben können? Wahrscheinlich wären zunächst weniger Töchter des Landes mit hinausgezogen in die Fremde, aber diese hätten sich Kräfte angeeignet, die ihnen besser geholfen hätten, sich gegen männliche Vorrechte zur Wehr zu setzen. Dies gilt umso mehr, als solche rebellischen historischen Leitbilder die in der Realität bestehende Hierarchie zwischen den Geschlechtern schon im Ansatz aufgebrochen hätten.

Die von Breuer mitbewirkte Idyllisierung des Wandervogeltums betraf nicht nur die Verankerung der Geschlechterhierarchie im Gegenmilieu des Wandervogels; die bildungsbürgerliche "Zähmung" der jugendkulturellen Ausformungen nahm auch den Männlichkeitsbildern deren rebellische Note, - eine Entwicklung, die immer wieder männerbündische Abspaltungen und Neugründungen nach sich gezogen hat und die, was die eigentliche Katastrophe daran war, immer auf Kosten der Mädchen ging. Als Bund von "Wandervogelweibern" hätten die Mädchen sich weniger den männlichen Vorstellungen angepaßt und die Jungen hätten weniger Gelegenheiten gehabt, sich für die "Mädchenkultur" zu rächen. In der Jungenschaftsbewegung der zwanziger Jahre holten sich die Burschen die rauhe Ausprägung von Männlichkeit zurück, nun allerdings in weniger individualistischen Formen, sondern mithilfe von Mythen, denen "reichsbegründende" Ideen zugrundelagen und deren Tugenden an soldatischen Traditionen orientiert waren. Wenn die in den Anfängen betonte "anarchistische" Männlichkeit nicht so verloren gegangen und in der Erfahrung mit einem neuen "unbotmäßigen Weibervolk" die Imagination eines Umgangs unter "Ähnlichen" möglich geworden wäre, - vielleicht hätten solche Entwicklungen Folgen gezeitigt, die nicht so stark zulasten der weiblichen Jugend in den Bünden gegangen wären und auch völkischen Ideen weniger Raum gegeben hätten.

Die Leitbilder und die Kultur der sich einbürgernden Wandervogelbewegung waren seit Breuer vorwiegend von historischen Anknüpfungen geprägt, die zwar auch volkstümlich waren, aber eine Welt widerspiegelten, in der die traditionelle Geschlechterordnung sicher verankert war. Hier hatte die Fiktion von einer "heilen Welt" der dörflichen Volkskultur Pate gestanden. Bunte Trachten, Volkslieder und -musik, Reigen und andere Kreistänze gehörten ebenso dazu wie bäuerlich-häusliches Brauchtum. Jugendbewegtes Leben entfaltete sich zunehmend auch außerhalb der Wanderfahrten. Nicht nur das "Stadtnest", auch das "Landheim" gewann seinen festen Platz im Leben der Wandervögel. Damit aber waren gleichzeitig auch Orte gefunden, an denen geschlechtsspezifische Rollenvorstellungen weiteren Vorschub erhielten.

Hans Breuers Absicht war es gewesen, gegen die absolute Geschlechtertrennung der Jugend, wie sie sich in der bürgerlichen Gesellschaft herausgebildet hatte, die Jungen und Mädchen wieder "einander näher (zu) bringen".[12] Nichts allerdings erschien ihm schrecklicher als die Vorstellung, daß sich das Verhalten von Mädchen und Jungen im Umgang miteinander angleichen könnte. Diese Widersprüchlichkeit, nach der sich vieles in den Geschlechterbeziehungen verändern sollte und sich gleichzeitig nichts wirklich verändern durfte, verlangte in der Folgezeit von den Mädchen kein geringeres Kunststück, als die Quadratur des Kreises herzustellen.

Das Leitbild, das maßgeblich wurde für die sich unter diesen Vorzeichen herausbildenden Beziehungen zwischen den Geschlechtern, war das der "Kameradschaft". Angesichts der aus dem männlichen Teil der Jugendbewegung heraus inszenierten Trennungen, Abgrenzungen und Abwertungen gegenüber den Mädchen und Frauen erstaunt die bis heute andauernde Wertschätzung des Kameradschaftsverhältnisses, die immer wieder von ehemals zur Jugendbewegung gehörigen Frauen betont wird. Vielleicht läßt sich der Abstand zwischen dem erinnerten Kameradschaftserlebnis und dem tatsächlichen Geschlechterverhältnis in der Jugendbewegung so erklären, daß schon der ideelle Bezug auf gemeinsame Themen und das eingeschränkte Teilhaberecht von Mädchen und jungen Frauen als enorme Erweiterungen der ihnen bis dahin zugestandenen sozialen Räume erschienen und so den Mythos der "Kameradschaft" bestätigten. Aus einem Beitrag, der 1913 in der "Wandervogelführerzeitung" erschien, wird deutlich, welche revolutionäre Neuerung das Fahrten- und Wanderleben für Mädchen darstellte:

> "Wer hat vor 10 Jahren von einer Luftflotte gesprochen! Wer hat vor einem Jahrzehnt etwas von Mädchenwanderungen in der heutigen Gestalt gewußt! Ich erinnere mich, wir besprachen altklug die unmögliche Durchführbarkeit dieser 'Kateridee' im Allgemeinen wie im Besonderen. Schienen uns doch schon unsere Knabenfahrten ohne Begleitung Erwachsener als etwas Ungeheuerliches. Jetzt, wo wir nur 10 Jahre älter geworden sind, ist jeder Philister an den Anblick von Wandervogelmädchenhorden gewöhnt."[13]

Auch wenn man berücksichtigt, daß die Gegenüberstellung, hier "Philister", dort fortschrittlicher Wandervogel, einem Wunschdenken entsprach, dem nicht nur der Autor dieses Artikels aufgesessen ist, dann hatte sich selbst zum Zeitpunkt, als die Jugendbewegung schon Gewohnheit geworden war, noch längst nicht "jeder Philister", sei er außerhalb oder innerhalb der Jugendbewegung zu suchen, an die Mädchengruppen gewöhnt. Solange aber das jugendbewegte Engagement von Mädchen noch als ungewöhnlich und als Verletzung gesellschaftlicher Weiblichkeitsvorstellungen gewertet wurde, bedeutete jeder Schritt der weiblichen Jugend in dieser Richtung ein reales Befreiungserlebnis. Ganz unabhängig davon, wie der männliche Teil der Bewegung sich den Mädchen-

12 Hans Breuer, Teegespräch, in: Wandervogel, Hornung 1911, Heft 2, S. 31-38, 31
13 Leopold Fulda, Für das Zusammenwandern von Knaben und Mädchen im Wandervogel, in: Wandervogelführerzeitung, Januar 1913, Heft 2, S. 40

gruppen gegenüber verhielt, stellte der Zugang zum Wandervogel für die weibliche Jugend immer auch ein Stück Gleichstellung und das hieß offensichtlich auch "Kameradschaft" dar. Dabei spielte dann kaum eine Rolle, daß die Mädchen keine weiteren Kontakte zu den "Kameraden" hatten und daß der Widerstand gegen die Mädchen innerhalb des Wandervogels im Laufe der Jahre eher zunahm als daß er geringer geworden wäre. Dazu schrieb 1918 ein Mädchen:

> "Mit ziemlicher Selbstverständlichkeit wurden sie anfänglich als gleichartige und gleichstrebende Kameraden im WV aufgenommen. Manche Jungen- und Mädchen-Ortsgruppen hielten eng zusammen, und ihre Freundschaft kam in der Neigung zum gemeinsamen Wandern zum Ausdruck. Daneben aber gabs und gibts noch Leute, die die Daseinsberechtigung des Mädchen-WV in Frage stellen. Das sind nicht nur vorsichtige Väter und Mütter und sonstige Hüter der Mädchenwelt; sogar innerhalb der Bewegung selbst treten manche mit vernichtender Kritik an den Mädchen-WV heran."

Die Anlässe, an denen sich eine die weibliche Jugendbewegung "vernichtende Kritik" festmachte, werden auch von der Autorin benannt. Es sind immer dieselben disqualifizierenden Kennzeichnungen, mit denen sich die Mädchen und Frauen vom Beginn der Bewegung bis zu deren Ende auseinandersetzen mußten und gegen die sie sich als Gesamtgruppe nicht wehren konnten: (weiblicher) "Gefühlsüberschwang", (unweibliche) "Rauhbeine" und ihr (defizitäres) "Schweigen". Das Selbstbewußtsein und die Radikalität, mit der die Autorin des hier zitierten Textes auf die Absurdität solcher Anwürfe hinweist, erscheinen auch heute noch bemerkenswert. Sie meint: "Stell dich vor einen Baum und predige, daß ihm das Recht zu Wachsen fehlt, weil einige Äste eine lächerliche Form haben."

Die Kraft und die Fähigkeit, sich so zu wehren, konnten unter den Bedingungen weiblicher Sozialisation und Lebenssituation nur schwer wachsen; hätten die Mädchen und Frauen in der Jugendbewegung schon mehr davon gehabt, so hätten sie die dem Kameradschaftsideal innewohnenden Ansätze von Gleichberechtigung vielleicht ausweiten können. Dazu aber hätte es einer Einstellung bedurft, die dieselbe Autorin als "Parodie zu Schiller" formuliert:

> "Und zwar muß der neue Mädchentypus ohne Rücksicht auf Vorurteile und Forderungen von irgendwelcher Seite sich aus dem Innern heraus in eigener Vollmacht und Gesetzmäßigkeit gestalten. Es drängt sich mir eine Parodie zu Schiller auf: 'Vom Knaben reißt sich stolz das Mädchen.' Es wartet nicht mehr, daß sein Leben von außen geformt wird durch Erziehung, gesellschaftliche Regeln usw., es formt selbst. Wodurch? Beglückende Arbeit umd WV-Erlebnis sind die großen seelischen Mächte, die am Werke sind."[14]

Ob das Bild des "stolzen Mädchens" noch mit dem als "kameradschaftlich" definierten Verhältnis zwischen den Geschlechtern zu vereinbaren gewesen wäre,

---

14 Ilse Zechmeister, Vom Mädchen-Wandervogel, in: Gautag der Westfalen, 1918, S. 13f

ist die Frage. Die Autorin glaubt dies, denn ihr will "scheinen, daß WV-Jungen und Mädchen im innersten Kern gar nicht sehr verschieden seien". Mit dieser Annahme erregte sie wahrscheinlich nicht einmal Widerspruch, denn in die den "innersten Kern" umschließenden Schalen ließen sich hinreichend "grundsätzliche", biologistisch gedeutete Unterschiede zwischen den Geschlechtern hineindeuten.

Allerdings muß hinzugefügt werden, was Alfred Kurella schon 1914 beschrieb. Danach lassen sich die lebensweltlichen Erfahrungsmöglichkeiten der Mädchen und Frauen im Wandervogel und in dessen Nachfolgebünden nur schwer verallgemeinernd interpretieren, denn, wie Kurella meinte, gab es "gar keinen Wandervogel, den man kennen könnte."[15] An jedem Ort und in jedem Bund sahen die Gruppen anders aus und ebenso unterschiedlich waren die Verkehrsweisen zwischen den Geschlechtern. Dennoch lassen sich im historischen Nebeneinander und Nacheinander der jugendbewegten Bünde und Richtungen seit dem frühen Wandervogel einige Grundlinien erkennen, die den jeweiligen Gruppengeschichten ihren Rahmen gaben.

4.4. Bund Deutscher Wanderer und Deutsche Akademische Freischar

Wenige Jahre nach den Anfängen der Wandervogelbewegung waren auch in Hamburg jugendliche Wandervereine gegründet worden. 1905 war das Gründungsjahr des "Bundes der Wanderer" und ebenso das Jahr, in dem sich Mädchen und Frauen zum "Hamburger Frauenwanderbund" zusammenschlossen. Dieser Zusammenschluß junger Frauen wird in der Historiographie der Jugendbewegung nicht erwähnt; dabei stand er in seinem Bundesleben hinter dem männlichen Wanderbund in Hamburg nicht zurück.[16] Nachdem sich 1909 beide Bünde zum "Bund Deutscher Wandervereine" vereinigt hatten, sahen die Frauen darin "den Anfang zur Verwirklichung der Idee, als gleichwertige Glieder neben dem Mann in einer Gemeinschaft zu wirken."[17] Im Gegensatz zu den Berliner Wandervögeln, die vor allem Gymnasiasten umfaßten, erreichten die Hamburger Bünde auch Jugendliche, die nicht aus dem bildungsbürgerlichen Milieu stammten. Daraus resultierte ein weiterer Unterschied zu den Berliner Gruppen, indem nämlich der Hamburger Bund stärker auf die Umgestaltung des großstädtischen Jugendlebens ausgerichtet war: "Der Hamburger Wanderverein

15 Alfred Kurella, Jungen und Mädels; in: Der Anfang, 1.Jg., Januar 1914, Heft 9, S. 258f

16 Vgl. hierzu Marie Fricke, Frauenarbeit und Frauenart, in: Der Wanderer, 25. Jg. 1930, Sonderausgabe "25 Jahre Bund Deutscher Wanderer", S. 124-130,

17 ebenda, S. 124

will der großstädtischen Jugend erstrebenswerte Ziele zeigen, er will alle wertvollen Anlagen und Kräfte seiner Mitglieder zur Entfaltung und wechselseitigen Förderung bringen."[18]

Das von hanseatischer Nüchternheit geprägte Jugendreich baute sich weniger auf romantisch-abenteuerlichen Natur- und Wandererlebnissen auf, sondern stellte die Beschäftigung mit sozialen Fragen und literarischer wie musischer Bildung in den Mittelpunkt. Die Gliederung in verschiedene Arbeitsgemeinschaften (Musik, Literatur, Heimatkunde, Fotographie) griff das Bildungsstreben der jungen Leute auf. Schon 1907 war von den Gründungsmitgliedern des Hamburger Wandervereins auch die "Deutsche Akademische Freischar" ins Leben gerufen worden. Diese Vereinigung wandte sich nicht nur gegen die "ungesunde Lebensführung" des studentischen Freizeitverhaltens, sondern ebenso gegen "studentischen Kastengeist" und das Korporationswesen an den Universitäten. Viele erwachsen gewordene Wandervögel traten der Freischar bei; sie wurde das eigentliche Zentrum der "Freideutschen Jugend".

4.5. "Jugendkulturbewegung"

Als dritte wichtige Richtung innerhalb der bürgerlichen Jugendbewegung der Vorkriegszeit sind die Jugendkulturgruppen zu nennen. Sie repräsentieren den intellektuellen und kulturrevolutionären Flügel der bürgerlichen Jugendbewegung und bleiben untrennbar mit dem Namen Gustav Wynekens verbunden. Als Gründer der Freien Schulgemeinde Wickersdorf, wo Schule nicht auf das Leben vorbereiten, sondern selbst Leben sein sollte, hatte Wyneken die Verbindung zur Jugendbewegung gesucht. Mit seiner Idee der "Jugendkultur", die den Selbstwert des Jugendalters betonte, gab er dem Autonomiestreben der Jugendbewegung eine argumentative Begründung.

Anders als der Wandervogel, der in die Natur hinauszog, um abseits der sozialen Konfliktfelder seine Gegenkultur zu stiften, trat dieser kleine radikale Flügel der Jugendbewegung mit seiner kritischen Position an die Öffentlichkeit. Aus dem Kontakt zwischen Gustav Wyneken und schulrevolutionären Jugendgruppen wurde 1913 die Zeitschrift "Der Anfang"[19] gegründet, von der allerdings nur zwei Jahrgänge erscheinen konnten, da sie wegen ihrer Kriegsgegnerschaft eingestellt werden mußte. Die Gruppen um den "Anfang", die "Akademi-

---

18 Knud Ahlborn, Wanderer und Freischar, in: Gedenkheft für die 50-Jahrfeier des Bundes Deutscher Wanderer, Johannes Aff (Hg), Göttingen 1963, S. 8

19 Der Anfang, Zeitschrift der Jugend wurde von den Minderjährigen Georges Barbizon (Pseudonym für Georg Gretor) und Walter Benjamin herausgegeben und von Gustav Wyneken presserechtlich verantwortet

schen Commitees für Schulreform" (A.C.S.), waren zwar zahlenmäßig nicht bedeutsam, erregten aber großes Aufsehen durch die Radikalität, mit der sie die Normen jugendlichen Lebens in Elternhaus und Schule kritisierten. In vielen Städten bildeten sie Diskussionszirkel, die sogenannten "Sprechsäle", wo sie mit Lesungen und Vorträgen für ihre Forderungen nach jugendgemäßen Lebensbedingungen eine Öffentlichkeit herzustellen suchten. Nachdrücklich traten die Gruppen der Jugendkulturbewegung für die koedukative Erziehung ein und griffen offensiv die herrschende Sexualmoral an. Anstelle der "üblen verwilderten Poussiererotik, die mit ihrer schmierigen Widerwärtigkeit unser ganzes Gesellschaftssystem beherrscht", wollten auch sie ein "positives Verhältnis beider Geschlechter zueinander, das der 'Kameradschaft', das das Leben in einer gemeinsamen geistigen Welt zur Voraussetzung hat".[20] Anders aber als die Wandervogelbewegung verbanden die "Anfang"-Gruppen ihre Vorstellungen über das Kameradschaftsverhältnis zwischen den Geschlechtern nicht mit dem Keuschheitsgebot. Ihre kulturrevolutionären Ideen umfaßten ausdrücklich das Recht auf freie Gestaltung jugendlicher Sexualität. Auch wenn sie "in der Öffentlichkeit vom Philisterium tot geschwiegen wurden", bestanden sie darauf, jugendliche Triebe nicht zu "unterdrücken" und nicht zu "verleugnen":

> "Das Triebleben steht bei der Großstadtjugend unumschränkt im Mittelpunkt des Daseins. Wir übernahmen die Formen, die wir vorfanden; aber wir dürfen nicht bei diesem Protest gegen Unterdrückung stehen bleiben, wir haben die Verpflichtung, unser eigenes Triebleben zu gestalten. Aus dem Protest der Geknechteten muß die Schwärmerei der Freien werden."[21]

Als Verkünder solcher schwärmerischen wie rebellischen Forderungen nach Sexualfreiheit tauchen im "Anfang" ausschließlich männliche Namen auf, und die Argumentationen weisen nicht nur jugendlich-idealistische, sondern, deutlicher noch, spezifische Züge männlicher Pubertät und Sexualität auf. Junge Frauen äußern sich gelegentlich in Leserinnenzuschriften und wehren sich gegen die männlichen Sichtweisen. So antwortet z.B. eine Studentin auf den schon angemerkten Artikel von Friedrich Mono, diesen immer wieder zitierend:

> "Mono fühlt sich in 'trüber Einsamkeit' sehr unbehaglich - 'derweil drückt er sich so durch' - 'in der Not frißt der Teufel Fliegen'- 'ohne eine gehörige Portion ordinärster Frivolität ist heute nicht durchzukommen'- 'der heroische Lebensstil ist höheres Blech'- und er wartet auf eine ihn 'verstehende', auf eine 'ebenbürtige', eine 'ergänzende' Kameradin - das Warten wird ihm schwer, sehr schwer ... Wir Mädel mit 'unserer widerlich zur Schau getragenen Sinnlichkeit', mit der 'sexuellen Leichtfertigkeit des weiblichen Geschlechts' sind die Ursache des Übels. Und auf die Frage: Warum das? - Woher? - antwortet Mono: Bankrott von Mädchenschule und Mädchenerziehung. - Alles das stimmt. Dazwischen aber liegen die - na, sagen wir 'Löcher' - und die fordern zu einigen Fragen heraus.

20 Friedrich Mono, Unsere Geselligkeit, in: Anfang, 1.Jg. 1914, Heft 7, S. 200-210, 205
21 Herbert Blumenthal, Jugendliche Erotik, in: Anfang, 1.Jg. 1913, Heft 6, S. 168

Wer macht die Schulgesetze? Wer wählt, wer regiert und wer richtet? Wer hat die heutige Gesellschaftsordnung bestimmt? Wer die sozialen Formen und Einrichtungen (z.B. Prostitution?) usw. usw.. Wer so gedankenlos-unkameradschaftlich schreibt, kann weibliche ebenbürtige Kameradschaft nicht beanspruchen, sondern wird sich mit dem diskreten Lächeln, Florstrümpfen, Megabusol usw. abfinden müssen. Überhaupt: Wie können Jungens es wagen, von uns Kameradschaft zu fordern, wenn sie in ihrer egoistischen Passivität und Bequemlichkeit nicht mal auf die Idee kommen, Professoren zu boykottieren, die die Kameradinnen von ihren Collegs ausschließen? Mono erwartet von der weiblichen Jugend Menschlichkeit.- Menschlichkeit? Die Ehefrau rangiert nach dem heutigen Gesetz neben dem besoldeten Hausgesinde, das ebenso wie sie ungestraft vom 'Herrn' verprügelt werden kann. (Das Hausgesinde hat allerdings gegenüber der Ehegattin den Vorteil der Freizügigkeit: die monatliche Kündigung.) Menschlichkeit! Weiter: 'Wenn schon geheime Schülerverbindungen nach ihren akademischen Mustern die geschlechtliche Betätigung der Mitglieder in ihr Programm aufgenommen haben...' Wer will sich wundern oder beschweren, daß künftige Töchter solcher Schüler und Studenten einen moralischen 'Defekt mit sich herumschleppen'? Die beste Mädchenerziehung wird nicht viel daran ändern können, wenn die Ursache (also die 'Moral' des männlichen Teiles) bestehen bleibt."[22]

Die bemerkenswerte Radikalität und Rhetorik dieses Textes steht auch innerhalb der mehr intellektuellen "Anfang"-Jugend für den seltenen Versuch, die unter dem Stichwort der "Mädchenfrage" zusammengefaßten Probleme des Geschlechterverhältnisses auf die eigentlichen Ursachen hin auszudeuten und der männlichen Jugend den Spiegel ihres bornierten Verhaltens vorzuhalten.

Als ein weiterer gewichtiger Unterschied zu den anderen Richtungen der bürgerlichen Jugendbewegung muß hier hervorgehoben werden, daß die Jugendkulturbewegung die psycho-soziale Deprivation der weiblichen Jugend nicht im Interpretationsrahmen einer "wesensmäßigen Verschiedenheit der Geschlechter" beschönigt, sondern als Resultat "menschlicher Beschränktheit" angeprangert hat.

Die Ansätze historischer Analyse zeigen sich auch in dem interessanten Versuch des "Anfang"-Kreises, das von Wyneken beeinflußte Konzept der "Jugendkultur" mit dem der weiblichen Emanzipation zu verbinden. Sowohl die Jugendbewegung als auch die "Frauenfrage" werden hier als durch die Ökonomie hervorgerufene Entwicklungen diskutiert. Die zunehmende Berufsarbeit von Frauen wurde nicht wie im kulturkritischen Diskurs anderer jugendbewegter Richtungen als gesellschaftliche Fehlentwicklung interpretiert und moralisch verurteilt, sondern mit der "stets steigenden Gewalt des Gesellschafts- und Wirtschaftsprozesses" erklärt; man habe nur die Wahl, "den Anpassungsprozess der Frau zu erleichtern oder zu erschweren. Weder der Mann noch die Frau können in der Alternative 'Mutterschaft oder Beruf' eine Entscheidung treffen".
Gegen ein derart "anachronistisches Schlagwort" sei das "Problem, das zur Lösung" anstehe, nur folgendermaßen zu formulieren: "Welche Verhältnisse müs-

22 Erwiderung einer Studentin, in: Anfang, 1.Jg. 1914, Heft 9, S. 261f

sen wir schaffen, um der Frau die optimale Vereinigung von Mutterschaft und Beruf zu ermöglichen?"

In dem Umstand, daß "die Berufslosigkeit der Frau immer undurchführbarer und die zu leistende Erziehungsarbeit immer schwieriger und zeitraubender" würden, meinte die "Anfang"-Jugend eine Triebkraft zu sehen, die eine Emanzipation der Jugend und der Frauen "mit größter Bestimmtheit und Präzision voraussehen und voraussagen" lasse. Dafür müsse allerdings

> "das letzte Überbleibsel der Einzelfamilienwirtschaft, welches noch heute die Frau als Mutter ans Haus fesselt, verschwinden ... Also, indem die Jugend das erhält, was ihr zukommt: ein unverfälschtes Jugendleben, wie es ihren Bedürfnissen entspricht; indem sie unter körperlich und seelisch gesunden Verhältnissen aufwächst, unter Kameraden, mit Führern, die ihr den Weg zu selbständiger Arbeit weisen, also indem man die gesamte Jugend von der frühen Kindheit an bis zur Reife immer mehr von der Familie löst, wird auch die Mutter von der Familie erlöst werden. Wenn die Jugend nicht mehr familieneigen ist, hört die Mutter von selbst auf 'hauseigen' zu sein."[23]

Dieser Entwurf, der die Ansatzpunkte für die Emanzipation von Frauen nicht aus deren veränderter Stellung in Beruf und Öffentlichkeit, sondern durch eine Verlagerung der Erziehungskompetenzen erwartet, trägt deutlich die Handschrift Gustav Wynekens. In der von ihm gegründeten "Freien Schulgemeinde Wickersdorf" suchte er ein Erziehungs- und Lebenskonzept zu verwirklichen, das den hier benannten Bedingungen Rechnung trug. In seinen Ideen einer "Jugendkultur", die er aus dem entwicklungspsychologisch bedingten Streben der Jugend nach Eigenständigkeit und einer darin angelegten Suche nach einem objektiven "Geist" begründete, fanden nicht nur die "Anfang"-Gruppen eine argumentative Unterstützung für ihre Forderungen nach Autonomie.

In der sozialen Praxis der Jugendkulturbewegung hatte die Erkenntnis von der gesellschaftlichen Bedingtheit weiblicher Diskriminierung offensichtlich kaum Auswirkungen. Hier verdeckte der geschlechtsübergreifende Kampfbegriff der "Jugend" die Einsicht in die soziale Geschlechterdifferenz, die sich als geschlechtshierarchisches Verhältnis im kulturellen Leben der eigenen Gruppen ebenso manifestierte wie in der von den "Anfang"-Gruppen kritisierten Situation der Jugend in der etablierten Gesellschaft. Fritz Jungmann, der ebenso wie Siegfried Bernfeld den "Anfang"-Kreisen angehörte, meint, die weiblichen Miglieder der A.C.S. seien "in einer sehr schlechten Position, und nur ganz ausnahmsweise in einer anderen Rolle als der der Mitläuferin"[24] gewesen. Eine solche Einschätzung scheint mir umso einleuchtender, als die Geselligkeitskultur der

23 Georges Barbizon, Frauenfrage und Jugendemanzipation, In: Der Anfang, 1.Jg, Juli 1913, Heft 3, S. 65-69, 66f ; ebenso: Siegfried Bernfeld, Die neue Jugend und die Frauen, Wien und Leipzig 1914

24 Fritz Jungmann, Autorität und Sexualmoral in der freien bürgerlichen Jugendbewegung, in: Max Horkheimer (Hg.), Studien über Autorität und Familie, Paris 1936, S. 669-705, 691

A.S.C. weit mehr als die des Wandervogels durch Disputationen und intellektuelle Auseinandersetzungen geprägt war. Hier aber fehlte es der weiblichen Jugend nicht nur an der entsprechenden Schulung, sondern mehr noch an den notwendigen Durchsetzungsstrategien. Um dem entgegenzuwirken, hätten die Probleme des nach Geschlechtern getrennten Schul- und Erziehungssystems aus der Sicht der Mädchen heraus aufgegiffen werden müssen.

Die unterschiedliche Ausrichtung von Wandervogeljugend und Jugendkulturbewegung führte mehrfach zu tiefgreifenden Spannungen zwischen beiden Gruppierungen. Als sich nach dem Krieg innerhalb der "Freideutschen Jugend" ein linker Flügel herausbildete, verband sich dieser mit den "Anfang"-Kreisen. Eine Fortsetzung fand die kulturrevolutionäre Schülerbewegung nach der Revolution in der "Entschiedenen Jugend". Gustav Wyneken brachte seit Anfang 1919 mit einigen Angehörigen der Jugendkulturbewegung noch eine zeitlang den "Neuen Anfang" heraus; andere arbeiteten bei den "Politischen Rundbriefen" mit, dem Organ der zum Kommunismus hinneigenden Richtung innerhalb der Freideutschen Jugend. Die "Mädelfrage" schien nun durch den "Klassenkampf" überholt.

4.6. Freideutsche Jugend

Die Vorkriegszeit des Wandervogels ging 1913 in eine neue Phase der Jugendbewegung über, die vornehmlich durch die Freideutsche Jugend geprägt war. Das Jugendfest auf dem Hohen Meißner stand am Anfang neuer Orientierungsversuche. Die Initiative zu dem Treffen war von den Hamburgern ausgegangen. Sie wollten ein "Gegenfest" zu den patriotischen Gedenkfeiern der Völkerschlacht bei Leipzig feiern. Gustav Wyneken hielt ein Hauptreferat. Wenn auch die größten Wandervogelbünde eine offizielle Teilnahme abgelehnt hatten, so gingen doch von hier Impulse aus, die die Jugendbewegung in den folgenden Jahren beschäftigten. Wohl kaum jemals ist das Motto eines Treffens soviel diskutiert worden, wie die 1913 proklamierte "Meißnerformel":

> "Die Freideutsche Jugend will aus eigener Bestimmung, vor eigener Verantwortung, mit innerer Wahrhaftigkeit ihr Leben gestalten. Für diese innere Freiheit tritt sie unter allen Umständen geschlossen ein. Zur gegenseitigen Verständigung werden Freideutsche Jugendtage abgehalten."[25]

25 Zit. n.: "Dokumentation", Band II, S. 495f

Die hier beschworene Einheit einer Jugend, die Freiheit von äußerer Autorität verlangte, blieb eine Vision der deutschen Jugendbewegung. Zu unterschiedlich waren die Vorstellungen der hier zusammenkommenden jungen Menschen; die Zweckverbände der Lebensreformer standen gegen die hedonistische Ausrichtung der Wandervogeljugend; die erwachsen gewordene erste Generation des Wandervogel formulierte Interessen, die schwer zu vereinbaren waren mit denen der nachwachsenden Jugendgeneration. Die Spannungen wurden von der Presse hochgespielt, denn mit dem Treffen auf dem Hohen Meißner war die Jugendbewegung zu einer öffentlichen Angelegenheit geworden. Angriffe des bayerischen Zentrums, in denen das von der Jugend verlangte Selbstbestimmungsrecht als Kampf gegen Elternhaus, Schule, Staat und Kirche denunziert wurde, veranlaßten die Wandervogelbünde der Jüngeren, sich von der Freideutschen Jugend zu distanzieren. Auf dem 1914 stattfindenden Nachfolgetreffen, dem "Vertretertag" in Marburg, schieden die lebensreformerischen Vereinigungen freiwillig aus und die jugendkulturellen "Anfang"-Gruppen um Gustav Wyneken wurden ausgeschlossen, eine Trennung, die besonders schmerzhaft war und die erst 1919 durch eine erneute Annäherung wieder überwunden wurde. Der Kriegsausbruch lenkte die Begeisterungsfähigkeit der Wandervögel und Freideutschen wieder in patriotische Bahnen zurück. Tausende der jungen Männer meldeten sich freiwillig an die Front und die Mädchen wurden angesichts der "gewaltigen Zeit" daran erinnert, daß auch sie durch Freiheiten des Wandervogellebens "hart und stark" geworden seien: "Sie werden nicht zucken, wenn sie schlimme Wunden zu verbinden haben, und sie werden Nächte durchzuwachen wissen."[26]

4.6.1. "Brüder und Schwestern" in Irritationen

Erst die eigenen Kriegserfahrungen und die revolutionären Ereignisse 1917/1918 ließen die Freideutsche Jugend wieder in Jugend-Bewegung geraten. Im Rahmen dicht aufeinanderfolgender Tagungen wurde von den jungen Männern und Frauen eine Fülle von Themen diskutiert, die durch die gesellschaftspolitischen Entwicklungen auf die Tagesordnung gestellt waren. Dabei war für alle Beteiligten nicht zu übersehen, daß "die männlich erregte Diskussion über politische und pädagogische Fragen die Mädchen überschrie und links liegen ließ".[27]

26 Edmund Neuendorff, Brüder und Schwestern, in: Wandervogel, 9.Jg., Heft 9/10, Oktober 1914, S. 257

27 Franz Sachs, Das Verhältnis der Geschlechter, in: Adolf Grabowsky/Walther Koch (Hg.), Die freideutsche Jugendbewegung, Gotha 1920, S. 45-49, 48

Diese Beobachtung wurde umso stärker gewichtet, als sie dem Ideal eines gleichberechtigten Umgangs zwischen den Geschlechtern irritierend entgegenstand. Damit traten die bisher ausgeklammerten problematischen Aspekte der jugendbewegten Geschlechterbeziehungen in das Blickfeld der Freideutschen Jugend. Die jungen Leute bemerkten, daß mit der gemeinsamen Orientierung auf dieselben Ziele und Motive des Wandervogels nicht gleichzeitig auch für beide Geschlechter gemeinsam gültige Verhaltensweisen gewachsen waren, daß die kulturellen Grenzen zwischen ihnen dem Kameradschaftsideal weiterhin entgegenstanden. Erfahrbar wurde auch, daß der "natürliche und unbefangene Verkehr zwischen den Geschlechtern" durchaus nicht so natürlich und unbefangen war, wie er immer wieder dargestellt[28] und von den jüngeren Jugendlichen teilweise wohl auch empfunden worden war. Dies wurde umso mehr zum Problem, als die dem Kameradschaftsprinzip zugehörigen Keuschheitsprinzipien den inzwischen erwachsen gewordenen Wandervogelangehörigen eher "unnatürlich" erscheinen mußten und den eigenen Erwartungen an neugestaltete Geschlechterbeziehungen entgegenstanden.

Niemand anders hat die Verklemmtheiten, die aus der Tabuisierung und Verdrängung der erotisch-emotionalen Dimensionen im jugendbewegten Geschlechterverhältnis entstanden waren, so treffend beschrieben wie Elisabeth Busse-Wilson. Selbst der Freideutschen Jugend angehörend, wußte sie, wovon sie sprach, wenn sie das auf der "Kameradschaft" beruhende Geschlechterverhältnis der Jugendbewegung als eines der "seltsamsten" in der Geschichte der menschlichen Gesellschaft bezeichnete:

> "Man muß sich vorstellen: Jünglinge und Mädchen in der ersten lebenshungrigsten Jugend, autoritätslos, ungebunden durch Präventivmaßnahmen der bürgerlichen Sexualerziehung (deren Hauptsorge die Verhinderung der Gelegenheit ist), eine solche Jugend, die außerdem das Bewußtsein ihrer Besonderheit hat, findet sich auf Wiesen und im Mondschein, in Juninächten und einsamen Wäldern zusammen und singt jene schwermütig-sehnsüchtigen Volkslieder, die über die Natur der Leidenschaft nicht einmal einen Schleier breiten. Und diese Männer und Mädchen rühren sich nicht an, sondern verlieben sich auch nicht und halten ihre unter derartigen Umständen bewahrte Neutralität für das Normale und Selbstverständliche."[29]

Auch an anderer Stelle betont Busse-Wilson das Absonderliche der dem Reinheitsideal verpflichteten jugendbewegten Geschlechterbeziehungen, wenn sie hervorhebt, daß es absolut "komisch" wirke, "die jugendlichen Greise hinterdrein tiefernst über den Eros, den unerlebten, philosophieren zu sehen."[30] Was sich hier als Kritik des Kameradschaftsideals liest, verbindet die Autorin jedoch

28 Vgl. hier Georg Schmidt, Randbemerkungen, Geschäftsstelle des Wandervogel e.V. (Hg.), Braunschweig 1917, S. 9
29 Elisabeth Busse-Wilson, 1925, a.a.O., S. 96f
30 ebenda, S. 101

mit einer großen Hochschätzung der jugendbewegten Geschlechterbeziehungen. Diese scheinbare Widersprüchlichkeit löst sich darin auf, daß sie die gesellschaftlichen Dimensionen des Geschlechterverhältnisses in ihre Analyse einbezieht. In diesem Sinne kritisiert sie den "Verzicht auf Erotik" als "zwar heroisch", aber doch nur angepaßt an die bürgerliche Sexualmoral. Was aber auf der einen Seite zum "Verhängnis der Jugendbewegung" werde, sei andererseits eine "unbestrittene schöpferische Großtat der neuen Jugend", denn allein über die Anerkennung des "strengen Keuschheitsprinzips" habe die Jugend die völlige "Umwälzung der bürgerlichen Geschlechtsauffassung" erreichen können. Während diese "die Frau immer nur als Gattungswesen, also in bezug auf den Mann" werte, sei mit "jenem menschlich-befreiten herzlichen Verhältnis zwischen den Geschlechtern ... zum ersten Male auch der Frau die wahre Gleichberechtigung gegeben."[31]

In ihrer Studie weist Elisabeth Busse-Wilson darauf hin, daß die in der jugendbewegten Geschlechterkameradschaft gelegene "Gleichberechtigung" keine grundsätzlichen Veränderungen der gesellschaftlich produzierten Ungleichheiten zwischen den Geschlechtern bewirken könne. Deren "bloß ideologische Überwindung ist unmöglich; ... jene wirtschaftlichen Grundlagen selbst müssen vielmehr geändert werden."[32] Dazu gehört für sie in erster Linie, daß nicht der einzelne Mann, sondern die Gesamtgesellschaft für die soziale und materielle Sicherung für Mütter und Kinder aufzukommen habe. Die gegebene Regelung laufe darauf hinaus, daß sie "von der Ehefrau mit dem Frondienst ihres Lebens, von der Jungfrau aber mit dem Opfer der Jugend bezahlt werden"[33] müsse. Dadurch sei die weibliche Jugend vor eine schreckliche Alternative gestellt: "Dressur auf den Mann oder Ertüchtigung zum Kampf ums Dasein."

Diejenigen, die die Rolle der "wartenden Haustochter" nicht hätten auf sich nehmen wollen, seien durch den ihnen abgeforderten Existenzkampf so verbraucht, daß sie den erzwungenen Verzicht auf Liebe und Mutterschaft zu einem "freiwilligen" machten. Diese jungen Mädchen und Frauen seien in die jugendbewegten Zusammenhänge "geflohen, um sich dadurch den Aufregungen und Enttäuschungen des Kampfes um die legitime Liebeserfüllung" zu entziehen. Damit hätten sich aber dem für die jugendbewegten Zusammenhänge charakteristischen Männertypus, dem Männerfreundschaften wichtiger seien als die Beziehung zu Frauen, vor allem jene Mädchen und Frauen hinzugesellt, die froh seien, nicht länger um Unerreichbares ringen zu müssen. An der durch diese "Ausleseprinzipien" verursachten "sterilen Atmosphäre der 'Harmlosigkeit'" hätten auch die jüngeren Mädchen nichts verändern können. "Noch nicht einmal intellektualisiert", empfänden auch sie ihr "Frausein nicht als Problem

31 ebenda, S. 95
32 Elisabeth Busse-Wilson, 1920/1989, a.a.O., S. 54f
33 ebenda, S. 53

und ihr Nichtbegehrtsein nicht als Unglück. Für diese ewig blühenden und ewig kindlichen Wandervogelmädchen bleibt eben alles jahrelang in Ordnung."[34]

Gegen die von Busse-Wilson entwickelte These, nach der für die "geistigen Frauen" mit "bewußten Maßstäben" der in dem "Kameradschaftsverhältnis" angelegte Verzicht auf das Liebeserlebnis unvergleichlich belastender sei als für die "nicht intellektualisierten", wendet sich Lisbeth Franzen-Hellersberg. In ihrer 1927 veröffentlichten Studie über "Die Frau und die Jugendbewegung" macht sie vor allem einen Einwand geltend:

> "Busse-Wilson glaubt, daß diese Mädchen 'ihr Frausein nicht als Problem und ihr Nichtbegehrtsein nicht als Unglück' empfinden, 'weil sie nicht intellektualisiert' sind. Gehört dazu Intellektualisierung?"[35]

In ihrer Gegenthese betont Franzen-Hellersberg, daß "das 'intellektualisierte' Mädchen, sagen wir lieber das kritische, nicht bundgläubige, nicht harmlos sich unterordnende" sich leichter zur Wehr setzen könne; darüberhinaus brächte es auch eher die Voraussetzungen für ein kameradschaftliches Verhältnis mit. Indem für diese Mädchen "die Teilnahme an der Jugendbewegung nicht das einzig mögliche war, wird sie ein produktiver Gewinn." Das "nicht intellektualisierte" Mädchen sieht die Autorin nicht nur in besonderer Weise auf die Jugendbünde angewiesen, sondern auch "in Konflikt geraten durch das Eingeständnis ihrer besonderen weiblichen Rolle." Diese betonen zu müssen und gleichzeitig "Kameradin" zu sein, "ohne weitere sachliche Kontakte zu den Kameraden zu haben", sei "ein Widerspruch in sich selbst" und habe zu jener "Atmosphäre verlogener Harmlosigkeit" führen müssen.[36]

Diesen Einwand möchte ich aufgreifen. Auch für diejenigen jungen Frauen, die über einen Beruf eine gewisse Unabhängigkeit und soziale Selbständigkeit erreicht hatten, "die Lehrerinnen, Sozialbeamtinnen, Säuglings- und Krankenschwestern", stellte das "Kameradschaftsverhältnis" in den Bünden der Jugendbewegung nicht, wie Busse-Wilson meint, die "Rettung" vor unerfüllten Liebesbedürfnissen dar. Es scheint mir zweifelhaft, ob diese Frauen, durch den Verzicht auf Liebe "jenseits von Hoffen und Bangen gerückt, eine gleichmäßige Zufriedenheit und Harmonie" in den Freideutschen Zusammenhängen haben finden können. Wenn Busse-Wilson allerdings hinzufügt, diese Harmonie sei "freilich der Friedhofsruhe nicht unähnlich"[37], führt sie ihre Argumentation über vereinfachende Gegenüberstellungen hinaus und verweist auf die Zusam-

34 Elisabeth Busse-Wilson, 1925, a.a.O., S. 99f. Zuerst erschienen in: Adolf Grabowsky/Walther Koch (Hg.), Die freideutsche Jugendbewegung, Gotha 1920 S. 50-58

35 Lisbeth Franzen-Hellersberg, Die Frau und die Jugendbewegung, in: Richard Thurnwald (Hg.), Forschungen zur Völkerpsychologie und Soziologie, Band IV, Die neue Jugend, Teil 1, Leipzig 1927, S. 129-144, 139. Beide Texte reflektieren die freideutschen Diskussionen Anfang der zwanziger Jahre.

36 ebenda, S. 140

37 Elisabeth Busse-Wilson, 1920/1989, a.a.O., S. 87

menhänge zwischen weiblicher Selbstbescheidung und kollektiver Ohnmacht beziehungsweise zwischen Wünschen und Ansprüchen, die auf eine Veränderung weiblicher Lebensbedingungen hinzielen, und kollektiver Frauen-Bewegung.

Bezieht man eine solche Akzentuierung Elisabeth Busse-Wilsons mit ein, weichen die Bewertungen der beiden Autorinnen kaum noch voneinander ab. Auch Franzen-Hellersberg meint, daß diejenigen jungen Mädchen und Frauen, für die die jugendbewegte Lebensweise die "einzige Möglichkeit" war, in ihrem "Inneren zersetzt und (in) ihrer Substanz verdorben wurden." Sie seien "Mitläufer" gewesen und es sei "nur schade, daß dieser Typ so in der Überzahl war." Demgegenüber seien diejenigen jungen Mädchen, die "in dem sicheren Bewußtsein lebten, daß es in ihnen Eigenkräfte gab, aktiv und selbstbewußt an der Entwicklung der Welt und ihrer eigenen Dinge beteiligt gewesen."[38]
Die hier zitierten Studien gehören zu den wichtigsten Arbeiten über die Geschlechterbeziehungen in der Jugendbewegung und waren zugleich bis in die jüngste Zeit die einzigen, die sich mit dem Thema der Frauen in den Bünden befaßten. Die konstatierten Differenzen zwischen den Autorinnen spiegeln nicht zuletzt den fließenden Charakter des schwer faßbaren Phänomens der Jugendbewegung wider. Diese war kein bürokratisch organisierter Verband; der Prozeß ihrer ständigen Veränderungen und Verschiebungen, auf die jeweils soziale und politische Konflikte der im Umbruch stehenden Gesellschaft einwirkten, gehört zu den sie bestimmenden Momenten.

Auch wenn die Widersprüche im jugendbewegten Geschlechterverhältnis nur von den wenigsten Frauen in der jeweiligen Gegenwart des Bundeslebens analytisch zu identifizieren gewesen sein mögen, waren sie doch erfahrbar. Ebenso wie noch heute in Erzählungen und Erinnerungen ehemals jugendbewegter Frauen die Befreiungsmomente dieser Vergangenheit aufscheinen, so werden auch persönliche Leidenserfahrungen sichtbar, wenn eine der von mir interviewten Frauen von der Sprachlosigkeit erzählte, aus der sie sich nicht habe befreien könnnen, als ihr ein Bundeskamerad "frank und frei" von seiner Verlobung vorgeschwärmt habe. Liesel Riegger, die schon 1910 mit dem Wandervogel in Berührung gekommen war und auch als Erwachsene in den Älterenzusammenschlüssen blieb, schreibt dazu:

> "Die Kameradschaftlichkeit gab den Mädchen der Jugendbewegung vieles, weitete ihren Blick, machte sie frei und unbefangen, aber machte sie auch kühl, unangreifbar und nahm diesem Zusammenleben oftmals den Reiz der geheimen Anziehungskraft. Manche Jahre hindurch spürten die Mädchen nichts von diesem Mangel, bis sie als herangereifte Frauen oft plötzlich schmerzvoll erkannten, daß durch die Kameradschaft mit dem Mann die Liebe an ihnen vorbeigegangen war."[39]

38 Lisbeth Franzen-Hellersberg, 1927, a.a.O., S. 141
39 Luise Riegger, Die Frau in der Jugendbewegung, in: Ada Schmidt-Beil, a.a.O., S. 237-245, 240

Auffallend ist, daß keine der Autorinnen die Wirkungsweisen des Blüherschen Antifeminismus in ihre Betrachtungen über die weibliche Selbstbescheidung in der Jugendbewegung einbezogen hat. Dies ist umso erstaunlicher, als Busse-Wilson ihre Studie unmittelbar als Streitschrift gegen Blühers Antifeminismus verfaßt hatte. Meiner Meinung nach spielten neben den von den zitierten Autorinnen benannten Faktoren die von diesem Mann in Umlauf gebrachten Männlichkeitsmythen und Frauenfeindlichkeiten eine maßgebliche Rolle für die defensive Haltung der weiblichen Jugend. Ihnen wurde durch die Definition der Jugendbewegung als einer männlichen Gemeinschaft der ideologisch-kulturelle Rahmen für eigene neue Weiblichkeitsentwürfe außerordentlich eingeschränkt. So scharfsinnig Busse-Wilson auch mit dem Blüherschen Antifeminismus und dessen philosophischen, historischen und auch psychologischen Voraussetzungen ins Gericht geht und ihn als Ausdruck männlichen Herrschaftsinteresses zurückweist, bezieht sie doch mit keinem Wort die soziale Wirksamkeit seiner Thesen in ihre Analyse ein.

Lisbeth Franzen-Hellersberg erwähnt zwar, daß der Blühersche Antifeminismus "die Mädchen nicht nur zur Durchdenkung, sondern zur öffentlichen Rechtfertigung ihrer Teilhaberschaft" an der Jugendbewegung gezwungen habe: "keine der erzwungenen Stellungnahmen klingt ungebrochen". Wenn sie aber meint, daß die "unintellektualisierten" Mädchen dabei "irgendwo auf eine Substanz (gestoßen seien), die sie in der Kameradschaft schwer rechtfertigen konnten" und dies als deren gewissermaßen einsichtiges "Zugeständnis von Unsicherheit"[40] wertet, dann ist diese Aussage nicht frei von Zynismus. Ein dem Polaritätsprinzip verpflichtetes "Durchdenken" der weiblichen Rolle führt meiner Ansicht nach nicht über ein morphologisches Nachsinnen hinaus und kann nichts dazu beitragen, weibliche Erfahrungen in Richtung auf eine Selbstbefreiung von Frauen zu deuten. In den von der Freideutschen Jugend begonnenen intellektuellen Auseinandersetzungen mit den Blüherschen Theorien kam außer Elisabeth Busse-Wilson kaum eine Frau zu einer offensiven Gegenargumentation gegen die "wissenschaftliche Begründung" der jugendbewegten Frauenverachtung.

40 Auch in der Arbeiterjugendbewegung gab es mehrfach Auseinandersetzungen mit antifeministischen Positionen. Vgl. hierzu die publizistische Debatte in den Jungsozialistischen Blättern, ausgelöst durch einen Artikel von Maria Hodann, in: Jungsozialistische Blätter, 4. Jg. 1925, Heft 6, S. 177-180; Walther G. Oschilewski, Zum Problem der weiblichen Mitarbeit und Anna Siemsen, Weibliche Mitarbeit ein Problem?, beide in: Jungsozialistische Blätter, 5.Jg.1926, Heft 2, S. 45-50

4.6.2. Antifeminismus und "Diskutierwut"

Wie keine andere Gruppierung der bürgerlichen Jugendbewegung hat die Freideutsche Jugend versucht, die Gemeinschaftsideale der Jugendbewegung auch als Geschlechtergemeinschaft umzusetzen. Das Kameradschaftsproblem wurde offen als "Geschlechterfrage" angesprochen, und man verstand darunter nicht mehr nur ein abstraktes Prinzip der Geschlechtergemeinschaft, sondern ganz konkret die Frage der geistigen und erotisch-sexuellen Beziehungen.

Einer der Aufsätze, mit dem in der Zeitschrift des Verbandes die Diskussion um den Antifeminismus eröffnet wurde, stammte von einer Frau. Im Unterschied zu den meisten Diskussionsbeiträgen zum Thema gerät die Autorin nicht auf die Ebene idealistischer Konstruktionen:

> "Die Menschen, die im Wandervogel gemeinsam herangewachsen waren, konnten sich nicht in derselben Richtung weiterentwickeln. Den Jungens waren die Wege offen zum Studium, zur Universität; sie kamen zur geistigen Arbeit, zu abstraktem Denken, wurden reifer und ernster und versuchten in jugendlichem Drange, die tiefsten Geheimnisse des Lebens zu erforschen. Und die Mädchen? Ihre bisherige Vorbildung ermöglichte ihnen nicht, sich ohne weiteres dem Wissensdrange (wenn er überhaupt bewußt vorhanden war) ganz hinzugeben, vielmehr wurde er durch die Anschauungen der Familie über 'die Bestimmung des Weibes' nach Möglichkeit unterdrückt. Es wird so leicht übersehen, wie kurz die Zeit ist, seit der Frau die gleichen Bildungsmöglichkeiten gewährt worden sind. Denkt man daran, daß erst 1904 die Berliner Universität den Frauen Zutritt gewährte, und daß erst in den letzten (und auch nur in größeren Städten) Studienanstalten für Mädchen eingerichtet worden sind, so erkennt man, daß die junge Generation mit unendlichen Schwierigkeiten zu kämpfen hat, um zum Studium zu gelangen.
> Immer zahlreicher und größer wurden die Kreise, die die neue Jugendbewegung um sich zog. Aber die Mädchen blieben passiv. Nicht mehr geschlossen ging man vor; eine Lücke war entstanden. Die Mädchen waren wohl dabei, aber man übersah sie bei der Arbeit, konnte sie nicht einbeziehen, weil sie niemals aktiv in den neuen erweiterten Kreis eintraten.
> Da, wo man eine Klärung versuchte, haben sich deutlich zwei Lager getrennt. Die einen zogen aus der Passivität der Mädchen den Schluß, daß die Frau an sich niemals anders als spielerisch zur geistigen Arbeit eingestellt sein könne, daß sie ungeistig sei, daß sie für eine weitere, gemeinsame geistige Arbeit daher nur als hemmend empfunden werden könnte. Daraus mußte sich (hätte man die letzten Konsequenzen ziehen wollen) die Folgerung ergeben, daß eine deutliche Trennung der Geschlechter zu fordern wäre. Aber man suchte die Frauen mit einem Schein von Ehrfurcht zu umhüllen, man duldete sie als Gäste, niemals als gleichberechtigte Mitglieder.
> Das andere Lager aber ließ sich durch all dies nicht verwirren, sondern kämpft nach wie vor gemeinsam mit der Frau um Rechte, die die Entwicklungen nach allen Seiten hin gewähren. In den Kreisen der Jugendbewegung ist demnach die

> Stellung der Geschlechter eine offene Frage geworden. Welche Stellung hat nun die weibliche Jugend zum Problem der Geschlechterfrage eingenommen?"[41]

Eine erste Antwort auf die zuletzt formulierte Frage findet sich schon in dem zitierten Text. Auch dort, wo die weibliche Jugend der Jugendbewegung sich nicht in das Reich der Blüherschen Weiblichkeitsmythen verirrte, nach einem persönlichen Ausdruck des "Ewig-Weiblichen" suchend, nahm sie eine männliche Perspektive ein und faßte die Konflikte um das Geschlechterverhältnis als "Mädelfrage" auf, wobei anzumerken bleibt, daß auch heute noch die gemeinte Problematik mehrheitlich als "Frauenfrage" verstanden wird. Interessant erscheint mir allerdings, wie die Autorin nicht nur selbstbewußt die augenfällige "Passivität" der jungen Frauen geschichtlich und sozial zu erklären sucht, sondern auch den historischen Ort der weiblichen Jugend zu Beginn dieses Jahrhunderts umschreibt und damit auf unterschiedliche Strategien der Diskriminierung von Mädchen und Frauen aufmerksam macht.

Die Frauen und Mädchen der Jugendbewegung waren in der Tat in eine "Lücke" hineingeraten. Die formale Ausgrenzung des weiblichen Geschlechts von Bildung, Beruf und Öffentlichkeit war durch die historisch-gesellschaftliche Entwicklung überholt und konnte nicht länger legitimiert werden. Die bürgerlichen Gleichheitspostulate waren auch im Bereich der Jugendbewegung "prinzipiell" anerkannt. Nun "waren die Mädchen wohl dabei, aber man übersah sie", denn die Vorstellung, daß sie gleichberechtigt seien, fand keinerlei Entsprechung in der gesellschaftlichen Realität, auf die sich die dominanten Teilnehmer der jugendbewegten Gemeinschaften hinorientierten. Insofern stellte die nicht zu leugnende Gegenwart der jungen Frauen in einer Jugendbewegung noch immer so etwas wie eine Verletzung der Norm dar. Einen Ausweg aus dieser historisch neuen Situation wiesen jene Diskurse, mit denen Hans Blüher männerbündischen Zusammenschlüssen eine "wissenschaftliche" Grundlage zu geben versuchte. In diesem Sinne stellten Blühers Texte auf Abwehr bedachte Kampfschriften dar; daß sie eine solche Verbreitung fanden, lag nicht zuletzt daran, daß sie den romantischen Bedürfnissen der männlichen Jugend entgegenkamen. Gegen die solchermaßen motivierte Übernahme der "hysterischen Verfälschungen" Blühers wandte sich einer der Diskutanten mit der Warnung:

> "Ihr habt oft genug - ungerechterweise sogar - Bücher und Wissen von euch gewiesen; warum aber greift ihr diese Kampfliteratur auf und berauscht euch an ihr? Wollt ihr etwa plötzlich euch mit einem Gespenste herumschlagen, das ihr selbst erst beschworen habt?"[42]

---

41 Lucia Schmidt, Unsere Mädchen und die Frauenbewegung, in: Freideutsche Jugend, 2.Jg. 1916, Heft 5, S. 123-127, 125

42 Otto Zarek, Freie Aussprache - Antifeminismus und wir Freideutsche, in: Freideutsche Jugend, 3.Jg., 1917, Heft 3, S. 84-87, 87

Während die Autorin des vorher zitierten Artikels sich ausdrücklich dagegen wehrt, "etwas allgemein Gültiges über die Frau" auszusagen, um nicht auch in die "polemischen Erörterungen (und in den) so unendlich lebensfremden Streit um Theorien und Systeme einzustimmen", lassen sich die übrigen Schreiberinnen auch in der Abwehr der Blüherschen Diffamierungen doch auf dessen biologistische Postulate ein. Als ein Beispiel für die daraus resultierende hilflose Argumentation kann hier der Beitrag Else Strohs gelten. Die Autorin eröffnet ihre Ausführungen folgendermaßen:

> "Es ist Tatsache, daß der Nachdruck der weiblichen Psyche auch heute noch auf dem Gebiet des Gefühlsmäßigen, des Seelischen liegt, wie das Wesen des Mannes mehr auf dem des Geistigen, auf dem des Intellekts."

Dann unterstreicht sie die Bedeutung dieser Unterschiedlichkeit und folgert:

> "Und weil die Frau die geistige Kraft noch nicht besaß, selbstschöpferisch in ihr eigenes Innere hinabzusteigen, brachte sie mit ungeübten, ungeschickten Händen nur leere Nachahmungen der männlichen Schöpfungen hervor, denen man die Krampfhaftigkeit und Weiblichkeit wie eine Sünde und Lächerlichkeit ansah. Darum erkennt man noch heute die Werke der Frauen am - Mangel. Und wenn sie 'gut' genannt werden, erinnern sie nicht mehr an Weibliches, sondern hüllen sich in die erborgten Formen männlicher Kraft, - also nachempfunden, unproduktiv, ungeistig, unschöpferisch."

Es ist unverkennbar, wie weitgehend die Autorin die Blüherschen Argumentationsmuster übernimmt. Auch sie deutet den weiblichen "Mangel" auf ein polares Menschenbild hin. So dem Blüherschen Denken folgend, relativiert sie doch die These von einer absoluten, dem weiblichen Wesen zugehörigen Ungeistigkeit; sie historisiert diese gleichsam und räumt damit der Frau doch die Chance ein, ein dem Manne ähnliches Geschöpf werden zu können. Es scheint so, als ob sie das Wesen "Frau" als noch vor dem Schöpfungsakt stehend und noch ohne eigentliche Geschichte sieht. Das einzige, was sie den solchermaßen existierenden Bundesschwestern anraten kann, ist, dies zu erkennen, um endlich so bescheiden zu werden, wie es denjenigen zukommt, die noch "nichts" sind:

> "Daß die Frau bis jetzt noch nichts ist, sollte sie wissen. Erkennt sie dies erst einmal, so weiß sie dies auch auf ihre Stellungnahme zur Frauenfrage anzuwenden. Eh die Frau über andere herrscht, eh sie andern dient - dem Volk, dem Staat, der Gesellschaft und nicht zuletzt der Familie -, sollte sie sich selber etwas geworden sein (mit Nachdruck auf dem sich). Pflichten erfüllt man gegen Rechte und Rechte erhält der pflichtreife Mensch. Bewegungsfreiheit zum selbstständigen Wachstum sei ihr vor allem andern gegönnt!"

Es ist nur schwer auszumachen, wie Else Stroh sich das "selbständige Wachstum" vorstellt. Ihre Hinweise auf Räume, in denen jedes weibliche Handeln noch irregeleitet und unangemessen sei, wie die Familie, die Gesellschaft und der Staat, sind ausführlicher als ihre Aussagen über diejenigen, in denen Frauen sich jene Bewegungsfreiheiten nehmen können, die sich die Autorin für weibliches Wachstum wünscht. Der einzige Raum, der nach Else Stroh einer Frau noch offensteht, um zu der Erschaffung ihrer Spezies beizutragen, ist denn auch nicht in der äußeren Welt zu finden. Sie meint: "In sich selbst muß sie hinabsteigen, um schöpferisch zu werden."[43] Die Autorin führt nicht aus, was sie mit dem "Hinabsteigen" meint, aber die Nähe zu Blühers Ideengut, der die Frauen ähnlich wie Else Stroh zu einem "völlig neuen Sinn von Frauenbewegung" führen wollte, ist warscheinlich. Auch Blüher sieht den einzig wahrhaften Lebens-"Sinn" der Frau "auf den tiefsten Gründen ihrer Natur" ruhen und meint:

> "Zunächst muß aus der Frauenbewegung der Frauen Stillstand werden. Denn alle großen Dinge reifen im Stillstande. Auf diesem Wege, geboren aus der reinen, unantastbaren Substanz des Weiblichen und geleitet durch die reinen unantastbaren Formelemente, entsteht das Reich der Frau. Auf dieses 'Reich der Frau' oder auf diese 'Insel der Frau' hatte die polaristische Philosophie schon ahnend hingedeutet - aber kaum waren diese Worte ertönt, als sich schon die Dogmatiker weiblichen Geschlechts erhoben und mit der ihnen eigenen Diskutierwut sich auf dieses neue 'Problem' stürzten, es verhaderten, es verphilosophierten und ihre ganze Scholastik an ihm ausließen."[44]

Indem Else Stroh genau das nicht unterläßt, was Blüher hier als so lächerlich hinstellt, daß sie sich nämlich mit der so hämisch abgewiesenen wie auch provozierten "Diskutierwut" darum bemüht, der "unantastbaren Substanz des Weiblichen" einen Sinn abzugewinnen, gerinnen ihre Weiblichkeitsentwürfe zu realitätsfernen Konstruktionen. Damit aber gewannen die zynischen Weiblichkeitsphantasien Blühers Realitätsgehalt und die Ideen von Else Stroh sind ein gutes Beispiel dafür, in welcher Weise Begriffe wie das "Reich der Frau" oder auch die "Insel der Frau" in der jugendbewegten Ideenwelt von den hier kultivierten Männlichkeitsmythen besetzt wurden. Sie stellten für die weibliche Jugend Imaginationsräume dar, in denen sie Bedeutungen zu finden glaubte, die ihrem Geschlecht Rang und Wesentlichkeit verleihen könnten, um so teilzuhaben an einer vergesellschafteten Existenzweise.

In ihrem Versuch, die biologistischen Theorien Blühers mit den Lebenshoffnungen junger Frauen zu verbinden, übernimmt die Autorin nicht, wie andere Frauen in derselben Artikelserie, überzeitliche kultisch-hehre Weiblichkeitsfigurationen wie "Seherinnen", "Priesterinnen", "Musen" und "Grazien" aus Blühers Gedankenschatz. Wenn sie dennoch mit keinem Wort die frauenverachtenden Ideen Blühers oder den ihnen zugrundeliegenden Männlichkeitswahn anspricht, dann ist ihre Scheu davor verständlich, denn im jugendbewegten Zusammenhang war eine Kritik an Blüher nicht nur eine Kritik an "Theorien"; jede Aus-

43 Else Stroh, Freie Aussprache - Antifeminismus und wir Freideutsche, ebenda, S. 72-77, 77
44 Hans Blüher, Frauenbewegung, a.a.O., S. 19f

einandersetzung damit war viel mehr ein Affront gegen diejenigen, die sich mit zentralen Aussagen Blühers identifizierten. Diese zu brüskieren, bedeutete aber für die jungen Frauen ein persönliches Risiko, denn Akzeptanz aufseiten der "Kameraden" war die Grundlage für die weibliche Teilhabe an dem Gemeinschaftsleben der Bünde.

Den Ausweg aus diesen Widersprüchen suchte Else Stroh, indem sie die frauenverachtende Aggressivität der Blüherschen Ideen "übersah" und das "Reich der Frau" als den Ort markierte, wo aus dem "Nichts" weibliche "Selbstschöpfung" ihren Anfang nehmen könnte. Insofern läßt sich das "Hinabsteigen" in weibliche Innerlichkeit deuten als eine von Opfern gegen sich selbst gewendete Aggressivität. Ansätze für eine möglicherweise von Else Stroh intendierte Umdeutung des Blüherschen Gedankenguts in einen "emanzipatorischen" Weiblichkeitsdiskurs finden sich in ihren Aussagen über das Verhältnis, in dem diese innere Welt zu der äußeren stehe. Dort sagt sie, daß die Frau

> "über sich selbst nie vergessen solle, daß es rings um sie eine objektive Welt gibt, eine Welt, die ausserhalb ihres Innenlebens liegt und daß sie zum Allgemein-Geistigen, welches zugleich das Allgemein-Menschliche ist, nicht anders als durch ihre geläuterte Persönlichkeit, ihr durchgeistigtes weibliches Wesen gelangen kann."

An diesen Ausführungen wird deutlich, wie die Autorin mit ihrem Entwurf weiblicher Subjektwerdung an einer idealistischen Philosophie orientiert war. Auch wenn sie nicht weiter ausführt, wie sich die weibliche Teilhabe an der objektiven Geist-Welt vermittele, läßt sich festhalten, daß es der Mehrheit der jugendbewegten jungen Frauen versagt bleiben mußte, sich aus den unspezifischen Tiefen ihrerselbst in die Höhen der deutschen Philosophie zu schwingen. Daran vermag auch der Hinweis darauf, daß Annette von Droste Hülshoff es verstanden habe, "geistig und weiblich zugleich zu sein, und als schaffender Mensch im Kunstwerk sich selbst zu gestalten, ihr Subjekt im höchsten Sinne zu objektivieren"[45], nichts zu ändern. Hinzuzufügen bleibt, daß Else Stroh mit diesem Subjektentwurf der selbstgestellten Aufgabe, die Frau als "anderes", nicht den Mann nachahmendes Geschöpf in die Geschichte zu führen, kaum gerecht wird. Allen gegenteiligen Versuchen zum Trotz weist der von ihr konstruierte Weiblichkeitsentwurf keine anderen Merkmale auf als die männlich-geistigen Subjektdefinitionen.

Die emanzipatorischen Aspekte des von der Autorin geführten Weiblichkeitsdiskurses konnte diese noch nicht weiter entfalten. Sie bewegte sich in einem Zusammenhang, in dem Frauen bei allen Widersprüchlichkeiten immerhin eine Chance auf Teilhabe an männlicher Kultur eingeräumt wurde. Auch wenn diese Tatsache sie daran hinderte, das weibliche "Nichts" als Folge der männlichen

45 Else Stroh, a.a.O., S. 77

Dominanz sichtbar zu machen und dieser gegenüber Loyalität aufzukündigen, stellte diese Teilhabe doch ein wichtiges Moment weiblicher Sujektwerdung dar und gehört zu den Voraussetzungen, die spätere Frauengenerationen dazu befähigte, ihre Teilhabe am "objektiven Geist" dadurch zu erreichen, daß sie diesen auf die ihm eingeschriebenen männlichen Herrschaftsansprüche hin zu kritisieren lernten.

Anders als Else Stroh geht Elisabeth Busse-Wilson in ihrer schon erwähnten Studie mit dem Blüherschen Antifeminismus ins Gericht. Sie setzt ihre Kritik an dessen methodischen Verfahrensweisen an und wirft ihm vor, die historisch geschaffene Zwangslage von Frauen mithilfe "der letzten philosophischen Begründung der männlichen und weiblichen Wesenheit"[46] zu erklären. Damit aber verwechsele er in seinen zentralen Aussagen Ursache und Folge. Gegen Blühers Behauptungen, die Frau sei "ungeistig"[47] und "Eros-gebunden", der Mann aber sei "zum Logos geschaffen", setzt sie die Antithese, daß unter den herrschenden Verhältnissen "der Mann Logos und Eros besitzt, die (empirische) Frau hat keins von beiden."[48] In derselben Weise spitzt sie auch die Aussage, nach der "es zum Wesen der Frau gehört, hörig sein zu wollen"[49], zu und meint:

> "Das von der 'männlichen' Gesellschaft in Format gebrachte Wesen Weib besteht heute fast nur aus Anpassungstechnik und ist also in der Tat nicht nur hörig, sondern sogar 'freihörig' geworden".[50]

Die Zuordnung der Geschlechter zur Familie einerseits und zum Männerbund andererseits mit der besonderen erotischen Struktur der Weiblichkeit und Männlichkeit zu erklären, heißt für sie, "die Vergesellschaftung des Menschen zum Tierstaat" zu degradieren. Der Ausschluß der Frauen aus der Öffentlichkeit beruhe vielmehr auf dem "geschichtlichen Machtverhältnis der Geschlechter".[51] Die Grundbedingung für die weibliche Inferiorität sieht Busse-Wilson in der Mutterschaftsfähigkeit der Frau; diese habe sich und ihr Kind unter den Schutz des Mannes stellen müssen:

> "Durch die Mutterschaft also wurde die Frau dem Mann zunächst wirtschaftlich hörig, aber auch ihre moralische Abhängigkeit ist nur eine Folge dieser ehernen materiellen Tatsache. Auch heute noch ist sie, will sie überhaupt zur Mutterschaft gelangen, unentrinnbar auf den einzelnen Mann angewiesen und muß immer zugleich seine 'Hausfrau' werden - eine Kombination, die so folgenschwer ist, wie sie uns selbstverständlich erscheint."[52]

46 Elisabeth Busse-Wilson, 1920/1989, a.a.O., S. 41
47 Hans Blüher, Antifeminismus, a.a.O., S. 6
48 Elisabeth Busse-Wilson, 1920/1989, a.a.O., S. 16
49 Hans Blüher, Antifeminismus, a.a.O., S. 14
50 Elisabeth Busse-Wilson, 1920/1989, a.a.O., S. 10
51 ebenda, S. 9
52 ebenda, S. 34f

Erst wenn die Gesellschaft die Mutterschaftsleistungen als kollektive Aufgabe anerkennen und entgelten würde, könne die Frau aus ihren Abhängigkeiten befreit werden. Bis dahin sei sie auf die Institution der Ehe angewiesen, "denn die Ehe verbürgt heute allein die wirtschaftliche und soziale Sicherung der Frau." Abgesichert durch die bürgerliche Moral, würden sich in der Ehe zwei Dinge verquicken, die nichts miteinander zu tun hätten, nämlich Liebe und Wirtschaft. In eben dieser Vermischung sieht die Autorin die totale Unfreiheit der Frauen angelegt. Gleich, ob sie heirateten oder nicht, unterlägen alle Frauen dem "geschlechtlichen Sittengesetz", das, "vom Manne ausgegeben und von den Müttern ihm zu Gefallen verwaltet"[53], speziell der weiblichen Jugend ihre gesamten Erfahrungsmöglichkeiten einschränke. Frauen könnten so ihre soziale Identität nicht aus eigenen Wert und eigener Würde entwickeln, sondern nur vom Manne erwarten. Der Keuschheitszwang verhindere jede freie Entfaltung geistiger und seelischer Kräfte, sei aber nur der Ausdruck für die Brechung des weiblichen Sexualwillens und der Aussperrung der Frau vom Geiste. In ihrer Analyse der gesellschaftlichen Unterdrückung von Frauen geht Busse-Wilson auch den damit einhergehenden psychischen Deformationen im weiblichen Sozialcharakter nach. Dabei beschreibt sie, wie weitgehend die typisch weibliche "Übersteigerung des Liebeserlebnisses" und auch die bis ins "Phantastische" reichende Orientierung auf den Mann den weiblichen Lebensbedingungen geschuldet sind. Während sie scharf kritisiert, daß dieser "moralische Schwachsinn des weiblichen Geschlechts"[54] von den Antifeministen in perfider Weise gegen die Opfer gewendet wird, bestätigt sie gleichzeitig, daß die weiblichen "Verkümmerungen" als offensichtliche Defizite alltäglich erfahrbar seien:

> "Man sei in einer Gemeinschaft junger Männer und Mädchen gegenwärtig ... oder man besuche Universitätsseminare, wo wissenschaftliche Arbeit geleistet werden soll - immer wird dem neutralen Beobachter die Passivität und Unfruchtbarkeit der Mädchen in die Augen springen. Kein Wohlmeinender kann diese Tatsache leugnen."[55]

Wenn Busse-Wilson aber meint, die Aktualität oder der "moderne Gehalt" der "vorgestrigen" antifeministischen Philosopie sei "nur eine Reaktion auf die unerfüllt gebliebenen Versprechungen der Frauenbewegung", die nach Anfangserfolgen nicht mehr aufzuweisen gehabt hätte, "als die unerwünschte Vermehrung durchschnittlicher Leistungen"[56], so greift diese Erklärung zu kurz. Hier ist nicht nur mitzubedenken, daß selbst "durchschnittliche Leistungen" von Frauen für Männer unerwünschte Konkurrenz mit sich brachten, die erst mit-

53 ebenda, S. 42
54 Elisabeth Busse-Wilson, Der moralische Schwachsinn beim weiblichen Geschlecht, in: Zeitschrift für Menschenkunde, 2.Jg. Heft 1
55 Elisabeth Busse-Wilson, 1920/1989, a.a.O., S. 12
56 ebenda, S. 11f

hilfe "absoluter" philosophischer Aussagen ein Stück weit aus dem Feld geschlagen werden konnte. In dieser Hinsicht gilt auch, was die Autorin an anderer Stelle ausdrückt, daß nämlich "der moderne Antifeminismus nur ein neues verfeinertes Mittel der Mannesherrlichkeit (sei), sich seiner Überlegenheit zu vergewissern." Die in dem Blüherschen Konzept steckenden Interessen sind meiner Meinung nach auch nicht nur mit den allgemeinen, sich zuspitzenden Geschlechterkonflikten erklären. In Blühers Ideengut drückte sich auch die ganz spezifische Interessenlage der männlichen Jugendbewegung aus. So fällt auf, daß sich in dem Blüherschen Antifeminismus die Vorstellung von der "Erotikgebundenheit" der Frau nicht mit dem Konzept einer besonderen Kulturaufgabe von Frauen verbindet. Obwohl diese in der üblichen Gegenüberstellung von Rationalität/Geist/Männlichkeit und Emotionalität/Eros/Weiblichkeit dem weiblichen Prinzip zugeschrieben wird, ordnet Blüher sie ausschließlich dem männlichen zu. Vielleicht läßt sich sagen, daß die Abwehr der "Mädcheninvasion" im Wandervogel auch eine ungestörte und nicht durch Gegenforderungen problematisierte "Wiederaneignung des Weiblichen" durch die Männer absichern helfen sollte.

Unter diesem Aspekt scheint es durchaus schlüssig, daß gerade in der Freideutschen Jugend der Antifeminismus als Problem des Geschlechterverhältnisses aufgegriffen wurde. Dazu gehörte dann auch, daß hier diskutiert wurde, was Busse-Wilson über die Motive des Blüherschen Antifeminismus sagt: "Es tut den Instinkten primitiver Männlichkeit gut, seine Person in 'der Mitte' des weiblichen Begehrens zu sehen."[57]

4.6.3. "Freie Liebe" im Freideutschtum?

Dem Bestreben von Frauen, den Mann aus der "Mitte des weiblichen Begehrens" hinauszurücken, kam in der Freideutschen Jugend besonders entgegen, daß hier wie nirgends sonst in der Jugendbewegung ein Interesse daran entwikkelt wurde "'jung' bleiben (zu wollen)"; das hieß: "Entscheidungen (abzulehnen), (hinauszuschieben), Bindungen (zu scheuen) und an eine 'jugendliche' Lösung der Geschlechterfrage (zu glauben)".[58]

Nicht zuletzt diese Ausdehnung jugendlicher Lebensformen ermöglichte den jungen Leuten, Beziehungsmuster zwischen den Geschlechtern zu entwickeln, die konventionelle Regeln und Verhaltensformen zwischen heiratsfähigen jungen Menschen durchbrachen. Unter diesen aber hatte niemand so sehr gelitten

57 ebenda, S. 67f
58 Franz Sachs, in: Die Freideutsche Jugendbewegung, a.a.O., S.47

wie die weibliche Jugend des Bürgertums. Um eines zukünftigen "Eheglücks" willen hatten junge Frauen gegenwärtige Glücks- und Lebenserfahrungen opfern müssen. Eindrucksvoll ist hier, wie Elisabeth Busse-Wilson Konventionen beschreibt, unter denen sich die bürgerliche Jugend im offiziellen Gesellschaftsleben jener Zeit begegnete:

> "Die junge Dame: gezwungen bei den vorgeschriebenen Gelegenheiten mit den Herren zu kokettieren und - ewiges Lächeln im Gesicht, aber keine Freundschaft im Herzen - immer bedacht zu sein, ihm zugleich den Umgang möglichst schwer zu machen; denn liebenswürdiges Entgegenkommen gegen junge Männer gehört zu den Vorrechten der Verheirateten. Der Mann: verpflichtet, das Mädchen mit konventionellen Aufmerksamkeiten zu beglücken und doch stets auf der Hut zu sein, durch solche unpersönliche Herzlichkeit keinen Hoffnungssturm in den Lebenshungrigen zu erwecken - das sind die traurigen Gestalten auf der Bühne des Gesellschaftslebens, mit denen die bürgerliche Jugend der Altersgeneration das befohlene Schauspiel liefert."[59]

Gegen solche erniedrigenden Umgangsformen suchte die Freideutsche Jugend nach Beziehungen zwischen den Geschlechtern, die über das Kameradschaftsprinzip hinausgingen. Die Preisgabe des Keuschheitsprinzips fiel nicht zufällig in die Zeit um 1918. Die ehemalige Wandervogeljugend war inzwischen ins Erwachsenenalter gekommen und, wichtiger noch, die durch den Krieg bedingten Veränderungen hatten auch ihre Einstellungen zur Sexualmoral verändert. Über das "große Gemeinschaftserlebnis des Krieges"[60] waren die jungen Frauen aus der geregelten Enge des bürgerlichen Familienlebens herausgekommen und über die Arbeit im Nationalen Hilfsdienst hatten sie nicht nur berufliche Erfahrungen gemacht, sondern waren auch mit anderen Bevölkerungsschichten zusammengekommen. Der freiwillige Einsatz in Lazaretten und in den sozialen Einrichtungen der Wohlfahrtspflege hatte Vorstellungen von einem freieren Leben geweckt, und mit dem Zusammenbruch der Kriegsbegeisterung waren auch viele andere bis dahin gültige Ideale ins Wanken geraten. Nicht nur die Anzahl der studierenden Frauen in der Freideutschen Jugend hatte zugenommen, sondern auch derjenigen, die eine Ausbildung in den neu eingerichteten sozialen Frauenschulen begonnen hatten oder anstrebten. Diese Fülle neuer Erfahrungen machte es weiblichen Jugendlichen leichter, sich auch als junge Erwachsene von den patriachalen Familienbindungen und den damit verbundenen engen Moralvorstellungen zu befreien. Franz Sachs beschreibt, wie weit sich in der unmittelbaren Nachkriegszeit die freideutsche Jugendkultur von den asexuellen Normen der Kameradschaftsideologie entfernt hatte:

---

59 Elisabeth Busse-Wilson, 1920/1989, a.a.O., S. 81

60 Gertrud Staewen-Ordemann (Hg.), Kameradin, Junge Frauen im deutschen Schicksal, 1910-1930, Berlin 1936, S. 45

"Die freideutsche Welt sieht sehr bunt aus: neben jungfröhlichen Wandervogelehen, deren formale Gesetzlichkeit noch kein Beweis von Verantwortungsgefühl ist, stehen viele Formen der freien Zuneigung, deren Sexualitätsstärke sehr verschieden und - das ist das Entscheidende - für den einzelnen Jüngling selbst ziemlich belanglos, das heißt unnotwenig, ist. Es ist sehr schön und eine neue Welt herzlicherer Gemeinschaft heraufführend, wenn Formen des Umgangs: ein Streicheln, ein Händedruck, ein Kuß, ein Kopfanlehnen, Schulterumfassen wieder Selbstwert bekommen, nicht mehr in den Zielmechanismus einer besitzlüsternen 'Eroberung' eingespannt werden, sondern 'an sich' gelten und genügen."[61]

Ausgelöst worden war die öffentliche Diskussion über eine größere Sexualfreiheit in der Freideutschen Jugend durch einen Aufsatz Alfred Kurellas, der Mitte 1918 in der Zeitschrift des Verbandes erschienen war.[62] Kurella trat ausdrücklich für das Recht auf voreheliche Sexualität ein. Es war offenbar erwartet worden, daß eine solche These für viele Mitglieder der Freideutschen Jugend eine Herausforderung darstellen müßte, denn der Beitrag war zusammen mit einem anderen, mäßigenden Aufsatz veröffentlicht worden, insgesamt eine ausgewogene Meinung der Freideutschen zu Liebe, Ehe, Sexualität.

Kurellas "Körper-Seele" überschriebener Aufsatz löste eine heftige und kontroverse Debatte aus. Dabei hatte der Autor Vorstellungen formuliert, in denen körperliche Liebe nur dort als berechtigt dargestellt wurde, wo sie ein Ausdruck geistig-seelischer Zusammengehörigkeit sei. Bemerkenswert dabei ist, in welcher Form Kurella die Drei-Einheit von Körper, Geist und Seele Gestalt gewinnen sieht; findet sich doch bei ihm die Vereinigung nur in der Ergänzung des Verschiedenen, wobei der Geist dem Jüngling und die Liebe dem Mädchen zugeordnet wird:

"Und nun ist die Zeit, wo der geistige Mensch durch den Leib des Geliebten der Welt eingeboren wird, das Mädchen dem Geist, der Jüngling der Liebe. Aus dem Lebendigen, der Verschiedenheit quillt Freude und Leid. Freude der nie erhofften Ergänzung und Leid, wenn im Erlebnis die volle Zweiseitigkeit ausbleibt."[63]

Die Reaktionen der jungen Frauen auf Kurellas Thesen von der "freien Liebe" zeigen deutlich, welchen hervorragenden Stellenwert die sexuelle Moral in ihrem Leben einnahm. Unter den vielen Zuschriften findet sich nur eine einzige, in der eine Lehrerin ihre vorbehaltlose Zustimmung äußert:

"Auf meinem Schulweg wars, wenn ich all die kleinen Verkäuferinnen traf, die eilig ihrem Geschäft zustrebten. So manche war noch vor kurzem ein unbedeu-

61 Franz Sachs, in: Die Freideutsche Jugendbewegung, a.a.O., S.47

62 Alfred Kurella, Körper-Seele, in: Freideutsche Jugend, 4.Jg. 1918, Heft 7, S. 235-252; dazu: Eduard Heimann, Bemerkungen zur Geschlechterfrage, ebenda, S. 252-257, weiterhin: Freideutsche Jugend, 5.Jg. 1919, Heft 4, 7 und 11; außerdem: Alfred Kurella (Hg.), Die Geschlechterfrage der Jugend, Beihefte zur Freideutschen Jugend, Heft 1, Hamburg o.J.

63 Alfred Kurella, Körper-Seele, in: Freideutsche Jugend, 4.Jg. 1918, Heft 7, S. 244

tendes, ärmlich gekleidetes Schulmädel gewesen. Jetzt war sie auf einmal verwandelt, war eine 'Dame' und schaute in ihrer eleganten Kleidung geringschätzig auf die einfache frühere Lehrerin herab. Sie war am Ziel ihrer Wünsche, war 'das Verhältnis' eines Offiziers oder irgendeines andern. Niemals habe ich eigentlich verdammt, was unter dem Namen des Verhältnisses geht, es gibt auch da gutes und schönes und schuldloses, aber böse bin ich oft auf diese Mädels gewesen, die so unbekümmert wegnahmen, was doch uns gehörte. Und wir sollten abseits und einsam stehen und warten und uns hüten, bis einer kam, oft müde und verbraucht, und sich eine von uns aussuchte, weil er Geld brauchte oder einen guten Namen oder eine ordnende helfende Hausmutter. Und wehe, wenn sich eine nicht bewahrt hatte! Zwei Wahrheiten haben wir tief in uns aufgenommen. Die eine ist, daß wir nicht mehr reden von hoher und niedriger, von reiner und sündiger Liebe, von der Seele und der der Sinne. Das zweite Neue ist, Liebe ohne Ehe ist nicht unsittlich, eine Ehe ohne Liebe ist es. Ein paar einfache Worte nur, aber welcher Schritt, ihre Wahrheit anzuerkennen und zu leben bis in die letzten Folgerungen! Liebe ohne Ehe! Nicht daß wir mit dieser Forderung der gesetzlichen Ehe den Kampf erklärten. Aber wir wollen nicht, daß das Liebesleben des Menschen fortan einzig auf diese Karte gesetzt wird."[64]

Eine derart radikale Umwertung der Geschlechtermoral blieb die Ausnahme. Zu tief waren sexuelle Tabus und die gesellschaftliche Funktion weiblicher Sexualität mit den realen Lebensbedingungen von Frauen verbunden, als daß die Mehrheit der weiblichen Jugend in der propagierten Freizügigkeit der sexuellen Kultur eine Erweiterung ihrer Chancen hätte entdecken können. Dabei spielte die berechtigte Angst vor einer Schwangerschaft nicht allein eine Rolle, wenn auch die Diskriminierung von Müttern mit "unehelichen" Kindern und deren wirtschaftliche Unsicherheit maßgeblichen Anteil an der Beibehaltung bürgerlicher Sittlichkeitsnormen hatten. Diese Ängste verbanden sich mit Vorstellungen, als Objekt männlicher Sexualität in eines jener weniger beneideten als gefürchteten "Verhältnisse" hineinzugeraten, wo die Frauen allein verantwortlich blieben für alle etwaigen Folgen.

In einer der Zuschriften auf Kurellas Artikel beschreibt ein junger Mann, wie die Mehrheit der sich zur Freideutschen Jugend zählenden jungen Frauen auf die Propagierung der "freien Liebe" reagiere:

"Die Mädchen stehen auf folgendem Boden: die letzte Hingabe, wie jede über das übliche Maß hinausgehende körperliche Äußerung sind ihnen 'heilig', sie sprechen nicht darüber und haben Angst davor. Ist die Hingabe erfolgt, oder auch nur durch Körperliches der Bann gebrochen, dann wollen sie 'besitzen', 'fürs Leben'. Und über diese Einstellung 'können sie nicht hinweg'; jeder, der über diese Dinge (wenn auch in reinster Absicht) in einem andern Sinne redet, ist ein Frevelnder. So die innere Situation der Mädchen."[65]

---

64 Meinung und Gegenmeinung, Aus Briefen und Aufsätzen, in: Alfred Kurella (Hg.), Die Geschlechterfrage, a.a.O., S. 24

65 Meinung und Gegenmeinung, Aus Briefen und Aufsätzen, in: Alfred Kurella (Hg.), Die Geschlechterfrage, a.a.O., S. 21

Wenn in der hier beschriebenen weiblichen Reaktionsweise auch deutlich wird, wie weitgehend reale Ängste sich mit psychischen und emotionalen Bindungswünschen, aber auch mit dem Glauben an die ideale große Liebe verbanden, zeigt sich in der Mythisierung der Sexualität doch auch, wie körperlich-sexuell weibliche Integrität und Persönlichkeit gedacht wurden. Diese Vorstellungen hatten in den Keuschheitsidealen der Jugendbewegung noch einmal Ausdruck und Verstärkung gefunden und standen so freieren Umgangsmöglichkeiten der Freideutschen jungen Mädchen entgegen.

Lisbeth Franzen-Hellersberg sprach ähnlich wie Busse-Wilson davon, daß es die "große Leistung" der "neuen" Jugend gewesen sei, zu einer "vollständig neuen Bewertung des Liebeserlebnisses"[66] gekommen zu sein. Eine solche Auffassung bedeutete für die große Mehrheit der Angehörigen der Freideutschen Jugend nicht, daß sie eine freie Liebesbeziehung höher eingeschätzt hätten als deren Institutionalisierung. Indem aber erotisch-sexuellen Erfahrungen ein Eigenwert vor bürgerlichen Bindungsformen wie Ehe und Verlobung zugesprochen wurde, erschloß sich die Jugend Möglichkeiten eines freieren Umgangs mit eigenen Bedürfnissen. Elisabeth Busse-Wilson sah in den Debatten über die "Geschlechterfrage", die auch auf den Mädchentagungen eine zunehmend wichtigere Rolle spielten und Themen wie Geburtenkontrolle und uneheliche Mutterschaft einbezogen, "erste Anzeichen" für jene "Selbstbefreiung", die die Jugend für sich anstrebte.

Hoffnungen, die darauf setzten, daß sich die Persönlichkeitsrechte junger Frauen erweiterten, um diese aus ihrer Unterordnung unter das produktive Vermögen weiblicher Sexualität zu befreien, erhielten in der relativ kurzen Phase der Freideutschen Jugend Auftrieb. Mit deren Auseinanderfallen Anfang der zwanziger Jahre aber zerbrachen solche Erwartungen - zumindest im Hinblick auf den bürgerlichen Flügel der Jugendbewegung; sie wären nicht mehr zu vereinbaren gewesen mit dem für die Mädchen und Frauen hier nun bestimmend werdenden Bild von der Kameradin.

Festzuhalten ist, daß in der Freideutschen Jugend die jugendbewegte Kulturkritik und "Geist"-Revolution mit einem praktisch-politischen Handeln verbunden war, das nicht ohne Einfluß auf die Gestaltung der persönlichen Beziehungen zwischen den Geschlechtern blieb. Besonders im "linken" Flügel der Freideutschen, zu dem auch Alfred Kurella und Elisabeth Busse-Wilson gehörten, standen die Diskussionen über die Probleme erotisch-sexueller Beziehungen im Zusammenhang mit dem Ausprobieren neuer Lebensformen. Die praktisch werdende Kritik an den bürgerlichen Verhältnissen und den "Besitzansprüchen" der bürgerlichen Ehe erhielt durch den Einfluß sozialistischer und kommunistischer Ideen eine besondere Stoßrichtung. Es entstand eine Vielzahl von Wohngemeinschaften, Stadt- und Landkommunen und Siedlungsversuchen, die sich

66 Lisbeth Franzen-Hellersberg, 1927, a.a.O., S. 141

als "urkommunistische" und "klassenlose" Gemeinschaften verstanden und die Gesellschaft von unten her umgestalten wollten. Anders als in den linken Parteiorganisationen glaubten die Mitglieder dieser Gruppen daran, den Sozialismus über den genossenschaftlichen Weg mit dem persönlichen, ganzheitlichen Neubeginn der Lebensweise erreichen zu können.

Die in diesen Gemeinschaften gelebte "freie Liebe" bedeutete vor allem, wie Ulrich Linse sagt, die "freie Wahl des Liebespartners ohne Rücksicht auf elterliche Wünsche und konventionellen Zwang."[67] Die geforderte Wahlfreiheit lief nicht auf eine "Libertinage bohèmienne" hinaus; die Paarbeziehungen wurden eher als Privatsache angesehen, die nach Möglichkeit aus den gruppendynamischen Prozessen der jugendbewegten Projekte herauszuhalten sei, da sie allzu leicht eine Belastung für diese darstellen könnte. Auch wenn die meisten der Projekte keine lange Lebensdauer hatten, beeinflußten und veränderten die hier gelebten unbürgerlichen Lebensformen doch auch danach die Lebensläufe derjenigen Frauen, die damit in Berührung gekommen waren, oftmals in entscheidender Weise.[68]

4.6.4. Exkurs über eine Randerscheinung

"Freie Liebe" und Jugendbewegung - nur einmal war hier Anlaß für umfangreiche Mythenbildung gegeben. Im Sommer 1920 war Friedrich Lamberty, genannt Muck, mit seiner "Neuen Schar" von einer Wandervogeltagung in Kronach zu einer Wanderfahrt aufgebrochen, die ihn nicht ins freie Land, sondern in die Städte Frankens und Thüringens führte. Hier wollte er der "materialistischen" Novemberrevolution die "Revolution der Seele" folgen lassen. Daß er darunter auch eine "sexuelle Revolution" verstehen wollte, kam erst nach seiner legendären Fahrt an das Licht der Öffentlichkeit und führte zu einem abrupten Ende seines Erfolges.

Mit Muck Lamberty zusammen hatten etwa zwanzig junge Männer und Frauen "alle gesellschaftliche und beruflichen Bindungen aufgegeben" und

67 Ulrich Linse, Die Kommune der deutschen Jugendbewegung, München 1973, S. 131

68 Bisher existiert noch keine halbwegs systematische Biographieforschung über Frauen, die durch ihre Teilhabe an der Jugendbewegung herkömmliche weibliche Lebensmuster durchbrachen und später mit ihrem sozialen und politischen Engagement hervortraten. Dies gilt für Frauen, die in irgendeiner Weise zur "Führungsschicht" der Jugendbewegung gehörten ebenso wie für diejenigen, bei denen gesellschaftliche Aktivitäten außerhalb der Jugendbewegung biographisch im Mittelpunkt stehen, die aber dafür als Mädchen in der Jugendbewegung vermutlich entscheidende Impulse erhielten. Einige Skizzen über die Bedeutung jugendbewegter Erfahrungen für den Lebensweg von Frauen in: Sabine Herin/Edith Kramer (Hg.) Aus der Pionierzeit der Sozialarbeit. Elf Frauen berichten, Weinheim/Basel 1984 und einige Beiträge in: Ilse Brehmer (Hg.), Mütterlichkeit als Profession?, a.a.O.

wollten die Jugend sammeln, um den "Kampf für die Volksgemeinschaft und gegen alles Gemeine und gegen Ausbeutung" führen zu können. Obwohl der jugendbewegte Aufzug der Gruppe zunächst eher ablehnende Haltungen hervorrief, zogen die jungen Leute durch ihr freies und bescheidenes Auftreten dann doch viele Sympathien auf sich:

> "Wo sie ankamen, erregten sie zunächst Lachen, Erstaunen, Entrüstung: die Männer mit langen Haaren, kurzen Hosen, Sandalen, bloßen Füßen; die Mädchen in leinenden Kitteln, ebenfalls barfüßig und barhäuptig. In Handzetteln wenden sie sich an 'Alle Lebendigen'".[69]

Sie luden die Bevölkerung ein, mit ihnen auf den Marktplätzen zu musizieren und Reigen zu tanzen; sie spielten mit den Kindern. War Muck Lamberty mit seiner Neuen Schar zwei, drei Tage an einem Ort, wurde "die ganze Stadt vom Taumel erfaßt". Tausende kamen auch zu Abendfeiern, für die bald die Kirchen zur Verfügung gestellt wurden. Aus "Wagenladungen" gespendeter Blumen wurden die Kanzel, die Orgel und die Säulen mit Girlanden geschmückt. Unvorstellbar war schon einige Monate später, was für den Augenblick selbstverständlich erschien:

> "Eine Stunde vor Beginn der Abendfeier standen Hunderte vor den noch geschlossenen Kirchentoren ... Weit über zweitausend Menschen waren dicht zusammengepreßt auf den Gängen, um den Hochaltar, um die Orgel. ... Auf den obersten Stufen lagerte die Schar um ihr blaues Fähnlein."[70]

Die Heilsbotschaft, die Muck Lamberty und die Neue Schar gegen die "kranken Tage der Zivilisation" und gegen das "Gottlose" zu verkünden hatten, war eine Mischung aus völkischer Erneuerungsbewegung und christlicher wie pantheistischer Religiosität. Die Verkündigung lebensreformerischer Ideen ging einher mit dem hingebungsvollen Gesang von Marien- und Liebesliedern. Die Menschen waren daran "berauscht". Wenn die "Erlösung" verheißende Gruppe weiterzog, gaben Hunderte ihr das Geleit. "Es war mehr Zauber, eine süße Poesie, eine sehnende Romantik, aber es war Erotik!", meint Adam Ritzhaupt, ein Theologe und Zeitgenosse. Offensichtlich kam die Gruppe in der von Not und politischen Unruhen zerissenen Nachkriegszeit ganz elementaren Bedürfnissen der Bevölkerung nach Frieden und sorgloser Freude entgegen. Im Herbst ließ sich die Gruppe als Handwerkergemeinschaft auf der Leuchtenburg nieder. Die "gefährliche Romantik" um die Liebesgeschichten der Gruppe zog mehr Mädchen zu Muck Lamberty, "als er angenommen hat."[71] Die Enthüllungen über Mucks Liebeserlebnisse, die ihm auch eine Anzeige eingebracht hatten, wurden der ganzen Neuen Schar zum Verhängnis. Die Leuchtenburg wurde ihnen ge-

---

69 Adam Ritzhaupt, Die "Neue Schar" in Thüringen, Jena 1921, S. 7
70 ebenda, S. 11
71 ebenda, S. 31f

kündigt. Die Tanzenden in den Städten Thüringens und die mythenumwobene Schar, die sie zum Tanzen gebracht hatte, erhitzten noch lange die Phantasie nicht nur der jugendbewegten Zeitgenossen und forderten zu mancherlei Auseinandersetzungen heraus.[72]

4.7. Bündische Jugend

4.7.1. Freie Bünde

Das Bild der bürgerlichen Jugendbewegung veränderte sich nach dem Ersten Weltkrieg entscheidend. Alle Bestrebungen nach jugendbewegter Einheit scheiterten an den politischen Differenzen zwischen den einzelnen Gruppierungen. Die gegensätzlichen Positionen, die sich inzwischen herausgebildet hatten und schon bei den Diskussionen der Freideutschen Jugend offensichtlich geworden waren, reichten von ethisch begründeten sozialistischen Ideen bis zu völkisch-nationalistischen Standpunkten. Gleich nach der Revolution sagte sich der rechte Flügel als "Jungdeutscher Bund" vom "pluralistischen" Freideutschtum los. Um 1923 fiel die Freideutsche Jugend auseinander. Die politischen Polarisierungen bildeten allerdings nicht die einzige Zerreißprobe für die Jugendbewegung der unmittelbaren Nachkriegszeit. Der Generationenstreit und damit verbundene Interessenunterschiede, aber auch Differenzen der jugendbündischen Konzepte brachten weitere Konflikte mit sich.

Angesichts der innerbündischen Krisen und äußeren Wirren durch Kriegsniederlage und Revolution bemühten sich die Älteren der Vorkriegsbewegung verstärkt darum, jugendbewegte Werte und Erfahrungen in ihr Erwachsenenleben hinüberzuretten. Dabei kam ihnen entgegen, daß weder staatliche noch caritative Einrichtungen so ausgebaut waren, daß sie auch nur einen geringen Teil des durch soziale und wirtschaftliche Not ausgelösten Elends hätten bewältigen können. VertreterInnen der Jugendbewegung wurden auf allen Ebenen der Jugendpflege und -wohlfahrt vom Staat zur Mitarbeit herangezogen. Auch bei der Reform des Schulwesens und der Volkshochschulen waren die in der Jugendbewegung gewonnenen sozialen und pädagogischen Kompetenzen von außerordentlicher Bedeutung. Mit der Gründung von Heimvolkshochschulen und Siedlungsprojekten suchten die Angehörigen der Bünde nicht nur einen Ausweg aus ihrer persönlichen Notlage; es lag auch der soziale "Wille zur Tat" darin.

72 Vgl. Junge Menschen, 1.Jg. 1920, Heft 15, S. 21; Die Tat, 12. Jg. 1920, Oktoberheft; Emil Engelhardt, Gegen Muck und Muckertum, Hartenstein 1921; Gertrud Prellwitz, Mein Bekenntnis zu Muck Lamberty, Oberstein 1921

Mit den von ihnen gelebten Werten, wie dem Recht auf jugendliche Selbstbestimmung und -verantwortung, der Erfahrung der Gruppe als Ort gemeinsamen Lernens und lebensreformerischen Ideen, meinten sie, die gesellschaftlichen Fehlentwicklungen von innen heraus überwinden zu können. Elisabeth Busse-Wilson schreibt über die von hier ausgehenden Impulse:

> "Ein furor pädagogicus kam über das ganze Volk der Geistigen. Konnten die Armut eines ganzen Volkes und politische Aussichtslosigkeit den drücken, der ganz dem Dienste am neuen Volke hingegeben war? Viele Jugend- und Volksbildner brachten damals unerhörte Opfer für eine Schule, für eine Siedlung oder für eine Gründung, die beides zusammen war. Erziehungsstätten mit oder ohne Lebens- und Gütergemeinschaft für Kinder, für Erwachsene, für Söhne und Töchter der werktätigen Schichten wuchsen aus dem Boden. Nicht alle haben sie gehalten. Aber es war eine Gilde heroischer Wandermönche, die im Dienste dieses pädagogischen Ideals standen, oftmals unter den drückendsten Lebensbedingungen. Denn es galt das Werk, das Werk allein. Da war eine Frau, die sich mit ihrer Mitarbeiterin einen gemeinsamen Sweater teilte, so dass immer nur eine angezogen sein konnte. Es ging um den neuen Menschen. Konnte man die neue Gesellschaft ohne ihn bauen wollen?"[73]

Unter diesen Bedingungen konnten auch die jungen Frauen aus der frühen Jugendbewegung "Ernst machen" mit dem, was sie gelernt hatten. Sie hatten nichts zu verlieren. Jede berufliche Arbeits- und Ausbildungschance eröffnete ihnen wenigstens Ansätze zu selbstgestaltetem Leben. Es ging ihnen nicht um Status und Prestige. Wichtig war ihnen allein, aus familialen Zwangsverhältnissen herauszukommen und in selbstgestalteten Beziehungen einen eigenen Lebensentwurf zu entwickeln. Lisbeth Franzen-Hellersberg verweist hier auf ein Motiv, das besonders für junge Frauen leitend gewesen sei, um eine Arbeit als Lehrerin, als Jugendleiterin oder Sozialfürsorgerin anzustreben. Sie meint, sie wollten "da führen, wo sie ehemals eine Führung entbehrt hatten".[74]

Aber auch an den Jüngeren war das Erlebnis des Krieges und der Nachkriegszeit nicht ohne Spuren vorübergegangen. Sie begaben sich voller Elan daran, den Bünden einen ihnen gemäßen Ausdruck zu geben. Gegenüber der Vorkriegsbewegung, die ihren Wunsch nach Freiheit und Autonomie in der Meißnerformel zum Ausdruck gebracht hatte, war das Streben der neuen Jugendgeneration eher von der Reaktion auf Orientierungsschwierigkeiten der Nachkriegsgesellschaft gekennzeichnet. Sie suchte nach Bindungen, neuen Werten und Autoritäten, für die sich einzusetzen sinnvoll erschien und mit denen sie der "Entwurzelung" begegnen wollten.

Mit dem Zustrom von Jugendlichen, die nun aus breiteren Bevölkerungsschichten kamen, dehnte sich die Jugendbewegung enorm aus; zahlreiche neue Bünde entstanden. So vielfältig deren Spektrum auch war, es setzten

73 Elisabeth Busse-Wilson, Biographische Notizen, in Privatbesitz
74 Lisbeth Franzen-Hellersberg, 1927, a.a.O., S. 137

sich doch unabhängig von den jeweiligen politischen und ideologischen Standpunkten weitgehend gemeinsame jugendliche Gruppenformen durch, die im Laufe der Weimarer Republik immer mehr stilbildend für weite Teile zumindest der männlichen Jugendgeneration wurden. Das betraf zunächst einmal die Männlichkeitsideale. Die individualisierende und romantische Vielfalt des Vagantentums verlor sich zugunsten soldatischer und heroischer Männlichkeitsbilder. Das Führer-Gefolgschaftsprinzip formte sich hierarchischer und verband sich mit Vorstellungen von Befehlsgewalt und Gehorsamkeitstugend. Der Begriff der Elite, der sich bis dahin aus der Verschworenheit der jugendbewegten Gruppe gespeist hatte, veränderte sich hin zur "Auslese der Besten", die für eine zukünftige "völkische Erneuerung" großes zu leisten hätten. Es ging nun um Erziehung zur Härte, zum Willen, zur Tat. Abgeschreckt von der politischen Wirklichkeit der zwanziger Jahre, in der keine dauerhafte soziale Sicherheit aufkam, suchten diese Jugendlichen nach einer Welt, die nicht von Not und Konkurrenz, nicht von sozialem Abstieg und Arbeitslosigkeit und zunehmender Entfremdung der menschlichen Beziehungen bestimmt sein sollte. Ihre neuen Ideale gewannen sie aus der Abgrenzung gegenüber dem vorgeblich herrschenden "Demokratismus" und gegen die "verflachende Massengesellschaft":

> "O klägliche Demokratie! Fühlt ihr nicht selbst, wie unwürdig ein solches Gebaren für die Jugend ist? Sind wir besser als ein Kegelklub oder Fußballverein? Haben wir denn kein Gefühl mehr für einen adligen Führer oder Adelsherrschaft, werden vielleicht einige fragen. Führertum kann man nicht beweisen, sondern nur fühlen und erkennen. Ein Führer wird geboren und kann nie 'erzogen' werden. Man muß aber von der Jugend erwarten, daß sie einen Führer erkennt und daß sie soviel ritterlichen Sinn für das Ideal der Gefolgschaft hat, daß sie sich dem Höheren willig unterordnet und ihm freudig nachfolgt. Erst dann bekommt Masse ihren Wert und wird Volk. Wir haben also die Wahl zwischen Demokratie und Adelsherrschaft. Die Demokratie führt uns in die Verflachung, Öde und macht uns zu einem Verein Jugendlicher. Die Adelsherrschaft verlangt Treue, Mut und Ritterlichkeit von uns und macht uns zu einer wahren Jugendbewegung."[75]

Dieser Text zeigt sehr deutlich, auf welche Weise während der Weimarer Zeit die emotionalen Erfahrungen in jugendbewegten Jungengruppen mit einem politischen Mythos verschmolzen, der sich aus der Verachtung der gesellschaftlichen Realität der Republik begründete. Während in der ersten Phase der Jugendbewegung ideologische Selbstbehauptung sich aus der Eroberung von "Freiräumen" speiste und getragen war von Reformideen, leitete später die Mehrzahl der Bünde ihre ideologischen Leitbilder aus einer Ablehnung der gesellschaftlichen Moderne her. Die neu sich formierenden Bünde entwickelten ihr Ideal des Bundes aus Gegenüberstellungen, wie sie in dem zitierten Text formuliert sind. Sie wähnten sich vor die Wahl gestellt, "Verein" zu werden, "tote Organisation" oder "Adelsherrschaft", die den "geschlossenen Jungenstaat"

75 Jungnationale Stimmen, 3.Jg. 1928, Heft 1, S. 23

erfordere. Während der Verein, selbst "verflacht", auch die "Masse" in ihrer "Verflachung" belassen müßte, wurde der "Jungenstaat" so imaginiert, daß er der "Masse" den ihr verlorengegangenen Wert des "Volkes" zurückgeben könne. Daß sich die männliche Jugend angesichts solcher Alternativen für "Adelsherrschaft und Auslese" entschied, ist verständlich, zumal die Symbolik dieser Werte an Männlichkeit gebunden war und phantasievoll-heldische Selbstinszenierungen ermöglichte:

> "Die Fahrt und das Feuer, das wir irgendwo in der Nacht aufjagen, sind uns die starken Symbole unserer unendlichen Sehnsucht und unseres verschworenen Bundes. Die innere Unrast, die Sehnsucht nach Ferne, die uns zum Wandern und Schweifen und zum Abenteuersuchen trieb, ist im Grunde jungenhaft. Frauen können nicht wandern, unaufhörlich ins Unendliche, sondern drängen zum Verweilen und wollen das Glück. Mädchen, die ins Wandern kamen, verloren irgenwo den inneren Halt. Oder sie tatens um der Jungen willen. Es ist bezeichnend, daß die Führer, die die Gemeinschaft mit den Mädchen nicht aufgeben können, stets von gemeinsamen Festen reden. Was sind Feste anderes, als Verweilen im Augenblick! Uns ist das Leben zu allen Zeiten so maßloses und rasendes Geschehen, daß wir nie das Idyll glückhafter Stunden ersehnen können."[76]

Gemessen an diesen Knabenträumen schien die Jugendbewegung "geist- und harmlos" geworden durch die "Herrschaft der Reformer" und den "Einbruch der Mädchen". Diesen war während des Weltkrieges die Aufgabe zugewachsen, den "Betrieb" aufrechtzuerhalten. Sie hatten nicht nur untere, sondern auch mittlere Führungspositionen in den Bünden übernommen. Dies aber stand in dem Augenblick, als die Männer von der Front geschlagen und doch mit neuen Forderungen nach Männlichkeit und Härte zurückkamen, der "heroischen" Umgestaltung der Bünde störend entgegen:

> "Wo Mädchen sind, da ist es gemütlich, und Leute, die ihre Gemütlichkeit haben, sind zufrieden, niemals revolutionär".

Auf der Suche nach dem "Weg, der aus Harmlosigkeitsverlogenheit und Reformphilistertum herausführt, zurück zu dem heimlichen revolutionären Bunderlebnis, zu heimlichem Königstum und Mannentreue"[77] erhielten alte männerbündische Ideen eine neue - nunmehr jungenbündische Ausrichtung. Die politischen Mythen der nun sich herausbildenden "Bündischen Jugend" wurden mit dem Jungenschaftsgedanken aggressiv gegen die weibliche Jugend gewendet. Erfüllt von der Sehnsucht nach "völkischer Erneuerung", fühlten sich die Jungen dazu ausersehen, ihre Bünde zu hierarchisch gegliederten "Ordens- und Königreichen" auszubauen. Mit ritterlichen Symbolen und Ritualen belebten sie

---

76 Rudolf Mehnert, ein Führer im Sachsengau des WV-EV, zit. n. Rudolf Kneip, Vom Wandervogel zum Jungenbund 1905-1922. Geschichte der sächsischen Jungenschaft, 1. Teil, Mittweida 1926, S.35

77 Albert Herhahn, Zum Bundestag, in: Wandervogel, 14. Jg. 1919, Heft 8/9, S. 242

ihren jugendbewegten Alltag und schufen sich so gegen die Verunsicherungen der realen Welt phantastische Fluchtpunkte für ihre emotionalen Bedürfnisse.

Für die Mädchen gab es keinen Raum in einer so imaginierten Runde von Heerführern, Gaugrafen, Herzögen, Rittern und Knappen. Sie wurden aus den großen Bünden des Wandervogels hinausgeworfen.[78] Als erster Bund schloß der Altwandervogel auf seiner Bundeswoche in Bad Sachsa 1920 in Abwesenheit der zur Bundesleitung gehörenden Mädchenführerinnen die Mädchengruppen aus, eine Trennung, die von den Betroffenen als erniedrigend und verletzend erfahren werden mußte. Noch 40 Jahre später kann eine der ehemals zum Wandervogel gehörigen Frauen nur - wie sie schreibt - "mit Empörung, Bitterkeit und Zorn"[79] daran denken, wie die etwa 1 100 weiblichen Mitglieder des Bundes vor die Tatsache des Trennungsbeschlusses gestellt wurden. Dieser war, wie 1963 Hermann Siefert schreibt, mit der "positiven Feststellung" begründet worden, daß "die Mädchen reif und stolz genug seien, ihre eigene Sache selbst zu vertreten und zu gestalten", wobei der Kernpunkt der Argumentation darin lag, "daß der Wandervogel seinem Ursprung nach eine Bewegung der männlichen Jugend" sei. Den jungenbündischen Affront gegen die Mädchen kulturhistorisch deutend, meinte der Bundesleiter, diese Gesellschaft sei

> "durch den ungeheuren Einfluß der Frau in ein derart unfruchtbares Stadium gekommen, daß von Kultur eigentlich nicht mehr gesprochen werden kann. Es muß, wenn es wieder aufwärts gehen soll, härter und männlicher werden, und die spezifisch männlichen, d. h. die aufbauenden, schöpferischen, schaffenden Kräfte müssen wieder mehr zur Herrschaft kommen. Darum muß der Einfluß der Frau auf den Mann so lange ausgeschaltet werden, als dessen Entwicklung noch nicht abgeschlossen ist."[80]

Nachdem sie zuvor "durch die Gauleiter von der Notwendigkeit der Trennung überzeugt worden waren"[81], fügten sich die an der Bundeswoche teilnehmenden Gauleiterinnen dem Antrag ohne weiteren Widerstand. Aufschlußreich für die komplizierten Bedingungen weiblicher Solidarität ist hier, daß sie dafür von den jüngeren Mädchen nicht etwa wegen ihres fehlenden Widerstands kritisiert wurden, sondern dem Vorwurf ausgesetzt waren, "Frauenrechtlerinnen" zu sein, "denen die Emanzipation über alles geht".[82]

Entgegen dem sich darin ausdrückenden illusionären Glauben an die neue "Kameradschaft" erzwang nur wenig später auch ein großer Teil der Gaue des Wandervogel-EV den Austritt der Mädchengruppen.[83] Während die Mädchen

---

78 Zur Entwicklung der Mädchenbünde siehe vor allem Marion de Ras, a.a.O.

79 Akte 2-10/4 Lydia Neubauer, Ernst Buske und die Mädchen im Wandervogel, AdJB

80 Ernst Buske, zit. n. Hermann Siefert, Der Bündische Aufbruch 1918-1923, Bad Godesberg 1963, S. 133f; bemerkenswert ist hier, daß Siefert Buskes Distanzierung von dem "Männerbundstandpunkt" Blühers betont.

81 ebenda, S. 135

82 Bundesmitteilungen 1920, zit. n. Hermann Siefert, Der Bündische Aufbruch, a.a.O., S. 135

83 Vgl. hierzu, Rudolf Kneip, Vom Wandervogel zum Jungenbund, a.a.O., S. 34-36

und Frauen aus dem AWV sich noch 1920 zu einem eigenen Mädchenbund zusammengeschlossen hatten, verloren die Mädchengruppen des WV-EV zunächst jeden organisatorischen Zusammenhang. Gertrud Classen erinnert sich 1974 daran, wie sie sich 1923 bemüht hatte, die "verlorenen haufen und umherirrenden mädchengruppen - überall schwirrten in ganz Deutschland mädchengruppen herum" - zu einem neuen Mädchenbund zusammenzufassen. "Die entstehung des mädchenbundes (war) so fließend"[84], daß es ihr, die zur Führerin des neugegründeten "Wandervogel-Mädchenbundes" gewählt worden war, schwer fällt, das Gründungsjahr festzustellen. Der erste Bundestag fand 1923 in Rodach im Frankenwald statt; der erste Rundbrief des Bundes kam 1924 heraus. 1927 schloß sich dieser Bund der "Deutschen Freischar" (Bund der Wandervögel und Pfadfinder) an, zu der sich ein Jahr vorher die großen Jungenbünde zusammengetan hatten und die auch die im WV-EV verbliebenen Mädchengruppen umfaßte. Der Alt-Wandervogel-Mädchenbund hatte sich 1926 mit dem "Deutschen Mädchen Wanderbund (DMWB)" zum "Alt-Wandervogel-Deutscher-Mädchenbund" zusammengetan, der sich allerdings 1929 auflöste.

Der "Deutsche Mädchen Wanderbund" war der erste selbständige Mädchenbund gewesen, 1914 mit Unterstützung der "Fahrenden Gesellen", des Wanderbundes des "Deutschnationalen Handlungsgehilfenverbandes", gegründet. Diesem Bund gehörten im Unterschied zu den älteren gemischten Wandervogelbünden in der Mehrheit Mädchen und junge Frauen an, die Volks- oder Mittelschulen besuchten oder auch schon berufstätig waren als Krankenschwestern, kaufmännische Angestellte, Kindergärtnerinnen oder auch Hausangestellte.

Nachdem bis etwa 1918 im DMWB deutsch-völkische Anschauungen vorherrschten und auch die Weiblichkeitsvorstellungen durch die damit verbundenen Ideen geprägt waren, zeigen die Diskussionen in den darauf folgenden Jahren eine ungewöhnliche Offenheit für Gedanken an weibliches Selbstbestimmungsrecht und Gleichheit der Geschlechter. Die hier von einigen Frauen vertretenen feministischen Positionen gaben den Auseinandersetzungen über die Bedeutung von Mädchengemeinschaften oder die Stellung von Frauen in Staat und Gesellschaft ein ganz eigenes Gepräge. 1923 spaltete sich der Bund an der "völkischen Frage", die wegen der Mitgliedschaft von jüdischen Mädchen gestellt wurde, und auch durch den aggressiven Antisemitismus der "Fahrenden Gesellen" hochgespielt worden war. Ein Teil der Mädchen und jungen Frauen verließ den DMWB und ging in den sich neu konstituierenden völkischen "Hagal-Bund".

Ihre Aufnahme in den Nachfolgebund der ehemaligen WV-Jungenbünde, die "Deutsche Freischar", verdankten die Mädchen und Frauen dessen neuem Anspruch, "Lebensbund" zu sein. Die Jungen, die sie sieben Jahre vorher aus dem

84 Akte Gertrud Classen, Brief vom 17.4.74 an Werner Kindt, AdJB

AWV und dem WV-EV hinausgewiesen hatten, waren inzwischen älter geworden und paßten nun aus diesem Grunde selbst nicht mehr in einen reinen Jungenbund hinein. Das "Lebensbundprinzip" trug diesem Umstand Rechnung und verschaffte damit auch den Mädchen und Frauen einen Raum im Bund. Der erste Bundesführer der Deutschen Freischar war derselbe Ernst Buske, unter dessen Führung 1920 im AWV über die erste große "Trennung" von den Mädchen entschieden worden war. Während die "revolutionären" Ansprüche des Jungenschaftsgedankens mit neuen charismatischen Führergestalten und neuen Mythenbildungen gewahrt blieben, hatte sich in dem Vereinigungsbund, wie es in einem Artikel in der Bundeszeitschrift hieß, "die Abwehr und Fragwürdigkeit von gestern in die Anerkennung der Notwendigkeit der Frauen und Mädchen im Bund verwandelt".

Wie ehedem wurden auch jetzt die Belange des "Volkes" als tiefer liegende Gründe für die bündischen Umformungen herangezogen. Hatte der "Dienst" am "Volk" in den frühen zwanziger Jahren des "Jungenbundes" bedurft, so verlangte er nun danach, den Bund "zum runden Lebenskreis auszuweiten, der beide Pole menschlichen Seins, weiblich und männlich", umfaßte. Die Zuordnung beider "Pole" löste vor allem unter den männlichen Freischarangehörigen vielerlei metaphysische Spekulationen aus, galt es doch, organisatorische Beziehungen zu "organischen" werden zu lassen. Aber schon in dieser denkerischen Arbeitsteilung erfüllte sich das innere Ordnungsprinzip des Bundes, denn dieser wurde mit "zweierlei Gesicht" gedacht, von denen das eine wie das "Volk", als "dunkel, unbewußt waltend", das andere aber wie der "Staat", als "bewußte Formung und Indienstsetzung jener dunklen Kräfte" vorgestellt wurde. Danach kann nicht wundern, daß es in Angelegenheiten des Bundes, wie in denen der "Politik, Führung und Herrschaft, also eben des Staates keine Gleichberechtigung gibt, am wenigsten der Geschlechter."

Dementsprechend sollte, wie der Autor des zitierten Artikels weiter meint, die "Würde, nach der die meisten Mädchen und Frauen zielen", nämlich "Kamerad" zu sein, dort ihre Grenzen haben, wo "bei aller zugebilligten äußeren Befreiung das eigentlich Weibliche eine ungleich schwerere Hörigkeit eingegangen ist". Als Beispiele für solcherart "Degeneration" galten ihm die "Frondienste der Frauen in den entmannten Betrieben" während des Weltkrieges und die "tragische Komik" und "Kuriosität" der Frau, die als "Richterin, Studiendirektorin, Ministeralrätin" sich nicht "auf ihre eigensten Pflichten, die sie nun einmal verliehen bekommen hat, besinnt und durch die Beschränkung auf sie wieder auf ihre, - nicht unsere Art zur Meisterin der Verhältnisse wird." Hier wurde der weibliche Anspruch, als "Kameradin" gleichberechtigt zu sein, in sehr direkter Weise eingeschränkt und zurückgewiesen. Während sonst das Bild der "Kameradin" mit spezifisch "weiblichen" Merkmalen ausgestattet wurde, um so die jugendbewegte "Gleichberechtigung" im Kameradschaftsideal aufrecht zu erhalten, hieß es hier ganz offen, daß die "derbe, handfeste Kameradschaft (zwischen) Jungen und Mädchen ... überwunden" werden müsse.[85]

Zu den Schwierigkeiten von Mädchen und Frauen, in einem solchen ideologischen Rahmen eine "gleichberechtigte" Position zu formulieren, kamen in der Realität des Bundeslebens noch die Probleme des unterschiedlichen Herkommens der Mädchengruppen und einer eindeutigen praktischen Ausrichtung der bündischen Aktivitäten auf die männliche Jugend. Josi von Maydell, die Mädchenführerin in der Deutschen Freischar, gibt 1928 folgenden Bericht darüber:

> "Die Eingliederung der Mädchenkreise in den verschiedenen Gauen stößt verschiedentlich auf Schwierigkeiten. Entweder in den Gauen überwiegt die Jungenschaft, sodaß ein gegenseitiges gemeinsames Wollen nicht vorhanden ist, oder aber die Formen für eine gemeinsame Arbeit sind noch so ungeklärt, daß man von einer Einheit nicht sprechen kann. So hat denn ein großer Teil der Mädchen außer den Benachrichtigungen von der Mädchenführung so gut wie gar keine Beziehung zum Bund gehabt. Soweit sie noch in ihren alten Kreisen stehen, ist das z.T. anders, doch fehlt auch da die unmittelbare Beziehung zur Freischar. So ist die Frage nach dem Sinn und den Aufgaben des Bundes überall rege, oft verbunden mit scharfer Kritik. Es macht sich hier bemerkbar, daß die Mädchen und Frauen an der inneren Gestaltung des Bundes bisher keinen Anteil gehabt haben. Das meiste, was vom Bund an die Einzelnen herantrat, betraf reine Jungenangelegenheiten oder organisatorische Dinge. So haben sich viele enttäuscht zurückgezogen und stehen mit dem Bund nur noch durch persönliche Beziehungen in Verbindung. Die jüngeren Mädchen sind davon naturgemäß weniger betroffen, obwohl die Einstellung der älteren sich zum Teil auswirkt."[86]

Diese Situationsbeschreibung wird in einem Beitrag von Gertrud Classen zum gleichen Thema bestätigt; ihre Schlußfolgerungen stehen allerdings im Gegensatz zu denen Josi von Maydells. Während diese meint, "daß sich in Zukunft ein Viertel des Kapitels aus Frauen zusammensetzen" sollte, um so an der "Gesamtgestaltung des Bundes" beteiligt zu sein und von "hier aus die Zukunft der Mädchen und Frauen zu entscheiden", wendet sich Gertrud Classen scharf gegen solche Vorschläge. Sie meint, mit einem solchen Konzept würde die Verbesserung der Situation "an einer verkehrten Stelle" gesucht und die "Autonomie der Jugend in gefährlichem Maße untergraben", die ohnehin durch das Prinzip des Lebensbunds massiv in Frage gestellt sei. Gegen die Idee der Einflußnahme auf die Gesamtentwicklung des Bundes, fordert sie, die "Einheitsfront mit den Jungen um jeden Preis" aufzugeben und stattdessen den Autonomiegedanken der Jugendbewegung in eine eigenständige Mädchenpraxis umzusetzen; nur dadurch könne das "Erlebnis der Jugendbewegung" für die Mädchen "geschaffen werden":

85 Hermann Goern, Frauen und Mädchen im Bund, in: Deutsche Freischar, November 1928, S. 120-126, 124

86 Josi von Maydell, Von den Mädchen und Frauen, in: Deutsche Freischar, Juli 1928, S. 51f

"Wir haben feststellen müssen, daß 1. bei unseren Mädchen sehr viel früher Fragen, (wie) Ehe- und Mutterrecht, Aufklärung der Kinder usw. auftauchen als bei den Jungen, 2. daß die soziale Zusammensetzung unserer Mädchen es vielfach dringend erfordert; ich meine, daß ein nicht geringer Teil aus jenen Schichten unseres Volkes stammt, die schon allein durch ihre ökonomische Lage auch außerhalb der Großstadt frühzeitig in diese Probleme gedrängt werden. Daraus ergibt sich ohne weiteres, daß Inhalt und auch Form des Mädchenlebens völlig anders sein müssen als in der Jungenschaft."

Gertrud Classen schien es deshalb notwendig, die bisherigen Fehler jugendbündischen Mädchenlebens als solche auch herauszustellen. Als einen der vorrangigen nannte sie die "mangelnde Aktivität den Mädchengruppen gegenüber, die der festen, in einer Idee wurzelnden Form der Jungenschaft nicht Entsprechendes entgegenzusetzen haben und in dem oft unbewußten Kampf um die Parität der beiden Gemeinschaften unterliegen." Um dagegen anzugehen, braucht es für Gertrud Classen in erster Linie mehr "organisatorische Kraft", als sie in den frühen Jahren der Jugendbewegung notwendig war:

"Wir haben die bestehenden Mädchenkreise aller Art zusammenzufassen, ihnen einen stärkeren, gemeinsameren Lebensinhalt zu geben und dafür lebendige, beredte Formen zu schaffen. Vorbereitung größerer Treffen. Gründung einer Zeitschrift. Gelingt es uns, eine stärkeres Leben in unsere Gaue zu bringen, wird die Entwicklung des Bundes keine einseitige bleiben."[87]

Die Meinungsverschiedenheiten zwischen Josi von Maydell und Gertrud Classen über den einzuschlagende Weg für eine Mädchen- und Frauenbewegung innerhalb der Jugendbewegung berühren Probleme, die nicht nur von historischer Bedeutung sind. Dabei haben die von Gertrud Classen formulierten Vorstellungen kaum etwas von ihrer Aktualität eingebüßt. Noch immer bedarf es zur Auswertung der inneren und äußeren Freiheitsräume der weiblichen Jugend einer Umsetzung der von Gertrud Classen entwickelten Vorschläge: Anzuknüpfen an besondere Fragestellungen von Mädchen und diese im Zusammenhang mit emotional wichtigen Erfahrungen so zu inszenieren, daß eine frauenzentrierte Bewegung die weibliche Identifikation mit den gesellschaftlich vorherrschenden männlichen Normen aufzubrechen vermag.

Neben den jungenschaftlich sich ausrichtenden Bünden gab es allerdings eine Reihe anderer Bünde, in denen Mädchengruppen weiterhin selbstverständlich blieben. Hierzu gehörten auch nationalistische Jugendorganisationen, die sich inzwischen der jugendbewegten Kultur geöffnet hatten. Sie lehnten die Trennung von den Mädchen ab und bestimmten deren Rolle im Bund von den Aufgaben her, die diese einst als Mütter und Frauen im "Dienste des Volkslebens" wahrnehmen würden:

---

87 Gertrud Classen, Über die Lage der Mädchen, in: Deutsche Freischar, November 1928, S. 128-132, 131

"Betrachtet unsere Bundesgemeinschaft als kleines Volk und nehmt darin die Stellung ein, die Ihr im Gesamtleben des Volkes einst wünschen müßt. Dies Vorbild, praktisch durchgeführt im kleinen Volk des Bundes, ist eine Tat, mit der Ihr unendlich viel beitragen könnt zum deutschen Aufbau. (Vergeßt nie, daß unsere heilige deutsche Not eine gemeinsame ist, und daß sie nur gemeinsam behoben werden kann.) Nicht gleichberechtigt, aber gleichwertig wollen wir neben dem Manne stehen in zielbewußter Arbeit. Seht, das ist ja gerade die Stärke unseres Bundes, daß er dieses gemeinsame Schaffen am deutschen Werke bejaht."[88]

4.7.2. Kirchlich-konfessionell gebundene Jugendbewegung

Schon während des Ersten Weltkrieges und in der Nachkriegsjahren hatten sich auch in einigen konfessionell ausgerichteten Jugendverbänden Kultur und Werthaltungen der Jugendbewegung ausgebreitet. Dabei ist für einen Teil dieser Gruppierungen hervorzuheben, daß in den zwanziger Jahren hier stärker als in der "freien" Jugendbewegung die frühen Wandervogelideale und auch das Konzept des "gemischten" Bundes neben der oder in Konkurrenz zur jungenschaftlichen Entwicklungslinie beibehalten wurden.[89]

Während auf evangelischer Seite der "Gefahr einer Verwischung der Wesenseigentümlichkeit der Geschlechter" die konventionelle Betonung der "Verschiedenartigkeit der Ideale echten Jungentums und echten Mädchentums"[90] entgegengesetzt wurde, legten die katholischen Bünde mehr Wert darauf, das Verhältnis zwischen den Geschlechtern religiös-reformerisch zu definieren. Im "Quickborn" wurde schon 1919 ausführlich dazu Stellung genommen. Hier sollte "wie das ganze Leben" auch das "Verhältnis zwischen Buben und Mädchen nach dem Willen Gottes geregelt sein". Die Bindungen an dieses Gebot bedeuteten für die Quickbornjugendlichen "Selbstbesinnung und Selbstzucht", bis sie als "wirklich gereifte Menschen die Ergänzung im anderen Geschlecht"[91] suchen konnten. Eine tiefere Begründung für diese Vorstellungen fanden sie in den "überpersönlichen Ordnungen und Bedingungen" der Kirche, die als Teil der "naturgesetzten Gemeinschaften" verstanden wurden. Das Ideal für eine Geschlechterbeziehung, in dem die religiöse Ausrichtung auf das Reich Gottes

---

88 Erna Schaper, Die Mädchen im Leben unseres Bundes, in: Der Falke, 9. Jg. 1928, Heft 3/4, S. 18

89 Als Beispiel sei hier auf die katholischen Bünde "Qickborn" und "Jungborn" hingewiesen, in denen sich die Auseinandersetzungen über die Jungenschaftsfrage über die ganzen zwanziger Jahre hinzogen und nicht mit einem Hinauswurf der Mädchengruppen "gelöst" wurden.

90 Gotthold Donndorf im Jahresbericht der Bundesleitung auf dem Kölner Bundestag, in: Kölnheft von Unser Bund, 1925, Heft 8, zit. n.: Der Durchblick, Wesen und Wege des Bundes deutscher Jugendvereine, Göttingen 1928, S. 23

91 Erklärung des Quickborn 1919, zit. n. Bernhard Strehler, Aus dem Werden und Leben Quickborns, in: Richard Thurnwald (Hg.), Band 4/1, a.a.O., S. 57-74, 61

ausgedrückt werden sollte, war das des "Geschwistertums". Wenn auch in der Realität des Bundeslebens der Umgang miteinander durch das Kameradschaftsideal geprägt war, schien der Begriff selbst doch zu profan, um der Gesinnungsethik der katholischen Jugend gerecht werden zu können. 1925 äußerte sich Romano Guardini, der "Vordenker" des Quickborn, folgendermaßen über den Bedeutungsgehalt des "Geschwistertums":

> "Wert und Ehre des einen sollten geborgen sein in der Ehrfurcht und Verantwortung des andern. Ausdruck dieses Willens war uns der Gedanke des Geschwistertums. Wir meinten mit diesem Wort jene Beziehung von Ehrfurcht und ruhiger Sicherheit, in welcher Abstand und Vertrauen verbunden wären. Wir geben von dem Wesen jenes Gedankens nichts auf."[92]

Über das, das "Ehrfurcht und Verantwortung, Abstand und Vertrauen" in der Beziehung zum jeweils anderen Geschlecht sein könnten, wurde in der katholischen Jugendbewegung viel nachgedacht. Die dabei zugrundegelegten Prinzipien und die tatsächlichen Lebensbedingungen und Bedürfnisse der jugendlichen Bundesbrüder und -schwestern waren allerdings trotz aller Denkanstrengungen nur schwer miteinander zu vereinbaren. Eine gewisse Ordnung erhielten sie durch das christliche Menschenbild, nach dem die Mädchen und Frauen ebenso wie die Jungen und Männer zur Gemeinde Jesu Christi, und damit auch zum "Bund" gehörten. Diese Grundannahme begrenzte nicht nur den Einfluß der Blüherschen Ideologie, sondern bewirkte auch, daß die Auseinandersetzungen über das "Wesen" der Geschlechter und deren Beziehung zueinander nicht unter dem Aspekt der sogenannten "Mädelfrage" geführt wurden. Die "Jugend"-Bewegung der Mädchen und Frauen galt hier als ebenso selbstverständlich wie die der Jungen und Männer. Wenn Ida Coudenhove, die Bundesführerin der Mädchen im Quickborn, dennoch 1930 davon sprach, daß "das 'Jugendreich' vielfach fast zum 'Jungenreich' geworden" sei[93], dann war diese Entwicklung auch die Folge der komplementären Geschlechterkonstruktion, die dem Geschwisterideal zugrundelag. Eng verbunden mit Grundsatzüberzeugungen kirchlicher Sexualmoral, wurde die Beziehung zwischen den Geschlechtern als "Austausch zweier entgegengesetzter Kräfte" verstanden:

> "Dafür ein Beispiel: Man unterscheidet positive und negative Elektrizität. Sind beide getrennt, herrscht Ruhe. Erst der Austausch dieser beiden Kräfte erzeugt den lebendigen fließenden Strom."[94]

---

92 Romano Guardini, zit. nach Bernhard Strehler, ebenda, S.63

93 Ida von Coudenhove über die gemeinsame Erziehung der Geschlechter in den katholischen Jugendbünden, in: Das junge Deutschland, 24.Jg., April 1930, Heft 4, Sonderheft, Wandlungen und Stand der gemeinsamen Erziehung der Geschlechter in den Jugendverbänden, S. 176-182, 179

94 Hermann Gerdemann, Jungen und Mädchen, in: Jungborn, 1924, Heft 6, S. 173

Wenn an anderer Stelle darauf hingewiesen wurde, daß das "Geschwistertum kein auf dem Naturgesetz begründetes, sondern ein rein Geistiges und darum auch viel höher zu bewerten" sei[95], besagte dies nichts anderes, als daß es im Geschwisterideal darum ging, die Sexualität aus der Geschlechterbeziehung in der Jugendphase auszuklammern. Entsprechend der kirchlichen Überzeugung kam es denn auch darauf an, Ehe und Familie als Höhepunkt der Geschlechterbeziehung und des Lebens zu kennzeichnen:

> "Und nun, lieber Bruder und liebe Schwester, sind wir beim engeren Thema: Unser ganzes früheres Leben, unsere Kindheit, Jugend und besonders unser Leben als Jungen und Mädchen sind eine körperliche und seelische Vorbereitung auf das Familienleben. Diese bewußte Erziehung regelt klar und deutlich unser Verhältnis. Erste und wichtigste Aufgabe muß sein, uns gegenseitig anzuspornen, unserm idealen Ringen treu zu bleiben, damit wir sieghaft durch die heutige Welt schreiten. Denn alles Vorwärtsschreiten bedeutet harten, dauernden Kampf mit unserem Ich. Und bei Euch, ihr Mädchen können wir Jungen uns immer neue Kraft holen, die unsere Arbeit am Ich in so großem Maße verlangt. Und dieser Gedanke gebe uns Kraft. Würde uns, liebe Brüder, nicht die Scham übermannen, später einem Mädchen die Hand zu reichen, das an sich gearbeitet hat, während wir in fauler Schwachheit durch Tage und Monate geschlichen. Dürfen wir nach Dingen die Hand ausstrecken, deren wir nicht würdig sind?"[96]

Diese Grundvorstellungen prägten in der katholischen Jugendbewegung immer wieder die Entwürfe für die Beziehungen zwischen den Geschlechtern. Der junge Mann wurde einem Sankt Georg gleich im Kampf mit mysteriösen Mächten imaginiert, deren er sich umso eher zu erwehren vermöge, je leuchtender ihm die Mädchen ferne Zeichen seien, während die jungen Mädchen auf die Anerkennung dieser heroisch zu führenden Selbstbehauptungskämpfe der männlichen Helden verpflichtet wurden. Das anmutige Bild der "Schwester", die dem jungen Mann als dem "Bruder" Ruhe gewährend, die Hand reicht, ohne sich ihm als Frau zu nähern, stellte ein Ideal dar, das nach immer neuen Ausführungen verlangte; und weil keiner dieser Versuche die Realitätsferne einer solchen Konstruktion des Geschlechterverhältnisses überwinden konnte, wurde nach neuen idealischen Bildern gesucht. Als Ausdruck für die zur "geistigen Geschwisterlichkeit" gehörige "Zurückhaltung und natürliche Unbefangenheit" galt die Anredeform des "Ihr". Während man vom "Du" fürchtete, es würde "die Schranken der Ehrfurcht voreinander und der Verantwortung füreinander niederreißen" und einer "plumpen Vertraulichkeit" Vorschub leisten, zielte das "Ihr" darauf ab, Distanz und Unpersönlichkeit in den Geschlechterbeziehungen zu unterstreichen und erotisch-sexuelle Wünsche, den "Naturtrieb beider Geschlechter", zurückzudrängen: "Wer will behaupten, daß er ganz frei davon sei?" Das "'Du' zwischen Bruder und Schwester" sollte nichts "Alltägliches,

95 Edelmut, Du - oder - Ihr, in: Jungborn, Sonderheft über das 2. Bundesthing des Jungborn, Fulda 1923, 21.-23.Ernting, S. 31-33, 32
96 Hermann Gerdemann, Jungen und Mädchen, in: Jungborn, 1924, Heft 6, S. 173

sondern etwas Großes und Herrliches - ein köstliches Kleinod" bedeuten. Nur wenn das "Geschwistertum" nicht in "tausend nein - abertausend kleine Spannungen der Seele" zerrieben sei, könne "die seelische Tiefe" bewahrt werden, die "zur letzten Lebensgemeinschaft, zur Ehe" gehöre.[97] "Das 'Du' soll verdient, nicht wahllos angeboten werden."[98] Der eigentliche "Genius" des "Geschwistertums" lag im Ideal der "Schwester":

> "Das Mädchen muß mit all dem Mädchen- und Frauenhaften, das ureigenst in ihm wohnt, dem Bruder wegweisend und richtunggebend sein, durch ihr Tun und Reden, durch ihre ganze Haltung. Gewiß wird auch das nicht erreicht von heut auf morgen, sondern wieder in unermüdlicher, treuer Arbeit an sich selbst."

Gegen alle mit dem Geschwisterideal assoziierte "Gleichheit" wurde die Verantwortung für das Gelingen der "Geschwistergemeinschaft" doch allein den Mädchen zugeschrieben. Immer wieder wurden diese aufgefordert, "an sich zu arbeiten" das heißt, keine auf sich selbst bezogene Subjektivität zu entwickeln, während es zum "Bruder" gehörte, seine Identität in kämpferischer Auseinandersetzung zu gewinnen. Der "Appell" an die "ausgleichenden" Gegenkräfte hob die Ungleichheit der Charakterbilder nicht auf, sondern verstärkte unausgesprochen nur das Gefühl der Zweitrangigkeit der jungen Mädchen:

> "Der Mann, der Kämpfer, in dem so viel Selbstsucht wohnt, er darf nicht brutal werden. Die Frau, von Natur aus selbstlos, sie darf nicht kraftlos, nicht willenlos werden."[99]

"Selbstlos, aber nicht kraftlos und nicht willenlos", was hieß das anderes, als Kraft und Willen auf die Menschwerdung des "Bruders" auszurichten? Die endlosen Reflexionen, mit denen die weibliche Jugendlichen in christlichen Bünden sich dieser "Aufgabe" annahmen, zeigen bedrückend, wie alternativlos sie sich solchen Weiblichkeitsentwürfen auslieferten und wie sehr sie daran glaubten, in der Identifikation mit dem "Bruder" und dem Geschwisterideal soziale Chancen und persönliche Bedeutung gewinnen zu können:

> "Es ist doch etwas ganz Schönes, wenn jemand sagen kann: 'Das ist meine Schwester, das ist mein Bruder.' Zwei Menschen, die nebeneinander und doch ineinander leben. Eines des anderen Stütze. Auch wenn sie getrennt sind, spinnen die Gedanken die Verbindung. Zu diesem Verhältnis kann doch das Mädel viel beitragen. Sie sollte ihrem Bruder in Güte und Liebe zu jeder Zeit begegnen. Wir dürfen ihn nicht abstoßen, wir müssen ihm Heimat sein. Von seiner Schwester muß er auf alle schließen können. Ich glaube, auch bei der Wahl der Lebensge-

---

97 Edelmut, Du - oder - Ihr, in: Jungborn, Sonderheft über das 2. Bundesthing des Jungborn, Fulda 1923, 21.-23. Ernting, S. 32

98 Erklärung des Quickborn 1919, zit. n. Bernhard Strehler, Aus dem Werden und Leben Quickborns, in: Richard Thurnwald (Hg.), Band 4/1, a.a.O., S. 62

99 Ottilie Stephan, Ritterlichkeit und Schwesterntum, in: Wachsen und Werden, vom 3. Jungborn-Bundestag, Habelschwerdt 1924, Frankfurt 1924, S. 48-49, 49

fährtin wird ihm die Schwester vor Augen schweben. Das Mädel hat auch hier große Verantwortung."[100]

Bei solchen Texten fällt es schwer zu entziffern, wo im psychosozialen Diagramm "schwesterlicher Liebe" eine Perspektive für die persönlichen Wünsche der jungen Mädchen gedacht werden konnte. Die Un-Möglichkeit, die in der beschriebenen "geschwisterlichen Bindung" an die männliche Jugend blieb, war, sich zu einem Imago umzubauen, was vielleicht die Fiktion bot, sich als eigene "Persönlichkeit" zu denken. Wie immer sich die Mädchen mit der von ihnen erstrebten jugendbewegten Idealität gegen Weiblichkeitsbilder der Außenwelt abzugrenzen vermochten und daraus auch ein positives Selbstwertgefühl bezogen, der Kern einer solchen auf Güte, Geben und Helfen aufgebauten Identität war in jedem Fall der Verzicht auf eine Auseinandersetzung mit der männlichen Jugend. Ida Coudenhove sieht durchaus, daß in dieser "erzwungenen und anempfundenen 'Mütterlichkeit' und 'Magdlichkeit'" und dem "krampfhaften Sichausgeben" eine "seelische Überbelastung der Mädchen" gelegen habe, die diese in ihrer Entwicklung "schwer bedrohte". Ob tatsächlich, wie sie im weiteren meint, in dem Augenblick, als "die bündische Gemeinschaft" aufhörte, "ein Gegenstand von Angriff, Verteidigung und Bekenntnis zu sein", auch die von der Jugendbewegung praktizierte Gemeinsamkeit der Geschlechter "diesmal von der praktischen Erfahrung, nicht von der 'Idee' her in Frage gestellt" wurde, ist meines Erachtens selbst in Frage zu stellen. Die "Praxis" von der "Idee" zu trennen, war nicht Sache der Jugendbewegung. Richtig ist wohl, daß erst die "Spannungen in der Zusammenarbeit von Jungen und Mädchen" die "von der ideellen Hochflut der Jugendbewegung überschwemmten Schwierigkeiten" sichtbar gemacht haben.[101]

Als sich auch im Quickborn und Jungborn ab Mitte der zwanziger Jahre der Jungenschaftsgedanke ausbreitete, trat das ideologische Konstrukt des "Geschwistertums" zurück; das nun aufkommende bündische Männlichkeitskonzept legte Wert darauf, daß weder die Romantik der "blauen Blume" noch die Hilfe der "Schwestern" länger für bündisch-männliche Identität vonnöten seien. Die "Drohnenkrise" männlicher Pubertät schien nun mithilfe von Tugenden überwindbar, deren kindischer Charakter sich hinter heroischen Ansprüchen verbergen konnte: "Blindes Vertrauen", Treue und Gehorsam dem Führer gegenüber sollten nun zum "Opfergeist des Bundes erziehen. Eine Organisation der Mädchen in ähnlicher Form ist nicht gegeben. Die Jungen sind immer mehr auf Spiel, Fahrt, straffe Zucht, auf das Formhafte gerichtet. Die Mädchen gehören einfach zu Bund; sie tragen ihren Sinn in sich selbst. Ohne sie wäre der Bund

100 Bruder - Schwester, in: Die junge Schar, 5.Jg., 1928, Heft 4, S. 178

101 Ida Coudenhove, in: Das Junge Deutschland, Sonderheft zum Thema, Wandlungen und Stand der gemeinsamen Erziehung der Geschlechter in den Jugendverbänden, 24.Jg. 1930, Heft 4 Sonderheft, S.176-182, 178f

nicht das, was er ist, wie das Heim. Die Frau entwickelt in sich mehr die Kräfte des Gemütes, der Mann drängt zur Tat."[102]

Für die Jungen den klassischen Männerbund, der sich mit der Symbolik männlicher Macht verband, und für die Mädchen den sich selbst erfüllenden Sinn; wenn diese Männlichkeitsideen nicht so folgenschwer auf der Ausbildung weiblich-jugendbewegter Selbstdefinitionen gelastet hätten, man könnte lachen über die ständige Wiederkehr des immer gleichen Männlichkeitswahns. War schon das Bild der "Schwester" die Voraussetzung des eigentlichen Subjektes, des "Bruders", so konstituierte sich Männlichkeit in jungenschaftlicher Geisteshaltung so, daß die Mädchen auch in völliger Abgetrenntheit die Folie für männliche Selbstbestimmung darstellten: "Ohne sie wäre der (Männer)-Bund nicht, was er ist" - oder: zu sein vorgab? "Wie das Heim" der Ort ist, von dem aus "der Mann zur Tat drängt" und das er nach getaner Tat so vorfindet wie er es verlassen hat, so stellten die Mädchen in der Jugendbewegung das weibliche Gegenbild für den "männlichen Willen zur Tat" dar; denn erst dadurch erhielt der Männerbund seinen "Sinn". Wie schmerzlich dieser Diskurs zur Überwindung oder Verdrängung der männlichen Sinnkrise von den Mädchen erfahren wurde, geht aus vielen Beiträgen hervor. So heißt es zum Beispiel in einem Heft des Quickborn 1926:

> "Wer sich beim Osterthing als 'bundesfähig' erweisen wollte, mußte seinen Standort umreißen. Damit waren die Fragen zu beantworten: wo stehen wir Frauen und Mädchen? Wie stehen wir im Bund? Diesen Impuls zu formulieren ist unmöglich. Aber wir spüren an der Weise, wie wir zu den Dingen stehen, daß er im Tiefsten der Gleiche ist, wie der der Jungenschaft, wissend, daß jede Äußerung dieses Impulses bei uns Frauen und Mädchen eine von den Jungens ganz verschiedene, oft entgegengesetzt scheinende, ist. Das neue 'Zu-sich-selbst-finden' der Mädchen und Frauen, die in jugendbewegter Haltung ihrem So-sein und ihrer Zeit offen stehen, macht uns in drängender fruchtbarer Gemeinschaftsarbeit tiefer bewußt, daß wir nicht gleichen Schrittes gemeinschaftlich mit Jungens und Männern gehen können. Wir wissen aber, daß diese Haltung dieselbe ist, die auf der andern Seite die Jungenschaft so neu zu sich selbst finden ließ."[103]

Dieser Text zeigt deutlich, wie weitgehend der jugendbewegte Autonomieanspruch von den männlichen Mitgliedern der Bünde okkupiert war und in welche ideologischen und persönlichen Diffusitäten die weibliche Jugend durch das Polaritätsprinzip geriet. Es war "unmöglich" für sie, ihre Bedürfnisse und Interessen als "bundesfähig" zu vertreten. Kein Begriff, der eben noch geeignet schien, ihrem Gefühl, im "Tiefsten" vom "Gleichen" bewegt zu sein, Ausdruck zu verleihen, hielt seiner "Äußerung" stand. Bei dem gemeinsamen "Thing" war der Druck, sich als "verschieden" und "entgegengesetzt" zu konstituieren, so groß, daß die Spannung zwischen dem Gleichen und dem Verschiedenen nicht

102 Josef Prenner, Jungenschaften, Bund und Reich!, in: Quickborn, 13. Jg., 1926, Heft 9/10, S. 146
103 Rosalie Kerker, Frauen und Mädchen, in: Quickborn, 13. Jg., 1926, Heft 1/2, S. 8f

zu "formulieren" und wahrscheinlich kaum auszuhalten war. Angesichts dieser Zwänge bündischer Öffentlichkeit entdeckten die Mädchen ihre eigenen Gruppen als Raum, wo sie "zu sich selbst finden" konnten. Hier fanden sie die Gelegenheit, ihre Fragen zu formulieren und lernten, sich so ernst zu nehmen, daß die "Gemeinschaftsarbeit" ihnen ein "drängendes und fruchtbares" Anliegen wurde.

Dabei kann die Frage nach den Ergebnissen solcher, einer weiblichen "Eigengesetzlichkeit" verpflichteten Suchbewegungen nicht das einzige Kriterium für eine Beurteilung der weiblichen Jugendbewegung sein. Mindestens so wichtig ist mir die Frage nach dem Ablösungsprozess von früheren Bindungen, den die konfessionell gebundene weibliche Jugend erlebte. Die Mädchen hatten mit der Öffnung ihrer Verbände für die jugendbewegte Kultur eine enorme Erweiterung ihrer sozialen Räume erfahren. Dennoch bleibt zu bedenken, daß die hier erfahrbare lebensoffene Atmosphäre sie in neue Widersprüche verwickelte, daß ihnen Maßstäbe für Selbstentwürfe nahegebracht wurden, die in der Realität des bündischen Lebens längst von jugendbewegt-männlicher Ideologie besetzt waren.

Solche nicht einlösbaren Erwartungen nach "gleicher" weiblicher Selbstbestimmung hatten innerhalb der früheren religiösen Unterweisung in autoritär ausgerichteten Kongregationen kirchlich-weiblicher Jugend nicht entstehen können. Die dort verbreiteten Weiblichkeitsbilder waren niemals verbunden gewesen mit Vorstellungen von persönlicher Freiheit und "Gleichwertigkeit" weiblicher Ansprüche, hatten also auch keine Illusionen wecken können. Die Widersprüche, die daraus entstanden, daß Mädchen in den Bünden nun formal gleichberechtigt zu sein schienen und doch nicht die gleiche Definitionsmacht hatten, einbezogen und gleichzeitig ausgeschlossen waren, konnten die jungen Frauen der Bünde nicht durchschauen und nicht lösen; es setzten sich hier aber Imaginationen von weiblicher Gleichberechtigung frei, die noch einmal quer zu den üblichen ideologischen Geschlechterkonstruktionen lagen und die ihr Gewicht erhielten, indem sie in die soziale Praxis der Mädchenkultur Eingang fanden. Hier entwickelten die Mädchen und Frauen der jugendbewegten Bünde Selbständigkeiten und Selbstbewußtheiten, die nur schwer in Übereinstimmung mit den weiblichen "Opferhaltungen" in der Geschlechterideologie zu bringen waren. (Diese Gespaltenheit der weiblich-jugendbewegten Lebenswelt hat bisher keinen Eingang in den jugendbewegten Frauendiskurs gefunden, weil dieser durchweg aus männlicher Perspektive geführt wurde. Meine Deutungen mögen deshalb manchen ehemals zur Jugendbewegung gehörigen Frauen ärgerlich erscheinen, weil sie die Widersprüchlichkeiten, die auf diese Weise verdrängt wurden, wieder hervortreten lassen. Umgekehrt machen die ambivalenten Inhalte der weiblichen Jugendbewegung diese zu einem sperrigen Erbe für nachfolgende Frauengenerationen.)

4.7.3. Jüdische Jugendbewegung

Für die Mädchen und Frauen in jugendbewegt inspirierten jüdischen Bünden gewannen die für alle weiblichen Mitglieder der Jugendbewegung geltenden Widersprüchlichkeiten ganz spezifische Ausformungen. Diese Besonderheiten hatten ihre Ursache in dem Antisemitismus der Mehrheitsgesellschaft, durch den Ausbreitung und Eigengewicht der jüdischen Jugendbewegung überhaupt erst hervorgerufen worden waren. 1912 mit dem "Jüdischen Wanderbund Blau-Weiß" beginnend, erhielt diese ihren eigentlichen Auftrieb durch den Ausschluß eines jüdischen Mädchens aus einer Zittauer Wandervogelmädchengruppe; damit aber waren die Bedingungen vorgezeichnet, die für die Mädchen und Frauen in der jüdischen Jugendbewegung bedeutsam wurden.

Während es auf der einen Seite für jüdische Mädchen von besonders großem Gewicht war, sich durch ihre Teilhabe an der Jugendbewegung aus den zum jüdisch-traditionellen Leben gehörigen strengen patriarchalen Abhängigkeiten befreien zu können, waren sie andererseits durch den Antisemitismus in der deutschen Gesellschaft darauf verwiesen, in der herkömmlichen jüdischen Kultur Rückhalt zu suchen. Zu dieser durchaus widerspruchsvollen Rückverweisung gehörte eine weitere Besonderheit, die wiederum dem weiblichen Selbständigkeitsstreben wie auch einer positiven Ausgestaltung des Geschlechterverhältnisses in den jüdischen Bünden entgegenkam; und auch diese hatte ihren Ursprung in den Haltungen der Mehrheitsgesellschaft. In einem Beitrag über die Frauen in der jüdischen Jugendbewegung heißt es darüber:

> "Da sie (die jungen Jüdinnen) von dem Leiden und der Unvollkommenheit ihres eigenen Volkes am bittersten gequält werden, so wird ihnen innerhalb des Ganzen die Befreiung der Juden das erste Ziel und der Maßstab ihrer Bewertung."

Diese Orientierung auf gesellschaftliche Ziele, aus denen die Gruppen ihre Inhalte gewannen, bedeutete konkret die "Mitarbeit an der Bekämpfung des Elends, eigenes Lernen und den Versuch, andere Menschen zu ihrer körperlichen und geistigen Vollendung zu bringen." Wenn auch nur "mitarbeitend", waren so die jungen Frauen doch an politisch-kulturellen Aufgaben beteiligt, die eine Erweiterung des traditionell weiblichen Lebensbereiches darstellten und die sie darüberhinaus mit den männlichen Mitgliedern der Bewegung teilten. Daß dieses gemeinsame Engagement nicht bruchlos den Selbständigkeitsbestrebungen der weiblichen Angehörigen in den jüdischen Jugendbünden zugute kam, lag in der vorrangigen Bedeutung eben jener Ziele der Bewegung begründet. Dementsprechend meint die Autorin in dem zitierten Artikel abschließend: "nicht in dem Feld, in dem Sinn ihres Handelns liegt der Wert und das Wesen der jüdischen Frau."[104] Damit werden Wertmaßstäbe bestätigt, die zum Grundbestand traditioneller Geschlechtsrollenmuster gehören, denn was heißt dies anderes, als daß Frauen eine höhere Wertigkeit durch das Ziel und den "Sinn" ihres Handelns erreichen, Männer aber durch die Entscheidung für den Bereich oder das "Feld" ihrer Tätigkeiten und durch ihre Leistungen dort. Dennoch wird in der Literatur die "Avantgarde-Position" der jüdischen Frauen ähnlich wie für die Geschichte des deutschen Frauenbewegung auch für die Jugendbewegung zu Recht betont[105]; dieser hervorgehobenen Rolle der weiblichen Jugend in den jüdischen Bünden kam zu gute, daß sich hier beide Geschlechter für ihre Ziele aus einer Minderheitenposition einsetzten und die Frauen von daher ernst genommen wurden.

Eine in vielen Fällen lebensrettende Bedeutung für jüdische Kinder und Jugendliche erhielt die jüdische Jugendbewegung in der Zeit der antisemitischen Verfolgung und Vernichtung in Deutschland nach 1933. Gleichgültig, ob die Bünde bis 1933 zionistisch ausgerichtet waren[106] wie der kleine Bund "Haschomer Hazair"[107], oder nichtzionistisch, wie der zahlenmäßig viel größere "Bund deutsch-jüdischer Jugend"[108], sie bildeten angesichts der fortschreitenden gesellschaftlichen Isolierung und Erniedrigung einen wichtigen sozialen und psychischen Schutzraum und spielten eine entscheidende Rolle für die Auswanderungsmöglichkeiten von Jugendlichen. Die Auswanderung, die "Jugend-Alija", wurde für alle eine "Bundesfrage"[109]; und die von den Bünden gegründeten landwirtschaftlichen und handwerklichen Ausbildungsstätten, die "Hachscharah-Stellen", bildeten die notwendigen Voraussetzungen für die Chance, eine neue Heimat zu finden, in Israel[110], den Vereinigten Staaten oder sonst irgendwo auf der Welt. Hinzu kamen die Bemühungen der Bünde, auch im Ausland Möglichkeiten gemeinsamer Ansiedlung zu schaffen und die Auswanderung bis zum endgültigen Verbot im September 1941 selbst zu organisie-

104 Margarete Tornowsky, Die Frau in der jung-jüdischen Bewegung, in: Die Tat, Sonderheft zur Jüdischen Jugendbewegung, 15.Jg., Heft 5, S. 373

105 Gert Mattenklott, "Nicht durch Kampfesmacht und nicht durch Körperkraft ...", Alternativen Jüdischer Jugendbewegung in Deutschland vom 'Anfang' bis 1933, in: Thomas Koebner, Rolf-Peter Janz und Frank Trommler (Hg.), a.a.O., S. 338-357, 357

106 Siegfried Kanowitz, Zionistische Jugendbewegung, in: Richard Thurnwald (Hg.), Forschungen zur Völkerpsychologie und Soziologie, Band IV, Teil I, Die neue Jugend, Leipzig 1927, S.271-300

107 Jehuda Reinhharz, Hashomar Hazair in Nazi Germany, in: Arnold Paucker (Hg.), Die Juden im nationalsozialistischen Deutschland 1933-1945, Tübingen 1986, S. 317-350

108 Vgl. zur Geschichte der jüdischen Jugendbewegung: Gemeinschaftsarbeit der jüdischen Jugend. Aus der Arbeit des Reichsausschuss der jüdischen Jugendverbände 1933-1936, Berlin 1937 und Hermann Meier-Cronemeyer, Jüdische Jugendbewegung, erster und zweiter Teil, in: Germania Judaica, 8.Jg. 1969, Heft 1/2 und 3/4

109 Zitat des ehemaligen Leiters des "Bundes jüdischer Jugend", vormals "Bund deutsch-jüdischer Jugend", zit. n. Werner T. Angress, Jüdische Jugend zwischen nationalsozialistischer Verfolgung und jüdischer Wiedergeburt, in: Arnold Paucker (Hg.), a.a.O., S. 211-221, 218

110 Werner Fölling/Wolfgang Melzer (Hg.), Gelebte Jugendträume, Jugendbewegung und Kibbutz, Witzenhausen 1989

ren. All' diese Aktivitäten waren für die weibliche Jugend besonders wichtig, denn das unter diesen lebensbedrohenden Bedingungen erforderliche Handeln widersprach dem traditionell weiblichen Rollenmuster zutiefst und jedes vertrauenstiftende Moment der Absicherung erhielt hier eine über Leben oder Tod entscheidende Bedeutung.

4.8. Arbeiterjugendbewegung

Angesichts der Unterschiede der sozialen Herkünfte, der Motive und der politischen Zielvorstellungen zwischen der bürgerlichen Jugendbewegung und der Bewegung der Arbeiterjugend ist es auffallend, daß die Lebensformen beider Richtungen erstaunliche Übereinstimmungen zeigten. Dabei spielte sicherlich ein Rolle, daß beide ihre Wurzeln in denselben Umbrüchen und Veränderungen der Gesellschaft hatten und damit auch ähnliche Einstellungen zu ihrer Umwelt sichtbar wurden: Die Kritik an der Großstadtkultur; Sehnsucht nach der Natur und einem Leben, das weder durch Konventionen noch durch den aufkommenden Massenkonsum bestimmt war; neue Kleidungsgewohnheiten und ein neues Körperbewußtsein.

Das wichtigere Moment der Gemeinsamkeit beider Richtungen der Jugendbewegung lag aber in dem Gruppenstil begründet, der allen Gruppen und Bünden zueigen war. Wanderfahrten, Lager und Heimabende, Feuerrunden, Spiele und gemeinsamer Gesang waren für die gesamte Jugendbewegung weit mehr als Äußerlichkeiten; sie beeinflußten Selbstverständnis und Bewußtsein der bewegten Jugend viel nachhaltiger als jede politisch-programmatische Ausrichtung. Die in der jugendbewegten Gemeinschaft entwickelten Leitbilder und emotional besetzten Rituale und Symbole stützten nicht nur das viel beschworene Gemeinschaftserlebnis; durch die ihnen anhaftenden, sinnstiftenden Qualitäten prägten sie auch gemeinsame Wertvorstellungen, die noch einmal unabhängig von unterschiedlichen ideologisch-politischen Inhalten zu denken sind.[111]

Als Beispiel dieser bei allen Differenzen doch weitreichenden Gemeinsamkeiten soll hier noch einmal das Lied "Wann wir schreiten Seit' an Seit'" erwähnt werden. Wahrscheinlich ist es 1913 auf einer Heidewanderung mit einer sozialistischen Jugendgruppe entstanden - im Jahr des Hohen Meißner-Festes, an dem der Autor, Hermann Claudius, auch teilgenommen hatte. 1920 wurde das Lied auf dem Arbeiterjugendfest in Weimar von einer Hamburger Gruppe vorgetragen und so begeistert aufgenommen, daß, wie es hieß, der "Reichsju-

---

111 Vgl. hierzu das Jahrbuch des Archiv der deutschen Jugendbewegung, Band 10, 1978

gendtag im Zeichen dieses Liedes stand".[112] Nur wenige Wochen später wurde es in ganz Deutschland gesungen und gehörte bald zum festen Liederbestand aller Richtungen der Jugendbewegung.

Übergänge und Wechselwirkungen zwischen der bürgerlichen und der proletarischen Jugendbewegung sind in den Lebensgeschichten vieler ehemaliger Angehöriger der Jugendbewegung zu finden. Besonders in der Phase des Freideutschtums kam es nicht nur zu ideologischen Verknüpfungen, sondern auch zu vielerlei organisatorischen und persönlichen Verbindungen.

Im Hinblick auf das Thema meiner Studie ist allerdings noch ein anderer Blickwinkel wichtig. Eine Gegenüberstellung zwischen der proletarischen und der bürgerlichen Jugendbewegung orientiert sich allzu leicht an der Marx'schen Theorie, nach der die Klassenfrage das entscheidende Moment für die Vergesellschaftung des Menschen sei, - weit wichtiger als jedes andere soziale Merkmal und auch nicht relativiert durch die gesellschaftliche Konstitution und Bedeutung der Geschlechterdifferenz. Diese Sichtweise, die weithin auch bestimmend war für die geistigen Inhalte der sozialistischen Jugendbewegung, rückt die kapitalistische Eigentumsordnung und die nach den Prinzipien von Konkurrenz und Profit funktionierende Produktionsweise in den Mittelpunkt der Betrachtung, ist also ökonomiezentriert. Eine solche Herangehensweise fragt nicht danach, mit welchen Herrschaftsstrukturen Regeneration und Reproduktion der einzelnen Menschen wie der Gattung verbunden sind und sie fragt nicht nach den Machtverhältnissen, die aus dem Gegenüber der geschlechtsspezifisch geteilten Arbeits- und Vergesellschaftungsbereiche resultieren. Bezieht man aber solche Kriterien in die Betrachtungen ein, dann wird erkennbar, daß Machtstrukturen zwischen den Menschen nicht nur durch Klassenzugehörigkeit, sondern auch durch Geschlechtszugehörigkeit hergestellt und bestimmt werden. Damit erst läßt sich auch erkennen, daß die Organisation des Geschlechterverhältnisses in Ökonomie und Ideologie für Frauen eine Unterdrückung mit sich gebracht hat, die umfassender ist als das Ausbeutungsverhältnis in der Lohnarbeit.

Die Positionen der Geschlechter und die Hierarchien zwischen ihnen sind nicht nur in den materiellen Verhältnissen verankert; sie reproduzieren sich klassenübergreifend über symbolische Ordnungen und ideologische Systeme von Normen, Moral- und Wertvorstellungen und über konkrete wie auch imaginäre Handlungs- und Austauschprozesse; in allen spielen die gesellschaftlichen Geschlechterkonstruktionen eine zentrale Rolle. Das Geschlecht als Kategorie sozialer Ungleichheit hat aber weder bei der Arbeiterbewegung noch bei der proletarischen Jugendbewegung in ihren Utopien über eine gesellschaftliche Neugestaltung eine wesentliche Rolle gespielt. Im Gegenteil, die Konzentration

112 Das Weimar der arbeitenden Jugend, Hauptvorstand des Verbandes der Arbeiterjugendvereine Deutschlands (Hg.),

auf die Klassenfrage hat den Geschlechterkonflikt in den Hintergrund geschoben. So wundert es nicht, daß der Status der Mädchen in der Arbeiterjugendbewegung trotz des Grundsatzes der Koedukation nicht sehr weit von dem weiblicher Jugend in der bürgerlichen Jugendbewegung abwich und die Weiblichkeitsideale der proletarischen Jugendbewegung trotz des sozialistischen Persönlichkeitsbildes gegenüber der bürgerlichen Jugendbewegung keine stärkeren Differenzen aufwiesen als sie auch zwischen einzelnen Richtungen der bürgerlichen Jugendbewegung gegeben waren.[113]

Anders als für die bürgerliche Jugend, die ihre Lebensmuster in der Auseinandersetzung mit Elternhaus und Schule erprobte, standen für die Arbeiterjugend die Bedingungen ihrer Arbeitswelt im Mittelpunkt ihrer Widerständigkeit. So war es bezeichnend, daß die Gründung der ersten Arbeiterjugendorganisation 1904 in Berlin als Reaktion auf den Selbstmord eines Lehrlings erfolgt war. Der Junge war zu dieser Verzweiflungstat durch Mißhandlungen seines Lehrherren getrieben worden. Etwa zur gleichen Zeit entstanden auch in Hamburg und Südwestdeutschland selbständige Arbeiterju-gendvereine. Die verschiedenen regionalen Ansätze verbanden sich jeweils mit spezifischen Zielsetzungen. Die Hamburger verstanden sich vor allem als Bildungsbewegung, die Berliner konzentrierten sich auf soziale Interessenvertretung, die südwestdeutsche Richtung gewann ihre Impulse aus dem Kampf gegen den Militarismus. Ziel aller Gruppen aber war, gegen die materielle Bedrückung und geistig-psychische Not der proletarischen Jugend anzukämpfen.

Ein Auszug aus der Satzung der "Freien Jugendorganisation Kiel" aus dem Jahre 1907 macht deutlich, mit welchem Nachdruck die Jugendlichen ihren Interessen organisatorische Gestalt verliehen:

> "§1 Der Verein bezweckt, die geistigen, rechtlichen und wirtschaftlichen Interessen der Lehrlinge, der jugendlichen Arbeiter und Arbeiterinnen zu wahren und zu fördern. Dieser Zweck soll erreicht werden durch:
> 1. Die Veranstaltung wissenschaftlicher Vorträge, Diskussionen,Unterrichtskurse, Museenbesuche und Ausflüge.
> 2. Errichtung von Bibliotheken und Lehrräumen.
> 3. Schaffung eigener Heime.
> 4. Pflege der körperlichen Ausbildung.
> 5. Erteilung von Auskunft in Lehrlingsfragen, Rechtsbeistand.

113 Erste Studien über die weibliche Jugend in der sozialistischen Arbeiterjugendbewegung liegen vor von Martina Naujoks, Mädchen in der Arbeiterjugendbewegung, Hamburg 1984; vgl. hierzu auch den Aufsatz von Petra Kamburg, Anne Tepaß, "Mädels" zwischen Volkstanz und Klassenkampf, in: Heidi Behrens-Cobet (Hg.), Rote Jugend im schwarzen Revier. Bilder aus der Geschichte der Essener Arbeiterjungendbewegung, S. 52-65

6. Gewährung von Rat bei Streitigkeiten, die aus dem Arbeitsverhältnis entstanden sind.
7. Veranstaltung statistischer Erhebung über die Lage der Lehrlinge usw.
§2 Der Verein verfolgt weder politische noch religiöse Zwecke."[114]

Im Unterschied zu den bürgerlichen Jugendbünden unterlagen die Arbeiterjugendgruppen von Beginn an einer extremen gesellschaftlichen und politischen Repression. Erster Höhepunkt dieser Verfolgung war die Verabschiedung des preußischen Vereinsgesetzes 1908, das nicht zu Unrecht das "Sozialistengesetz für die Jugend" genannt wurde. Mit dem Verbot jeder selbstverantwortlichen politischen Betätigung für Jugendliche geriet die Arbeiterjugendbewegung noch stärker unter die Kontrolle und Leitung von Partei und Gewerkschaften. Viele Führer dieser großen Arbeiterorganisationen sahen sich bei einer Verselbständigung der Jugendgruppen in ihrer Stellung als leitende Erwachsene bedroht und verfolgten das Anwachsen der proletarischen Jugendgruppen mit Mißtrauen.

Der Widerstandswille der jungen Arbeiter läßt sich an der Auflagenhöhe ihrer Zeitschrift verdeutlichen: 1914 erreichte die "Arbeiter-Jugend" mehr als 108.000 LeserInnen[115], dabei war dies nicht das einzige Organ der proletarischen Jugendvereine. Bei dem Verlangen der jungen Arbeiterjugendlichen nach gemeinsamer Freizeitgestaltung nahm deren Bildungsbedürfnis eine zentrale Rolle ein, denn mit der Entlassung aus der Volksschule gab es keine weiteren Möglichkeiten für sie, sich fortzubilden. Noch 1920 scheiterte ein vom Reichsministerium des Innern vorgelegter Gesetzentwurf zur Berufsschulpflicht, ebenso ein 1925 von der Sozialdemokratie eingebrachter dementsprechender Antrag an den Reichstag.[116] Außer in dem Mangel an öffentlichen Bildungsangeboten lag das besondere Bildungsinteresse der Arbeiterjugend auch in den Zielen des proletarischen Klassen- und Befreiungskampfes begründet und stand in engem Zusammenhang mit der Bildungsbewegung der Erwachsenenorganisationen der Arbeiterschaft.

Die dauernden Kämpfe der proletarischen Jugendorganisationen um ihre Selbstständigkeit fanden mit dem Beginn des ersten Weltkrieges noch eine Steigerung. Sie mußten sich nun nicht nur gegen die Disziplinierungsversuche von Partei und Gewerkschaften wehren, sondern gerieten erneut unter staatliche Repressionen. Von den Militärbehörden verboten und aufgelöst, gewannen sie in der Illegalität das Wander- und Fahrtenlebens ebenso in der Pflege des Gemeinschaftserlebnisses mit Musik, Tanz und Spiel eine erhöhte Attraktivität. Diese

114 Zit. n. Otto Jacobsen, Die sozialistisch-proletarische Jugendbewegung, in: Richard Thurnwald (Hg.), Forschungen zur Völkerpsychologie und Soziologie, Band IV, Teil I, Die neue Jugend, Leipzig 1927, S. 103-114, 104

115 Vgl. Harry Pross, a.a.O., S. 160

116 Nach einer Erhebung aus dem Jahr 1921 besuchten 9% aller jugendlichen Arbeiterinnen in Preußen eine Fortbildungsschule; vgl. Agnes von Zahn-Harnack, Die Frauenbewegung, Berlin 1928, S. 227

Entwicklung wurde auch dadurch verstärkt, daß die Führergeneration der proletarischen Bewegung nahezu vollständig zum Militär eingezogen worden war. Nachdem sich schon 1915 linkssozialistische Jugendorganisationen verselbständigt hatten, folgten der Spaltung der Sozialdemokratie 1917 eine Fülle von kleineren und größeren Abspaltungen aus der sozialdemokratischen Arbeiterjugend.[117] Bis zum Ende des Krieges war die Anzahl der Mädchen in den sozialistischen Jugendorganisationen außerordentlich gering. Dies änderte sich erst mit der Errichtung der Weimarer Republik, die der Arbeiterjugend erstmals freie Bewegungsmöglichkeiten brachte. Von nun an bildeten die Mädchen ähnlich wie in den bürgerlichen Bünden ein reichliches Drittel der Gesamtzahl, wobei in der Arbeiterjugendbewegung immer wieder problematisiert wurde, daß die jüngeren Altersgruppen stärker repräsentiert waren als die älteren Jahrgänge der weiblichen Jugend.[118]

Als größter Bund wuchs der "Verband der Arbeiterjugendvereine", ab 1922 "Sozialistische Arbeiterjugend" (SAJ), in Gebräuche der freien Jugendbewegung hinein. Ihren Höhepunkt erreichte diese Entwicklung auf dem Reichsjugendtag 1920 in Weimar. Das hier formulierte Gelöbnis atmet deutlich den Geist der Jugendbewegung:

> "In dem engen Gemeinschaftsleben beider Geschlechter wollen wir den Adel an uns bilden, um mitzubauen an einer sozialistischen Zukunft, bis wir an Stelle Hasses, Neides, Kleinsucht die Liebe der Menschen untereinander in Volks- und Völkergemeinschaften zum Siege geführt haben. Wir wollen die Neuerung des Sozialismus durch Tat und Beispiel aus unserer Jugendbewegung."[119]

Wenngleich in den Jahren nach 1922 die politische Ausrichtung wieder an Bedeutung gewann, behielt die SAJ doch ihre jugendbewegte Prägung und Ausstrahlungskraft. Die Reichsjugendtage der SAJ gestalteten sich zu großen Festen der Arbeiterjugend und hatten zugleich den Charakter von politischen Demonstrationen für die Weimarer Demokratie. Die große Zahl der teilnehmenden Jugendlichen ist einzigartig in der Geschichte der Jugendbewegung. So waren 1923 zum Reichsjugendtag in Nürnberg etwa 60 000 junge Mädchen und Bur-

---

117 1918 wurde von Jugendlichen aus der Unabhängigen Sozialdemokratischen Partei (USPD) die Freie Sozialistische Jugend (FSJ) gegründet, aus der 1919 und 1920 weitere Linksabspaltungen hervorgingen, auch Ansätze des kommunistischen Jugendverbandes; 1920 schloß sich ein großer Teil der USPD der KPD an. Nachdem sich 1922 die verbliebene USPD wieder mit der Mehrheitssozialdemokratie vereinigt hatte, schlossen sich die diesen Parteien nahestehenden Jugendorganisationen zur Sozialistischen Arbeiterjugend (SAJ) zusammen.

118 Erich Ollenhauer belegte die Tatsache, daß "die Mädchen unserer Bewegung die Bewegung in großer Zahl verlassen wenn sie an das zwanzigste Lebensjahr herankommen", wegen des Fehlens einer Mitgliederstatistik mit Vergleichszahlen über weibliche Funktionäre. Danach waren von insgesamt 7265 Funktionären unter 18 Jahren 2141 weiblich (29,5%), während von 3943 über 18 Jahren alten Funktionären des Bundes nur 974 weiblichen Geschlechts waren (24,7%). Erich Ollenhauer in: Das Junge Deutschland, 24. Jg. 1930, Heft 4, S.182-186, 183

119 Über unsere Ziele, in: Das Weimar der arbeitenden Jugend, a.a.O., S. 43-56, 55

schen der SAJ zusammengekommen.[120] Zum Jugendtag in Dortmund 1927 waren rund 20 000 Jugendliche angereist. Hier zeigte sich auch, daß die äußere Form an Buntheit und Vielfalt eingebüßt hatte:

> "Es war nicht mehr die Jugend von Weimar, die hier zusammenströmte. Aus den bunten jugendlichen Scharen in der schmucken Wanderkluft mit den Fiedeln und Gitarren waren straff organisierte, klassenbewußte Formationen des jungen Proletariats geworden. 20 000 Jungen und Mädchen marschierten in militärischer Ordnung durch die Straßen der Arbeiterstadt. An ihren Uniformen fehlten Koppel und Schulterriemen nicht, Klampfen und Geigen hatten Trommeln und Fanfaren weichen müssen."[121]

Der in diesem Textausschnitt beschriebene Wandel des äußeren Erscheinungsbildes war durchaus kein Spezifikum der, wie der Autor meint "klassenbewußten Formationen des jungen Proletariats", sondern entsprach der allgemeinen "Straffung" der Jugendbewegung in der Weimarer Republik.

Einer der wesentlichen Unterschiede zwischen dem proletarischen und dem bürgerlichen Flügel der Jugendbewegung lag in dem sozialistischen Prinzip der Gemeinschaftserziehung. Grundlage dafür war auch die Idee von der Gleichberechtigung der Frau, die als Genossin und Mitstreiterin neben dem klassenbewußten Arbeiter stehen sollte. Die besondere Ausbeutung und Rechtlosigkeit der proletarischen Frau wurde damit erklärt, daß deren wirtschaftliche Not es dem Unternehmer leicht mache, Frauenarbeit auszubeuten:

> "Weil die Frauen gewohnt sind, sich Machtsprüchen unterzuordnen, weil im allgemeinen ihr Blickfeld eng ist und sie sich deshalb besonders leicht gegeneinander hetzen lassen, anstatt sich zusammenzuschließen und kraft eigener Initiative dem Ausbeutungswillen des Unternehmers entgegenzutreten."[122]

So begreiflich "die Erbitterung von Arbeitern und Erwerbslosen über die Lohndrückerei durch weibliche Arbeitskräfte" auch sei, wurden die jungen organisierten Arbeiter doch daran erinnert, daß die kapitalistische Entwicklung "für ärmere Volksschichten die Unterschiede des Geschlechts, des Alters verwischt", da alle "halbwegs Arbeitsfähigen in die gleiche Fron" gezwungen seien. Hier gälte es, nicht länger "der Ausschaltung der Frauen aus dem Produktionsprozeß das Wort zu reden":

120 Vgl. Karl Scharmann, Das Erlebnis der Solidarität, in: Jahrbuch des Archivs der deutschen Jugendbewegung, Band 10, 1978, S. 140-146, 144

121 H. Schneider, Die sozialistische Jugendbewegung, Diss. Köln 1952, S. 163, zit. n. Hermann Giesecke, a.a.0., S. 113

122 Erika Loeberich, Zur Mädchenfrage, 1. Teil: Arbeit und Stellung der Frau in der Gesellschaft, in: Freie Sozialistische Jugend, 3.Jg., September 1927, Heft 9, S. 135-141, 141; hier auch die nachfolgend zitierten Stellen.

"Vernünftigerweise ist vielmehr die Eindämmung der unfreiwilligen Schleuderkonkurrenz der Frauen auf dem Arbeitsmarkt dadurch anzustreben, daß den Frauen für gleiche Leistung gleicher Lohn zugestanden wird."

In diesen Begründungszusammenhang wurde auch der gemeinsame Kampf der proletarischen Männer und Frauen gegen die juristischen und gesellschaftlichen Benachteiligungen von Frauen gestellt. Der Hinweis darauf, daß in der bürgerlichen Gesellschafts- und Rechtsauffassung nicht nur kapitalistische Normen, sondern auch patriarchale Vorrechte verankert seien, verband sich mit dem Argument, daß diese allein der historisch überholten Wirtschaftweise geschuldet seien:

"Die Unterdrückung der Frau durch den Mann ist, ökonomisch, sozial und damit auch juristisch zur Unmöglichkeit geworden, sie entbehrt heute jeder Grundlage. Die Sozialisten aller Schattierungen werden für die vollkommende Gleichberechtigung der Frau mit dem Mann sorgen."

Die hier vorgestellten Thesen, nach denen der Kapitalismus tendenziell - und für das Proletariat faktisch - die gesellschaftlichen Geschlechterunterschiede aufhebe und die sozialistischen Männer aufgrund ihrer Klassenlage ebenso verpflichtet wie befähigt seien, gegen patriarchale Vorrechte und Vorurteile anzukämpfen, prägten die Gleichberechtigungsideale der organisierten Arbeiterjugend. Für das Bestreben, diese auch gegenwärtig schon in die Tat umzusetzen, wurde der Jugendbewegung eine Vorreiterrolle zugesprochen:

"Die sittliche Gleichstellung der beiden Geschlechter herbeizuführen, das ist die Aufgabe der Jugend, der sozialistischen Jugend. Durch ihr Leben und Treiben in ihren Gruppen zeigt diese Jugend schon, daß sie vor dieser Aufgabe nicht Halt macht, sondern sie beherzt angreift. Für sie gibt es nur Menschen, verschieden zwar von Natur, aber alle gleich notwendig, gleich wertvoll. In unseren Reihen stehen sich die Geschlechter nicht mehr gegenüber als Gegensätze: hier Herr, hier Knecht, sondern sie fühlen sich als eine höhere Einheit."[123]

Dieses euphorisches Bild einer herrschaftsfreien Solidargemeinschaft zwischen den Geschlechtern wurde in den sozialistischen Jugendgruppen bestenfalls weitverbreiteten Wünschen gerecht, entsprach aber nicht der dort herrschenden sozialen Realität. Freilich war das Machtverhältnis zwischen Geschlechtern hier ideologisch anders begriffen als im institutionalisierten Herr-Knecht-Verhältnis, und das gemeinsame Auftreten von Jungen und Mädchen in der Öffentlichkeit, bestärkt durch deren Lust an ihrer Selbstinszenierung, erweckte trügerische Eindrücke von einer neuen "Geschlechtergemeinschaft".

Martina Naujoks vertritt in ihrer Studie die Ansicht, daß die "Emanzipation der Mädchen durch das Festhalten am Prinzip der Gemeinschaftserziehung be-

123 Paul Schirrmeister, Die Emanzipation der Frau und die Aufgabe der proletarischen Jugendbewegung, in: Arbeiter-Jugend, Juni 1922, S. 180

hindert wurde"; diese habe nicht mehr als eine "abstrakte Gleichberechtigung" ermöglicht. Demgegenüber hätte die Einrichtung reiner Mädchengruppen eher dazu beitragen können, "die Schäden der bürgerlichen Erziehung zu beseitigen[124] ... und ein neues Verhältnis zwischen den Geschlechtern zu realisieren"[125] - beides Ansprüche, die der Gemeinschaftserziehung zugrunde gelegen hätten. Meiner Ansicht nach greift Naujoks mit dieser Einschätzung zu kurz; denn selbst wenn man davon absieht, daß die Unterprivilegierung der Arbeitermädchen auch darin lag, daß sie gerade nicht die Vorzüge einer bürgerlichen Erziehung genießen konnten, und auch wenn man berücksichtigt, daß die weibliche Benachteiligung nur zum geringsten Teil eine Frage der Erziehung ist, wäre die These von Martina Naujoks nur unter bestimmten Voraussetzungen haltbar: Die von ihr benannten Widersprüche hätten über die Erfahrungen der Mädchen zu Inhalten und Zielvorstellungen der Gruppenarbeit gemacht werden müssen.

Tatsächlich kam in der sozialistischen Jugendbewegung die Diskussion um Mädchengruppen und Mädchenabende bis in die dreißiger Jahre hinein nicht zur Ruhe; die letztgenannten waren an vielen Orten eine Selbstverständlichkeit. Die Vorstellungen darüber, was mit der Einrichtung einer gesonderten Mädchenarbeit erreicht werden sollte, waren allerdings weit gefächert und Klagen über das Verhalten der Mädchen im Bundes- und Gruppenleben wiederholten sich. Da meinte z. B. eine junge Frau, die betonte, "aus prinzipiellen Gründen für die gemeinsame Erziehung" zu sein, daß diese "noch nicht geht. All diese jungen Menschen, die bei uns sind, müssen wir ja erst zum Sehen und Denken erziehen! Dazu gehört vor allem, daß der Mensch aus sich heraus geht. Die Mädels vor allem stehen hier bei uns auf diesem Gebiete noch sehr weit hinter den Burschen zurück. Wird eine Frage ernsterer Art berührt, dann schweigt alles - die einen wohl aus Scheu, die anderen, weil ihnen das Verständnis für unsere Ziele fehlt."

Beides, das "Aussichherausgehen" und das Kennenlernen der "Ziele und Bestrebungen" der Bewegung, so glaubte die Schreiberin, würde leichter gelernt werden, "wo sich nur Mädels gegenüberstehen."[126] Auch eine andere junge Frau, die sich in demselben Heft zu Wort meldete, meinte, daß zu oft versäumt würde, "mehr für die Mädchen zu tun, (um) bei ihnen das Interesse für die Sache zu wecken". Auf dem in ihrer Gruppe umschichtig veranstalteten Mädchenabend hätten die Mädchen über Themen gesprochen, für die die Burschen wenig Verständnis zeigten: "Ist es da verwunderlich, wenn unsere Mädels sich nach einem Extraabend sehnen, um dort Gedanken, die ihr Innerstes beseelt, auszutauschen?"[127] Für eine andere Schreiberin bildete umgekehrt die Ungleichheit

124 Martina Naujoks 1984, a.a.O., S. 104
125 ebenda, S. 102
126 J. R., Gößnitz, Liebe Mädels!, in: Arbeiter-Jugend, Februar 1922, S. 54f
127 Ch. Marie Güth, Liebe Genossin Lisa Albrecht!, in: Arbeiter-Jugend, Februar 1922, S. 54

der Interessen den Grund, eine Trennung der Geschlechter abzulehnen; diese "hieße den Zustand der Interessenungleichheit aufrechterhalten und die seitherige Verständnislosigkeit für die gegenseitige Eigenart zu stabilisieren."
Wegen "bestimmter Gebiete, die, obwohl für beide Geschlechter von Bedeutung", gleichwohl zum Interessenbereich der Frauen gehörten, sprach sich auch diese Autorin für eine partielle Trennung aus, und zwar bei "Fragen und Forderungen der bereits vollzogenen und noch sich vollziehenden Frauenemanzipation".[128]

Wie wenig realitätsnah diese Einschätzung auch für die sozialistische "Avantgarde", die Jugendbewegung war, geht aus einer Zuschrift Hilde Ollenhauers hervor, die beanstandete, daß die über achtzehnjährigen Mädchen vielfach aus den Gruppen hinausgingen:

> "In den allgemeinen Zusammenkünften, deren Führung fast überall in den Händen der Genossen liegt, kommen die Mädchen nicht so zur Mitarbeit, d.h. zu eigener, selbstständiger Betätigung, weil sie immer geneigt sind, sich anzulehnen, sich führen zu lassen, wo sich die Möglichkeit bietet. Viele von uns werden das an sich selbst schon erkannt haben, und über die Ursachen brauchen wir hier nicht weiter zu reden. Vielmehr können wir feststellen, daß die meisten Mädchen sich damit begnügen, zu singen, zu tanzen, in Reformkleidern einherzugehen, und es besteht die Gefahr, daß ihnen diese Dinge zur Gewohnheit werden, wenn sie nicht lernen, sie in dem großen Zusammenhang zu sehen, der ihnen erst Inhalt gibt."[129]

Obwohl Hilde Ollenhauer meinte, daß alles über die Ursachen des unselbständigen Verhaltens der Genossinnen gesagt worden sei, finden sich diese in den vielen LeserInnenbriefen der SAJ-Zeitschriften durchaus nicht eindeutig bestimmt. Die Meinungen darüber bewegen sich im weiten Feld zwischen Spekulationen über die "weibliche Natur" und Hinweisen auf die Folgen historisch bedingter Benachteiligungen - sei es durch den Klassenstaat oder durch männliche Vorherrschaft; und sehr oft werden alle Begründungen miteinander vermischt. Da heißt es z. B. in einem Bericht über eine Mädchentagung:

> "Schuld daran (an der Unterrepräsentanz der Mädchen, I.K.) ist meistens das Minderwertigkeitsgefühl der Mädel. Dieses müssen wir bekämpfen. Wir können nicht verlangen, daß die Jungen den Mädeln das Minderwertigkeitsgefühl austreiben, sondern wir müssen selber daran arbeiten. ... Immer wieder muß gesagt werden: Das Mädel ist nicht minderwertig, sondern nur anderswertig."[130]

Ein anderer männlicher Autor geht von der jugendbewegten Praxis aus und kommt zu einer Erklärung über die Zurückhaltung der Mädchen, die sonst nicht zu finden ist:

---

128 Lotte Barth, Zur Mädchenfrage, in: Freie Sozialistische Jugend, 5. Jg. 1929, Heft 1/2, S. 29f

129 Hilde Ollenhauer, Die Mädchen und die Bewegung, in: Arbeiter-Jugend, Juni 1922, S. 180; (die Autorin war über viele Jahre im Hauptvorstand der SAJ)

130 Mädelkreis des Bezirks Mecklenburg-Lübeck, in: Der Führer, 11. Jg. 1929, Heft 8, S. 128

"Die äußeren Formen bei den Roten Falken lassen die Vermutung zu, daß sie Formen für die Jungen sind. Wenn das stimmen sollte, würden die Mädel in unserem Verbande, mehr denn je, über das gesellschaftlich erklärbare Maß von Passivität zurückgedrängt werden."[131]

Es wundert nicht, daß auch dieser Genosse sich für die Trennung von Jungen und Mädchen einsetzte. Typisch für das Denken vieler Mädchen in den sozialistischen Jugendgruppen mag die folgende Zuschrift sein. Die Schreiberin meinte:

"Wenn Jungen von einer Mädchenfrage sprechen, so könnte man meinen, Mädchen müßten dafür eine Jungenfrage haben. Davon sprechen sie aber nicht, und von der Mädchenfrage hören sie mit Mißbehagen."

Entgegen der Annahme, die Schreiberin würde mit ihrer Kritik an der sogenannten "Mädchenfrage" und dem Schwenk zur "Jungenfrage" nun dieser nachgehen, führt sie weiter aus:

"Wenn Mädchen zur roten Fahne kommen, so tun sie es, weil sie von ihr für das Leben etwas erwarten. Theoretisieren liegt ihnen ebensowenig wie kämpfen, und sie haben keinen Anteil an den meistens ja doch wesenlosen Redereien und Streitigkeiten der Jungen. Sie wollen da sein, und sie warten darauf, daß es etwas Lebendiges zu tun und einzurichten gibt. Sie haben mehr das natürliche Wissen davon, daß der Sozialismus etwas für das Zusammenleben und Sicheinrichten ist, während die Jungen mehr zu der 'Idee' neigen, zu der Erbauung einer Welt über der Welt."

Interessant ist hier, wie die Verfasserin ihre Meinung, daß "Theoretisieren" und "Kämpfen" den Mädchen "nicht läge", durch den Hinweis auf die "wesenlosen Redereien und Streitereien der Jungen" selbst relativiert; ähnlich widersprüchlich äußert sie sich auch in ihren weiteren Ausführungen:

"Es wäre falsch, zur Belebung der Mädchen im Bunde Mädchengruppen zu bilden. Jungen können unter sich ein Organismus sein, Mädchen unter sich nicht. Sie wollen nicht in erster Linie schaffen, sondern in erster Linie leben, und zwar mit den Jungen leben. Wo es Mädchen- oder Frauengruppen gibt, da handelt es sich um bürgerliche, und der Kitt, der sie eint, ist der Kampf um den Mann. Das Zusammenarbeiten von Mann und Frau gehört zum eisernen Bestand des Sozialismus, über den es keine Diskussion geben kann. Zweierlei bringt jedoch alle Männer ohne Ausnahme dazu, dieses Prinzip, auch wenn sie es theoretisch anerkennen, praktisch zu übersehen: von ihrer Seite aus der ererbte Instinkt, die Frau als zu seinem Dienste geschaffen anzusehen, von der Seite der Frau aus deren Gleichgültigkeit gegen die 'Idee'. Wenn man von den Mädchen Teilnahme für die 'Idee' verlangt, so mag man andererseits auch ihrem Monopol die gebührende Achtung zollen, und sie einstweilen ruhig mit unter der Fahne stehen lassen, für die sie noch nicht viel mehr geben können als ihr Dastehen."[132]

---

131 Karl Schäffer, Die Mädel bei den Roten Falken, in: Der Führer, 11. Jg. 1929, Heft 6, S. 87f
132 Gertraude Götze, Zur Mädchenfrage, in: Freie Sozialistische Jugend, 3.Jg. 1927, Heft 7, S. 127

Hier bleibt manches offen; steckt in dem Anspruch, die Mädchen so anzunehmen, wie sie zu den Gruppenabenden kommen, nämlich abgespannt und doch erwartungsvoll, bereit zu Unternehmungen und mit der Vision, etwas neues zu schaffen, doch so etwas wie eine Kritik an männlichen Normen, die als "Jungenfrage" formuliert werden könnte? Ihre Wünsche und Erwartungshaltungen aber zu einer die männliche Jugend herausfordernden Kritik zuzuspitzen, unterließ diese junge Genossin ebenso wie (fast) alle anderen Mädchen aus der gesamten Jugendbewegung. Eine "Jungenfrage" wollten sie eben gerade nicht stellen, eine Tatsache, die im Zusammenhang der sozialistischen Jugendbewegung auch deswegen erstaunt, weil dort die Mädchen und Frauen aufgrund des Postulats der Gleichberechtigung doch nicht bei jeder Äußerung schon mithilfe biologistischer Weiblichkeitsmythen diffamiert wurden.

Die Kennzeichnung der "Mädelfrage", wie sie sich in dem zuletzt zitierten Text findet, weist nahezu alle Elemente auf, mit denen die Konflikte im Verhältnis zwischen den Geschlechtern in der proletarischen wie in der bürgerlichen Jugendbewegung zu einer "Mädelfrage" umgewertet wurden. Die Mädchen nahmen "regen Anteil" an dem Gruppenleben, waren bei jeder Wanderung oder Fahrt dabei und liebten die Geselligkeiten bei Tanz und Spiel. Mit der "Idee" - jener Welt "über" der Welt - konnten sie wenig anfangen. Hier zeigten sie die soviel beklagte "Passivität". Vielleicht bemühten sie sich sogar, aktiv zuzuhören; in jedem Fall aber hofften sie, möglichst wenig Anstoß zu erregen in ihrem unauffälligen und doch so auffällig-provozierenden "Dastehen". Sie wußten, wie sehr sie - trotz gegenteiliger Bezeugungen - von den männlichen Jugendlichen als zu deren "Dienste geschaffen" angesehen wurden und brachten nicht das Selbstbewußtsein auf, dieses Wissen, wenn schon nicht gegen die Eindeutigkeit der "Idee", so doch gegen die "Ideenträger" zu wenden. Damit aber wurde auch in der sozialistischen Jugendbewegung die Frage nach dem Verhältnis zwischen der männlichen und der weiblichen Jugend ihres brisanten Inhalts beraubt.

Woher hätten die jungen Frauen das Selbstbewußtsein gewinnen können, diese Frage anders zu stellen? Ihre untergeordnete Lebenssituation erschien, wenn nicht "natürlich", so doch der "Klassenfrage" geschuldet und diese bildete den Kern der "Idee". Dennoch trafen die Deutungen des Lebens, die in politischen Forderungen und ideologischen Entwürfen der Arbeiterbewegung wiedergespiegelt wurden, nicht ihre Lebensbedingungen. Mädchen und Frauen waren weder für eine wichtige Aufgabe bei der angestrebten sozialistischen Umgestaltung der Gesellschaft vorgesehen, noch spielte die weibliche Tatkraft bei der "Befreiung des Proletariats" eine entscheidende Rolle. Keines der vielzähligen Grundsatzpapiere handelte von einer sozialistischen Utopie als einer von Grund auf veränderten Stellung der Mädchen und Frauen in der Familie, im Bund und in den Erwerbsverhältnissen.

In Zeiten hoher Arbeitslosigkeit waren die Arbeitermädchen die ersten, die ihre Stelle verloren. In der Folge gerieten sie schon allein deswegen stärker unter familiale Anforderungen, weil sie die knappere Finanzlage durch vermehrte Hausarbeit auszugleichen versuchen mußten, - ein Zusammenhang, der sich unmmittelbar negativ auf ihr außerhäusliches politisches und jugendbewegtes Engagement niederschlug. Wie weitreichend die Folgen von Arbeitsplatzverlust und Lohneinbuße für Arbeitermädchen in der Jugendbewegung waren, mag eine Anzeige der sozialistischen Heimvolkshochschule Tinz verdeutlichen. 1923 sah sich die Leitung veranlaßt, anstelle des geplanten Frauenkurses den nunmehr 6. Männerkurs durchzuführen, "da die Abhaltung eines Frauenkurses gegenwärtig infolge der schwierigen finanziellen Verhältnisse der arbeitenden Mädchen und Frauen undurchführbar (geworden war)".[133] Die weibliche Jugend konnte selbst niedrig gehaltene Seminarbeiträge nicht aufbringen.

Auf diese Weise zumeist ohne Anteil an der intellektuellen Kultur der sozialistischen Jugend, blieben die Mädchen auch teilnahmslos der "Idee" gegenüber, denn deren Definition fußte geradezu auf den Bedingungen, durch die sie selbst und mit ihnen die "weibliche Welt" von der "eigentlichen" abgetrennt und ausgeschlossen waren. An dieser Situation wurde auch dadurch nichts geändert, daß die jungen Männer angehalten wurden, die Leistungen der Mädchen im Bereich der spezifisch weiblichen Fähigkeiten als "gleichwertig" und "gleichberechtigt" anzuerkennen. Hinweise auf weibliche musische und emotionale Kompetenzen verfestigten nur die auf Ergänzung hin gedachten traditionellen Geschlechtsrollenbilder, die in ihren sozialistischen Versionen immer wieder in eigentümlichen Mixturen von "Natur" und Gesellschaftsgeschichte steckenblieben. Dementsprechend blieben auch die Vorstellungen der jugendbewegt-sozialistischen Mädchen vielfach jener kleinen und engen Welt verhaftet, aus der sie kamen und die auch nach Meinung vieler ihrer JugendleiterInnen jener Ort bleiben sollte, von dem aus sie zu leben hatten. In einer "Führeraussprache" der Arbeiterjugendbewegung anläßlich des Kulturtages der SPD in Dresden 1921 sagte Dores Klages dazu:

> "Ich vertrete die Ansicht, daß die Mädchenarbeit schon einmal aus der einseitigen Mädchenerziehung (in den nach männlichen Lebensmustern ausgerichteten gemischten Gruppen I.K.) notwendig ist. Es kommt darauf an, daß in der Mädchenarbeit die weibliche Eigenart betont wird und sich auswirken kann. Die Mädchenerziehung ist heute darauf angelegt, aus dem Mädchen eine tüchtige Hausfrau und Mutter zu erziehen. Alles andere muß vor dieser Aufgabe mehr oder weniger zurücktreten."[134]

---

133 VI. Männerkursus der Heimvolkshochschule Tinz, Hinweis in: Jungsozialistische Blätter, 2.Jg., April 1923, Heft 4, S. 175 (Der 6. Frauenkursus in Tinz fand erst 1929 statt)

134 Führeraussprache in Dresden, AG: Neue Wege und Ziele, in: Von Weimar bis Bielefeld, Ein Jahr Arbeiterjugendbewegung, Hg. Hauptvorstand der Arbeiterjugendvereine, Berlin 1921, S. 46

Dieses Votum blieb nicht unwidersprochen: Johannes Schult vertrat in seinem Redebeitrag den emanzipatorischen Standpunkt sozialistischer Mädchenerziehung:

> "Die Mädchenerziehung ist mir etwas gräßliches. Sie als Zielforderung aufzustellen, ist heller Unsinn. Man kann nur die Mädchen örtlich zusammennehmen. Besondere Mädchengruppen zu bilden, halte ich für verfehlt. Ich habe in Weimar keinen Geist gesehen, ich habe in Weimar etwas erlebt. Mehr nicht, aber auch nicht weniger. In jeder Bewegung soll Leben sein."[135]

Die in allen Beiträgen zu der durchaus umstrittenen "Mädelarbeit" sich äußernde Meinungsvielfalt findet sich auch in den Themen wieder, die von örtlichen Mädchenarbeitskreisen aufgegriffen wurden; behandelt wurden Fragen der Kleidung, Körperpflege und Lebensreform, die Stellung der Frau in den historischen Epochen, Formen von Ehe und Familie, Fragen des Berufes und der Berufsausbildung, sexuelle Aufklärung, Forderungen der Frauenbewegung und des Sozialismus, Probleme der sozialen Arbeit und tagespolitischer Ereignisse; insgesamt ein Programm kompensatorischer Erziehung, das geeignet scheint, die jungen Mädchen fit zu machen, die Widersprüche zwischen ihrer privaten und ihrer öffentlichen Existenz auszuhalten. Offensichtlich wollten manche der jungen Genossinnen dem so abstrakt nicht folgen. Sie diskutierten die Frage der "Mädelhorden" nah an ihren Erfahrungen und verbanden sie mit ihren Bedürfnissen:

> "Sind die Mädel untereinander, so gehen sie mehr aus sich heraus. Niemand hat eine bevorzugte Stellung, keiner weiß mehr, was die anderen einschüchtern könnte. Alle wollen lernen. Versteht es die Führerin, so ist bei dieser Hordenarbeit der Mädel mehr zu erreichen als wenn man Bursche und Mädel beisammen gelassen hätte. Die Spannung (eben die Überlegenheit des Burschen dem Mädel gegenüber) hätte sich eher noch verschärft. Mädelhorden sind nicht nur Arbeitsgemeinschaften, die Fragen behandeln, die sie allein hören wollen (Sexualität). Nein, die Mädelhorde ist dasselbe wie eine andere Horde. Behandelt werden alle Themen. Und wichtig ist, das die Mädel nicht jede Woche allein zusammenkommen. Unsere Gruppe hält das so: in der einen Woche kommen die Horden getrennt zusammen, in der folgenden Woche kommt die ganze Gruppe, Burschen und Mädchen gemeinsam zusammen. Spielabende und Wanderungen sind auch gemeinsam. Mithin ist ein Fernhalten oder Entfremden ausgeschlossen."[136]

Wenn auch die Diskussionen um gesonderte Mädchengruppen nichts an den männlich geprägten Werten und Normen der sozialistischen Jugendverbände änderten, gehören sie meines Erachtens dennoch zu den positivsten Momenten der gesamten Jugendbewegung. In einzigartiger Weise bildeten sie einen Punkt, an dem die jungen Frauen die von ihnen erfahrene soziale und persönliche

---

135 ebenda, S. 51

136 Aussprache über Jüngeren- und Älterenarbeit, Sind Mädelhorden notwendig?, in: Der Führer, 11.Jg. 1929, Heft 11, S. 166

Ohnmacht zu einem öffentlichen und politischen Thema machen konnten. Dies gilt, obwohl das Festhalten am Prinzip der Gemeinschaftserziehung jede konzeptionelle Überlegung zur Mädchenarbeit behinderte.

Auf dem Hintergrund des Prinzips der Koedukation markierte der Anspruch auf eigene Mädchenabende eine offensive Forderung, die Erfahrungen der Mädchen ernst zu nehmen, der sich die Bewegung stellen mußte.

In der bürgerlichen Jugendbewegung findet sich diese für Gleichberechtigungsaspekte günstige Situation nicht. Wie wenige Handlungsfelder hier ausgebildet wurden, in denen sich Mädchen und Jungen persönlich zueinander in Beziehung setzen konnten, wird nicht zuletzt an der abfälligen und harten Kritik an dem sogenannten "gemeinsamen Betrieb" deutlich.[137] Gemeint waren damit jene Bereiche der Jugendkultur, in denen sich männliche und weibliche Jugend gemeinsam bewegten, wie auch die Verkehrsformen zwischen ihnen. Das von vielen beklagte "Hüpfen bis zur Bewußtlosigkeit" und die "leidenschaftliche Tanzwut" waren meines Erachtens nicht so sehr Zeichen für die etwas hilflose Suche nach einer neuen "Natürlichkeit" im zwischengeschlechtlichen Umgang, sondern viel mehr Belege dafür, daß weder der Ort noch das "Medium" gefunden waren, in denen sich die Geschlechter gleichberechtigt zueinander hätten verhalten können.

Hier aber lag ein erheblicher Unterschied zwischen dem bürgerlichen und dem proletarischen Flügel der Jugendbewegung, der nicht ohne Einfluß auf die Chancen der Mädchen in der Arbeiterjugendbewegung blieb. Für diese boten sich in der sozialistischen Kinderarbeit wichtige Möglichkeiten, die neuen Ideen von sich selbst auch mit einer identifikationsfähigen Praxis zu verbinden. Sowohl die Kinderfreundebewegung als auch die Kinderrepubliken beinhalteten vielfältige Möglichkeiten, die selbst erfahrene Naturfreude und das Gemeinschaftserlebnis bei Zelt- und Wanderfahrten an Kinder derselben Schicht weiterzugeben, die sonst um diese Lebensqualitäten betrogen gewesen wären. Damit aber erhielten Naturromantik und Geselligkeitskultur in der proletarischen Jugendbewegung eine politisch-gesellschaftliche Bedeutung, die sie in der bürgerlichen Jugendbewegung nicht hatten. Das Engagement in der Kinderbewegung, das weit über das Programm der "Absichtslosigkeit" in der bürgerlichen Jugendkultur hinausging, und dennoch auf ähnlichen Inhalten beruhte, schuf Bedingungen, unter denen sich das jugendbewegte Ideal der Kameradschaft zwischen den Geschlechtern ein Stück weit realisieren konnte, - und vielleicht sogar zu erweitern war um die erotischen Dimensionen von Freundschaftsbeziehungen. Hier hatten Heranwachsende beiderlei Geschlechts wie nirgend sonst gemeinsame Aufgabengebiete, und die jungen Frauen konnten dabei ebenso gut mitreden wie die jungen Männer. In dieser Arbeit konnten sich die

137 Vgl. Jan Bosch, Vom gemeinsamen Betrieb, in: Jung-Wandervogel, 4.Jg., April 1914, Heft 4, S. 50ff und Heft 5, S. 67ff

weiblichen Jugendlichen als gesellschaftlich handelnde Menschen begreifen lernen, als die sie sonst nur die männlichen Jugendlichen zu sehen gewohnt waren.

Auf einen weiteren Abstand der Chancen auf Selbstbefreiung zwischen der proletarischen und der bürgerlichen Jugendbewegung weist Lisbeth Franzen-Hellersberg hin. Sie meint, der von der Jugend entwickelte Lebensstil sei lediglich von den Jugendlichen aus proletarischen Bevölkerungsschichten "mit einer gewissen Berechtigung bewußt als besondere Leistung erlebt" worden.[138] Damit trifft sie meines Erachtens einen wichtigen Punkt. In der Tat stand die in der Jugendbewegung gewonnene Lebenskultur in einem eklatanten Gegensatz zu dem Milieu, aus dem die Arbeitermädchen kamen. Das Gemeinschaftsleben in der Gruppe und auf Fahrt sowie die dort vermittelten Zielvorstellungen bildeten einen scharfen Kontrast zu dem Elend ihrer Wohnquartiere in den stickigen Industrievierteln der Großstädte und den dort herrschenden zerstörerischen Einflüssen. Den jungen Mädchen erschloß sich in der proletarischen Jugendbewegung eine Wertewelt, die Anregungen für geistige Interessen und kulturelle Bildung enthielt, die ihnen sonst versperrt geblieben wären. Damit eröffnete sich nicht nur für viele Mädchen ein zweiter Bildungsweg, sondern es lag darin auch das Kennenlernen von großzügigen Lebensmustern, die sich von den kleinbürgerlichen Attitüden, an denen sich viele Arbeiterfamilien damals orientierten, abhoben. Arbeitermädchen konnten im jugendbewegten Leben Weiblichkeitsentwürfe ausprobieren, die nicht in den Zwängen sozialer Hoffnungslosigkeit und deren Kompensation durch sexualisierte Privatheit stecken blieben.

Bei aller Erfahrung von Ungleichheit gegenüber der männlichen Jugend lag hier ein Gewinn für die weibliche Jugend aus dem Proletariat, der hoch zu schätzen ist. Selbst wenn die hier entstehenden Erwartungen sich nicht in jedem Fall auch lebenspraktisch einlösten, waren schon die Phantasien ein Fundus gegenüber der Hoffnungslosigkeit, die bisher weibliches Denken gefangen gehalten hatte. Auch die Erfahrung eines Umgangs mit jungen Männern, der nicht allein durch erotisch-sexuelle Attraktivität definiert war, stellte einen Freiheitsgewinn dar, wobei die körperliche Liebe auch in der sozialistischen Jugend als unvereinbar mit einer geistigen Freundschaft zwischen den Geschlechtern angesehen wurde. Daneben stand eine sexuelle Aufklärung, die für jene Zeit außergewöhnlich war. Mit dem 1924 erschienenden Buch "Bub und Mädel" von Max Hodann[139] lag eine bemerkenswerte Schrift zu diesem Themenkreis vor. In Form von Gespächen vermittelt Hodann umfassende Informationen über sexuelle Fragen, wobei er die soziale Lage der Jugendlichen mit einbezog. Allein seine Anmerkungen über die Geschlechterdifferenz sind lesenswert:

138 Lisbeth Franzen-Hellersberg, Die jugendliche Arbeiterin, a.a.O., S. 93

139 Max Hodann, Bub und Mädel, Gespräche unter Kameraden über die Geschlechterfrage, Rudolfstadt 1926, (1.Auflage 1924)

"Und die Mädels? Wie gewöhnlich, so schweigsam! Jungens, laßt euch solche Frauen nicht gefallen. Erzieht sie etwas mehr dazu, sich durchzusetzen. Diese, nun ich möchte schon beinahe sagen, äußere Teilnahmslosigkeit ist wahrhaftig nicht nur Ausdruck der natürlichen Zurückhaltung der Frau, wobei noch sehr zu untersuchen ist, was an Zurückhaltung wirklich 'natürlich' ist. Und vor allem ihr Mädels selbst: laßt Euch nicht bevormunden von den Buben. Ihr seid immer noch der reinste Abklatsch der Gesellschaft, die wir hier vor kurzem unter allgemeiner Zustimmung so scharf kritisiert haben. Das heißt also: Habt ihr euer Ziel erreicht, wenn ihr im siebzehnten, achtzehnten oder zwanzigsten Jahre eine Liebesbindung gefunden zu haben glaubt? Seid ihr dann reif?"[140]

Hodanns Schrift, die in der konservativ geprägten öffentlichen Meinung scharf attackiert wurde[141], fand in der sozialistischen Jugendbewegung eine große Verbreitung. Wie weit seine klaren und auffordernden Texte allerdings den Durchsetzungswillen der Mädchen bestärken und dem Mythos der "natürlichen" Zurückhaltung von Frauen entgegenwirken konnten, ist ebenso wenig zu klären wie die Frage, ob die Jungen an weiblicher Selbstentfaltung und Interessenvertretung Gefallen gefunden haben. Viele Anzeichen sprechen dafür,daß selbst dort, wo sich junge Genossinnen politisch engagierten und nicht in der Privatheit einer Liebesbeziehung oder Ehe verschwanden, sie häufig auf ablehnende Haltungen der männlichen Mitglieder stießen und auf unwichtige Positionen abgedrängt wurden.

140 ebenda, S. 117
141 Vgl. ebenda, S. 133ff

Freideutscher Jugendtag auf dem Hohen Meißner 1913

Mädchengruppe Wandervogel e.V. Meiningen/Thüringen (Straufhain 1913)

Altwandervogel, Mädchengruppe Hamburg-Finkenwerder (ca. 1913)

Mädchengruppe Wandervogel e.V. Heidelberg (1914)

Mädchen aus dem Wandervogel e.V. Meiningen (ca. 1913)

Treffen von Hildesheimer und Göttinger Wandervogelmädchen (während dem Ersten Weltkrieg)

Mädchengruppe, Wandervogel e.V. Alleinstein/Ostpreußen (1917)

Mädchengruppe, Wandervogel e.V. Zeitz, Burg Ranis 1917

Hildesheimer Wandervogelmädchengruppe (während dem Ersten Weltkrieg)

Singen im Lazarett
Wandervogel e.V. Allenstein/Ostpreußen (1918)

Wandervogelszene (Anfang der 20er Jahre)

Arbeiterjugendbewegung: Gruppe Florian Geyer (1925)

Mädchengruppe aus dem Jungborn-Bund (ca. 1925)

Nürnberger Mädchengruppe der Freien Sozialistischen Jugend (ca. 1925)

Marsch durch Rudolstadt beim Bundestag der Freischar junger Nation, 1931

"Mädelring" Freischar junger Nation/Deutsche Freischar, Bundestag Rudolstadt 1931

5. Wandervogelmädchen lernen fliegen oder: Die Geschichte von der Jagdlust des Vogelfängers

5.1. "Mädchenwandern" - eine Herausforderung

So häufig und so phantasievoll der Aufbruch der männlichen Wandervogeljugend auch dargestellt und stilisiert worden ist, - die ersten Wanderungen von Mädchen stellten eine größere Herausforderung an ihre Umwelt dar. Berichte darüber finden sich allerdings kaum. Selbst die Anfänge des Mädchenwanderns im Umkreis des Wandervogels sind nur spärlich belegt.[1]

In Notizen von Hans Wolf, einem Führer des Altwandervogels (AWV), finden sich bezeichnende Hinweise auf die ersten weiblichen Aktivitäten für den Wandervogel. Danach hatte Marta Hoffmann, Schwester des Wandervogelinitiators Hermann Hoffmann-Fölkersamb, in Abwesenheit ihrer Mutter für 11 Jungen, die am nächsten Morgen zusammen mit Martas Bruder auf eine vierwöchige Böhmerwaldfahrt gehen wollten, Schlafgelegenheiten in der Wohnung vorzubereiten. Nach dieser Arbeit nähte sie bis zum frühen Morgen an einer neu entworfenen Zeltbahn, die die Jungengruppe mitnehmen wollte. Das war 1899. Als sie aber mit ihrer späteren Schwägerin zusammen ihre Brüder drängte, auch eine Mädchengruppe im Wandervogel zuzulassen, blieben die jungen Frauen ohne Erfolg.[2]

Die erste Initiative, neben dem männlichen Wandervogel einen selbständigen Mädchenwandervogelbund zu gründen, ging von Marie Luise Becker[3] aus; sie war verheiratet mit Wolfgang Kirchbach, einem der Gründungsmitglieder des AWV, und ihr Name ist der einzige, der im Zusammenhang mit dem 1905 gegründeten eigenständigen "Bund der Wanderschwestern" genannt wird. Über diesen Bund gibt es keine weiteren Hinweise; weder weiß man, wie lange er bestanden hat, noch, wie viele Mädchen und junge Frauen dazugehörten.

---

1 Eine Ausnahme bilden die lesenswerten Darstellungen von Hede Riegger-Leder aus einer Heidelberger Mädchengruppe und die von Friedegart Zeumer über erste Mädchenwanderfahrten in Berlin, beide in: Gerhard Ziemer/Hans Wolf, Wandervogel und Freideutsche Jugend, Bad Godesberg 1961, S. 352-362

2 Akte 114/1 AdJB

3 Vgl. hierzu Irmgard Klönne, Auszug aus den Institutionen, in: Ilse Brehmer (Hg.), a.a.O.. Als Hinweis darauf, daß es für Marie Luise Becker als Ehefrau eines legendären Gründungsmitgliedes des Wandervogels schwierig war, sich in dem Kommunikationszusammenhang der Jugendbewegung zu äußern, mag eine Polemik gelten, die Hans Blüher gegen sie verfaßte. Hans Blüher, Wider die Geschichtsklitterung der Frau Marie Luise Becker am Nachruhme Karl Fischers, in: Jung-Wandervogel, Februar 1915, S. 12 - 14

Mit welchen Restriktionen junge Mädchen und Frauen aus bürgerlichem Milieu um diese Zeit rechnen mußten, wenn sie abseits einer geregelten "Wohlanständigkeit" eigenwillig aktiv wurden, ist von einer Mädchengruppe aus Heidelberg überliefert. Hier hatte 1907 die Schwester eines Jungen, der zu der Gruppe Hans Breuers gehörte, Freundinnen für eine eigene Mädchengruppe "gekeilt". Ausgerüstet mit "Hordentopf", Hüten, Capes, Rucksäcken und einer "Klampfe, die unter dem Umhang verschwinden konnte", waren sie ohne Begleitung Erwachsener auf Wanderfahrten gegangen:

> "Wir mußten natürlich zu Hause fragen. Unsere Mutter ließ uns mitgehen! Sie fand es sogar verständlich, daß wir ohne Erwachsene gehen wollten, und weil wir in Gruppen von 9 - 12 Mädchen gingen, hatte sie auch keine Angst um uns. Jede Fahrt war unvergeßlich schön. Tief in den Wäldern versteckt hatten wir unsere Lieblingsspielplätze, eine verlassene Burg oder ein Jägerhäuschen mit einem wackeligen schrägen Dach, von dessen First wir stundenlang auf alten Säcken ins weiche Gras rutschten. Stauwerke wurden gebaut und Burgverließe entdeckt. Wir haben gezeichnet, photographiert, Kränze gewunden, gesungen und getanzt. Jedesmal mußten wir Dauerläufe einschieben, um beizeiten zu Hause zu sein."

Das Glück dieser Gruppe währte nicht allzu lange. Auf einer Wanderung, bei der sie von strömendem Regen überfallen worden waren, hatten die Mädchen die Jungengruppe getroffen und waren von dieser zu einer Scheune geführt worden, wo sie für die Nacht unterkommen konnten. Dies aber blieb nicht ohne Sanktionen, denn ein Lehrer hatte diesen "Einmarsch in die Scheune" beobachtet und Bericht erstattet. Am nächsten Schultag wurden sie wie die "Aussätzigen" zum Direktor beordert und im Beisein der Lehrerinnen darüber belehrt, daß sie als "höhere Töchter" und angehende Lehrerinnen "Anstand und gute Sitten" zu wahren hätten:

> "Angesichts der Gefahr, die unsere Art zu wandern ohne Aufsicht von Erwachsenen mit sich bringt, sollten wir den 'Wandervogel' meiden. Heulend ging eine nach der anderen zu ihm hin und gab ihm die Hand. Dieses Versprechen empfanden wir alle sofort als das Begräbnis unserer Jugendfreude."[4]

Erst 1910, ein Jahr nach dem abrupten Ende ihrer abenteuerreichen und romantischen Erlebnisse, konnten die Heidelberger Mädchen in der nun offiziell gegründeten Mädchengruppe erneut die Glückserfahrungen eines selbstbestimmten Jugendlebens suchen. Wie groß das Interesse daran war, wird deutlich an dem Andrang, als sich 1911 in Berlin Mädchen und junge Frauen zu einer dort angekündigten "Probefahrt" einfanden.

4 Hede Riegger-Leder, im Anhang, zit. n.: Ziemer/Wolf, a.a.O., S. 352-259, 357

"Das war ein Getümmel! Die armen acht Führerinnen mußten sich festhalten bei diesem Ansturm von über 200 wanderlustigen Mädchen, die da von allen Seiten heranströmten."[5]

An jeder der in den folgenden Wochen veranstalteten Tagesfahrten nahmen durchschnittlich 33 Schülerinnen teil. Die Erwartungshaltungen der Mädchen waren hoch; sie hatten sich eingeengt gefühlt und "bockten an allen Fronten offen oder mit List und Tücke. Alles, was wir wollten, war für uns Mädchen nicht 'Sitte', also tabu. Schwimmen - ja, gerade noch, einmal am Tag 15 Minuten in der geschlossenen Frauenbadeanstalt, angetan mit den berühmten knallroten, ellenlangen, schlotternd weiten Flanellhemdhosen. Sport? Für Mädchen gab es diese Vokabel nicht. Bücher? Ich vergesse nie, wie unsere eigentlich sehr beliebte Tante Schillers 'Kabale und Liebe' für unanständige Lektüre erklärte."[6]
Die Mädchen der ersten weiblichen Wandervogelgruppen kamen mehrheitlich ähnlich wie die Berichterstatterin aus liberalen Elternhäusern, die die Freiheitsbestrebungen der Töchter unterstützten. Zum großen Teil waren sie zunächst von Brüdern oder Freunden, die schon beim Wandervogel waren, mitgenommen worden oder diese hatten bei der Gründung der Mädchengruppen mitgeholfen. Die Motive und Gefühle jener Mütter, denen die Aktivitäten ihrer Töchter gefielen, werden deutlich in dem Bericht einer Frau, die dem Eltern- und Freundesrat des JWV angehörte. Diese hatte sich 1912 sogar dazu entschlossen, mit der Berliner Mädchengruppe zusammen auf die Sonnenwendfahrt zu gehen. Ihre Skepsis, "aufs Heulager" zu müssen, wehrte sie mit der Überlegung ab:

"Ach was! Was einem die Jugend versagte, soll man schleunigst einholen, ehe das Alter kommt und im übrigen, wenn man sein einzig Töchterlein den Wandervögeln anvertrauen möchte, muß man zunächst die WV selbst praktisch studieren."

Es erschien der Frau nicht ohne Komik, als sie mit den Mädchen ging und diese beim abendlichen Fackelzug "so tapfer mit dem 'ich hasse, was da staubig' durch den Sand wateten und doch so friedlich den Staub schluckten. - Wie aber das 'Flamme empor' verklungen war, da fühlte ich mich nicht mehr als die fremde Eufrätin[7], - da hatte der Wandervogelgeist mit seinem unbeschreiblichen Gemisch von Herbheit und Innigkeit mich ganz erfüllt."
Sie meinte, "die Erfüllung" dessen zu finden, was sie sich selbst als junges Mädchen gewünscht hatte. Sich an den eigenen Schmerz erinnernd, "im Kampf um die Freiheit, um die Ideale meines Wesens alles geopfert" zu haben, was

5 Friedegart Zeumer, in: Ziemer/Wolf, a.a.O., S. 359
6 Hede Riegger-Leder, im Anhang, zit. n. Ziemer/Wolf, a.a.O., S. 353
7 Abkürzung für "Eltern- und Freundesrat", TrägerInnenkreis der örtlichen Wandervogelgruppen

dem "Herzen lieb gewesen", fühlte sich diese Frau dazu verpflichtet, "mitzuwirken an dem großen Werk" der Wandervogelbewegung für Mädchen.[8]

So teilnahmsvoll äußerte sich allerdings nur eine Minderheit derjenigen, die als BefürworterInnen des "Mädchenwanderns" auftraten. Für die Mehrheit spielten Argumente aus einem deutschtümelnden Gesundheitsdiskurs die ausschlaggebende Rolle. So hieß es zum Beispiel in einem 1914 vom "Verband Deutscher Wandervögel" veröffentlichten Werbeblatt:

> "Der 'Wandervogel' will dazu helfen, ein an Körper, Geist und Willen starkes und gesundes deutsches Geschlecht heranzubilden."[9]

Über solche funktionalen Sichtweisen haben die jungen Mädchen sicherlich hinweggelesen oder -gehört; die wenigsten hätten es übrigens wohl empörend gefunden, ihre Lebensinteressen unter bevölkerungspolitischen Gesichtspunkten beachtet zu finden. Wo hätten sie bis dahin lernen können, ihre persönlichen Interessen von den herrschenden politischen zu unterscheiden und gegen solche zu vertreten? Mit mehr Aufmerksamkeit mögen sie die Diskussionen verfolgt haben, in denen es um die "angemessenen" Formen des "Mädchenwanderns" ging. Hierbei wurde drei Problemen entscheidende Bedeutung beigemessen, nämlich dem des "Gemischtwanderns", dem des "Führers" der Gruppen und dem des "freien" Übernachtens. Diese Fragen nach Normen und Grenzen weiblicher Schicklichkeit und Sittlichkeit wurden als aufregende "Zeit- und Streitfragen" vielfach hin und hergewälzt, wobei jede Meinung mit jeweils entsprechenden Erfahrungen untermauert wurde. So hieß es zum Beispiel in einem Gaublatt:

> "Gemeinsame Ferienfahrten sind von der Ortsgruppe noch nicht unternommen worden, wohl aber geht auf mehrtägigen Mädchen-Wanderungen ein älterer, erfahrener Führer mit. Dieser dient lediglich zum Schutze der Mädel-Horde. Ein kleines Beispiel möge dies erläutern. Die Sache passierte auf dem Mindener Gautage. Fast alle Wandervögel fuhren mit einer besonderen Dampfbahn. Diejenigen aber, die in den Wagen nicht mehr Platz finden konnten oder zu spät kamen, mußten mit der kgl. preuss. Staatsbahn fahren. Darunter waren auch 7 Mädel, ein Bube und ich als zweiter. Auf dem Mindener Bahnhofe stiegen wir in ein Abteil 4. Klasse, in dem mehrere Polacken saßen. Kaum setzte sich der Zug in Bewegung, als diese anfingen uns 'anzupöbeln'. Sie boten uns Zigaretten und Schnaps an, und als wir dies in äußerst höflicher Weise verweigerten, begannen sie mit schmutzigen Redensarten. Als wir uns dies aufs energischste verbaten, milderten sie ihre Ausdrücke. Solchem Volk begegnet man gerade in den Gauen 'Niedersachsen und Westfalen' häufig. Begegnet eine Mädchenhorde ohne männlichen Schutz diesen Leuten, so fordert sie für derartiges Volk geradezu heraus, sich pöbelhaft zu benehmen. Eine Mädchenhorde ohne männlichen Schutz

8 Muttel Hüls, Die erste Nacht im Heu, in: Jung-Wandervogel, 3. Jg. 1913, Heft 7, S. 1o4-106, S. 105

9 Verband Deutscher Wandervögel, Vom Mädchen-Wandervogel, Februar 1912, in: Akte 114/1, AdJB

wäre diesen Leuten und ihren schmutzigen Reden einfach preisgegeben. Schon ein einzelner Führer kann hier viel wirken, wie schon die betr. Ortsgruppe mehrfach erfahren hat. Der Führer selbst schläft im Quartier der Mädel, aber abgesondert in einem andern Raume. So sind die herrlichsten Mädchenferienfahrten durchgeführt ohne jede Störung. Allerdings liegt das ganze Wohl und Wehe der Horde auf den Schultern des Führers."[10]

5.2. Das "Teegespräch"

Bevor noch die Mädchen selbst über hinreichende Erfahrungen verfügten, um sich zu diesen Fragen äußern zu können, hatten längst diejenigen den Diskussionsrahmen abgesteckt, die bei den ersten Ausflügen für "Führung und Begleitung" gesorgt hatten. Am einflußreichsten wurde hier ein 1911 von Hans Breuer verfaßter Artikel. In seinem fiktiven "Teegespräch"[11] suchte dieser "besonnene und sturmerprobte Pachant" zwischen den kontroversen Positionen zum Thema "Mädchenwandern" zu vermitteln und nahm damit maßgeblichen Einfluß auf dessen zukünftige Ausformung. Grundlage seiner Ideen war die Überzeugung, daß man von dem Wandervogelleben der Jungen so wenig auf das von Mädchen schließen könne, wie "man Äpfel mit Birnen vergleichen kann"; darüberhinaus aber hielt er das "Wandervogelalter" für den entscheidenden Lebensabschnitt, "wo aus gleichgebildeten Kindern die Buben zu Männern, die Mädchen zu Frauen werden sollen, wo alles darauf ankommt, nicht Mischgewächse und Halbgeschöpfe zu bilden, sondern jedes in seiner Eigenart stark und kräftig zu prägen."
Erschreckende Visionen von "Mischgewächsen und Halbgeschöpfen" zeigen, welche Rolle für Breuer die Ausbildung einer polaren Geschlechtsidentität spielte. Auch wenn er seine Furcht vor menschlichen Mißgestalten für beide Geschlechter formuliert, trifft die damit verbundene Disziplinierung jugendlichen Verhaltens doch immer nur das weibliche Geschlecht. Für Breuer war "der Wandervogel, so wie er kam und wurde, eben ein Bubengewächs" und mußte, um für Mädchen geeignet zu sein, auf "weibliche" Formen zurechtgeschnitten werden, was nichts anderes hieß, als daß für Mädchen nur solche Freizügigkeiten gelten sollten, die mit weiblichen Verhaltensanforderungen überein zu bringen waren. Dieser Zielsetzung entsprechend äußerte Breuer sich strikt gegen gemischte Wandergruppen:

10 Natschi (K. R.), Über das Zusammenwandern von Buben und Mädchen, in: Gaublatt für Niedersachsen und Westfalen, November 1911, S. 291f

11 Hans Breuer, Teegespräch, in: Wandervogel, 6. Jg. Hornung 1911, S. 31-38

"Was wird eigentlich durch die ständige Zusammenwanderei erreicht? - Feminine Mannsgruppen und das entsprechende Gegenteil. Die Buben verweichlichen, der ganze Schneid und Elan, der Unternehmergeist, das beste, was in einer Bubenhorde steckt, geht verloren. Die Mädchen dagegen verbengeln und verwildern; Burschikosität ist auch heute noch keine Frauenzier. Ich habe selbst mit angesehen, wie ein kleines russisches Adelsfräulein einem Bub, der eine halbe Ente aus ihrem Rucksack fortgenommen hatte, mit hochgeschwungener Bierbouteille einen Eckzahn zerschmetterte, eine andere schwang wenigstens den großen Holzlöffel, bis er zersplitterte." [12]

Mit der in diesem Zitat ausgedrückten Annahme, nach der ein gemeinsamer Umgang die Buben "verweichlichen" und die Mädchen "verbengeln" würde, prägte Breuer ein Sprachmuster, auf das immer dann zurückgegriffen wurde, wenn es um eine Zurückweisung der weiblichen Jugend in den Bünden der Jugendbewegung ging. Eine gegenseitige Beeinflussung und Angleichung der Geschlechtsrollen wurde deshalb so negativ bewertet, weil jede Abweichung vom Bild sich entgegenstehender und im Menschenideal sich ergänzender Geschlechtscharaktere als ein Verstoß gegen die Natur und ein Herabsinken unter das Ideal verstanden wurde. Wenngleich Breuer dies sowohl für männliche wie für weibliche Verhaltensanforderungen geltend macht, bedeutete es in der Praxis des Wandervogels doch nur für die Mädchen eine Einschränkung, - eine Tatsache, die der Autor mit seinem Hinweis auf das russische Adelsfräulein zum Ausdruck bringt. Wann immer ein Zahn ausgeschlagen wird, ist dies kritikwürdig; es scheint aber, als ob eine solche Tat bei einem mann-menschlichen Individuum eher entschuldbar sei als bei einem weiblichen. Hier kommt einem Burschen mancherlei zugute. So läßt sich ein solcher Gewaltakt bei ihm schon allein darum leicht erklären, weil dieser durchaus in Übereinstimmung mit männlichen Wesenszuschreibungen, wie Tatkraft, Gewalt und Energie zu bringen ist. Darüberhinaus kommt ihm auch der Umstand entgegen, daß eine im Affekt begangene Gewalttat, wie das Zerschmettern eines Eckzahns, bei einem Jungen eher als einmaliger Akt angesehen wird; und auch hier sind es die männlichen Charakterzuschreibungen, wie Verstand und Rationalität, mit deren Hilfe ihm zugebilligt wird, eine nächste ähnliche Situation anders und friedlicher bewältigen zu können. Eine junge Frau kann solche Vorstellungen von Individualität nicht für sich geltend machen. (Die einzige Nachsicht, die sie angesichts einer ihr aufgenötigten handgreiflichen Verteidigung ihrer Mahlzeit erfährt, leitet sich offenbar daraus her, daß sie sich geschlechtsspezifischer Gebrauchsgegenstände als "Tatwerkzeuge" bedient.) Zum zugeschriebenen geschlechtsspezifischen Persönlichkeitsprofil gehört, daß weibliches Verhalten vornehmlich emotional und irrational erscheint, als der Natur verhaftet und schwer kontrollierbar, - eine Annahme, die auch Breuer teilt und der er in seiner

12 ebenda, S. 33

Forderung nach einem männlichen Führer für die Mädchengruppen Rechnung trägt:

> "Es gibt viele, viele Situationen im Wanderleben - und das Mädchenwandern ist eine ganz besonders knifflige Sache - böse Zufälle, denen eine weibliche Führung einfach nicht gewachsen ist. Der männliche, erwachsene Führer hat ein ganz anderes disziplinarisches Machtwort als eine junge Lehrerin. Sie ist und bleibt und fühlt sich als 'die Lehrerin', es kommt auch bald, wenn jahraus jahrein nur immer Lehrerin und Schülerinnen beisammen sind, ein klösterlich-tantenhafter Beigeschmack in das Wanderleben. Der Führer ist wie ein guter Familienvater, sein Baß ist das Rückgrat in dem schnatterhaften Gewimmel." 13

Man mag die mythischen Bilder, mit denen Breuer eine Unterordnung der jungen Mädchen unter männliche Autorität als natürlich und als wünschenswert begründet, nicht sonderlich originell finden; dennoch ist es erstaunlich, wieviel sinnlich ausgemalte Frauenfeindlichkeit in sie eingegangen ist. Wenn diese Frauenverachtung in den Breuerschen Bildern nicht sofort ins Auge fällt, dann liegt das nicht nur an deren Volkstümlichkeit, sondern auch an der liebevollen Zuwendungsweise eines Mannes, der sich als Frauenfreund einen Namen gemacht hat. Dabei ist es schon bemerkenswert, auf welche Weise Breuer das ungleiche Verhältnis der Geschlechter in seinem Bild vom guten Hausvater, der die ihm unterstellten Mädchen und Frauen zur Disziplin ruft, näher beschreibt. Sowohl die männliche Stimmlage als auch das Durcheinanderlaufen einer Mädchengruppe dienen ihm als Belege für die "Natürlichkeit" patriarchaler Herrschaft, wobei die gedankliche Verknüpfung der Mädchenhorde mit einer umherwimmelnden und schnatternden Gänseherde dem Beziehungsverhältnis zwischen den Geschlechtern die entscheidende Akzentuierung gibt. Erst durch den darin ausgedrückten Gegensatz gewinnt die männliche Gestalt ihre besondere Aura. Kein Zweifel, daß das "Hausvater"-Gruppenbild für Breuer - und nicht nur für ihn - "jahraus, jahrein" identifikationsfähig blieb und mit angenehmeren Assoziationen verbunden war als jenes andere mit dem "klösterlich-tantenhaften Beigeschmack".

Es wäre allerdings falsch, den "Beigeschmack", der nach Breuer den von Lehrerinnen geleiteten Mädchengruppen anhaftete, nur als verleumderischen Einfall eines von männlichen Dominanzansprüchen getriebenen Wandervogels zu werten. Eher kann man sagen, daß der Autor mit diesem Bild die bestehende Frauendiskriminierung unkritisch widerspiegelt. In der gesellschaftlichen Wirklichkeit, die diesen "Beigeschmack" produzierte, waren die Lehrerinnen tatsächlich zu einer "klösterlich-tantenhaften" Lebensweise verurteilt. Entgegen der herrschenden Norm, nach der Frauen ihre Identität und Bedeutung allein aus Beziehungen zu Männern zu erreichen vermochten, symbolisierten die pädagogisch tätigen Frauen für den männlichen Blick als alleinstehende "Jungfern"

13 ebenda, S. 37

nicht nur die Abwesenheit des männlich Bedeutsamen, sondern in eben demselben Maße auch weibliche Bedeutungslosigkeit. Eine weibliche Jugendbewegung unter der Führung von Lehrerinnen trug für Breuer diesen Makel der Minderwertigkeit und war mit seinem "Inbild" vom Wandervogel nicht zu vereinbaren. Aus solchen Gründen stellte es für die männliche Wandervogelbewegung ein Problem dar, daß, wie es hieß, "das Mädchenwandern mit dem Wandervogel verquickt" war und man sich "eben in Güte damit auseinanderzusetzen" hatte.[14] Für Breuer als hervorragenden Vertreter desjenigen Bundes, der als erster Mädchen in seinen Reihen akzeptierte, mußte es darauf ankommen, Bedeutsamkeit und gesellschaftliches Ansehen des Wandervogels auf die Mädchenbewegung auszuweiten, und dies eben durch männliche Führung.

Dennoch enthält Breuers Votum für männliche Führer der Mädchengruppen Widersprüchlichkeiten, die etwas näher beleuchtet werden sollen. So legt er einerseits die Idee nahe, daß die Wandervogelmädchen aus der Identifikation mit dem männlichen Subjekt der Bewegung Bedeutungen gewinnen sollten, andererseits verabscheut er nichts so sehr wie die darin angelegte Annäherung der Geschlechter. Diese Vorstellungen gewinnen erst ihre innere Logik, wenn man berücksichtigt, daß im traditionellen Denken zur weiblichen Identifikation mit Männerentwürfen unbedingt die Idee von der Komplementarität der Geschlechter gehört. Wenn mitbedacht wird, daß im gesamtgesellschaftlichen Rahmen sich aber Veränderungen ankündigten, durch die die männliche Dominanz gefährdet schien, lassen sich Breuers Überlegungen als eine Variante des Wunsches nach "männlicher Wiedergeburt" interpretieren. Irritationen verkörperten sich in den vermehrt auftretenden Lehrerinnen, denn tatsächlich entstanden mit deren Tätigkeit und persönlicher Bedeutung erstmalig Bedingungen, unter denen Frauen ihr Selbstwertgefühl aus einer Identifikation nicht mehr nur mit Männern, sondern mit Frauen gewinnen konnten.

Aber Breuers Konzeption einer geschlechtsspezifischen Erziehung, die er mit der beängstigenden Vorstellung von menschenungeheuerlichen "Mischgewächsen" begründete, beinhaltet einen weiteren Widerspruch, bei dem es wundert, daß Breuer selbst ihn nicht wahrgenommen hat. Wenn er damit argumentiert, daß die dringlich zu wünschende und zu erstrebende Wesensverschiedenheit der Geschlechter sowohl physiologisch wie psychologisch angelegt sei, legt er seinen Vorstellungen eine Annahme zugrunde, die sie prinzipiell überflüssig macht. Die Forderung, alles zu vermeiden, was einer "Gleichmacherei" der Mädchen Vorschub leisten könnte und alles darauf zu richten, daß weiblich bleibe, was von Natur aus weiblich sei - weil dies als Naturgesetz zum Menschsein gehöre -, ist tautologisch; sie umklammert zugleich alle Argumentationsmuster, mit denen auch später immer wieder spezifisch weibliche Formen der Jugendbewegung eingeklagt werden. Die Beweisführung stellt sich für Breuer

14 Otto Pieper, Mädchenwandern, in: Jung-Wandervogel, 1.Jg. Heft 3, S. 53 - 55, 54

einfach dar: Wie er in den "stämmigen, starkknochigen Gliedern" der Jungen deren "Freude an Kampf, Gefahr und Abenteuern" angelegt sieht, meint er auch die "feinen, schlanken, grazilen Körperformen" der jungen Mädchen an entsprechende Wesensmerkmale gebunden. Bei der Schilderung der weiblichen Besonderheiten gerät der Autor selbst da ins Schwärmen, wo er Dinge beschreibt, die wenig liebreizend erscheinen. So berichtet er voller Zuneigung von der "bestgelungensten und schönsten Fahrt" einer Mädchengruppe, auf der diese fünf Tage für eine Strecke gebraucht hätte, "die ein guter Fußgänger an einem Tag zurücklegt." Ähnlich bezaubert zeigt er sich auch, wo er auf die für Mädchen schwierige "Quartiersfrage" eingeht; auch hier steht für ihn die Leiblichkeit und Weiblichkeit der Mädchen am Anfang aller Dinge, - und seien es die auf freier Wanderfahrt auftretenden Übernachtungsprobleme:

> "Sie brechen später auf, ihr Laufen gleicht mehr dem Spaziergang, Rasten und Rästchen gibt's in Menge, sie ermüden leichter, namentlich die schweren Rucksäcke scheinen ihnen relativ viel Beschwerde zu machen".

Die Begeisterung, mit der dieser große "Pachant" das "ausgeprägte Gefühlsleben mit seiner reinen Freude am Schönen" als zentrales Merkmal mädchenhafter Weiblichkeit markiert, wirft ein bezeichnendes Licht auf seine eigene Gefühlsbetontheit. Erst, "wenn die Sonne sinkt, und die weiche sentimentale Dämmerung über die Wiesen geht," sieht er die "rechte Wanderstimmung" in den Mädchen aufkommen, was ihn wiederum über die Besonderheit der weiblichen Natur spekulieren läßt; sieht es doch für ihn so aus, "daß der Abend für das mehr gefühlsmäßige Mädchentemperament ansprechender" sei als jede andere Tageszeit. Und immer wieder beschwört er weibliches "Gefühl! Dies Wort muß dreimal bei jeder Mädchenfahrt unterstrichen werden; da gibts Launen, da gibts Tränen, da gibts Eifersucht, 'unzertrennliche' Freundschaften, Schwärmerei und Furchtsamkeit. Die Mädchen - ja, die werden die Wiese 'entzückend' finden, da gibts Blumen zu suchen und Sträuße zu binden, und Spiel, Gesang und Reigen".

Beim Ausbau des Wanderns nach Mädchenart will Breuer neben anderen Besonderheiten weiblicher Wesensart noch eine weitere berücksichtigt wissen, nach der sich jedes Interesse von Mädchen "instiktiv um alles gruppiert, was zur Häuslichkeit gehört, die Kinder der Bäuerin, das Spielzeug der Kleinen, die wirtschaftlichen Hantierungen, häusliche Kunst".[15] Um seiner Meinung den rechten Nachdruck zu verihen, fügt er hinzu, daß jeder, der "das seltene Glück hat, an ein Mädchentagebuch heranzukommnen", dies bezeugen könne. Zusammenfassend denkt Breuer sich das "Mädchenwandern" folgendermaßen:

> "Verzicht auf die großen Distanzmärsche, dagegen starke Bevorzugung der Landheime; die für Mädchen recht schwierige Frage des allabendlichen Quar-

15 Hans Breuer, Teegespräch, a.a.O., S. 33f

tiermachens fällt dadurch auch ganz fort. Dort in den Landheimen, da lernen die Mädchen alle die Tugenden, die gerade sie später im Leben brauchen, sie lernen, ein Haus, ein Heim gemütlich und behaglich zu machen, seine Mauern mit schöner Harmonie und Lebensfreude zu füllen, sie lernen Häuslichkeit, Verträglichkeit, Wirtschaftlichkeit und haben auch auf täglichen Streifzügen, auf denen kein schwerer Rucksack ihre Bewegungen hemmt, die Vorteile des Wanderns nach ihrer Art. An Stelle rauher Gewaltmärsche wird man Spiel und Reigen und Tanz, kurz alles, was die Grazie und die Bewegungen fördert, zu beleben suchen. Man wird ihre Sonderinteressen zu nähren haben, - ihnen Einblick geben in die Haushaltungen in Stadt und Land, in deren wirtschaftliches Getriebe, in Kinderpflege und Erziehung auf dem Lande, Krankenwartung und manches andere. Im Gegensatz zu den Buben, wo es auf Tatkraft, Willens- und Charakterbildung ankommt, wird man den Aufenthalt in der freien Natur mehr der Vertiefung des Gemüts- und Gefühlslebens weihen." [16]

Fast achtzig Jahre nach Erstellung dieses "Programms" für eine weibliche Jugendbewegung ist es schwer, dem Autor gerecht zu werden. Leicht kann man sich geneigt sehen, es mit der ihm damals zugekommenen Anerkennung genug sein zu lassen und ideologiekritischen Anmerkungen keine Relativierung hinzuzufügen. Die Distanzierungen der Nachgeborenen von der im "Teegespräch" sich ausdrückenden männlichen Überheblichkeit waren ehemals nicht vorstellbar: Die Wandervogelmädchen sollten um alles in der Welt am Ort weiblichen "Schaltens und Waltens" gehalten werden. Weibliches "Weben und Streben" sollte ihnen auf den Leib, in Wesen und Gemüt gebrannt bleiben. Mit dem Umweg über die Landheime führte sie der Weg ohne "große Distanzmärsche" in die häusliche Wirtschaft zurück. Der Aufenthalt im Landheim schien geeignet, die für das Familienheim erforderlichen Qualifikationen der bürgerlichen Ehefrau gemütvoll zu vertiefen: Ihre Gestik und ihren Charme als anmutsvolle Kindfrau, ihre Fertigkeiten als Hauswirtschafterin und ihre Fähigkeiten als einfühlsame Erzieherin und Krankenpflegerin. Die Bewältigung "kniffliger" Fragen in unübersichtlichen Situationen und fremden Umgebungen sollte weiterhin männlich-individuellen Kompetenzen vorbehalten bleiben. Demgegenüber wurde als wichtiger Gebrauchswert der Jugend- und Wandervogelfreuden für "höhere Töchter" hervorgehoben, daß das Kennenlernen des einfachen Lebens und der "Umgang mit den schlichten Leuten" auf dem Lande der späteren Hausfrau einmal sehr zustatten käme:

"Eine Hausfrau, die gelegentlich nach Grummet und Kartoffeln fragt, wird ihren Mädchen königlicher erscheinen als die Gnädige, die sich die seidenen Ballschuhe von ihrem 'Fräulein' knöpfen läßt."

Diese Hinweise auf den weiblichen Bildungswert der neuen Jugendkultur geben Aufschluß über den gesellschaftspolitischen Standort des Wandervogels und machen dessen bildungsbürgerliche Eingebundenheit sichtbar. In dieser Schicht

16 ebenda, S. 37

gehörte es zum weiblichen Bildungskanon, gesellschaftliche Widersprüche durch weiblich-einfühlsame Verhaltensstrategien zu harmonisieren. Wie "verführbar" Frauen hier durch die Partizipation an den Privilegien ihrer Schicht waren, um Klassen- wie auch Geschlechterkonflikte auf sich beruhen zu lassen, wird durch Breuers Ausführungen leicht einsehbar. Welches Wandervogelmädchen hätte sich nicht gern als "Königin" gesehen, gelegentlich wenigstens, und mithilfe von Verhaltensweisen, die als weibliche ohnehin erwartet wurden und die in ihrer objektiven Funktion als herrschaftsichernd nicht zureichend beschrieben und bewertet wären? Dabei zögert Breuer nicht, die Verknüpfungen einer Wandervogelmädchenbildung mit bürgerlichen Klasseninteressen noch weiter auszudeuten. Im Hinblick auf die Dienstboten führt er aus:

> "Die Mädchen kommen vom Lande herein, bleiben einige Jahre in den wohlhabenden Stadtfamilien, und alles, was sie dort sehen, erleben und hören, tragen sie hernach als eine Art Ideal mit in ihr kleines Eheglück hinaus."[17]

Zeigen schon die Ausführungen über den Bildungswert des Landheimlebens, daß das Ideal des bürgerlichen Familienlebens im Mittelpunkt von Breuers Weiblichkeitsdiskurs stand, so verweist der von ihm markierte Rahmen eines Wandervogelbildungsangebotes auf Positionen, die zu den ideologischen Kernbeständen des deutschen Bürgertums gehörten. Breuers Idee, zum "kleinen Eheglück" der kleinen Leute dadurch beizutragen, daß diese die Werte des bürgerlichen Familienideals kennenlernten und übernähmen, reiht sich bruchlos ein in die hier dominanten Vorstellungen. Selbst nicht von existentieller Not betroffen, meinte man besonders in bildungsbürgerlichen Schichten, mit der Verbreitung der eigenen Werthaltungen in unteren Bevölkerungsschichten einen erfolgversprechenden Ansatzpunkt für die Lösung der "sozialen Frage" gefunden zu haben. Das Problem solcher Politikkonzepte, die nur dort entstehen können, wo gesellschaftliche Widersprüche nicht als unmittelbare materielle Not erfahrbar sind, liegt darin, daß soziale Strukturprobleme hier auf die Frage einer Gesinnungsreform reduziert werden und Veränderungen des Bewußtseins an die Stelle von Veränderungen der materiellen Verhältnisse gestellt werden.

Unter diesem Blickwinkel betrachtet, gehörte auch die Jugendbewegung zu den herrschaftsichernden Instanzen der Gesellschaft, denn in der jugendbewegten Kultur spielten Vorstellungen von einer gesellschaftlichen "Revolution", die aus dem "Geist" ihren Anfang nehmen sollte, eine außerordentlich wichtige Rolle. Damit trug die bürgerliche Jugendbewegung ganz im Sinne der Breuerschen Ausführungen dazu bei, daß die aus einer spezifischen Klassenlage sich begründende idealistische Ideenwelt an soziale Schichten herangetragen wurde, die an einer realen Veränderung ihrer Lebensverhältnisse Interesse haben mußten. Wenn auch nicht nachweisbar ist, daß diese dadurch von einer direkten

17 ebenda, S. 36

Austragung der sozialen Konflikte abgehalten wurden, so ist dennoch die herrschaftsichernde ideologische Funktion der bürgerlichen Jugendbewegung in die Analyse einzubeziehen. Freilich kam diese erst im Zusammenhang der sich verschärfenden gesellschaftlichen Konflikte nach dem Ersten Weltkrieg zum Tragen. Hier gewann die jugendbewegte "Spiritualisierung" der gesellschaftlichen Antagonismen eine solche Bedeutung, daß dadurch, wie Ulrich Linse sagt, proletarische Konfliktaustragung zwar nicht verhindert, aber doch vielfach ihrer gesellschaftlich realistischen Konsequenzen beraubt werden konnte.[18]

Beschwichtigungs- und Harmonisierungskonzepte im Stile Breuers bedeuteten, daß die Übertragung des bürgerlichen Familienideals auf die proletarische Familiensituation die ohnehin doppelt unterdrückten Frauen hinderte, ihre Interessen zu formulieren und Handlungsstrategien zur Durchsetzung von mehr Rechten zu entwickeln; dies gilt sowohl für ihre Situation als Lohnarbeiterin als auch für die als Ehefrau und Mutter. Der Glanz des bürgerlichen Ehe- und Familienideals legte sich hier wie ein dichter Schleier vor den Blick der Frauen und versperrte ihnen eine klare Sicht auf ihre Interessen als Person und damit auch auf ihre Lebenssituation.

Ob das, was Breuer sich als jugendbewegt-weibliche Sozialisation erträumte, historisch noch wirksam werden konnte, ist in Frage zu stellen; denn die Töchter der ehedem mit Definitionsmacht ausgestatteten bildungsbürgerlichen Schichten suchten nicht zuletzt darum auch in der Jugendbewegung nach Zukunftsperspektiven, weil solche in ihrer Herkommensschicht fragwürdig geworden waren.

Bezeichnend für das Bild von Weiblichkeit im bürgerlichen Frauen- und Familiendiskurs sind die Rollen der beiden Frauen, die in Breuers jugendbewegt-alkoholfreier Männerdisputation auftreten. Während das "Hausmädchen wie eine Erlösung mit frischem Tee" ins Zimmer tritt und so die "schwüle" Gesprächsatmosphäre entspannt, bevor es, wieder weggeschickt, "nach den Kindern" schaut, hatte die Hausfrau, schon beim Eintreten der Gäste in der Sofaecke an einem Kinderkleid arbeitend, "die ganze Zeit über still bei ihrer Arbeit gesessen und dem Gespräch der (vier, I.K.) Männer mit Interesse zugehört". Das einzige, was Breuer ihr in den Mund legt, ist ein Zwischenruf: "Empört" und mit "stolzer, scharfer, schneidender Stimme" beteuert sie darin, "wie einzig lieb eine Mutter ihr Kind hat", was hier heißt, daß sie den Mädchenwandervogel so wünscht, daß nicht ein "Tüpfelchen am Rufe ihrer Tochter geschmälert" würde. Diese "starke Bewegung einer treuen Mutter" hatte für Breuer etwas "ehrfurchtgebietendes", unterstrich sie doch seine eigenen Forderungen, nach denen im Wandervogel "nicht über Bord" geworfen werden sollte, "was Jahrhunderte lang

18 Ulrich Linse, Die Kommune, a.a.O S. 66

in den deutschen Familien in Ehren stand, die Mädchen zur Sittsamkeit, Bescheidenheit und Zurückhaltung zu erziehen".[19]

Ob Breuer der "scharfen, schneidenden Stimme" der Hausfrau auch dann noch etwas "ehrfurchtgebietendes" abgewonnen hätte, wenn diese - aus der Rolle tanzend - gefordert hätte, der Wandervogel möge endlich einen Schlußstrich ziehen unter die Jahrhunderte währende weibliche Unterordnung, ist eine unschwer zu beantwortende Frage.

5.3. Weibliche Jugend unter "eigener Bestimmung" und "eigener Verantwortung"

Auf das, was die betroffenen Mädchen und Frauen zu dem Breuerschen Entwurf einer weiblichen Jugendbewegung dachten, finden sich kaum Hinweise in den Zeitschriften des Wandervogels. Die Mädchen nehmen wohl allgemein Stellung zu den Fragen des Mädchenwanderns im Wandervogel, setzen sich aber nicht mit den ideologischen Implikationen der von Breuer vertretenen Positionen auseinander. Eine Ausnahme bildet hier eine Stellungnahme, die zusammen mit Breuers Artikel abgedruckt wurde. Darin heißt es:

> "Wir in Bonn haben auch schon manches Wandergespräch - Teegespräche kennen wir weniger - gehabt übers Mädchenwandern. Aber wenn wir dabei feststellten, daß viele Mädchen leichter wandermüde werden als die rüstigen Bonner Buben, dann dachten wir immer, es sei doppelt nötig, daß sie mitgenommen würden. Ihr Buben habt Eins voraus: Euch hat man von früh auf laufen lassen, soviel ihr wolltet. Mädchen muß man hüten. Nicht, weil sie schwach sind, sondern weils wohl Männer gibt, die ihnen Böses antun wollen. Nun ists doch ein Teil des Ziels, das ihr euch steckt, eine Welt zu schaffen, in der es reinlich und redlich und schön hergehe! Wollt ihr an diesen Mädchen nicht gern eine alte Schuld eures Geschlechts gut machen und ihnen helfen, daß sie früh und oft mit mit euch wandern? Hier in Bonn wandern die Mädchen meist allein, und die Buben auch. Und es ist gut. Und manche der Mädchen, auch die ganz zart und zierlich gebauten, weisen schöne Marschleistungen auf. Darin habt ihr vielleicht recht: so ganz stumfsinnige Kilometerfresser werden die Mädchen nicht so leicht! Seid ihnen dankbar, wenn sie euch vor diesem 'Ideal'bewahren! Es sollen ja die Wandertage Kunstwerke aus dem herrlichsten Stoff, dem Jugendleben, werden. Und die zu schaffen, Hans Breuer, muß man 'Gefühls- und Gemütsbildung' haben; die erwirbt man sich sicher in der Kameradschaft mit strebenden, stolzen Mädchen! Oder habt ihr Buben die nicht nötig? Jedenfalls aber brauchen die Mädchen Tatkraft, Willens- und Charakterbildung just so wie ihr. Der Mädchen Leben heut ist nicht leichter als eures! Es ist ein Pfadfinden, und man braucht viel Frische und Mut dazu. Den holen sie sich in der Arbeit und im Wandern. Wandern, Hans Breuer, werden wir - mit den Buben oder ohne Buben, - aber für uns und für euch

19 Hans Breuer, Teegespräch, a.a.O., S. 35

wärs schade, wenn wir nicht immer öfter und immer selbstverständlicher zusammen wanderten. Daß wir die moralische Entrüstung deiner guten Frau Walther nicht ganz verstehen, müssen wir wohl darauf schieben, daß es uns überhaupt verwundert, wie in einem durch Schule und Wandern so reich ausgefüllten Leben Zeit sein soll für böse Gedanken oder unwürdige Spielereien."[20]

Dieser Artikel ist der einzige, in dem sich eine junge Autorin selbstbewußt und streitbar gegen die männliche Sichtweise Breuers zur Wehr setzt; er gehört während der Vorkriegs- und Kriegszeit zu den wenigen Beiträgen von Mädchen, die in der am meisten verbreiteten Zeitschrift der Wandervogelbewegung erschienen sind. Trotz dieser Ausnahmestellung gibt er vermutlich einen bezeichnenden Eindruck von dem Selbstwertgefühl, das die weiblichen Mitglieder des Vorkriegswandervogels aus ihrer Zugehörigkeit zu den Gruppen des Wandervogels gewannen. In dieser frühen Zeit war die jugendbewegte Ideenwelt noch nicht endgültig besetzt und strukturiert durch die symbolische Ordnung des männlichen Geschlechts. Bis zum Erscheinen von Breuers "Teegespräch" hatte die gesellschaftliche Geschlechterordnung zwar den Erlebnischarakter der Wandervogeljungenbewegung bestimmt, jedoch noch keinen programmatischen Ausdruck gefunden. Die Mädchen konnten das vom Wandervogel beanspruchte Selbstbestimmungsrecht der Jugend relativ unbeeinträchtigt auch für sich einfordern, was vor allem bedeutete, solche Vorstellungen für das eigene Geschlecht überhaupt erst denken zu lernen. Während sich die Angriffe, die von außerhalb der Bewegung gegen das "Mädchenwandern" vorgebracht wurden, in erster Linie auf das "Gemischtwandern" konzentrierten, sprechen sich in einem Meinungsspiegel, der 1912 erschien, alle Gruppen dafür aus, das "Zusammenwandern" auch im neu zu gründenden Vereinigungsbund zuzulassen. Breuer wird in einer der Zuschriften vorgeworfen, er karikiere, verschärfe und verzeichne die damit zusammenhängenden Probleme, anstatt sich wie andere "vorurteilsfreie Schulmänner und Pädagogen" für eine gemeinsame Erziehung als "das selbstverständliche und wirksamste Erziehungsmittel" einzusetzen.[21]

Bevor noch Deutungen wie die von Hans Breuer die Geschlechtergrenzen im Wandervogel festschrieben und damit auch die ideologisch-strukturelle Gewalt verstärkten, gelang es den Mädchen in gewissem Maße sogar, die Geschlechterdifferenz mit eigenen Bedürfnissen zu verbinden und diese als weibliche Selbstdefinitionen in den jugendbewegten Diskurs zu bringen. Am häufigsten meldeten sich die Mädchen in der weniger verbreiten Zeitschrift des Jungwandervogel zu Wort. Die hier erschienenen Beiträge zeigen, daß die jungen Frauen ihre eigenen Maßstäbe suchten. Sie wußten, daß sie sich "nicht so frei und ungebunden wie die Jungen" bewegen konnten; "die jahrhundertelang einengenden Schranken sind nicht so schnell zu zerbrechen." Zur Führerfrage

---

20 Hildegard Wegschneider, Zum Teegespräch, in: Wandervogel, 1.Jg. Hornung 1911, S. 41

21 Worte vom Zusammenwandern, in: Ein letztes Wort zur Einigung im deutschen Wandervogel, zweites Einigungsheft, Walter Köhler (Hg.), Braunschweig, 20. November 1912, S.4-5

einengenden Schranken sind nicht so schnell zu zerbrechen." Zur Führerfrage meinten sie, am geeignetsten wäre ein "richtiges Wandervogelmädel"; dem würden die jüngeren Mädchen "viel lieber folgen als einer Lehrerin oder einem Führer"; es sollte am besten 17 - 25 Jahre alt sein. Gegen eine Lehrerin als Gruppenführerin sprach ihrer Meinung nach der damit verbundene Rollenkonflikt: "Steht sie sich nicht wirklich sehr gut und sehr kameradschaftlich mit den Mädchen, wird keiner von beiden Teilen Genuß von der Fahrt haben." Männliche Führer hielten sie allerdings für "noch weniger wünschenswert; erstens werden sie die Mädchen leicht überanstrengen, zweitens wird es die meisten Mädchen ein bißchen einschüchtern und sie an dem richtigen echten Frohsinn hindern."

Von einer strengen Disziplin hielten die Mädchen nicht viel: "Rücksichtnehmen einer jeden einzelnen auf die anderen und Einverständnis aller mit der Führerin muß den Gehorsam ersetzen." Feste Richtlinien lehnten sie auch in der "Streitfrage Standquartier oder große Fahrt" ab; sie meinten, die Entscheidung darüber finde sich in den Ortsgruppen "ganz von selbst" und hänge in erster Linie vom Alter der Mädchen ab. Meinungsverschiedenheiten werden bei der Übernachtungsfrage sichtbar. Da heißt es zum Beispiel:

> "Auf dem Heuboden oder in der Scheune können Mädchen unmöglich übernachten. Angekleidet im Heu zu schlafen, kann doch tatsächlich keine Erquikkung sein, und anders gehts nicht, da die Scheunen von innen nicht zu verschließen sind. Am besten wird Quartier in einer Familie sein; wo das nicht zu beschaffen ist, müssen die Mädels eben ins Gasthaus gehen. Mit der Zeit wird diese Frage ja auch gelöst werden. Vielleicht richtet man einmal ähnlich den Schülerherbergen auch solche für Mädchen ein".[22]

Aus heutiger Perspektive scheint es etwas weit hergeholt, das Übernachten von Mädchen im Stroh mit dem Hinweis auf das Kleidungsproblem abzulehnen. Dennoch macht die Autorin mit ihrer Argumentation auf einen zentralen Aspekt der sogenannten "Kleiderfrage" aufmerksam. Bei der zu allen Zeiten in der Jugendbewegung anhaltenden Diskussion um dieses Problem ging es um weit mehr, als nur um das Fehlen oder Entwerfen einer zweckmäßigen Kleidung. Die Konzentration auf die "Kleiderfrage" zeigt vielmehr, daß nichts die Geschlechterdifferenzen und -grenzen so deutlich markiert wie die Bekleidung. Weibliche Kleidung bezeichnet und symbolisiert immer auch die Grenzen weiblichen Lebensraumes und stellt insofern ein besonderes Merkmal weiblicher Inferiorität dar, eine Tatsache, die in dem Hinweis auf die nicht abschließbaren Scheunen zum Ausdruck kommt. Insofern bedeutete jede Auseinandersetzung um die Kleiderfrage, auch wenn sie vordergründig auf Zweckmäßigkeitsüberlegungen ausgerichtet war, zugleich ein Infragestellen gegebener Geschlechternormen und -grenzen. Denn jede Veränderung, selbst in

22 Ella Thomas, Vom Mädchenwandern, in: Jung-Wandervogel, 1.Jg. 1911, Heft 7, S. 105-107, 106

einer "Nebensache", verrückte auch im privaten Lebensbereich die Geschlechtergrenzen und erforderte den persönlichen Mut jeder einzelnen.

Couragierter als die eben zitierte Autorin zeigte sich in dieser Angelegenheit eine junge Frau aus Hamburg; sie antwortete auf den Artikel folgendermaßen:

> "Das Schlafen der Mädchen im Stroh und Heu als etwas Unpassendes, ja Unmögliches hinzustellen, finde ich nicht richtig. Was sollte es einem kernigen deutschen Wandervogelmädchen schaden, ebenfalls Wolldecke oder Schlafsack wie die Jungen zu benutzen, um auf Heu oder Stroh zu schlafen? Jedenfalls ist es nicht zu umgehen, denn oftmals in den großen Ferien und gerade in besuchten Gegenden ist es nicht möglich, für eine Horde Betten aufzutreiben, selbst nicht für teures Geld. Und dann die Kosten! Der Wandervogel soll für billiges Geld die Schönheiten der Heimat bewundern. Also wer ein Wandervogel sein will, muß schon mit der Prüderie aufräumen".[23]

Solche Meinungsverschiedenheiten zogen in der jugendbewegten Szene schnell praktische Konsequenzen nach sich, die in diesem Fall auch in einem Artikel zum Ausdruck kommen, in dem über die Aktivitäten verschiedener Mädchengruppen berichtet wird. Hier taucht der Name der eben kritisierten Wandervogelführerin, Ella Thomas, auf. Sie war mit ihrer Gruppe auf großer Wanderung:

> "Fast jede der Thüringer Gruppen machte eine große Fahrt. Vier Arnstädter Mädels zogen unter Änne Kirchners Leitung durch den Ringgau nach dem Meißner und Kassel; durch die Schwalm, den Knüll, über Hersfeld, Schmalkalden und Oberhof kehrten sie nach Arnstadt zurück. Die Arnstädter wanderten anfangs mit fünf Gothaer Mädels, trennten sich aber 'mangels gegenseitiger Übereinstimmung' bereits am zweiten Tage. Die Gothaer Mädels wanderten dann allein unter Ella Thomas' Führung durch Hessen und statteten daran anschließend Jena und Eisenberg einen Besuch ab."[24]

Leider geht aus dem Text nicht hervor, ob die Mädchengruppen in Gasthäusern oder in Scheunen übernachtet haben, und ob es in dem in Rede stehenden Konflikt um die Übernachtungsfrage ging. Wahrscheinlich ist aber, daß die "Prüderie" von Ella Thomas in dieser Frage den Anlaß für die Trennung der Gruppen bildete, zumal es in einem anderen Bericht über die Mädchen aus Arnstadt heißt, daß sie schon im Jahr zuvor "auf Stroh und Heu schliefen und sich dabei recht behaglich fühlten".[25]

Im Unterschied zu dem Diskurs über die männliche Jugendbewegung, in dem das "Erlebnis Jugendbewegung" ineinsgesetzt wurde mit neuen Männlichkeitsmythen, rankten sich die ideologischen Überhöhungen ein und desselben Erlebnisses im jugendbewegten Weiblichkeitsdiskurs immer um das heikle Problem, mit allen Mitteln Unterschiede herauszustellen, den Wert weiblicher Erfahrungen dort hervorzuheben, wo er traditionelle Geschlechtsrollenbilder zu

---

23 Berta Erdlen, Vom Mädchenwandern, in: Jung-Wandervogel, 1. Jg. 1911, Heft 8, S. 123

24 Kreisberichte, Thüringen, in: Jung-Wandervogel, 3.Jg. 1913, Heft 9, S. 141

25 Kreisberichte, Thüringen, in: Jung-Wandervogel, 2. Jg. 1912, Heft 9, S. 141

bestätigen schien. Ein naheliegender Weg war hier der schon von Hans Breuer eingeschlagene, das Erleben selbst einzuschränken und so zuzuschneiden, daß es in den traditionell weiblichen Aufgabenbereichen und entsprechenden Charakterzuschreibungen aufging. Diese unterschiedlichen Schwerpunktsetzungen in den Geschlechterdiskursen entsprachen zwar dem gesellschaftlichen Muster männlicher Dominanz und weiblicher Unterordnung, enthielten aber keinen Raum für ein weibliches Begehren, neue Freiheitserfahrungen in eigenen Selbst- und Weiblichkeitsentwürfen abzubilden.

5.4. Ein Zeitsprung in die spätere Wandervogelzeit

Mit welchen Interventionen junge Frauen rechnen mußten, wenn sie ihre neuen Erfahrungen als "weibliche Freiheit"[26] bewerteten und als solche in den jugendbewegten Geschlechter- und Weiblichkeitsdiskurs einzubringen versuchten, zeigt die Geschichte des Deutschen Mädchen-Wanderbundes (DMWB). In diesem Kreis, der 1914 als selbständiger Mädchenbund gegründet worden war, setzten einige Frauen seit 1919 eine Debatte in Gang, die völlig neue Themen in die bis dahin auf jugendbewegte Probleme und Ereignisse ausgerichtete Bundesöffentlichkeit brachte. Mit ihren Ideen über notwendige Veränderungen im weiblichen Rollenverständnis und -verhalten griffen sie erfahrbare Konflikte des weiblichen Lebenszusammenhangs auf, formulierten aber gleichzeitig auch programmatische Ansprüche im Hinblick auf die neue Stellung von Frauen in Staat und Gesellschaft der Weimarer Republik. Die besondere Konfliktträchtigkeit der in der Zeitschrift dieses Bundes breit diskutierten Ideen lag darin, daß hier bis dahin für selbstverständlich gehaltene Orientierungen und fundamentale Werte öffentlich und grundsätzlich in Frage gestellt wurden, die als weibliche Wesensmerkmale galten und identitätbegründende Bedeutung hatten. So wundert es nicht, daß die Aufforderung, sich mit politischen Problemen und Themen zu beschäftigen und nicht länger einseitig und vorrangig auf Ehe, Familie und häusliche Berufe hin zu denken, für manche Bundesschwester ein irritierendes und aufwühlendes, wenn nicht gar aufrührerisches Unterfangen darstellte. Bemerkenswert ist, mit welcher Selbstverständlichkeit sich Mitglieder des "Bru-

26 "Weibliche Freiheit", so die Analyse der "Libreria delle donne di Milano", setzt Symbolisierungen voraus, die von Frauen in autonomen gesellschaftlichen Zusammenhängen geschaffen wurden. Das meint eine Sprache, die weiblichem Erleben und weiblichen Erfahrungen einen adäquaten Ausdruck verleiht und so das "Zeichen des Geschlechts" (S.133), trägt. Indem Frauen ohne Rückgriff und Verweis auf männliche (Sprach-)Formen eigene symbolische Repräsentationen formen, begründen sie gleichzeitig eine weibliche Genealogie und schaffen gesellschaftliche Verhältnisse, in denen Frauen als Subjekte agieren: Libreria delle donne di Milano, Wie weibliche Freiheit entsteht, a.a.O.

der"-Bundes der "Fahrenden Gesellen" in die internen Diskussionen des Mädchenbundes einmischten.[27] Provoziert durch solch frevlerische Anstiftungen, wie die Aufkündigung der "wesensmäßigen" Abstinenz von Frauen gegenüber öffentlich-politischen Fragen, leiteten sie ihr Eingriffsrecht ganz selbstverständlich aus der Tatsache ab, daß eine Gruppe ihres Bundes bei der Gründung des Mädchenbundes behilflich gewesen war und beide Bünde denselben Idealen verpflichtet seien. Daneben spielten allerdings auch persönliche Freundschaftsbeziehungen zwischen den Mädchen und Jungen der beiden Bünde eine nicht unerhebliche Rolle für die Überzeugung der Gesellen, im "Schwester"-Bund mitreden zu müssen. (Zu den Motiven, aus denen heraus die jungen Frauen ihren Beziehungen zu den Männern einen höheren Wert beimaßen, als denen innerhalb des Mädchenbundes, soll hier nur folgendes angemerkt werden: Solange die Beziehungen unter Frauen keinen eigenen symbolischen Wert darstellen und somit Frauen auch kein gesellschaftliches Ansehen daraus ziehen können, ist es naheliegend für sie, sich an das männliche Geschlecht zu wenden.)

Eine der Kontroversen im DMWB schloß sich an Überlegungen an, die eine junge Frau 1919 auf einem Gautag vorgetragen hatte und die in der Bundeszeitschrift veröffentlich worden waren. Sie hatte versucht, eine Begrifflichkeit für die bewegende Mitte einer "Mädchengemeinschaft" zu finden. (Begriffe und Bilder für den "Eros des männlichen Bundes" waren seit Jahren üblich und boten den Jungen und Männern vielfältige Bestätigungen ihrer selbst und ihres Geschlechts.) Die Referentin, Elisabeth Fuhrmann, hatte in ihrer Rede Erfahrungen in der Mädchen- und Frauengruppe in Erinnerung gerufen und ausgeführt:

> "Wir alle haben es wohl schon in unsern Gruppen gespürt, wie köstlich es ist, wenn alle Herzen offen zueinander stehen und alle einander verbunden sind. Und da findet sich auch immer die rechte Gemeinschaft in äußeren Dingen, in der Arbeit im Bund und im täglichen Leben. Die Formen wachsen aus dem Erleben und weil sie aus unserm ureigensten Empfinden gekommen sind, aus dem, was unse-

27 Vgl. zum Thema Politik, in: Der Landfahrer, Blätter des deutschen Mädchen-Wanderbundes, 5.Jg. 1919, Heft 4, S. 7f und S. 11f; zur Frage weiblicher Berufsarbeit, in: Der Landfahrer, 5.Jg. 1919, Heft 8, S. 12f. Erst 1922 verfaßten die Frauen des DMWB eine offizielle Stellungnahme gegen die Einmischungen der Fahrenden Gesellen in die inneren Angelegenheiten ihres Bundes. Zu diesem Zeitpunkt unterlag der Bund wegen der Auseinandersetzungen um die sog. "völkische" Frage einer Zerreißprobe. Die in Aussicht genommene Satzungsänderung, nach der auch jüdische Mädchen der Bundesgemeinschaft angehören könnten, hatte die Fahrenden Gesellen zu aggressiven Interventionen gegen die "Linksabschwenkung" des DMWB veranlaßt. Das Verhalten der Bundesbrüder war auf dem Bundestag zu einem eigenen Tagesordnungspunkt erhoben worden und scharf zurückgewiesen worden. In der vom DMWB verabschiedeten öffentlichen Erklärung hieß es: "Der D.M.W. steht zu keinem Bunde der Jugendbewegung in irgend einer Bindung geistiger oder wirtschaftlicher Art, daß daraus das Recht abgeleitet werden könnte, ihn als seinen Schwesternbund zu betrachten oder zu bezeichnen. Ganz besonders müssen wir das dem Bunde der F.G. gegenüber betonen, der gewisse innere Angelegenheiten des D.M.W. zum Ausgangspunkt nimmt, Einfluß auf den Gang der Dinge und ihre Entscheidung zu gewinnen und ihm damit das Recht der freien Entwicklung abspricht, wie sie jedem Bund innerhalb der Jugendbewegung zusteht." Der Bundestag, in: Deutscher Mädchen-Wanderbund, 8.Jg. 1922, Heft 6/8, S. 33-38,34f

rer Frauenart not ist, können sie nie falsch sein. Nur der, die keine Gemeinschaft erlebte, kann diese nichts sein, und sie geht fremde Wege, die sie ins Wesenlose führen, weil sie ihr Wesen nicht bei ihnen finden kann, sie sind ja nicht aus ihrer Art gekommen. Fremde Wege? Wir haben sie oft gespürt, wenn wir einen Jungen zu Gaste hatten. Die Seelen der Mädchen konnten einander nichts geben. Und Mädchen! Spürtet ihr nicht schon dieses reine Frauenreich in euch? Wir müssen dieser reinen klaren Quelle wieder alle bewußt werden. Wir müssen sie in uns suchen und heilig halten. Sie verbindet uns tief innen mit den Schwestern. Nur durch sie haben wir einander lieb. So habt ihr hier den Kern unseres Bundes: das Wiederfinden des Weibes zu sich durch die Liebe zueinander."[28]

Gewiß ist diese Sprache heute schwer zugänglich, aber die Umschreibungen für den Wert einer frauenzentrierten Identität in der weiblichen Gruppe geben doch ein beredtes Zeugnis für die Anstrengungen der jungen Frauen, ihr Selbst an dem Ort des Austauschs in ihrem Bund zu suchen, - dort, wo sie miteinander weibliche Autorität, Lust, Vergnügen, Wissen und Macht erfahren hatten. Es ist die Rede einer Frau, die eine Verbindung zu anderen zu schaffen versucht und dabei gemeinsame Erfahrungen anspricht, um selbst aufgenommen und erfahren zu werden; sie erinnert an das, was Frauen im Zusammenhang der neuen Frauenbewegung für sich entdeckt haben, nämlich die Lust, sich gegenseitig zu befragen und miteinander zu sprechen. Das Erkennen, daß die Frauen, denen sie hier begegneten, ihren Fragen besser zuhören konnten als Männer und Antworten von Frauen dem eigenen Bemühen um ein besseres Leben entscheidenden Auftrieb gaben, gehörte zu den neuen Solidarisierungs- und Lernprozessen. Diese Erfahrungen weiblicher Differenz zum männlichen Geschlecht bildeten die Voraussetzungen dafür, daß Frauen den Maßstab für ihr Begehren und für ihren Wert in ihren eigenen Bedürfnissen suchten. So wundert es nicht, daß der letzte Satz Elisabeth Fuhrmanns erstaunliche Ähnlichkeit mit einem von Christiane Olivier hat, in dem es heißt:

"In der erwachsenen Frau findet jede andere Frau den wahren Spiegel, der weder eine Hexe noch eine Kokotte, noch eine Verschlingende zeigt, sondern eine ihr gleichende Frau".[29]

Dieses Sich-Wiedererkennen, Sich-Wiederfinden-Können in der anderen Frau hat nicht nur mit einem gemeinsamen Schicksal zu tun, sondern gehört zu einer weiblichen Identitätsfindung, die über die Identifikation mit dem männlichen Begehren hinausführt. Indem Frauen in gleichgeschlechtlicher Gemeinschaft ihre Solidarität und Liebe zueinander entdecken, lernen sie, sich selbst zu lieben und zwischen dem, was sie sind und dem, was sie sein sollen, zu unterscheiden;

28 Irmgard Schrötel, Vom Gautag der Märker bei Frankfurt an der Oder, Teil 2, Mädchen-Gemeinschaft, Ansprache von Elisabeth Fuhrmann, in: Der Landfahrer, 5. Jg. 1919, Heft 10, S. 8-11, 9f
29 Christiane Olivier, Jokastes Kinder, München 1989, S. 138

damit aber können sie aus diesem sie einschließenden Zwiespalt hinauskommen und zu ihrem individuellen weiblichen Selbst finden.

Solche Erfahrungen mögen Elisabeth Fuhrmann bewegt haben, ihre Überlegungen in einem Satz zusammenzufassen, der in seiner Radikalität großes Ärgernis bereitete, - meinte sie doch, daß "nie ein Junge ein Mädchen restlos ausfüllen kann, auch nicht der, dem sie Lebensgefährtin ist".[30] Offensichtlich war Elisabeth Fuhrmann hier richtig verstanden worden, denn ihre Bedeutungen, daß es aus der Perspektive der "sexuellen Differenz"[31] eine Bedingung für jede Frau sei, sich aus der Identifikation mit dem Manne zu lösen, um sich selbst definieren zu können, löste Bestürzung aus. Mit dieser Aussage hatte die junge Wandervogelfrau an ein zentrales Tabu gerührt und mehr noch: Hatte sie nicht eine allgemein gültige Ideologie und symbolische Ordnung mit einem Satz außer Kraft zu setzen versucht? Es lag nahe, daß diese Verletzung eines tausendjährigen Grundbestandes männlichen Wünschens und Begehrens nicht ungestraft bleiben konnte. Wer so offensichtlich alle identitätsbegründenden Phantasien und Wünsche patriarchaler Kultur mit einer einzigen These vom Tisch zu fegen wagte, setzte tiefgreifende Ängste frei. Wenn diese auch für die Geschlechter unterschiedlich konstituiert waren, mußten sie sich gleichwohl, gemäß dem gemeinsamen Schwur auf die Kameradschaftsordnung, gegen die "Kassandra" im Mädchenbund wenden. Es gehört nicht viel dazu, um zu verstehen, daß diejenige, die es gewagt hatte, eine Wahrheit von solcher Tragweite auszusprechen, angesichts des Entsetzens, das sie damit verbreitet hatte, selbst in Furcht geriet. Erschreckt durch das Mißfallen, das in Form von "vielen Zuschriften von Jungen und Mädchen" gegen sie brandete, beeilte sich die junge Frau, eine Frau/ein Mädchen ohne den sie ausfüllenden Mann/Jungen wieder als "Mangelgeschöpf" zu rekonstruieren. Die ihr dabei zu Hilfe kommenden, fest verankerten Ideologeme waren leichter zur Hand als eine Symbolik, die einem weiblichen Begehren nach Unabhängigkeit hätte Nachdruck verleihen können. Die erste Zuflucht angesichts ihrer eigenen und doch tausendjährigen weiblichen Ängste war das Gefühl, "mißverstanden" zu sein und das damit verbundene Harmoniebedürfnis: niemand sollte sich an dem gegen alle Regeln verstoßenden Satz wie "an einer Klippe stoßen" können. Die Argumentationen, mit denen sie diese "Klippe" wieder unter Wasser setzte, damit jeder und jede darüber hinwegkommen und sicheres Gestade erreichen könnte, gehörten zur Standardideologie Hans Blühers. Gleichzeitig aber knüpften sie an Weiblich-

---

30 Irmgard Schrötel, Ansprache Elisabeth Fuhrmann, a.a.O., S, 10

31 Der Begriff "sexuelle Differenz" kennzeichnet nach Luce Irigaray Seinsunterschiede zwischen den Geschlechtern, die, wenn man sie als Interpretationsansatz aufnimmt, "das Werden des Lebendigen so manifestieren und erhalten, wie es ist: geschlechtlich differenziert". (Genealogie der Geschlechter, S. 222). Mit dem Denken der "sexuellen Differenz" läßt sich die jetzt herrschende Kultur als eine monosexuelle analysieren, welche das körperlich-sexuelle, imaginäre und symbolische Andere der Frau negiert. Vgl. hierzu Luce Irigaray, Genealogie, a.a.O., und Diotima, Der Mensch ist zwei, a.a.O.

keitsmythen an, die das Bemühen der Referentin ebenso wie die erträumte Mädchengemeinschaft auch als "Insel" weiblicher Eigenständigkeit überfluteten und weibliches Begehren wieder in den Bannkreis des männlichen rückten.

Während Elisabeth Fuhrmann ursprünglich das "Geheimnis des Mädchenbundes" an das Erleben gebunden hatte und es ausdrücklich dem Prozess gemeinsamer Erfahrungen zugeschrieben hatte, mystifizierte sie es nun als "Tiefstes" einer jeden "Frauenseele". Damit aber wurde das "Geheimnis" aller maßgeblichen Bedeutungen enteignet. Hatte es als gemeinsame Praxis der jungen Frauen noch deren Wünsche umschlossen, sich selbst und ihre Welt zu verändern, schmolz es nun zu einem letztendlich biologisch zu fassendem Phänomen zusammen, das - jeder Frau zueigen - den bestehenden Geschlechterdiskurs wieder in seine alte Ordnung bringen sollte. Als höchsten Ausdruck dafür wählte Elisabeth Fuhrmann das Bild der Mutterschaft. Weit mehr noch als heute versinnbildlichte dies damals Respekt und Ehrfurcht vor der Frau; das "Unbegreifbare" der Mutterschaft verlieh als Geheimnis weiblicher Macht der Frau als Gattungswesen eine kultische Aura. Hier war sie in einzigartiger Weise "Trägerin des Lebens" und mit einem Hauch von Unsterblichkeit umgeben:

> "Könnte ein Junge je die heiligen, wonnigsten Gefühle einer Mutter verstehen, wenn sie ihr Kind unter dem Herzen trägt? Wohl nie, er kann davor knien, aber er kann es nicht erfassen. Aber wir Mädchen können es".

Dieses von allen wiederzuerkennende Bild setzte Fuhrmann nun gleich mit "unserem Reich, unserer Insel", die keinem Jungen je gezeigt werden dürften und ebensowenig von ihm "ausgefüllt" wie "ausgeschöpft" werden könnten; "nur ahnen und heilig halten kann er sie."[32] Es scheint, als sei es Elisabeth Fuhrmann außerordentlich wichtig gewesen, die männliche Anerkennung und Absegnung dieses Geheimnisses hervorzuheben. So konnte sie am ehesten sicher sein, auch den hartnäckigsten Vertreter des Patriarchats davon zu überzeugen, daß alles wieder seine symbolische Ordnung habe.

Die Sprengkraft des zunächst gegen zentrale patriarchale Werte verstoßenden Satzes war entfernt. Aber einmal ausgesprochen, ließ er sich doch nicht ungesagt machen, konnte schlimmstenfalls vergessen werden. Festgehalten werden muß hier, daß solche "verbotenen Worte" Wahrheiten aussprachen, die im Laufe der Jahre im weiblichen Wandervogel in Sicht gekommen waren.

Die weibliche Jugend der frühen Wandervogelzeit hatte noch nicht die Erfahrungen, das Wissen oder den Mut zu solchen gefährlichen Aussagen. Woher hätte sie dies alles nehmen können? Sie kam aus dem Bann der bürgerlichen Frauenzimmer und allein der Schritt in eine Umgebung, in der nicht jede Bewegung und jedes Wort mütterlich oder väterlich korrigiert werden konnten, be-

32 Elisabeth Fuhrmann, Zu meinen Worten über Mädchengemeinschaft im Gilbhardt-Heft, in Deutscher Mädchen-Wanderbund, 6.Jg. 1920, Heft 2, S. 24

deutete den Wandervogelmädchen mehr Freiheit, als sie sich bis dahin hatten vorstellen können; sie mußten sie erst für sich entdecken lernen. Dazu brauchten sie Zeit und in der mußten sie vieles verlernen, das, wie bedrückend auch immer, doch Teil ihres entfremdeten Selbstverständnisses war. Für diese Mädchengeneration war die kulturelle Differenz noch nicht mit Zielvorstellungen von weiblicher Freiheit und Autonomie zu verbinden, war sie doch bisher mit dem Hinweis auf die Geschlechterdifferenz zum Schweigen gebracht worden. Die Mädchen und jungen Frauen mußten erst den Ort finden, an dem sie sprechen konnten oder wollten; die ihnen immer wieder vorgehaltene Sprachlosigkeit war Zeichen dafür, daß sie Angst hatten, etwas falsches zu sagen; aber vielleicht war sie auch ein Zeichen einer Selbständigkeit: Wie hätten sie von sich sprechen sollen in dem von Männern längst abgesteckten und dicht besprochenen Rahmen des jugendbewegten Weiblichkeitsdiskurses, bevor sie nicht die Erfahrung möglicher Selbstbestimmung gemacht hatten?

5.5. Die "blaue Blume" in der Lebenswelt der Wandervogelmädchen

In der Frühzeit des Wandervogels waren Ideen und Diskussionen über Bedingungen und Grenzen weiblich-jugendbewegter Kultur unmittelbar an die konkreten Lebensformen der neuen Jugend gebunden. Diese erschlossen den jungen Mädchen und Frauen Freizügigkeiten, die ihnen ohne die organisierten Zusammenhänge der Jugendbewegung verwehrt gewesen wären. Was ihnen auf der Ebene ideologischer Rekonstruktionen von Wirklichkeit nicht zugänglich war, fanden sie in der jugendbewegten Lebenswelt umso mehr, und dies prägte sie nachhaltig.

Wandernd ließen die Mädchen Konventionen und Verbote hinter sich, und wandernd erschlossen sie sich ein Lebensgefühl, das sie immer wieder sehnsüchtig machte. Als immer neues Abenteuer erlebten sie auf Wanderungen und auf Fahrt die Gemeinschaft mit den anderen Mädchen ihrer Gruppe. Die "blaue Blume", die sie suchten, war die Spannung zwischen dem Glückserlebnis des Augenblicks und der Preisgabe dieses Glückes, weil sie weitermußten und ankommen wollten. Die "blaue Blume" war überall zu finden: Beim Aufbruch am frühen Morgen, bei der Suche nach einem Weg, im Anschauen einer Landschaft, in einem überraschenden Ausblick, bei einer erholsamen Rast und beim Abkochen im Freien, in dem Ausgeliefertsein an jede Witterung auf allen Wanderungen, im Erleben von Anstrengungen durch Wind und Regen, Sonne und Kälte, beim Anschauen einer Ortschaft, bei der aufregenden Suche nach einer Unterkunft in fremder Gegend, beim Ankommen in einer vertrauten Umgebung, in einer Abendrunde ums Feuer, im Miteinandersprechen und -lachen, beim gemeinsamen Singen, bei Tanz und Reigen und im Erlebnis der Begegnung mit Bundesschwestern und -brüdern bei großen Treffen.

Wie wunderbar die neuen Freiheiten der weiblichen Jugend erschienen, geht aus allen Fahrtenberichten hervor. Was sich für heutige LeserInnen wenig aufregend liest, war für die Akteurinnen damals mit immer neuen Sensationen verbunden. Der jugendbewegte Lebensstil stellte die jungen Mädchen vor völlig neue Anforderungen und vermittelte Erfahrungen, die in die bisher erlernten Wahrnehmungsmuster nicht hineinpaßten. Wenn, wie in dem folgenden Bericht über eine "Vorfrühlingsfahrt", romantische Schilderungen von Natur und Landschaften einen großen Raum einnehmen, dann spiegelt sich darin das Erstaunen über die eigenen Lebensmöglichkeiten und ein Vergewissern der neuen Entdeckungen:

> "Ihr wißt alle wie's an einem Vorfrühlingstag draußen ist: träumende, stille Luft, ein leiser Dunsthauch über den Bergen, schüchterner Vogelsang in den Hecken und der matte Schimmer einer weißen, umschleierten Sonne. Die Landstraße führte uns mitten hinein in den Vorfrühling der Fränkischen Schweiz, hinter uns das lachende Maintal mit seinen weiten Wiesengründen, seinen geschäftigen Städten - vor uns schroffe Berghänge und zerklüftete Felsenhäupter. Ein Tal tut sich zwischen den Bergen auf. An seinem Eingang ein fränkisches Städtchen mit bunten Holzfachwerkhäusern und gewaltigen Steinbauten, wie sie sich der fränkische Adel des siebzehnten und achtzehnten Jahrhunderts baute. Enger wird das Tal.- Ganz nahe treten die Felsberge zusammen; ob da wohl ein Weg durchführen kann? - Für Dörfer ist hier kein Platz. Die liegen oben auf der Hochebene. Im Tal sind nur Mühlen, die den Bergbach sich zu Diensten zwingen, wenn er auch widerspenstig schäumt und braust. Drohend neigen sich gewaltige Felskolosse über das Dach der Mühle, in der wir unsere Bleibe finden. Schnell noch vor Dunkelwerden über den zackigsten Felsenhang hinauf zur steinigen Hochebene! Da steht in der sinkenden Nacht, höher noch als die Hochebene, auf baumumdunkeltem Hügel eine armselige Kapelle. Aber weit ins Land grüßt sie hinaus... Vorfrühlingstag - Vorfrühlingsnacht. Weit zurück zum Horizont hat sich der Dunst des Tages in dicken Schwaden zusammengedrängt, und über uns leuchten Wagen und Kassiopeia. Tiefschwarz, ohne jede plastische Form, stehen die Felsen gegen den helleren Nachthimmel. Milder Wind spielt mit den Bändern der Gitarre und läßt sie leise an den Saiten schlagen. Zu unserem Hochsitz auf dem Felsen rauscht der Mühlbach herauf, jetzt laut, wie vom Frühlingswind zerwühlt, dann wieder schweigt er ganz - 'Dort nieden in jenem Holze leit sich ein Mühlen stolz'.... Leise klingt die Gitarre aus. Und als wir dann, müde von der Frühlingsluft, im Nest in der Mühle lagen, da war's mitunter, als pochte eine unsichtbare Hand ans Fenster und auf leisen Sohlen strich jemand ums stille Haus."[33]

Von anderen Autorinnen wird nicht, wie in dem vorstehenden Text, die Schönheit der Umwelt in den Mittelpunkt gestellt, sondern die eigene Entrücktheit. Die empfundenen Entgrenzungen zwischen der eigenen Person und der umgebenden Natur lassen die Intensität des Gefühls zum eigentlichen Erlebnis wer-

33 Berta Krauß, Vorfrühlingsfahrt, in: Jung-Wandervogel, 3. Jg. 1913, Heft 4, S. 67

den. In dem folgenden Bericht steht der "großartige Gedanke einer Nachtfahrt", auf einem Singeabend spontan entstanden, am Beginn eines einzigartigen Erlebnisses:

> "Sofort brach alles auf. In leisem Sprühregen (zog die Gruppe) den ziemlich steilen Schloßberg hinan. Bald hatten wir Häuser und Lichter hinter uns gelassen; ein paar Meter höher und vor uns ragte aus Nacht und Nebel unsere stolzeste der Burgen, die Wartburg heraus. Kein lautes Wort der Begeisterung, aber alle Blicke einigten sich zu diesem einen Punkte. Unter uns ein fast noch schöneres Bild: Tief eingebettet in der herb nebligen Landschaft liegt die Stadt. Ein einziges verschwommenes Lichtermeer vor uns, umringt von Höhen und Wäldern. Diesem Meere entsteigen grünlich schimmernde Wassernixen in ihren langen schleppenden Gewändern, ihren losen fliegenden Haaren, geschmückt mit den schönsten Seerosen, schweben auf und nieder und schwingen einen prächtigen Reigen! So schön und so betörend haben wir noch keinen gesehen! Die Musik dazu geben wir Wandervögel, die wir, dieses alles beobachtend, weiter und weiter die Wartburg umkreisen."[34]

In der Mehrzahl der Berichte stehen persönliche Erlebnisse und Gruppenereignisse im Mittelpunkt des Erzählens. Wie das Hinauswandern mit der Gruppe neu und ungewohnt war, so wird jedes überraschende oder unvorhersehbare Ereignis unterwegs mit der Aura des Ungewöhnlichen und Abenteuerlichen umgeben:

> "Es war ein kleines, verlorenes Dörfchen, zwischen Bergen und grünen Wiesen gelegen. In der Abenddämmerung, so um 8 Uhr herum, erreichen wir es. Vor dem ersten Gasthaus machen wir halt. Zwei von uns gehen hinein, um die 'Bleibe' auszumachen, die anderen warten derweile draußen, auf dem Brückengeländer sitzend. Hu, ist da ein Qualm! Kaum kann man hindurchsehen. Der Wirt schüttelt den Kopf, als wir für acht Menschen ein Unterkommen haben wollen und meint, sich hinterm Ohr kratzend, er wolle man mal seine Frau rufen. Die Frau Wirtin war die allernetteste Person, die ich im ganzen Hessenlande kennen gelernt habe. Sie konnte uns zwar nicht aufnehmen, aber sie gab uns ihr kleines Mädchen mit. 'Anneken, nu zeig' mal die Fräuleins die Schule!'"

Dort müssen die Mädchen "eine steile Treppe hinauf", direkt "'in Kantor sine Küche'", tragen wieder "die Bitte um Bleibe" vor, "nä, die Schulstube wär gestern frisch geölt." Von dort wieder zur Wirtin und weiter zum Bürgermeister und zum Schmied. Überall ist "Anneken getreulich" dabei und auch die LeserInnen ziehen mit herum. Sie erfahren, wer eine "Pfeife im Mundwinkel" hält, wie lang "ein weißer Bart" ist, wie die Scheune aussieht, die "zum Schlafen gar nicht geeignet" war. "Zwar war auch eine Tenne da, auf der standen aber nur zwei schmutzige Ackerwagen, und damit war sie auch stoppenvoll. Nein, da konnten wir nicht bleiben." Die Hilfe kommt vom Bürgermeisterssohn. Der richtet vom Vater aus, "auf hochdeutsch sogar", die Mädchen könnten in der

34 Luise Huhn, Eine kleine Nachtwanderung, in: Jung-Wandervogel, 3.Jg. 1913, Heft 6, S. 86f

Wurstkammer nächtigen. "Die Würste und der Obstkuchen werden in eine Bodenkammer gebracht, der Sohn holt einige Schütten Stroh". Alle hatten Platz:

> "Wir können uns alle nebeneinander hinlegen, und zu unseren Füßen ist noch so viel Platz, daß jede ihren Rucksack hinstellen kann. Schleunigst ziehen wir erst mal die Nagelstiefel aus und die Sandalen an."

Die Geschichte dieser "Bleibensuche" findet mit den abendlichen Ereignissen noch eine Fortsetzung und wenn ein solcher Bericht auch nicht annähernd so faszinierend ist wie das dahinterstehende Erleben, gibt er doch aufschlußreiche Hinweise darauf. Die Mädchen waren "ergriffen"; dazu gehört die hinter ihnen liegende Wanderleistung ebenso wie das wohlige Körpergefühl ihrer Müdigkeit, das in dem Augenblick verfliegt, wo ihr großer Auftritt im Dorf beginnt. Es gehört die Erwartung auf die verdiente Muße ebenso dazu wie die Gespanntheit auf das Nachtlager. Lachend und kichernd über die Besonderheiten der Dorfbevölkerung genossen sie den Austausch in der Gruppe und kamen mit ihrer lustvollen Neugierde ebenso auf ihre Kosten wie mit ihrem Spaß an Selbstinszenierungen. Die Aufregungen des Augenblicks rissen sie hin; eben noch zwischen Bangen und Hoffen auf ein Nachtquartier - dann die große Erleichterung am Ende.

Der krönende Abschluß dieser Erlebnisse stand ihnen noch bevor: Die "allernetteste Person des Schwabenlandes" lud sie zu einem Dorffest ein, auf dem sie "trotz der müden Beine, der Sandalen und der dicken Sweater gleich zum Tanz geholt werden" und später "mitten zwischen den Dorfmädchen sitzen", die zunächst "neidisch zu sein scheinen, daß sie nicht getanzt haben und wir Fremden von den Burschen geholt sind. Aber wir sind so nett zu ihnen, lassen uns mit Du anreden und sagen auch wieder Du, bewundern ihre schöne Tracht und erzählen so viel, daß sie bald wieder ausgesöhnt sind."[35]

Mußte so ein Erleben nicht euphorisch stimmen? Man kann sich vorstellen, wie die Mädchen zunächst vorsichtig an der Tür des dörflichen Tanzbodens stehen geblieben waren, dann aber inmitten der Aufmerksamkeit, die ihnen entgegengebracht wurde, im Bewußtsein ihrer Attraktivität und Einzigartigkeit aufblühten. Sie erlebten die Stärke der Gruppe und fühlten sich Besitz einer "Definitionsmacht". Hatten sie nicht komplizierte Situationen, in denen es für Frauen eigentlich keine Verhaltensregeln gab, sicher gestalten können? Sie waren nicht geflüchtet, sondern hatten sich so bewegt, daß sie durch Eigenwilligkeit Erfolg hatten. So hatten sie sich von den Burschen den Hof machen lassen, solange es ihnen Spaß machte und die konkurrierenden Empfindungen der Dorfmädchen auflösen können. Die Erfahrung solcher persönlichen

35 Von allerhand Mädchenfahrten. Berta Haselhuhn, Ein Abend im Hessenlande, in: Wandervogel, 7.Jg. 1912, Heft 9, S. 269f

"Außergewöhnlichkeit" war zweifellos aufregend und bestätigte das Selbstbild, auf abenteuerlichen Wegen zu reisen.

Die Chance für derart "lustige Erlebnisse" lag nicht in den dörflichen Eigentümlichkeiten, sondern viel mehr in dem "Kulturschock", den die jugendbewegt aufgezäumten Stadtmädchen zu jener Zeit für eine Dorfbevölkerung bedeuten mußten. Der Gegensatz dieser Kulturen bildete einen Hintergrund, vor dem sich der eigene Abenteuerdrang sensationsreich ausspielen ließ. Was schon im heimatlichen Milieu als Grenzverletzung, mutige Leistung, irritierende Anstrengung und zugleich Genuß erlebt worden war, konnte hier noch einmal lustvoll inszeniert werden. Viele Fahrtenberichte von Mädchen zeigen eine ähnliche Erzählstruktur wie der hier zitierte. Um die Ereignisse in der ihnen beigemessenen Bedeutung herauszustellen, werden sie so dargestellt, wie sie sich (so meinen die Erzählerinnen) in den Augen der Landbevölkerung widerspiegeln. Gegenüber dem kritischen und "philisterhaften" Blick des unverständigen Stadtmenschen ermöglicht das naive Staunen der bäuerlichen Bevölkerung den Wandervogelmädchen, sich ohne Einschränkungen positiv abzubilden; Stadtferne räumte der weiblichen Jugend insofern eine größere Narrenfreiheit ein und verringerte so die Schwierigkeiten weiblicher Sebstdefinition.

In der "Normalität" boten die weiblichen Lebensbedingungen nicht die Freiräume, um sich Selbstbilder zu machen. Umgeben von einer Bilderfülle, die aus männlichem Begehren herrührte, vergewisserte die weibliche Jugend sich ihrerselbst in "fremden" Blicken und hatte es schwer, sich aus deren Bann zu entfernen. Bei dem obigen Text muß weiterhin berücksichtigt werden, daß der darin sich ausdrückende Genuß an der eigenen Kompetenz auch darum so intensiv war, weil sich mit der jugendbewegten Lebenswelt zum erstenmal soziale Räume erschlossen, wo junge Mädchen und Frauen solche Fähigkeiten für sich entdecken und entwickeln konnten. Die Freude an jugendbewegt-weiblicher Selbst- und Welterfahrung spricht aus allen Erlebnisberichten. Dabei fällt auf, daß Texte, in denen geschlechtsspezifische Benachteiligungen mitreflektiert werden, kaum zu finden sind. Eine der wenigen Ausnahmen ist folgender Bericht:

> "Die Jungen sind auf Rügens Fluren gar wohl bekannt, aber daß die Mädel es ihnen nachtun und gar ins Heu schlüpfen, das wollte den braven Leuten oft erst nicht in den Sinn. Mißtrauisch betrachteten sie uns, wohl im stillen überlegend, welcher Zunft wir angehören möchten. Wir Mädel haben mit mancherlei Schwierigkeiten kämpfen müssen. Sehr schmeichelhafte Bezeichnungen wurden uns beigelegt, ich führe nur 'Amazonenweiber'an, doch das störte uns weiter nicht. Zu bedauern ist nur, wie jemand, der in der Sache steht, es unerhört finden konnte, daß Mädel so allein ohne Geleitsmann in der Welt umherzogen. Es müßte dann wenigstens eine 'verheiratete' Dame dabei sein, die die Verantwortung übernähme. Na, der 'Ehering'schützt uns auch nicht. Wir können ja auf der nächsten Fahrt solch billiges Möbel mitnehmen. Wenn es nötig ist, steckt ihn die Würdigste an den Finger. Das Bleibesuchen löst immer wieder ein eigenes Gefühl aus.

Die Scheunen waren unsere Wegweiser. Sobald sie ein einladendes Aussehen hatten, wurde das Quartiermachen versucht. So war es auch an jenem Abend, wo wir bei einem prächtigen alten Paar Unterschlupf fanden. Schon von weitem sahen wir zwei große Scheunen in malerischer Umgebung. 'Da muß es gut sein', dachten wir alle. Aber o weh, ein Wohnhaus war nicht vorhanden. Es lag einige hundert Schritt entfernt. Durch wogende Kornfelder mit prächtig leuchtendem Mohn stampften wir auf sandigem Pfade dorhin. Ein freundlicher Alter guckte vor des Hauses Pforte gerade nach Wind und Wetter. Es war der Pächter. Wie gern nahm er uns auf. Gleich rief er Mudding zu: 'Riekchen, Wanderratten sind da!' Was für eine Freude haben wir diesen beiden Alten durch unser Auftauchen bereitet! Sie wußten sich so prachtvoll in die Gedanken und Empfindungen der Jugend zu versetzen und hatten ihre helle Freude an unseren gebräunten Gesichtern."[36]

Dieser Bericht ist nur ein Jahr nach dem "Teegespräch" erschienen und doch liegen weite Abstände zwischen dem hier geäußerten weiblichen Lebensgefühl und den von Breuer angestellten Spekulationen. Der Text zeigt, was auch aus anderen Fahrtenschilderungen deutlich wird, daß das Breuersche Konzept die Fahrtenlust der weiblichen Jugend nicht hatte zähmen können. Die Gruppen waren frei genug, ihre Wanderziele auch dorthin zu legen, wo es keine Landheime gab und Nachtquartiere dort zu suchen, wo sie am Wege lagen. Sie zogen ohne männliche Führer durch das Land, machten zum Teil auch weite Reisen und ihre Gruppenführerinnen waren häufig Lehrerinnen, die jugendbewegt-freizügig neue Identifikationsangebote für die nächste Schülerinnengeneration bereitstellten.[37] Das bedeutet nicht, daß Hans Breuers Programmatik ohne Einfluß auf die Bewegung geblieben wäre. Seine "kniffligen" Ideen und Spitzfindigkeiten legten den Wandervogelmädchen neue Steine in den Weg, wo diese beim Wegräumen der alten Unterstützung gebraucht hätten. Man stelle sich vor, solche Ermutigungen, wie sie ihnen auf den selbst gesuchten Wegen zuteil wurden, wären auch von Männern, die "in der Sache standen", gekommen; - die weiblichen Wandervögel hätten kräftiger mit ihren Flügeln schlagen können. Daß die Lust, frei zu fliegen, sie gelegentlich sogar unter offenem Himmel nächtigen ließ, zeigt nicht nur das folgende Fahrtenerlebnis:

"Ich suche beim Schein der Taschenlampe die Karte zu lesen, die drei Mädels um mich rum. Wahrscheinlich hätten wir schon eher abbiegen müssen. Jetzt wollen wir erst mal versuchen, wieder an die Aue zu kommen. Da stoßen wir auf einen Hügel. Taschenlampe raus: ein Hünengrab. Am Kornfeld entlang gehen wir, und die Ähren stehen so still. Rött läßt ein deutlich vernehmbares Gähnen hören, wir

36 Von allerhand Mädchenfahrten: Ein Braunschweiger Mädel, Rügen und Bornholm, in: Wandervogel, 7.Jg. 1912, Heft 9, S. 275f

37 Liesel Riegger, selbst Lehrerin und von 1910-1913 Führerin der Karlsruher Wandervogelmädchengruppe und Mitbegründerin des "Kronacher Bundes", erzählt von einer nur wenig älteren Mathematiklehrerin - "eine der ersten in Baden examinierten Naturwissenschaftlerinnen" -, die am Lehrerinnenseminar nicht nur "manchen Staub aufgewirbelt hatte", sondern auch entscheidend für ihren Eintritt in den Wandervogel war. In: Liesel Riegger, Die Geschichte der Mädchenbildung in Karlsruhe, ohne Verlagsangabe, 1973, S. 39

alle sind müde. Da buchtet sich das Kornfeld zu einem Halbrund aus und davor stehen schwarz und schweigend zartgliedrige Birken und Gesträuch. 'Könnten wir da nicht -?' Schon liegt eine Zeltbahn ausgebreitet und bald liegen wir vier Mädels darauf, dicht aneinander gedrängt, eingewickelt wie Mumien. Erst kann man gar nicht einschlafen, es ist viel zu schön. Über uns die funkelnden Sterne, am Horizont links und rechts drohende Gewitterwolken, aus denen alle paar Sekunden ein fahler Lichtschein zuckt. Wetterleuchten. Vor Kälte wachen wir wieder auf. Die Uhr zeigt 1/2 3. Nein das geht so nicht weiter. Wir stehen auf, schlaftrunken und mit steifen Beinen. Nach unserm 'Heidehof Lohe' wollen wir zurück, vielleicht finden wir dort einen Strohhaufen. Die Füße tasten ihren Weg. Da ist schon die Eichenallee. Beinahe hätten wir aufgejubelt: ein schöner hoher Strohhaufen. Schnell ist das Lager bereitet, wo wir vom Haus aus nicht gesehen werden können. Und wie wir liegen, schlafen wir auch schon. Am Morgen werden wir durch das wütende Bellen des Hofhundes geweckt. Da nehmen wir den Rucksack in den einen Arm, die Klampfe in den andern und im Galopp geht's über den Weg an die nahe Aue. Wir sind beim Großreinemachen, da erscheint ein junger Bauernbursch auf der Bildfläche mit dem Hund und einem Gewehr. Wie er uns sieht, geht ein Schmunzeln über sein Gesicht und er kehrt um. Wir aber lachen, lachen!"[38]

Dieser Bericht stammt aus dem Jahre 1917 und er macht deutlich, daß die Mädchen im Wandervogel schon viel gelernt hatten; sie konnten Karten lesen und sich in ungewohnten Situationen zurechtfinden; dabei kam ihnen zuhilfe, daß sie sich neben der "Klampfe" auch mit Fahrtenutensilien ausgerüstet hatten, die dem vorherrschenden Verständnis nach sehr viel später noch mit männlicher Symbolik besetzt waren.

5.6. Wandervogel zwar, aber weiblich: Über Konflikte im Lebensgefühl der Wandervogelmädchen

Vielzählig geworden, waren die Mädchen in den Wandervogelbünden nicht mehr zu übersehen. Dennoch fühlten sie sich "als Gäste im Bund der Jungen" und sahen sich auf Bundestagen übergangen:

"Wohlgefühlt haben sich die Mädelhorden nicht in Wöbbelin. Die Sache war eben von Anfang an nur für die Jungen gedacht, demgemäß also zugeschnitten und geleitet. Man freute sich über die Mädel und ihr feines Singen, aber das war auch alles. Wirklich etwas zum Fest beigetragen haben sie nicht. Sie waren Gäste, nicht Teilnehmer."[39]

---

38 Mitti, Eine Nachtfahrt der Jevermädels, in: Jung-Wandervogel, 7.Jg. Oktober 1917, Heft 10, S. 144f

39 Elsa Wehlau, Ein Mädelbundestag?, in: Bundesmitteilungen des Altwandervogel, 1914, Heft 2, zit.n. Dokumentation Bd. II, a.a.O., S. 139ff

Nach solchen Erfahrungen hatte eine Hamburger Mädchengruppe vorgeschlagen, einen eigenen "Mädeltag" abzuhalten, - ein Vorschlag, den die Verfasserin des zitierten Textes mit folgenden Begründungen ablehnte:

> "Wir sind doch alle in erster Linie Wandervögel, dann AWVer und dann kommt erst die Trennung Jungen- und Mädelgruppen. Wir haben gemeinsam um unsere Selbständigkeit gekämpft, unsere Ziele sind die gleichen, wir haben eine gemeinsame Zeitung und da sollten wir getrennte Bundestage abhalten? Die natürliche und erste Augabe der Mädel ist es, sich innerhalb des Bundes als den Jungen gleichberechtigt Ansehen zu verschaffen."

Vorschläge, was die Mädchen tun könnten, um sich diesen Status zu verschaffen, machte die Schreiberin nicht. Sie wies zwar daraufhin, daß dies "nicht leicht" sei:

> "Ich erinnere nur an diejenigen Bundesführer, selbst Mitglieder der Bundesleitung, die grundsätzlich Gegner des Mädelwanderns sind (Anmerkung des Bundesleiters: 'Grundsätzlich Gegner des Mädchenwanderns?)";

machte dennoch allein die Mädchen dafür verantwortlich, die Situation zu verändern:

> "Es liegt nur an uns, daß man nicht mit uns rechnet. Bisher hat man uns eben nur geduldet, weil wir da sind und man uns unsere Daseinsberechtigung nicht abstreiten kann."[40]

Diese Zuschrift drückt Haltungen aus, die für die Mehrheit der weiblichen Jugend im Wandervogel kennzeichnend waren. Die Mädchen verbanden mit ihrer Teilhabe an der Bewegung die Vorstellung, daß ihr Streben nach jugendlicher Selbstbestimmung identisch sei mit dem der männlichen Wandervogeljugend. Diese Überzeugung, nach der die gesellschaftliche Geschlechtertrennung in der Jugendbewegung, wenn nicht schon überholt, so doch nebensächlich geworden sei, hinderte sie daran, die unterschiedlichen Interessen und Gegensätze zwischen den Geschlechtern ernst zu nehmen. Wenn die Autorin in dem zitierten Text feststellt, daß das Ideal einer Interessenidentität zwischen Mädchen und Jungen nicht mit der jugendbewegten Wirklichkeit übereinstimme und daraus Anforderungen an ein verändertes weibliches Verhalten herleitet, dann ist auch diese Sichtweise typisch für die Mehrheit der weiblichen Jugend in den Bünden. Nur die Mädchen, so schien es, hatten dafür zu sorgen, daß die Realität mit dem Ideal zusammenfalle; die Jungen hätten ihren Beitrag dazu schon geleistet, indem sie, wie es in dem Artikel heißt, "die meisten Mädelgruppen gegründet" hatten; Aufgabe der Mädchen war es nun, ihren Teil zu leisten. Was das sein könnte, blieb dabei unklar; sicher waren die Mädchen sich lediglich in der

---

40 ebenda, S. 141

Überzeugung, daß sie den Ansprüchen der Jungen gerecht werden müßten. Hier ist der Hinweis der Autorin, daß die Mädchengruppen den männlichen "Rückhalt noch bitter nötig" hätten, interessant. Forderten sie damit nicht Verhaltensweisen ein, die zu jenen patriarchalen Geschlechterverhältnissen gehören, die sie doch überholt glaubten oder zu überwinden trachteten?

Es scheint, daß es den jungen Frauen unmöglich war, die männlichen Ideen und Praktiken, mit denen sie bald wieder aus dem Bundesleben ausgegrenzt wurden, frontal zu kritisieren. Das hätte vorausgesetzt, daß sie sich aus der Identifikation mit der männlichen Wandervogeljugend hätten lösen können. Woher aber sollten ihnen die Voraussetzungen dafür zugewachsen sein? Gerade erst war ihnen ein Platz in "eigentlich" der männlichen Jugend vorbehaltenen Räumen zugebilligt worden; diese Tatsache leistete der Orientierung auf das männliche Geschlecht eher Vorschub. Daß die Öffnung des Wandervogels gleichzeitig kollektive Erfahrungen für die weibliche Jugend ermöglichte und damit auch Vorbedingungen für eine Herauslösung aus dem bestehenden Geschlechterbezug schuf, ist eine andere Sache. Historisch konkret allerdings kam jedes Infragestellen männlich-jugendbewegter Selbstdefinitionen einer Kriegserklärung an die bewegten Jungen und Männer gleich, denn diese fürchteten nichts so sehr, wie die weibliche Jugend an dem Ort wiederzufinden, an dem sie die eigene Identität begründeten.

Angesichts der ungeklärten Widersprüche zwischen jener "Gleichheit", die der weiblichen Jugend eingeräumt worden war und der Differenz, die behauptet, verlangt und beansprucht wurde, kann es nicht wundern, daß die Mädchen die in dem zitierten Text angedeuteten Erwartungshaltungen an sich selbst an keiner Stelle ausformulierten. Sie waren unsicher und hatten Angst vor den widerspruchsvollen Anforderungen, vor die sie sich gestellt sahen; sie sehnten sich nach männlichem "Rückhalt", was auch heißen kann, daß sie hofften, aus der Ungebrochenheit und Eindeutigkeit männlicher Positionen möge sich auch für sie ein sicherer "Stand" ableiten lassen. Ohne weibliche Vorbilder und ohne frauenzentrierte Werte, suchten sie sich an denen zu orientieren, die schon zuhause waren in der Welt der Jugendbewegung. Dies war durchaus kein Ersatz für eine eigenständige Orientierung, von der sie nicht einmal wußten, daß sie ihnen fehlte, sondern entsprach ihren subjektiven Bedürfnissen. Daß sie dennoch in Konflikte gerieten, aus denen es innerhalb der jugendbewegten Werteordnung kaum ein Entweichen gab, lag an den spezifischen Bedingungen dieser Identifikation, - ging es hier doch darum, den Jungen ähnlich und doch nicht ähnlich zu sein. Jedes Straucheln auf der Gratwanderung zwischen diesen Geboten setzte die Mädchen auf der einen Seite dem Vorwurf aus, zu "verbengeln" und auf der anderen Seite, zu weiblich zu sein, beziehungsweise die gesamte Jugendbewegung zu "verweiblichen". Ob dieser Zwiespalt mitgemeint ist, wenn eine der von mir interviewten Frauen meinte, daß die weibliche Jugend im

Wandervogel nicht mehr an Freiheit hätte verkraften können, als sie dort gefunden habe?

Wie selbstverständlich es für Mädchen und Frauen war, unter den Bedingungen der gegebenen Geschlechterhierarchie den männlichen Blick zu übernehmen, zeigt der folgende Artikel. Anliegen der Autorin war, den Mädchen "einiges zum Nachdenken" zu geben, auf daß sie endlich den "richtigen" Ausdruck jugendbewegter Weiblichkeit finden möchten:

> "Gehen ein Junge und ich über die Wiese. 'Siehe, wie häßlich', sagt er plötzlich, ich guckte hin und schämte mich. An diesem unserem schönen Festtage ein Mädchen mit grünen Pluderhosen und bunter Bluse! Wir gehen weiter und treffen noch eins und ein drittes und viertes und noch einige über den Platz verstreut. Habt ihr Mädchen denn gar kein Gefühl dafür, wie wenig festlich und mädchenhaft euer Anzug war? Hütet euch doch davor, in solcher Weise aufzufallen! Daß ihr mitlieft, war famos. Konntet ihr euch dazu nicht kurz vorher zurecht machen und dann in der Nähe des Wettspielplatzes bleiben? - - Und noch mehr war häßlich. Viele ließen ihre Zöpfe hängen. Mußten einige sie mit Wollfäden zubinden? Wo blieben die bunten Schleifen? Denkt doch nur daran, daß wir ein Fest feierten, ein sonniges frohes Frühlingsfest. Macht es den Bäumen und Blüten nach, schmückt euch mit holder Zier aber verunstaltet euch nicht und beleidigt eure Gastgeber (!) nicht durch solche Derbheit. Und nun noch ein ein Wort über unsere Kleider. Ganz anders war euer Anblick diesesmal als vorige Pfingsten im Thüringer Burghofe. Bauernkleider die vorjährige Tracht - Eigenkleider die Gewänder dieses Festes. Wenigstens dachten doch sicher die meisten, 'Eigenkleider' anzulegen. Daß die sogenannten Bauernkleider überwunden sind, ist gut. Ihr Name bezeichnete ihre Disharmonie mit uns. Aber nun die 'Eigenkleider'. Meintet ihr wirklich solche zu tragen, wenn mehr als die Hälfte von uns angetan war mit einem Gewande runden oder viereckigen Ausschnittes, irgendeiner bunten Borte drum herum gestickt oder gehäkelt, sonst lose herunterhängend, höchstens durch irgendeine Schnur zusammengehalten? So kamen Unzählige - der einzige Unterschied war, daß eine knallblauen, eine brandroten, eine leuchtend gelben oder grünen Stoff genommen hatte. Nur ganz wenige hatten feine, weiche unaufdringliche Farben oder geblümte Stoffe, und die wirkten wahrhaft wohltuend unter all den schreienden Kleidern. - Da wir so viel geredet und geschrieben von Kleiderreform, und ich hatte mich recht auf all eure schönen neuen Kleider gefreut - aber diese Reform hat mich arg enttäuscht. - Vielleicht kam der Wechsel zwischen Bauernkleid und dem Eigenkleid zu schnell - seht doch aber zu, daß ihr zum nächsten Bundestag in schöneren Gewändern erscheint - zu eurer eigenen persönlichsten Art wirklich passend. Zum Schluß: daß die Mädchen den schweren Rucksack, oft auch den Kochtopf tragen müssen, ist nun gerade kein ästhetischer Genuß - ihr wißt's alle - aber das ist ja nicht zu ändern. Ist es jedoch notwendig, den 'Guchdupp' von beiden Seiten mit einem baumelnden schmutzigen Stiefelpaar zu umrahmen? Auch so soll jemand von uns zum Festplatz gekommen sein. Und erinnert Euch an Fritz Fuldas Feuerworte: Arbeitet an Euch, daß Selbstbeherrschung nicht nottut, sondern ein selbstverständlicher Adel da ist. - Seelenadel läßt sich aber nicht vereinen mit grobem, häßlichem Äußeren - unschönem Kleide - unfreier Haltung."[41]

---

41 Elisabeth von Pustau, Einiges zum Nachdenken für die Mädchen, in: Wandervogel, 9.Jg. 1914, Heft 4, S. 116-118

Es fällt auf, daß in diesem Text die freien Formen einer weiblichen Wandervogelkultur nicht nur kritisiert, sondern auch mit einer "unfreien Haltung" in Verbindung gebracht werden. Das Herumexperimentieren mit bunten Pluderhosen, Kleidern in leuchtenden Farben und einfachen Haarfrisuren "unfrei" zu nennen, bedeutet, daß die Autorin jene weibliche Selbstinszenierung als "frei" qualifizierte, in der man "mädchenhafter" Anmut nicht mehr anmerkte, mit wieviel Selbstbeherrschung und Abrichtung sie erreicht worden war. Die Mädchen waren zu erkennen an ihrem Äußeren, und dieses bildete den Maßstab für den weiblichen Persönlichkeitswert, mittels dessen das junge Mädchen als frei oder unfrei, mädchenhaft oder unweiblich, schön oder häßlich, erfreulich oder enttäuschend be- und verurteilt wurde.

Daß diese aus der männlichen Perspektive herrührende weibliche Selbstentäußerung nicht etwa nur äußerlich war, sondern den Mädchen den Zugang zu sich selbst versperrte, wird aus folgendem Bericht deutlich. Mit dem Untertitel "Beobachtungen einer 'Unparteiischen'" beschreibt hier ein junges Mädchen ihre Erlebnisse bei einem der beliebten "Kriegsspiele", an dem "Mädchen ja doch nicht teilnehmen durften". Es war ihnen "nur erlaubt, Zuschauer zu sein" und sie wanderten deshalb "sehr gemütlich" zum Schauplatz der kommenden Ereignisse. Die Autorin wäre lieber in der allgemeinen "Eile" unterwegs gewesen; es "kribbelte ordentlich in" ihr, weil sie nicht ins Spiel bringen konnte, was sie auf ihrem Wege schon in Erfahrung gebracht hatte. Am Ziel angekommen, traf sie mit ihrer Gruppe auch auf die Mädchen, die mit der anderen Jungengruppe, der "Gegenpartei", gekommen waren; zusammen "verzogen" sie sich auf eine nahe Wiese, um dort zu lagern und zu kochen.

> "Eben waren wir dort, als irgend jemand sagte: 'Der Sturm beginnt.' Rucksack und Mantel flogen hin, und fort sauste ich mit ein paar andern Eifrigen, und wir kamen gerade recht".

Der "Sturm" brandete eine zeitlang um einen Turm, der, uneinnehmbar, schließlich unter der Bedingung übergeben wurde, daß am Nachmittag der Kampf weiter ausgefochten würde. "Freund und Feind lagerte in gemütlichem Durcheinander auf der Wiese neben dem Turm, Feuerstellen wurden aufgebaut," alle "spielten und sangen"; die "paar eifrigen" Mädchen zwischen ihnen. Wo die anderen Mädchen "steckten, ob sie hinten auf der Wiese geblieben sind, weiß ich nicht, jedenfalls haben wir sie nicht mehr gesehn. - Um die schmausenden und Karten kritzelnden Wandervögel herum standen staunende Dorfkinder".
Trotz dieser genauen Angaben wird nicht deutlich, wo die sensationslustigen Mädchen im Treiben des friedlichen Heerlagers ihren Ort hatten. Ohne Beziehung zu den anderen Mädchen, die, allein gelassen, nicht mehr zu sehen waren, suchten sie vom Rande des Geschehens aus nach einer Rolle, die ihnen erlaubte, doch daran zu partizipieren; - Marketenderinnen, "Beobachterinnen", die von niemandem geholt worden waren. Beim Abmarsch schlossen sie sich den

Trupps der gegnerischen Knaben an, denn die eigenen waren vorausgestürmt und warteten in Kampfstellung, um diesen den Weg zu versperren. Die "Mädels wurden gnädigst von den Nachrückenden mitgenommen, so ungefähr als 'Bagage'". Einmal machten sie "einen hübschen kleinen Dauerlauf mit durch sumpfige Pfade" und fühlten sich glücklich, nicht liegen gelassen zu werden: "O, es tut so gut, sich einmal so auszulaufen"; die Autorin fürchtete, in ihrer Begeisterung darüber aus ihrer "Rolle als Unparteiische" zu fallen, zumal sie sich von einem "Führer aufs genaueste den Angriffsplan erklären ließ." Ihren Status als "Unparteiische" gab sie vermutlich erst in den sich auflösenden Fronten der Jungen auf und genoß auf dem Heimweg den damit legitimierbaren Vorteil, mitreden zu können. Hier konnte ohnehin jeder nur Bruchstücke in die allgemeine Unterhaltung einwerfen und es fiel nicht weiter auf, daß sie eigentlich nicht dazugehörte. In dem überfüllten Zug fuhr sie "vergnügt" heimwärts und hoffte, "bald wieder solch schöne Fahrt" zu machen.[42]

Ob dieses Erlebnis für die Berichterstatterin nur vergnüglich war? Eindrucksvoll fand ich, was sie kaum gewagt hat anzurühren, und was doch als Erlebnishintergrund sichtbar wird, nämlich die leidvolle Erfahrung, als Mädchen von dem männlich geprägten Jugendleben ausgeschlossen zu sein. Hier hatte es keine Übergänge zwischen den nach Geschlechtern getrennten Welten gegeben. Die einen waren die Akteure, im Mittelpunkt des Geschehens, die anderen höchsten Mitläuferinnen, von denen sich einige aus dem Abseits an die Bühne gedrängt hatten und selbst dort ihr höchstes Glückserlebnis nur als - "Bagage" erhaschen konnten.

Erfahrungen im "Niemandsland" zwischen den Grenzverläufen der zwei voneinander getrennten Welten, die "kribbelnde" Lust, in der einen mitzumachen und sich gleichzeitig jeden Augenblick ausgeschlossen zu wissen; das Davonstürmen zum Kampf um den Turm und der Zwang, sich doch nach den anderen Mädchen umzusehen; das Erinnern der Trennung von diesen; die Beschreibung des Lagerlebens, die das "kein Ort nirgends" für die Mädchen deutlich werden läßt; sind sie mitgemeint, wenn die Autorin von den Wandervögeln spricht, die von den Dorfkindern bewundert werden? Die Autorin wußte, daß sie als Mädchen in einer männlich dominierten Gesellschaft keine andere Chance hatte, als "von der Nachhut gnädigst mitgenommen" zu werden. Indem sie sich aus dieser für sie unerträglichen Erfahrung mit der sich selbst zugesprochenen Rolle einer "unparteiischen Beobachterin" zu befreien suchte, hatte sie für sich einen Ausweg aus der erlittenen Bedeutungslosigkeit gefunden. Die Grenze die-

42 Hanna Diehl, Kriegsspiel in der Davert, Beobachtungen einer "Unparteiischen", in: Wandervogel, 9.Jg. 1914, Heft 8, S. 233-255

ses Verhaltens lag da, wo sie ihre Interessen nur in Orientierung auf das dominante Geschlecht wahrnahm und die Kraft ihrer Wünsche nicht mit dem eigenen Geschlecht verbinden konnte. Daß sie damit durchaus "parteiisch" gehandelt hatte, sei nur angemerkt.

5.7. "Was wollen die Mädchen eigentlich im Wandervogel?"

Zu diesem Zeitpunkt - es war 1914 - war der Satz, "daß Mädel auch allein vorwärts kommen können und stolz darauf sind, daß sie es können"[43], im Wandervogel schon nicht mehr ungewöhnlich; eben dadurch gewann eine solche Aussage aber auch den Charakter einer frauenpolitischen Position, die nicht unwidersprochen blieb.

Schon 1911 war eine Bremer Mädchengruppe des Jungwandervogels mit der Idee eines selbständigen Mädchen- und Frauenbunds an die jugendbewegte Öffentlichkeit getreten. Sie hatte unter beiden Geschlechtern wenig Zustimmung gefunden und es ist interessant, welche Argumente dabei eine Rolle spielten. So sieht ein Autor sehr wohl, daß die jungen Frauen durch männerbündische Frauenverachtung und "kleinliche Philisterhaftigkeit", die ihnen die "völlige Selbstbestimmung vorenthielt", zu dieser frauenzentrierten Initiative herausgefordert waren. Dennoch ermutigt er die weibliche Jugend nicht zu diesem Schritt, obwohl er Parallelen zieht zu dem "Selbstbehauptungskampf", der Frauen in der Öffentlichkeit "aufgezwungenen" werde. Im Gegenteil meint er, daß es angesichts der "Schranken, welche die Frauen, insbesondere die auf den Gebieten des Erwerbslebens tätigen, gegen die Männerwelt aufzurichten gezwungen sind, doppelt und dreifach zu begrüßen ist, wenn noch hier und dort wertvolle Gelegenheit übrig bleibt, den veredelnden Einfluß der Geschlechter aufeinander auf Gebieten zu pflegen, welche dem Wettbewerb im Kampfe um das Dasein entrückt sind."

Er fordert die jungen Frauen dringend auf, "nicht die unschätzbaren Werte zu vernichten", die in dem "kameradschaftlichen Verkehr der Geschlechter" lägen, wobei er den "Einfluß" würdigt, "den echte und natürliche Weiblichkeit auf die Charakterentwicklung unserer männlichen Jugend (hat)".[44] Unnötig zu sagen, daß hier offene Türen eingerannt wurden. "Erfreulicherweise", fand eine Frau 1913, "ist aus diesen Bestrebungen nichts geworden. Weshalb noch mehr Zersplitterung innerhalb des Wandervogels?"[45]

---

43 Eva Schirrmacher, Vom Hildesheimer Mädeltag, in: Sachsenspiegel, Mai 1913, S. 262-264, 263

44 F. Metterhausen, Ein deutscher Bund für Frauen- und Mädchenwandern, in: Jung-Wandervogel, 1. Jg. 1911, Heft 8, S. 122f

45 Thea Meyer, Wo sind die Mädchen im A.W.V.?, in: Alt-Wandervogel, 8.Jg. 1913, Heft 3, S. 55

Freilich mußte sich die weibliche Jugend in den Bünden mit der von den Knaben und jungen Männern aufgebrachten Frage beschäftigen: "Was wollen die Mädchen eigentlich im Wandervogel?" Wie ernsthaft sie sich dabei mit männlichen Vorbehalten identifizierte, zeigt sich daran, daß sie "darüber manchmal irre wurde an der eigenen 'Wandervogel-Echtheit'".[46] Einen organisatorischen Niederschlag fanden diese Auseinandersetzungen in eigenen Mädchentreffen, die seit etwa 1913 neben den gemeinsamen Bundes- und Gautagen in vielen Kreisen und auch Gauen veranstaltet wurden. Die Diskussionen um eine unabhängige Organisation der Frauen und Mädchen in der Jugendbewegung erhielten im JWV seit 1915 neuen Auftrieb. Anlaß war jetzt der sich ausbreitende Antifeminismus Blüherscher Prägung. Die jungen Frauen dieses Bundes reagierten damit auf eine Entwicklung, von der die weibliche Jugend aller Bünde betroffen war, was es erstaunlich macht, daß nicht auch in den anderen Bünden ähnliche Diskussionen begannen. Die Wortführerinnen im JWV wollten ihre Selbständigkeitsbestrebungen von Anfang an nicht als "demütiges Zurückweichen", sondern als "Gegenstoß" verstanden wissen:

> "Hans Blühers 'Herz braucht nicht zu bluten bei dem Gedanken, die Mädchen wieder in die würdelose Verlogenheit ihrer bisherigen Erziehung zurückzustoßen'. Es gibt ein Gesetz: Stoß erzeugt Gegenstoß."[47]

Wie wenig kämpferisch dieser "Stoß" zunächst allerdings ausfiel, wird deutlich an Ausführungen von Trude Bez. Sie äußert sich über die "Gemeinschaftsfähigkeit" der Geschlechter und meint damit auch jene "Wandervogel-Echtheit", über deren weibliche Form sich vielerorten manch einer und manch eine den Kopf zergrübelte:

> "Die Notwendigkeit eines Zusammenfindens ist wohl (auch für die Mädchen, I.K.) da. Aber ist es überhaupt möglich? Eine Form von Gemeinschaft, die größte, die Ihr Jungen und Männer habt, die gibt es - glaube ich für uns nicht. Eure Freundschaft, dieses Einander-Nahe-Kommen und Sich-Offenbaren und doch Sich-selbst-bewahren ist für uns unmöglich. Denn unser größtes, tiefstes Erleben können wir nur ganz einsam für uns haben. Das liegt ja nicht wie bei Euch, in einer gemeinsamen Welt, in einem gemeinsamen Werk, das liegt in uns drin wie ein Geheimnis, das wir selbst nicht kennen. Mir ist's immer so, als wäre jede Frau eine Welt für sich, die ihre Bahn gehen muß um ihre Achse und um ihren Mittelpunkt. Jede andere Welt ist ihr fremd, feind."

Diese Selbstdeutungen zeigen in erschreckender Weise, mit wieviel Demütigungen die Wandervogelmädchen fertig werden und aus welchen Selbsterniedrigungen sie sich herausarbeiten mußten. Es ist unverkennbar, wie weit hier der von Blüher auf den Begriff gebrachte Männlichkeitswahn für jedes Wort Pate

---

46 Trude Bez, Wir Mädchen und der Jung-Wandervogel, in: Der Führer, 3. Jg. 1916, Heft 2, S. 13-23, 13

47 Trude Bez, in: Der Führer, 3. Jg. 1916, Heft 1, S. 7 und Heft 2, S. 22f

gestanden hatte, und unverkennbar ist auch, daß Männer, die aus solchen Vorstellungen lebten, sich durch solche weiblichen Selbstzuschreibungen bestätigt fühlten konnten. Allerdings stehen im selben Text zwei Sätze, die, noch als Fragesätze formuliert, ein völlig anderes, mutiges Denken zeigen und die zitiert werden sollen, weil sie ein wachsendes Selbstbewußtseins der jungen Frauen als Chance beschreiben:

> "Ob das nicht auch bei uns möglich wäre, daß wir Gesetz und Notwendigkeit sähen, eine in der andern? Und die Schönheit in all der großen Ordnung, die wir gemeinsam erfüllen?"[48]

Eine frauenrevolutionäre Vorstellung, die hier aufscheint: der Traum von einer eigenen sozialen Welt, die in einer feministischen Werteordnung ihren Anfang nimmt. Aber wie paßt das zusammen, sich männlichen Weiblichkeitsvorstellungen zu unterwerfen und gleichzeitig sich nicht nur zu entziehen, sondern, mehr noch, eine "Gesetzesordnung" zu imaginieren, die aus dem Erkennen der einen Frau in der anderen ihren Anfang nimmt? Wie junge Männer im Wandervogel erst auf dem Hintergrund weiblicher Partizipationsansprüche ihren Männlichkeitskult ausbilden konnten, hatten andere auch die Mädchen unterstützt und nach Formen einer neuen Geschlechtergemeinschaft gesucht. Diese Unterstützungen gehörten für die jungen Frauen zu den Voraussetzungen ihrer neuen Freiheitserfahrungen und waren im jugendbewegten Leben nicht einfach zu trennen von dem männlichen Bestreben, sich gleichzeitig von der weiblichen Jugendbewegung zu unterscheiden oder diese gar auszugrenzen. Umstellt von Weiblichkeitsbildern, die aus Wesenszuschreibungen zusammengesetzt, mit Erfahrungen von Zweitrangigkeit und Abhängigkeit untermauert und durch Normen und Regeln abgesichert waren, bedurfte es einigen Mutes, Grenzverletzungen zu riskieren und sich aus den bestehenden Beziehungsmustern hinauszudefinieren. Die Scheu vor einem solchen Kraftakt und die "Rücksichtnahme" auf die männliche Jugend gehören hier zusammen; denn mit dem Aufkündigen anerkannter Rollenbilder wurden (und werden) immer auch persönliche Sicherheiten, Privilegien und Zukunftswünsche aufs Spiel gesetzt und es war für die jungen Frauen wichtig, sich hierbei doch jugendbewegt-männliches Wohlwollen zu sichern.

Diese Konfliktstruktur der Geschlechterauseinandersetzungen war umso schwieriger zu durchschauen und zu lösen, als sie eingebunden war in eine Zeitgeschichte, die die weibliche Jugend im Wandervogel vor ganz neue Anforderungen stellte, die nicht nur als Chance, sondern auch als Überforderung erlebt werden mußten. Es war 1915, als der zuletzt zitierte Artikel geschrieben wurde. Die Mehrzahl der Wandervogelführer war an der Front, und die weibliche Ju-

48 Trude Bez, in: Unser Weg, Eine Stellungnahme der Führerinnen zu Wandervogelfragen, 1915, Heft 1, S. 6

gend in den Bünden wurde immer wieder aufgefordert, "das zu erhalten, was wir uns bisher durch das Wandern erworben haben". Sie sollte darüberhinaus auch "Neues" schaffen, "denn die Buben sind jetzt meist noch zu jung dazu" und der Gedanke, "daß wir neue Kräfte brauchen, ungeheuer viel neue Kräfte, weil uns so ungeheuer viele verloren gehen und wir nicht sterben dürfen", überhöhte die Ansprüche für die Mädchen noch einmal auf bedrängende Weise. Dennoch war aus solchen Ermahnungen nicht einfach eine neue Praxis zu entwickeln, denn die bestehende war die alte geblieben. Auf den gemeinsamen Treffen erging es den Mädchen wie schon früher "ganz merkwürdig. Die Buben tummelten sich in Spielen und Wettkämpfen, und es war Leben und Freude bei ihnen"; die Mädchen "aber standen dabei, guckten erst zu, langweilten (sich, I.K.) dann, froren und schimpften über das schlechte Wetter." Unzufrieden, sich nicht selbstverständlich an den Spielen und Wettkämpfen beteiligen oder diese nach eigenen Bedürfnissen gestalten zu können, auch nicht das Ansehen zu haben, um beispielsetzend aktiv zu werden, standen die jungen Frauen doch unter dem Erwartungsdruck, "auch den Buben zu helfen" und beim "Führer-Ausbilden manche Anregung und manchen Rat zu geben". Sie hatten "den größten Teil der Arbeit im Geschäftsbetriebe und am Gaublatt und der Bundeszeitung zu leisten."[49] Da alle diese Aufgaben "eins" waren mit dem männlichen Ansehen, war von vornherein klar, daß kein weibliches Wesen hier je Vergleichbares erreichen könnte, dennoch erhielten solche Anforderungen ein umso größeres Gewicht, als das Grauen, dem die jungen Mädchen ihre Wandervogelfreunde an der Front ausgesetzt wußten, "eine harte Sprache" redete:

> "Was tat ich für dich, was tust du für mich? Wir Daheimgebliebenen der Gruppe, die jungen Buben und wir Mädchen, alles danken wir denen draußen, alles. Sie sind unser Stolz und unsere Freude, unser Bangen, unsere Zuversicht, unsere Ruhe. Alle Entbehrungen, alle körperlichen und geistigen Anstrengungen achten sie gering, Leben und Gesundheit setzen sie freudig ein. Das alles nehmen wir von ihnen. Und wenn auch der einzelne daheim alles zu tun meint, was er kann - er weiß, er bleibt doch immer tief in ihrer Schuld."[50]

Solche Schuldgefühle aufseiten der jungen Frauen waren die Kehrseite des Mangels an Handlungskompetenzen und sie spielten eine nicht unerhebliche Rolle in den Auseinandersetzungen mit der männlichen Wandervogeljugend. Die Jungen befanden sich in allen dominanten Handlungsfeldern und waren "im Besitz" der allgemein anerkannten Maßstäbe. Um dagegen eigene Handlungsfähigkeiten und Sicherheiten entwickeln zu können, brauchten die Mädchen eine Fülle von gemeinsamen Erfahrungen. Dazu gehörten nicht nur die in der Mädchengruppe zu gewinnenden Selbständigkeiten, sondern auch der Umgang mit

---

49 Ilse Reinhardt, Für die Mädchen, in: Wandervogel, 11.Jg. 1916, Heft 10/11, S. 217f

50 Hede Leder, Von der Arbeit der Mädchen, verschiedene Beiträge, in: Wandervogel, 10. Jg. 1915, Heft 1, S. 27-29, 28

den Jungen und das Kennenlernen männlicher Selbstbehauptung. Hier aber war es für die weibliche Jugend in den Bünden nicht einfach, sich der Gemeinsamkeit ihrer Erfahrungen und Interessen zu vergewissern und eine gemeinsame "politische" Praxis zu entwickeln. Nicht nur die schon beschriebenen, längst erlernten und leichter zugänglichen individuellen Strategien der Konfliktbewältigung standen dem entgegen, sondern auch der Genuß von Begegnungen und Umgangsweisen mit einzelnen Männern oder Jungen, in deren persönlichem Verhalten sich die allgemeinen männerbündischen Strukturen durchaus nicht spiegeln mußten. Hinzu kam, daß es im jugendbewegten Zusammenhang nicht leicht war, sich über eine Praxis zu verständigen, die dem Selbstbild der Bewegung entgegenstand. Am jugendbewegt-männlichem Verhalten den Mädchen und Frauen gegenüber grundsätzliche Kritik zu üben, bedeutete, fundamentale Werte, wie das Kameradschaftsideal, in Frage zu stellen. Auch Erfahrungen von Unterlegenheit und Hilflosigkeit einzugestehen, war nicht "Sache" der Bewegung, denn es gehörte zum jugendbewegten "Profil", erfolgreich und glücklich zu sein.

5.8. "Separatklüngel" und frauenzentrierte Gruppenkultur - weibliche Wandervogeljugend auf dem Wege zur Selbstbestimmung

Daß die jungen Frauen dennoch Lernprozesse erlebten, wird deutlich an einem Artikel der schon zitierten Trude Bez. Ein Jahr nachdem diese noch der männlich bestimmten Gemeinschaft im Wandervogel ihre Folgsamkeit im Sinne eines weiblichen "Einander-nahe-kommens und Sich-selbst-bewahrens" gezeigt hatte, rief sie zur Bildung einer Mädchen-Wandervogelgemeinschaft auf. Dieser Gründungsaufruf ist nicht mit der Streitbarkeit eines nach außen gerichteten "Gegenstoßes" verfaßt, sondern beruft sich auf den Vorgang, in dem sich die jungen Frauen den "Wandervogel für (sich, I.K.) selbst haben suchen müssen aus dem fix- und fertigen Jungenswerk heraus." Die Autorin gehörte zu der ersten Generation der Wandervogelmädchen; diese waren inzwischen älter geworden, aber sie wollten "weiter wachsen, weiterblicken, weiterarbeiten und zugleich eine Form schaffen, um das Erworbene weiterzugeben". Trude Bez fand es "unsinnig", sich dafür "irgendeine gemeinsame soziale Arbeit (zu) suchen und die nächste, noch unerfüllte Aufgabe (zu) übersehen". Zu der für die weibliche Wandervogeljugend delikaten Frage einer selbst initiierten Abgrenzung, eines "Separat-Klüngels", meinte sie:

"Jetzt brauchen wir sie. Ich weiß nicht, ob es immer so sein wird. Wir müssen Zeit und Gelegenheit haben, das, was uns fremd ist oder fern liegt, für uns allein durchzuarbeiten, und zwar von unseren eigenen Gesichtspunkten aus. Mag es nun Naturanlage oder bloße Gewöhnung sein, die Mädchen sind immer geneigt, das viel selbstbewußter, radikaler geprägte Urteil des Mannes einfach anzunehmen, selbst wenn es zehnmal falscher ist als ihre eigene Ansicht. Und selbst wenn sie eine feste eigene Meinung haben, fehlt ihnen meist die rasche Fähigkeit, sie auszudrücken, oder überhaupt das Selbstvertrauen dazu. Dazu die Mädchen zu erziehen oder wenn das nicht möglich ist, ihnen durch stilleres Besinnen und Ausdrucksuchen eigenes Urteil und Denken zu ermöglichen, dazu brauchen wir neben der gemeinschaftlichen immer unsere getrennte Arbeit."[51]

Der Text zeigt deutlich, wie sehr die jungen Frauen daran gearbeitet hatten, die jugendbewegte Lebenswelt mit einer frauenzentrierten Praxis zu verbinden. Im Unterschied zu dem ein Jahr früher verfaßten Text wird hier die Geschlechterdifferenz und Weiblichkeit nicht mehr mit den Blüherschen Thesen in Verbindung gebracht, und es wird offen gehalten, ob weibliches Verhalten einem "Geschlechtscharakter", individueller Anlage oder auch der Erziehung zuzuschreiben sei. Neu ist aber noch etwas anderes: Die Dringlichkeit, mit der die jungen Frauen für eine "getrennte Arbeit" eingetreten, zeigt, daß sie um ihrer Verselbständigung willen bereit waren, die Beziehungen zu den jungen Männern zu verändern, das aber hieß immer auch, etwas zu riskieren.

Ein Jahr später, 1917, hatte der Plan einer eigenständigen Organisation festere Gestalt gewonnen. Die Führerinnen und älteren Mädchen des Jungwandervogels hatten sich zu einem "Bundesmädeltreffen" versammelt, das es bis dahin noch nicht gegeben hatte und das schon dadurch programmatischen Charakter trug. "Trotz der ungünstigen Verkehrsverhältnisse und der an gleichen Tagen stattfindenden Bautzener und Eislebener Treffen waren 53 Mädel gekommen."[52] Am Ende der Tagung befanden die jungen Frauen, daß es "ein Tag voller Bedeutung in der Entwicklung der Mädelbewegung im Wandervogel" gewesen sei, der "eine erste klare Entscheidung in der Mädelfrage" gebracht hätte. Nach Jahren der vorsichtigen Fühlungnahme untereinander sahen sie nun "alles Mißverstehen und alle Fremdheit verschwunden"[53]; "die Zeit vorher war ein allmähliches Loslösen von Traditionen, und wir wissen, was wir den Jungen zu danken haben." Der Entschluß zu einem eigenen Bund war für die versammelten Mädchen und Frauen in der gemeinsamen Erkenntnis begründet, daß das gegenwärtige weibliche "Schicksal so problematisch ist, wie vielleicht kein Frauenschicksal früherer Zeiten." Ohne diese Einsicht mit historischen Entwicklungen in Verbindung zu bringen, sahen sie die Probleme des Frauen-

51 Trude Bez, Wir Mädchen und der Jung-Wandervogel, in: Der Führer, 3. Jg. 1916, Heft 2, S. 13-23, 22

52 Malchen Herrmann, Das Mädelbundestreffen in Braunschweig, in: Jung-Wandervogel, 7.Jg. 1917, Heft 12, S. 190

53 Else Erig, Mädelbund im Jung-Wandervogel, ebenda, S. 190f

schicksals wie auch die Ansatzpunkte für deren Überwindung allein in weiblicher Natur und Subjektivität begründet:

> "Die Frau handelt nicht mehr aus einem instinktiven Wissen heraus, sondern besinnt sich auf ihre Gesetzmäßigkeit. Aber bei der Aufgabe ihres sicheren Instinktes sind ihr jegliche Richtlinien verloren gegangen, ein Tasten, Fühlen, teils vorsichtig, teils draufgängerisch, ein Antwortsuchen auf die Probleme ihres Seins."

Es fällt auf, daß in keinem der Texte, in denen die Frauen dieses Bundes über Ziele und Beweggründe der von ihnen erstrebten Eigenständigkeit reflektierten, näher ausgeführt wurde, was sie mit der zum weiblichen Leben gehörigen "Gesetzmäßigkeit" meinten. Fast klingt es so, als ob das geforderte neue Selbstverständnis von Frauen ein Frage individueller Moral sei und nur aus sich selbst heraus zu begründen. Die darin zum Ausdruck kommende Offenheit für einen persönlichen Lebensentwurf, der nicht um normative Auffassungen vom Wesen der Frau und nicht um ein zukünftiges Glück in Ehe und Mutterschaft kreist, erscheint als unmittelbares Ergebnis der tief beeindruckenden Erfahrungen auf dem "Mädeltreffen":

> "Ich erlebte ein Stück Erkenntnis in Braunschweig. Vielleicht ist es uns allen so ergangen. Ein Funke, der aufleuchtete und zündete. Wir gehören zusammen in dem Wollen, frei von Traditionen, uns unsere ureigenste Lebensform zu suchen. Und so wahrhaftig wollen wir sein, daß uns das, was uns Erkenntnis wird, auch Bekenntnis werden soll. Anerkennung der Gesetze, die die Natur in uns gelegt hat, unter Voranstellung des einen höchsten Gesetzes von der Autonomie des Menschen."[54]

Diese Ausführungen zeigen, daß die jungen Frauen sich im Prozess ihrer bewußt gestalteten Frauengeschichte im Bund viel mehr als ein "Jugendleben" erschlossen hatten. Was sie noch zwei Jahre zuvor nur als Wunsch und Frage formulieren konnten, hatten sie nun für sich als Möglichkeit begreifen und umzusetzen gelernt. So, wie die jugendbewegte Gemeinschaft der Ort war, an dem die Mädchen und Frauen im Vertrauen zueinander ihre "ureigenste Lebensform" suchten und ein neues Selbstvertrauen erlebten, hatten sie sich auch ein eigenes Wissen und gemeinsame Handlungsfähigkeit geschaffen. Auf dieser Grundlage konnten sie Gesetze biologistisch gedachter Weiblichkeit leichter in Frage stellen und lernten, die "Autonomie des (weiblichen) Menschen" als das "höchste Gesetz" für sich zu denken und zu beanspruchen.

Daß der Freiheitsbegriff dieser Erklärung weiblichen Selbstbestimmungsrechts den jugendbewegten Wertvorstellungen verbunden blieb, braucht nicht hervorgehoben zu werden. Die "Autonomie des Menschen" leiteten die jungen Frauen des Jungwandervogel aus einer "reinen erlösenden Natur" her, als deren Teil sie

54 Malchen Herrmann, Gedanken zum Braunschweiger Treffen, ebenda, S. 189f

sich selbst begriffen. Damit erklärt sich, daß sie äußere Bedingungen des "problematischen Schicksals" von Frauen ebensowenig zum Thema machten, wie sie ihre erfahrenen Demütigungen und die männlich-jugendbewegten Machtposen kritisierten. Sie wollten keine "allgemein weithin wirkende Ordnung, eine umstürzende Tat". Ihr Ziel war, von "innen heraus aus Frauenart schaffen für das, was ganz tief und ursprünglich aus der Erde wächst, auch in uns selber", um so "das höchste, beste zu werden". Im Zusammenhang der emotionalen Erfahrung ihrer Frauen- und Mädchengemeinschaft gewannen diese Vorstellungen Dimensionen eines gemeinsamen, gesellschaftlichen Handelns. Hier wollten sie "Aufgaben, die unsere Kräfte in Anspruch nehmen, und dadurch froh und stark machen."[55]

Der Entschluß zu einer autonomen Gestaltung ihres Bundeslebens war die folgerichtige Konsequenz ihres Suchens nach frauengemäßer Orientierung. Es sollten nun keine unterwürfigen Unterscheidungen zum Jungenbund mehr gemacht werden. Die weibliche Jugend wollte "im Jung-Wandervogel ein Bund von Mädeln sein, der mit dem Jungenbund durch getrennte Arbeit nach einem gemeinsamen Ziele strebt."[56]

Ein Jahr später, 1918, waren die Frauen dieses Bundes maßgeblich an der Organisation eines ersten "Freideutschen Mädchentages" in Hamburg beteiligt. Der Einladung waren soviele Mädchen und Frauen gefolgt, daß "in den Räumen ein Geschiebe und Gedränge herrschte" und "kaum ein Platz zu bekommen war." Malchen Hermann, die die Diskussionen um die Mädchengemeinschaft im JWV mit vorangetrieben hatte, hielt den einleitenden Vortrag. Wenn auch das Thema dieser ersten überbündischen Frauentagung nicht fest umrissen war, ging es doch im wesentlichen um Fragen weiblicher Lebensgestaltung. Als ein Hauptproblem wurde diskutiert, daß Frauen durch Studium und Beruf sehr oft "ihre Weiblichkeit verloren". Einen Ausweg aus diesem Dilemma, das entstanden sei, weil "der Begriff 'Mensch' vom Manne geprägt" sei, glaubte ein Teil der versammelten Frauen darin zu sehen:

> "Berufe neu aus unserem Leben erwachsen zu lassen. Aus unseren Wanderungen und Spielen werden Erziehungsgemeinschaften, aus unserm Wohnen in Arbeitervierteln soziale Siedlungen, aus unserer Gymnastik und unserem Tanz erwächst eine neue Körperkultur."

In den Aussprachen zeigte sich, daß die Gegensätze zwischen völkischen und linken Positionen so groß waren, daß sich der Wunsch, mit dieser Tagung "den

55 Trude Bez, Wir Mädchen und der Jung-Wandervogel, in: Der Führer, 3.Jg. 1916, Heft 2, S. 16
56 Else Erig, Mädelbund im Jung-Wandervogel, ebenda, S. 191

Grund zu einer großen Mädchengemeinschaft" oder gar "Tatgemeinschaft" zu legen,[57] nicht realisieren ließ. Jedenfalls kam ein für den Herbst ins Auge gefaßtes Nachfolgetreffen nicht zustande.

5.9. Beschwörende Worte - und kein "Kamerad" hört hin

Vor dieselben Probleme gestellt, hatte die weibliche Jugend im Wandervogel-EV eine andere Vorgehensweise zu ihrer Selbstbehauptung gewählt. Angesichts der auch in diesem Bund mit dem vermehrten Auftreten der Mädchen laut gewordenen Parolen "Mädel raus aus dem Wandervogel", suchten diejenigen jungen Frauen, die sich dagegen zu Wort meldeten, eine argumentative, "dialogische" Form der Auseinandersetzung mit der männlichen Jugend. So hatte 1917 Margret Hahlo dem Schriftleiter der Bundeszeitschrift vorgeschlagen, ein eigenes "Mädelheft" herauszugeben: "Noch denkt ein großer Teil unserer besten Jungen beim 'Mädelwandern' nur an Tanzen, Kränzebinden und sentimentale Lieder auf Landheim- und Ahlfahrten." Die Mädchen, meinte sie, hätten "doch auch andere Erlebnisse gehabt". In der Umwertung des Jungenrufes "Mädel heraus!", forderte sie die Mädchen auf, von solchen Erlebnissen zu berichten, die "ihnen Maßstab für ihre eigene Kraft und Leistungsfähigkeit oder die ihnen völlige Umwertungen bisheriger Erkenntnisse" gebracht hätten.[58] Daß diese Aktivitäten nicht ausreichten, den Vorwurf weiblicher Sentimentalität zu entkräften, zeigt ein Artikel in dem 1918 erschienenen "Mädelheft":

> "Manche Buben führen große aufrührerische Reden, als gälte es einen schwierigen Kampf gegen einen ganz gefährlichen Gegner, andere bitten uns inständig, uns doch freiwillig zurückzuziehen. Fragen wir nach den Gründen zu diesem 'Antifeminismus' im WV, so werden vor allem zwei geltend gemacht: Erstens die Mädchen schaden dem WV, zweitens der WV schadet den Mädchen."[59]

Gegen solche Thesen konnte auf der Diskursebene nichts ausgerichtet werden. Indem sich diese jungen Frauen dennoch auf einen aussichtslosen Disput einließen, werteten sie die männlichen Argumentationen auf und verzichteten, anders als die Mädchen und Frauen im JWV, auf eine weibliche Gegenöffentlichkeit mit eigenen Wertmaßstäben. Derartig in ihrer Meinungsbildung auf die Jungen gerichtet, gewannen nicht nur Auffassungen von Mädchen an Gewicht, die meinten: "Wir wollen ja gar nicht auch Wandervögel mit dem-

57 Bericht über den Freideutschen Mädchentag in Hamburg, in: Führerbrief für Wandervogel Gau Niedersachsen, Ostern 1918
58 Margret Hahlo, Lieber Kötschau, in: Wandervogel, 12. Jg. 1917, Heft 6/7, S. 159
59 G. F., Wandervogel und wir, in: Wandervogel, 13. Jg. 1918, Heft 1/2, S. 26

selben Recht wie die Buben sein!"[60], sondern auch die Verfechterinnen für mehr weibliche Rechte gerieten durch ihre Werbung um männliches Verständnis in einen aussichtslosen Argumentationszirkel. Immer wieder suchten sie die "Berechtigung der Mädels im Wandervogel" mit Konstruktionen zu begründen, die auch für das männliche Geschlecht einen "Sinn" machen könnten. Bezeichnend ist hier der Beitrag von Margret Hahlo im "Mädelheft". Sich an die männlich-jugendbewegte Öffentlichkeit wendend, meinte sie:

> "Denn ist der Wandervogel - und das ist doch unser Leben und Glauben - etwas Neues in der Entwicklung unseres Volkes, ist es eine lebensfähige Bewegung, ist es etwas, was die Menschheit angeht, so gehören dazu Mann und Frau! Oder meint ihr, es gibt eine Höherentwicklung unseres Volkes, wenn der Mann allein aus der Niederung emporklimmt? Wenn er allein stark und rein an Leib und Seele werden, er allein sich zur Persönlichkeit entwickeln darf? - Soll er sich seine Gefährtin aus der Niederung, aus der eben überwundenen Begrenzung holen müssen, sie, die Mutter seiner Kinder werden soll, des neuen Geschlechtes, um dessentwillen er ja aufwärtsstrebte? Wohl kann ihr Weg nicht der gleiche sein, denn sie sind ungleich! Aber nimmer darf eines hinter dem andern gehen, nur nebeneinander schreitend, als Weggenossen sollen sie zum Licht kommen. Wird uns Mädeln das Erleben versagt, wie sollen wir fähig werden, dem Jungen rechte Gefährtin zu sein, den Männern, die aus dem Kriege heimkehren, den Vätern eines neuen Geschlechts?! - Wo kein Erleben ist, ist kein Verstehen! Nur wer tiefinnerst erlebt hat, Glück oder Leid, kann verstehen, kann helfen. "[61]

Mochte das Wandervogelleben für die Mädchen und jungen Frauen noch so glückhaft und befreiend sein, - eingezwängt in solche Ideologien ermöglichte es doch zumeist keine Denkbewegungen, die auf eine Befreiung aus dem männlichen Blick und aus männlichem Interesse und männlicher Begrifflichkeit abzielten. Wie wenig die Mädchen durch Bilder der "Gefährtenschaft" die bestehenden Machtverhältnisse in der jugendbewegten Geschlechterbeziehung zu beeinflussen und zu wandeln vermochten, zeigte sich nur wenig später, als die meisten Gruppierungen des Wandervogel Ernst machten mit der männerbündischen Forderung: "Mädel raus aus dem Wandervogel".[62]

60 Margret Hahlo, Lieber Kötschau, a.a.O., S. 159

61 Margret Hahlo, Die Berechtigung der Mädels im Wandervogel, in: Wandervogel, 13. Jg. 1918, Heft 1/2, S. 26

62 Zum Ausschluß der Mädchengruppen aus den Wandervogelbünden siehe den Abschnitt über die Bündische Jugend

Von der Anschauung, dass die Mädchen grundsätzlich etwas ganz anderes seien, wie die Knaben, habe ich mich völlig befreit. Ich sehe umgekehrt zwischen Knaben und Mädchen grundsätzlich keine wesentlichen Unterschiede und betrachte die Unterschiede, die jetzt noch oder auch immer gemacht werden, als Abweichungen von der Regel. Auf diesem Wege werden wir zu befriedigenderen Ergebnissen und eher zu einer allgemeinen Uebereinstimmung kommen. Dass ich nun nicht etwa die körperlichen Unterschiede leugnen wollte, bedarf eigentlich keiner Erwähnung, aber diese Unterschiede verlangen nicht die Folgerungen, die man vielfach zieht. Die hiesige Ortsgruppe hat ausdrücklich die Grundsätze des Wandervogels angenommen, und sie werden praktisch angewandt und mit allerbestem Erfolge:

Das Kochen und Futtern im Freien ist der Glanzpunkt des Tages, und man kann meist garnicht die Zeit abwarten, bis die Führerin oder der Führer zum Abkochen kommandiert. Die Eisenbahnfahrten haben den Wanderschwestern nie so viel Spass gemacht als im Salonwagen 4. Klasse unter Gesang. Wenn dann ein mitreisender alter Mann, angesteckt durch die Gesangesfreudigkeit der Jugend, um die Erlaubnis bittet, ein Lied vortragen zu dürfen, so ist dies eine interessante Abwechslung. Zuweilen haben wir sogar im Bahnwagen getanzt. Und nun gar der Heuboden! In Federbetten schlafen wir immer, aber nicht auf Stroh oder Heu. Welch eine Stallromantik erlebt man hier in der Nähe der Haustiere! Ein Wildfang ist natürlich unter der Horde immer vorhanden, der seine Nachbarin auf irgend etwas aufmerksam zu machen hat, das Gekicher erweckt und schliesslich die ganze Gesellschaft ermuntert. Diese Fröhlichkeit alleine ist schon etwas wert. Und schlafen tuen die Mädchen im Heu, nach einer rechten Fahrt, nicht weniger gut, wie jeder wegmüde Wandervogel. (Ueber kleine Abweichungen von dieser Grundregel nächstes Mal.) JOHANNES BUCHHOLZ, DANZIG-LANGFUHR.

HOLZSCHNITT von THEODOR GENGNAGEL.

6. Weiblich und doch jugendbewegt: Die "Kameradin" in der Jugendbewegung der Weimarer Republik

6.1. Weibliche Lernprozesse unter dem Druck des Polaritätskonzepts

Durch die Öffnung von konfessionellen und politischen Jugendverbänden und Vereinigungen der Sportjugend für die Kultur der Wandervogelbewegung kam zu Beginn der Weimarer Republik eine große Anzahl von Mädchen nahezu selbstverständlich mit deren neuen Lebensformen in Berührung.[1] Während zum Wandervogel nur wenige tausend Mädchen und Frauen Zugang gefunden hatten, wuchsen in den zwanziger Jahren so viele in die dort entwickelte Jugendkultur hinein, daß man für diese Zeit von einer "weiblichen Jugendbewegung" sprechen kann.[2] Aber nicht allein der quantitative Aspekt läßt diesen Begriff sinnvoll erscheinen; die Trennung der Geschlechter in den meisten Bünden der bürgerlichen Jugendbewegung war keine Äußerlichkeit.[3] In ihr drückte sich lediglich aus, was konstitutierend für die gesamte bündische Kultur war: Die Überzeugung von einer durch nichts zu beeinflussenden sozialen Verschiedenheit der Geschlechter. Der Widerspruch, einerseits jugendbewegte Gemeinsamkeiten zwischen beiden Geschlechtern und andererseits deren fundamentale Gegensätzlichkeit zu betonen, wurde kaum beim Namen genannt. Insofern ist nicht repräsentativ, was ein Mädchen aus dem Bund christlicher Pfadfinderinnen 1925 schrieb: "Es ist ein Unding, nach außen hin zu sagen: Wir sind

1 Vgl. hierzu beispielsweise, Erna Behne, Jahresbericht 1918/19 des Mädchenbundes zu St. Michaelis; die Autorin meint hier, es sei "jetzt ganz unmöglich" einen Bericht zu schreiben. "Der Mädchenbund ist ganz in fließender Bewegung"; es wäre "Frevel, sie schwarz auf weiß festnageln (zu wollen): Was sind wir eigentlich? Wem fühlen wir uns verwandt? Decken wir uns mit einem der viel umstrittenen Begriffe: Jugendpflege oder Jugendbewegung?", in: Junge Menschen, 1. Jg. 1919, Heft 1, S. 29-32, 29

2 Einen Überblick über den quantitativen Anteil der Mädchen und Frauen an der Bündischen Jugend vermitteln Statistiken in: Wandervogel, 13. Jg. 1918, Heft 7/8, S. 175; Luise Riegger, Die Frau in der Jugendbewegung, in: Ada Schmidt-Beil (Hg.), Die Kultur der Frau, a.a.O., S. 237-245, 242; Hermann Maaß, Mädchenerziehung in den Jugendverbänden, in: Das Junge Deutschland, 24. Jg. 1930, Heft 9, S.389-394, 392f; Josepha Fischer, Die Mädchen in den deutschen Jugendverbänden, Leipzig 1933. S. 4-19; in den zuletzt genannten Quellen finden sich auch Angaben über die Arbeiterjugendbünde.

3 Wenn eine nach Geschlechtern unterscheidende Kennzeichnung der Jugendbewegung in den zeitgenössischen Äußerungen gar nicht oder nur selten getroffen wurde, dann zeigt sich darin die Bedeutung des Gemeinschafts- und Kameradschaftsideals. Formal argumentierend hieß es auch, "Jugend ist ein Begriff, der die Angehörigen beider Geschlechter umschließt", wobei gleichzeitig konstatiert wurde, daß die Jugendbewegung, "ihr Gepräge durch das männliche Element" erhalten habe. (Klara Zils, Die weibliche Jugend in der jungsozialistischen Bewegung, in: Jungsozialismus, Festschrift zur Bielefelder Jungsozialistentagung am 29. Juli 1921, Berlin 1921.)

getrennt! und im Innern zu denken: wir gehören doch zusammen."[4] Immer wieder neu mit programmatischen Erklärungen fundiert, war das Polaritätskonzept für die Ausrichtung der weiblichen Jugend in den Bünden maßgeblich. Dies traf nicht nur für die weibliche Jugend des bürgerlichen Flügels der Jugendbewegung zu, sondern in ähnlicher Weise auch für die der sozialistischen Bünde. Auch hier herrschte in weiten Teilen die Ansicht vor, daß "eine Besinnung auf das bewußt Weibliche, das polar dem Manne immer entgegensetzt ist"[5], notwendig sei:

> "Jenes Singen, Spielen, Tanzen, jene urwüchsige 'Romantik der Empörung' gegen das Heute - sie ist und bleibt das ureigene Element des Weibes, des Mädels in der Jugendbewegung. Die Frau ist rein biologisch bedeutend motorisch-rhythmischer wie der Mann, und jenes natürliche Quecksilber des Körpers mit dem Mantel überlegener Geistigkeit zu verhüllen, ist Sünde wider die eigene Bestimmung."[6]

Solchen Vorstellungen folgend, setzten sich in den Bünden neben den gleichen Lebens- und Verkehrsformen weitgehend auch die gleichen Weiblichkeitsideale durch. Als deren Merkmale galten die Körper- und Kleiderkultur der Mädchen und in gewissem Umfang auch deren Haartracht. Es ging nun nicht mehr allein um das "Kameradschaftsverhältnis" im jugendbündischen Zusammenhang, sondern auch um die allgemeine Beziehung zwischen Männern und Frauen, zwischen dem weiblichen und dem männlichen Prinzip in Kultur und Gesellschaft. Im Unterschied zur Wandervogelzeit waren für die Mädchen und Frauen der Bündischen Jugend Probleme der Erwerbstätigkeit von großem Interesse, wodurch auch die Frage weiblicher Familienorientierung und -verantwortung in den Aufmerksamkeitsbereich rückte. Das Thema Frauen und Politik hingegen spielte kaum eine Rolle, es sei denn unter Aspekten weiblicher "Wesensbestimmungen", wie "Dienst", "Opfer" oder "Liebe". Ein relativ großes Gewicht erhielt in den Debatten die Frage nach dem Verhältnis der weiblichen Jugendbewegung zur Frauenbewegung. In einer solchen Gegenüberstellung gewann das eigene Profil an Deutlichkeit und wurde identifikationsfähiger.

Diese Themenbereiche wurden unabhängig von der jeweiligen weltanschaulich-politischen Ausrichtung der einzelnen Bünde auf überregionalen und auch überbündischen Treffen der weiblichen Jugend immer wieder behandelt[7], und

---

4 Hedwig Höntsch, Zusammenarbeit mit Jungens, in: Unser Pfad, 1. Jg. 1925, Heft 4, S.46-48, 46

5 Walther G. Oschilewski, Zum Problem der weiblichen Mitarbeit, in: Jungsozialistische Blätter, 5. Jg. 1926, Heft 2, S.45-48, 46; Oschilewskis Thesen, die in der Tradition Blühers stehen, blieben nicht unwidersprochen; vgl. Anna Siemsen, Weibliche Mitarbeit ein Problem? im selben Heft, S.48-50

6 Werner Goldberg, Frauenbewegung und Jungsozialismus, in: Jungsozialistische Blätter, 2. Jg. 1923, Heft 9, S. 169-172, 170; auch Goldberg hat Blühersche Terminologie übernommen.

7 Als Beispiel sei hier der Bericht eines Mädchens aus dem DMWB über die Bundeswoche 1921 zitiert: "Am Nachmittag fanden wir uns zusammen und hatten eine Aussprache über Berufe. Viele von uns stehen im kaufmännischen Beruf. Luise führte aus, daß wir Fauen eigentlich unkauf-

auch in der jugendbewegten Zeitschriftenpublizistik nach dem Ersten Weltkrieg nahmen die Diskussionen darüber einen breiten Raum ein.

Es fällt auf, daß im Unterschied zur Wandervogelzeit nur ein Teil der Äußerungen über den "echten" Ausdruck jugendbewegter Weiblichkeit unmittelbar mit der jugendbewegten Erlebniswelt verknüpft war. Diese hatte nicht etwa an Bedeutung verloren. Weiterhin standen Fahrt, Lager und das Erlebnis der Gemeinschaft im Mittelpunkt des bündischen Lebens, hier lag immer noch der Ursprung aller bündischen Ideenwelten. Daß nun weniger Bezug genommen wurde auf die jugendbewegte Lebenswelt, ist wohl eher damit zu erklären, daß die Partizipation von Mädchen und Frauen an der bündischen Jugendkultur durch deren Ausbreitung in den kirchlichen und auch politischen Gruppierungen selbstverständlicher geworden war. Eine gewisse Rolle mag auch spielen, daß in diesen Bereichen erst geklärt werden mußte, in welcher Weise jugendbewegte Freiheitsräume die hier herrschenden Weiblichkeitsvorstellungen veränderten. Hinzu kam, daß nun auch Frauen aus der dem Wandervogel entwachsenen Generation sich über Probleme des weiblichen Lebenszusammenhangs äußerten. Eines aber war wohl ausschlaggebend: Viele Erörterungen über weibliche Identität und die gesellschaftliche Rolle von Frauen nahmen in der geschlechtsspezifischen Ausformung des bündischen Lebens ihren Ausgangspunkt.[8] Der im fol-

---

männnisch seien. Uns gibt nicht das Verdienen, sondern das Herstellen, nicht der Profit, sondern das Ding, die Arbeit an sich Befriedigung. Und doch leisten Frauen und Mädchen auch hier eine Arbeit, die Werte in sich trägt und auch immer mehr Boden gewinnt, trotz der Hetze und Fehde, die gerade hier den Frauen gegenübertritt. In vielen Berufen, z.B: besonders dem der Hausangestellten, liegt Bezahlung, Behandlung usw. noch im Argen. Da muß die Organisation einspringen, die immer bedacht ist, den Stand als Ganzes zu heben.... Hanna Hertzsch las uns dann einen Aufsatz vor, in dem sie Stellung nahm zu Frauenbewegung, Frauenfrage: Es sind einige in unseren Reihen, die klammern sich mit der ganzen Kraft an das Einst, an die, zum größten Teil nur mütterliche Frau und machen uns zum Vorwurf, daß der neue Weg der Frauen nimmermehr der rechte sei. Sie glauben, die Führerinnen sind es, die mit dem neuen Banner stürmisch begeistert voraneilen, die anderen mit forteißend, und daß gar manche darunter seien, die nur mitliefen. ... Wir wissen, was die neue Zeit von unserm Geschlecht fordert. Wir wollen nicht dem männlichen Wesen gleich sein; wir wissen, daß dies ein Unding ist, aber wir wollen Gleichstellung in unserer Eigenart beanspruchen und - sie erfüllen. Hinter uns liegt das Treubild der Frau und Mutter der Vergangenheit. ... Es folgte kurz eine Aussprache über Mädchen- und Jungengemeinschaft. Wir wollen den Menschen, besonders den Jungen, laut und deutlich sagen: Hier sind wir! Und so sind wir! ... Der Nachmittag brachte eine Kleiderausstellung ...", in: Deutscher Mädchen-Wanderbund, 7.Jg. 1921, Heft 6, S. 94-101, 98ff; einen ähnlichen Eindruck vom lebendigen Zugriff der jungen Frauen auf solche Themen vermitteln die Berichte über die "Frauen- und Mädchen-Ludwigsteinwoche" des Bundes Deutscher Wanderer. Hier hatte sich die inzwischen älter gewordene erste Frauengeneration des Bundes mit den jüngeren Bundesschwestern getroffen, um das Thema "Die Frau und ihr Heim" zu besprechen. In: Der Wanderer, 25.Jg. 1930, Heft 1, S. 24-39; vgl. auch: Zusammenfassender Bericht über das überbündische Mädchentreffen, in: Mitteilungsblatt für die Frauen und Mädchen im Bunde der Köngener, 1. Jg.1926, Heft 3, S.5-7

8 Über mehrere Zeitschriftennummern des "Wanderer" hinweg dokumentierte Diskussionen zeigen, daß die "Frauenfrage im Bund" schnell auf die Ebene philosophischer Problemstellungen geriet. Vgl.: Zur Frauenfrage, in: Der Wanderer, 17.Jg. 1922, Heft 2, S. 44-47; Heft 3, S. 69f; Heft 4, S. 105-107; Kämpfen oder Dienen, in: Der Wanderer, 19. Jg. 1923/24, Heft 1, S. 14-16; Zur Frauenfrage im Bund, in: Der Wanderer, 20. Jg. 1925, Heft 2, S. 56-60; Käte Fittje, Vom Sinn der Frau-

genden zitierte Text weist auf diesen Zusammenhang zwischen der Suche der weiblichen Jugend nach eigenen Formen und der jungenbündischen Ausrichtung der Bünde hin:

> "Frühmorgens ziehen die Jungen aus zu frohem, ritterlichen Kampfspiel, und wir Mädchen haben einen langen Vormittag für uns allein. Was können wir da alles tun? Tanzen, singen, wandern, Habelschwerdt auf den Kopf stellen oder im Wald liegen und träumen! Wer will, kann es tun, wir Schlesiermädel aber dachten uns etwas anderes. Wollen wir uns in kleinen Kreisen um reife Frauen scharen, mit denen wir von unserer Sehnsucht nach echtem Frauentum reden können und von aller Not, die im Leben an uns herantritt. So helft mir bitte suchen, Ihr Mädchen. An 10 Frauen brauchen wir, uns wesensverwandt, uns verstehend".

Obwohl nicht ausformuliert, stand hinter diesen Sätzen der Wunsch, daß Mädchen und Frauen in der Jugendbewegung über frauenspezifische Themen nicht nur eine größere Nähe als bisher zueinander finden, sondern auch der Leere entgegenwirken könnten, die sich für sie aus der Zentrierung auf die jungenbündische Dominanz ergeben hatte. Angesichts solchen Vorhabens ist allerdings erstaunlich, daß die Verfasserin dieser Zeilen doch wiederum bemüht war, alles beim alten zu lassen, denn sie fügte hinzu, daß "die Jungen keine Angst zu haben" brauchten, es könne eine "Frauentagung" aus dem gemeinsamen Bundestag werden:

> "Wir werden das andere nicht über dem einen vergessen und auch die heimkehrenden Krieger mit allen gebührenden Ehren empfangen."[9]

Man kann sicher sein, daß eine solche Ehrenbezeugung gegenüber dem Männerbund jeder weiblichen "Sehnsucht nach echtem Frauentum" - und das konnte auch heißen, der Sehnsucht nach Selbstdefinition - enge Grenzen setzte. Gleichwohl zeigt der Text beispielhaft, wie groß das Orientierungsbedürfnis der jungen Mädchen war und wie wichtig es für sie war, über persönliche Erfahrungen aus ihrem alltäglichen Umfeld zu sprechen. Weitaus intensiver als die entsprechende Männergeneration waren junge Frauen betroffen von den sozialen und politischen Umwälzungen jener Zeit; und es muß zunächst offen bleiben, ob die "Sehnsucht nach echtem Frauentum" eher die Suche nach einer anderen Realität war, die den jugendbewegten Lebens- und Weiblichkeitsidealen entsprechen sollte, oder ob es umgekehrt die Suche nach Deutungen und Wertvorstellungen war, die in dem jugendbewegten Weiblichkeitsdiskurs zwar nicht vorzufinden, aber zu entwickeln waren, nämlich solchen, die jungen Frauen Antwort auf die Fragen ihrer Lebenswirklichkeit geben könnten. Die bisher gültigen Weiblichkeitsideale jedenfalls boten der heranwachsenden weiblichen Jugend

---

enbewegung, Heft 5, S. 129-142; Arthur Bock, Frauenfrage und Frauenbewegung, in: Der Wanderer, 21. Jg. 1926, Heft 1, S. 25-31; Vom Beruf des Weibes zur Politik, Heft 4, S. 128-138

9 Hilde Schmolke, Mädchenthing, in: Jungborn, 4. Heft 1924, S. 127

kaum noch Orientierung bei den neuen Anforderungen, denen sie sich in Beruf und Öffentlichkeit stellen mußte. Weder die schulische noch die häusliche Mädchenbildung hatten darauf vorbereitet, Stellung zu nehmen zu den Problemen, die nun auf die Tagesordnung gesetzt waren, - sei es die Berufsproblematik, die "Frauenfrage", das Frauenwahlrecht und die politische Gleichberechtigung oder auch die "völkische Frage". Die Mädchen hatten wenig Hilfestellung erhalten und auch kaum zu erwarten, um hier Entscheidungskompetenzen zu erlangen. Die Probleme und Konflikte, zwischen denen sie sich zurechtfinden mußten, lassen sich besonders deutlich machen an den Auseinandersetzungen um die weibliche Erwerbstätigkeit, denn hier ging es um die zentrale Streitfrage, wo denn der "eigentliche" Platz der Frau sei. Die Aktualität dieser Frage ergab sich nicht nur daraus, daß weibliche Berufsarbeit zunehmend notwendig und selbstverständlich wurde, sondern mehr noch daraus, daß sie vielfach als Ursache für die Zerstörung überkommener Lebensverhältnisse und Wertsetzungen galt. Die heftig ausgetragenen Dispute über die ins Wanken geratenen Weiblichkeitsvorstellungen führten (auch) in der Jugendbewegung zu einer Politisierung von Weiblichkeit.

6.2. Weiblich-jugendbewegt und erwerbstätig zugleich?

Es gibt kein Thema im jugendbewegten Weiblichkeitsdiskurs, zu dem die Auseinandersetzungen so heftig und auch so kontrovers geführt wurden, wie bei der Frage nach der weiblichen Erwerbstätigkeit. Die Argumente gegen eine Erwerbstätigkeit von Frauen entstammten dem Polaritätskonzept, nach dem die Frau ihren "wesensgemäßen" Beruf nur als Ehefrau und Mutter haben kann. Wenngleich dies auf eine prinzipielle Ablehnung der Berufsarbeit von Frauen hinauslief, konzentrierte sich die hieraus hergeleitete Kritik auf weibliche Erwerbstätigkeit innerhalb der sog. "männlichen" Arbeitssphäre, wozu neben der Fabrikarbeit vor allem die "kaufmännische" Tätigkeit gerechnet wurde.

6.2.1. Berufsarbeit von Frauen als Verstoß gegen die "Natur" und die "Heiligkeit der Ehe"[10]

Besonders deutlich formulierte Stellungnahmen gegen die Erwerbstätigkeit von Frauen fanden sich in jenen Bünden, in denen sich das Ideengut der Jugendbewegung mit nationalpolitischen Interessen verband. Hier wurden zunächst noch vage völkische und auch konservative Positionen zugespitzt und radikalisiert sowie in einen gesellschaftlichen Forderungskatalog umgesetzt. Die ihnen zugrundeliegenden Denkbilder verloren ihre Wirksamkeit am ehesten dort, wo - wie in der sozialistischen Jugend - ebenso deutliche politische Gegenpositionen aufgestellt wurden. In den rechtsstehenden Bünden gehörte es zur der Grundüberzeugung, "daß der Beruf die Frau heraus aus der Ruhe ihrer Eigenentwicklung reißt und sie mitten hinein in das offene Leben stellt, das bis dahin nur Reich des Mannes gewesen ist. Und indem sie in die Berufe des Mannes eindringt und auf allen Gebieten von seinen Rechten erwirbt, indem sie sich äußerlich immer mehr selbständig macht, verliert sie jene lebenswahre Kindlichkeit und die Unverbüchertheit, die bis dahin die Originalität ihres Charakters verbürgt hat. Das Sein der Frau droht immer mehr von der Macht des Wissens verschlungen zu werden."[11]
Gegen die im Zitat nicht einmal besonders radikal beklagte "Vermännlichung" der Frau wollten die Bünde in ihrer Mehrheit eine Weiblichkeitsbildung setzen, "die das in der Geschichte offenkundige Schicksal des Volkes mitumfaßt". Die Nation und "ihre ewigen Ziele" in den Mittelpunkt "fraulicher" Bildung zu rükken, hieß die Forderung zu stellen: "'Nationalisierung statt Politisierung' der Frau". Dafür, hieß es, sei ein "Abstand zwischen der Frau und dem politischen Leben des Tages (zu) schaffen", um sie "in die Lage zu versetzen, den Lebensbeziehungen des Mannes zur Politik und zur Welt mit einer tieferen Teilnahme gegenüber zu stehen". Selbst nicht im "äußeren Handeln", sondern "im schlichten, unbeirrbaren Sein" stehend, sollten Mädchen und Frauen "die natürliche Verschiedenheit zwischen den Geschlechtern und die spezifische Verschiedenheit ihrer Lebensbeziehungen wieder anerkennen".

Ihrem Selbstverständnis nach war diese Weltanschauung sowohl gegen das "materialistische, alles beherrschende Nützlichkeitsprinzip"[12] gerichtet als auch

10 Lotte Kreienfeld, Entgegnung auf: Der "eigentliche" Beruf der Frau, in: Der Mädchen-Rundbrief (Nachfolgeblatt von Deutscher Mädchen-Wanderbund), 1.Jg. 1924, Heft 5/6, S. 12-14, 13

11 Anneliese Krenzlin, Gedanken über die Berufsethik der Frau, in: Jungnationale Stimmen, 1. Jg. 1926, Heft 10, S. 296-299

12 Walter Schotte, Politisierung der Frau oder nationale Bildung, in: Mädel im Bunde, 2. Jg. 1926, Heft 5, S. 141-144, 143; vgl. auch Hannah Brandt, Das deutsche Mädel und der Ruf des Staates, Grundgedanken der Besprechung des Älterenringes auf dem Bundestag, in: Das deutsche Mädel, 4. Jg. 1929, Heft 6/7, S. 61-63; ebenso Magdalene Strathmann, Mädelbund und Politik, in: Mädel im Bunde, 7. Jg. 1932, Heft 8, S. 170-172

gegen jene Frauen, die "den Beruf nicht ernst nahmen und nur als Erwerbsquelle betrachteten"[13] und gegen solche,"die modern sein wollen", jenen "Typ mit der oft krankhaften Sucht, es dem Manne gleich zu tun, der damit gerade das Fehlen jedes eigenen, persönlichen Gestaltungsvermögens dartut; der mit dem ewigen Schrei nach Gleichberechtigung die Gleichwertigkeit in Frage stellt."
Solchermaßen fehlgeleiteten und selbstsüchtigen Frauen wurde vorgeworfen, "verantwortungslos die Pflicht gegenüber unserem Volke (zu) verletzen," denn hier galt: "Deutsches Volk wird durch die Zwei-Einheit deutscher Männer und deutscher Frauen. Jeder Teil hat seine eigenen, nur durch ihn lösbaren Aufgaben". Gegen diejenigen Frauen, die, als "Zerrbild ihre Geschlechtes", nicht ihren "von der Natur bestimmten Platz ganz und gar mit aller Kraft und Tiefe ihres arteigenen Wesens" ausfüllten[14], wurde das folgende Ideal aufgerichtet:

> "Das Mädchen hat als zukünftige Frau und Mutter eine hohe, unvergleichliche Aufgabe, für die es sich recht vorbereiten muß. Blaustrümpfe und Gesellschaftspuppen kann unsere harte Zeit nicht brauchen. Die derben Arbeitshände sollen wieder gewertet werden. Und doch können das linde, gütige Frauenhände sein. Ihr wißt ja gar nicht, wieviel adelnde Macht in euch liegt. Haushaltungsschulen sind gut, aber besser ist es, die Arbeit im Hause zu lernen. Denn da müßt ihr waschen und scheuern und euch hart tun. Dabei aber erwacht erst euer Bestes. Da lernt ihr euer Ich zurückstellen im Dienste der anderen und Liebe durch Taten zu geben. Da füllt ihr eure Stunden aus mit sinnendem Gemüt. Da wird der geheime Rhythmus in euch, der schöpfungsnahe, leben, da erwachen Märchen und Lied in euch. Das ist die schöpferische Kraft der Frau tief aus dem Gemüt heraus, sie gestaltet die Familie. Das ist doch die köstlichste Aufgabe, sie webt damit an der Zukunft ihres Volkes. Muß uns das Wandern nicht solche Mütter wieder erziehen?"[15]

Unter welchen ideologiekritischen Gesichtspunkten auch diese "Leitgedanken für die Arbeit des Mädchenamtes" im Bund der "Adler und Falken" zu betrachten sind, - das darin ausgedrückte Weiblichkeitsideal ist immer als ein ahistorisches Konstrukt zu beschreiben. Um allerdings die Frage nach der politischen Wirksamkeit dieser Ideen beantworten zu können, müßten das soziale Umfeld und der weltanschauliche Hintergrund mitberücksichtigt werden. Konnte "das Wandern" nicht tatsächlich "Mütter erziehen", Frauen, die sich eher für Kind und Gatten, Märchen und Lied, "schöpfungsnahe Kraft" und "Volksbewußtsein" entschieden, als andere Frauen,"die einen Beruf (wollten) und im Manne einen Konkurrenten (sahen), nicht mehr den Willen zur Familie (hatten)"? (In den Kontext solcher Aussagen gehörten auch Sätze, wie die, daß die Mädchen einmal Mütter sein sollten, "die Helden gebären und erziehen".[16] Allerdings ist zu

---

13 Anneliese Krenzlin, Zur Frauenberufsfrage, in: Jungnationale Stimmen, 6. Jg. 1931, Heft 6, 176-180, 177

14 Falke Ilse Schmidt, Mädchen und Frau, in: Der Falke, 11. Jg. 1930 Heft 7/8, S. 143f, 144

15 Leitgedanken für die Arbeit der Bundesämter: Das Mädchenamt, in: Der Falke, 7.Jg. 1926, Heft 4, S. 109f

16 -se, Aufgaben der Frau, in: Hammer und Schwert, 1930, Heft 2/3, S. 52-54, 53

fragen, ob damals schon die Konsequenzen solcher Vorstellungen vorauszusehen waren, daß nämlich einige Jahre später die Reproduktionsfunktion "deutscher Mütter" zu einer epochalen politischen Angelegenheit erklärt wurde.)

Das Leben im Bund machte doch Spaß; sich freuen, auf Wanderungen gehen, etwas gutes tun und träumen vom zukünftigen Mutterglück, - war das nicht schön? Hier brauchte niemand sich mit unbequemen Fragen herumzuschlagen. Und waren diese jungen Mädchen nicht auch den jugendbewegten Idealen von 1913, der "inneren Wahrhaftigkeit" und "Selbstverantwortung" verbunden geblieben? Nach eigener Bestimmung sich für sein Volk einzusetzen und mitzuhelfen, die überall sichtbare Not zu lindern, - war das nicht eine Idee, die Begeisterung auslösen konnte und damit Mädchen in ihren Gefühlen und in ihrer Hilfsbereitschaft ansprach? Verantwortung gegenüber dem Volk und der eigenen Bestimmung, später einmal eine gute Mutter und Erzieherin zu sein, - konnten solche Ziele nicht das ganze persönliche Wollen junger Mädchen ausfüllen? Schwierig wurde es erst angesichts der Berufsfrage oder auch dann, wenn kein Mann da war, mit dem sich der verinnerlichte Traum vom häuslichen Glück mitsamt dem Versprechen auf "adelnde Macht" durch Mutterschaft einlösen mochte. Zwar wurde auch aus völkischer Perspektive akzeptiert, daß Frauen in den bisherigen "Männerberufen" erwerbstätig würden, wenn dies, "aus der Not geboren", unumgänglich schien. Nicht im "natürlichen Wirkungskreis" stehend, hatten diese allerdings ihr Begehr an manchen Kriterien zu überprüfen; so mußten sie bedenken:

> "Daß sie nicht mit beinahe männlicher Tatkraft und Energie den Beruf ausfüllen. Nein, mit weiblichem Zartgefühl, mit weiblicher Energie, die voll selbstloser Liebe und Hingabe ist. Die männliche, einseitig auf Herrschen und Erraffen eingestellte Arbeits- und Denkweise muß ergänzt werden durch die weibliche Arbeit der selbstvergessenden dienenden Liebe."

Nach dieser Aussage wäre es eigentlich unnötig, Frauen an die Eigenheiten weiblichen Wesens zu erinnern und ihnen Auflagen für ihr berufliches Verhalten zu machen, da doch die Berufsethik als durch die jeweiligen Gattungsmerkmale vorgegeben gilt. Allerdings zeigt erst die nähere Bestimmung des weiblichen Verhaltens, wie kompliziert es für Frauen ist, den Anforderungen gerecht zu werden:

> "Diese Liebe hat nichts gemein mit dem helfenden, weichlichen Mitleid. Diese Liebe kann weh tun, sie kann streng sein und hart und unerbittlich, aber sie ist eben darum echte Liebe, die aus den tiefsten Gründen des Verstehens fließt."

Obwohl häufig so benannt, hat das hier umschriebene Verhalten nicht viel mit dem Begriff der "Liebe" zu tun hat; eher läuft es wohl auf eine Mischung von autoritärem Charakter, Sozialpädagogik und Führungsbewußtsein hinaus und zeigt, wie eng sozialdarwinistische Denkweise mit der Theorie der Geschlechtscharaktere verknüpft ist. Die dennoch übrigbleibende Frage, wie tätige Liebe und profitorientiertes Wirtschaften zusammengehen sollen, trieb offensichtlich auch die Autorin um. Das Bild, mit dem sie versuchte, diesen Widerspruch aufzulösen, hat wahrscheinlich auch in den zwanziger Jahren einiges Erstaunen auslösen können:

> "Unsere Arbeit kann noch so unpersönlich und mechanisch sein, das 'Ewig-weibliche' müssen wir doch dabei wahren können und darum versuchen, auch die seelenloseste Arbeit noch fraulich zu tun. Wir sind Hüterinnen, Priesterinnen eines Heiligtums. Wir tragen die Verantwortung für viele!"

Trotz der Absurdität dieser Vorstellung vom Priesterinnenamt in Fabrik und Büro denke ich, daß die darin sich ausdrückenden Ideologien ihre Rolle in weiblicher Identitätsbildung spielen konnten. Bei aller Realitätsferne vermochte dieses Weiblichkeitsimago doch Bedürfnisse anzusprechen, für die es keine realitätsgerechten Ausdrucksformen gab. So beinhaltete die Sakralisierung der banalen Erwerbsarbeit ebenso den Versuch einer Sinngebung, wie sie auch als Motiv für weibliche Selbstdisziplinierungen zu wirken vermochte, allerdings auch realitätsgerechten Selbstdeutungen entgegenstand. Mit ihrem Bild von der Gattin und Mutter griff die Autorin dieses Textes dann jenes Weiblichkeitsideal auf, das im Zentrum völkischer Ideen stand:

> "Die Gattin und Mutter zwar hat nach wie vor ihren natürlichen Wirkungskreis, in dem sie ihr Frauenwesen erfüllen kann, dies Frauenwesen, das da ist Hingabe an das Geliebte und Fürsorge für das Anvertraute. Aber all die anderen Frauen, die außerhalb dieser natürlichen Zusammenhänge stehen, müssen und können auch eine Möglichkeit finden, ihr Frauentum zu wahren und zu leben. Unser Volk braucht diese Frauen, die ihre Pflicht tun als ganze Menschen. Unser Volk braucht diese Frauen und ihre frauliche Arbeit, denn unser Volk braucht Mütter, auch im höheren, im geistigen Sinne!"[17]

Fragt man nach den Funktionen, die solche Ideologien im Kontext der völkischen Bewegung gewannen, so ging es in erster Linie darum, daß die Berufsarbeit von Frauen - ihren tatsächlichen Charakter verhüllend - als sittlicher Dienst an der großen "Volksfamilie" figurieren konnte. Mit dieser Umdeutung des sozialen Wandels wurden nicht nur überkommene Leitbilder bewahrt. Der Dienst-Gedanke leistete auch der Funktionalisierung weiblicher Arbeit Vorschub. Als "Dienst" kann Frauenarbeit abgerufen und auch wieder rückgängig gemacht werden, unbezahlt bleiben oder unterbezahlt sein, - lauter Eigenschaften, die insbesondere weibliche Erwerbsarbeit kennzeichnen und Frauen als industrielle Reservearmee nutzbar machen. Und noch ein anderer Aspekt ist wich-

---

17 Emilie Endlichhofer, Berufsarbeit und Frauentum, in: Mädel im Bunde, 1. Jg. 1925, Heft 2, S.25-30, 28

tig: Der "eigentliche Beruf der Frau" blieb dadurch jedem anderen Lebensentwurf von Frauen übergeordnet; Frauen wurden auch mit bevölkerungspolitischen und "rassehygienischen" Argumenten diszipliniert.[18]

6.2.2. "In ein fremdes Land und ins Elend verbannt"

Am deutlichsten artikulierten junge Frauen aus dem "Jungborn", dem "Bund der werktätigen katholischen Jugend", subjektive Betroffenheit über die Unvereinbarkeit der Deutung weiblicher Erwerbstätigkeit mit der eigenen Lebensrealität. 1924 heißt es in dem Bundesorgan:

> "In unseren Mädchenherzen wird immer eine Wunde klaffen, und unser frohes Schaffen im Bund wird immer von Wehmut getrübt. Unser Werktätig-Sein, - Euch Jungen ist's Eure Freude, Euer Stolz, der Kampfplatz all Eurer Kräfte, - für uns Mädchen wird es stets leise Trauer, Anklage sein. Fabrik und Maschine, Büro und tote Zahlen sind uns wesensfremde, lähmende Last. Und unsere frauliche, unsere mütterliche Natur wird stets im Hader mit ihnen sein. Wir müssen erkennen - und wenn uns dies in die größte seelische Not stürzt -, wir müssen erkennen, daß die meisten von uns in ein fremdes Land, ins Elend verbannt sind."

Wenngleich die gefühlvoll-sentimentale Bildersprache den Text fremd erscheinen läßt, macht die naive Argumentation doch sichtbar, in welcher Aussichtslosigkeit die weibliche Jugend sich angesichts des Widerspruchs von Werktätigkeit und "Weiblichkeit" wähnen konnte. Einer der Auswege, auf dem die Mädchen meinten "sich selbst und all'unsere Schwestern in die Heimat zurückführen (zu) können", wurde in dem zitierten Text so markiert:

> "Unser Streben muß dahin gehen, selbst eine Arbeit zu finden, in der unsere Mädchenseele verschwenderisch Liebe austeilen, wo sich unsere Frauennatur ganz entfalten kann (und, I.K.) unsere edle, von Gott gegebene Frauenart unserem Volke, der Welt nicht verloren geht."

Da das hier formulierte Ziel einer familiären, hauswirtschaftlichen oder sozialpflegerischen Berufstätigkeit nicht in jedem Fall erreichbar oder wünschenswert sein konnte, zeigte die Autorin ihren Bundesschwestern noch einen weiteren Weg auf; dieser trug allerdings derartig existentialistische Züge, daß er weder mit katholischer Lebensauffassung noch mit jugendbewegten Lebensreformvorstellungen zu vereinbaren war:

---

18 Vgl. hierzu Artikel in Bundeszeitschriften, die nicht dem rechstradikalen Lager zuzurechnen sind, wie z. B. Ulrich Pfautsch, Geburtenrückgang und Rassenhygiene, und Wolfgang Wieckberg, Fortpflanzung und Ehe; beide in: Der Kronacher Bund, 8.Jg. 1929, Heft 4, S. 117-123

"Mit Deiner ganzen leidenschaftlichen Urwüchsigkeit mache Dir's klar, daß die Arbeit, die du tust in der Fabrik, auf dem Büro, keine Arbeit für Dich, Mädchen, ist. - Und wenn Du meinst zugrundegehen zu müssen, fürchte diese Auseinandersetzung nicht, schone Dich nicht, bis Dein Wesen, Deine Frauennatur gerettet ist. Dann kannst Du diese wesensfremde Arbeit unbeschadet solange wie nötig weiter tun."[19]

Ohne diesen Text dahingehend deuten zu wollen, daß die religiös geprägte weibliche Jugend durch die konstruierten Widersprüche weiblicher Erwerbstätigkeit sogar um ihren Glauben gebracht werden konnte, zeigt er doch, zu welchen absurden Vorstellungen Mädchen sich veranlaßt sehen konnten.

Im Vergleich zu solchen ideologischen Mystifikationen zeigen andere argumentative Versuche, mit dem Dilemma weiblicher Erwerbstätigkeit fertigzuwerden, trotz ihrer moralisierenden Blickrichtung doch wirklichkeitsbezogene Perspektiven. So heißt es in einem in derselben Zeitschriftennummer veröffentlichten Text:

"Fabrikarbeiterin, Büroarbeiterin, Verkäuferin, - wo bleibt für sie die Auswirkung ihrer Mädchenart? Sind sie nicht eigentlich bloß ein kleines Teilchen in einer Maschine? Ist ihre Arbeit nicht ganz mechanisch, tagein, tagaus? Ja, das ist sie wohl auch; aber dennoch Schwester, kannst Du Deiner Mädchenart Rechnung tragen. Du siehst Deine Mitarbeiterinnen um Dich herum. Können wir nicht dienen, nicht sorgen, nicht opfern für sie? Sie lechzen nach Liebe, - wollen wir ihnen nicht ein wenig geben? Das schlechte Buch, das schlechte Kino sind manchen liebste Freunde, - wollen wir nicht diese unsaubere Freundschaft erschüttern? - Schaut, wenn wir das alles bedenken, - wo bleibt da die eintönige, mechanische Arbeit"?[20]

Ähnliche Appelle, die Arbeitssituation um "weibliche" Dimensionen, wie Personenbezogenheit, Anpassungsfähigkeit und soziale Verantwortungsbereitschaft zu erweitern, finden sich in den bündischen Zeitschriftenpublikationen jeder Richtung.

6.2.3. Weibliche "Kulturarbeit" - eine Enkulturation von Frauen?

Eine wichtige Kategorie, mit der sich Frauen sowohl der Jugendbewegung als auch der Frauenbewegung Handlungssspielraum verschafften, war der Begriff der "Kulturarbeit". Wenn darunter auch vornehmlich verstanden wurde, "dem Gedanken der Mütterlichkeit auf allen Gebieten unseres Lebens zum Durch-

19 Klara Adolph, Wir werktätige Mädchen, in: Jungborn, 2. Heft 1924, S.44f
20 Ottilie Stephan, Welcher Beruf dem Mädchen, in: Jungborn, 2. Heft 1924, S. 33

bruch zu verhelfen"[21], zeigen die Argumentationen der mehr liberalen Bünde doch, daß diese Ideen auch für frauenpolitische Strategien offen waren. So begründete eine junge Frau aus dem evangelischen "Bund deutscher Jugendvereine" (BDJ) ihre Vorstellungen der "Kulturarbeit" von Frauen damit, daß gerade diese "durch die bedrängte wirtschaftliche Lage stärker in Gefahr sind, verdrängt und zu Boden geworfen zu werden". Sie unterstrich dies mit der Aussage, daß eine Vielzahl von Frauen erwerbstätig sein müsse, weil "ihr Lebensschicksal darin liegt." Entgegen der in der Jugendbewegung vorherrschenden Vorstellung, "wertvoller und wahrhaft Mensch erst außer dem Beruf" sein zu können, forderte sie ihre "Mitschwestern" dazu auf, "unserer Arbeit und uns selbst Form zu geben, Form unserer Persönlichkeit, das ist die Kulturarbeit, die in unserer Berufstätigkeit steckt."
Mit dieser Empfehlung, weniger der Erwerbssphäre eine "eigene (weibliche, I. K.) Form" zu verleihen, sondern mehr sich selbst, ging es der Autorin nicht um einen tugendbildenden Wert der Erwerbsarbeit, wie er quer durch die jugendbewegte Zeitschriftenlandschaft propagiert wurde. Wichtig war ihr die Frage nach der Berufsmotivation von Frauen, nach ihrer "Arbeitsfreude" und "Begeisterungsfähigkeit". Dazu gehörte es ihrer Meinung nach vor allem, daß Frauen "die Dinge auch wirklich geistig und sachlich beherrschen". Das wiederum hieß für sie, eine "gute Ausbildung" anzuzielen, was, wie sie wußte, für die weibliche Jugend häufig sehr schwer zu erreichen war. Trotz des Zwanges, "möglichst rasch zum Ziel und Verdienst zu kommen", riet sie ihren Bundesschwestern: "Lieber in der Zeit der Ausbildung sehr knapp leben und kämpfen müssen, um dann als Preis einem vollbefriedigten Leben entgegenzugehen."
Interessant an diesem ausdrücklichen Votum für eine berufliche Qualifizierung ist, daß die Autorin sich dabei ausschließlich auf die sog. "männlichen Berufe" bezieht:

> "Wir stehen zum Teil in männlichen Berufen, die ja ihrer Natur nach nicht gerade verlangen, daß sie von Männern ausgefüllt werden, die aber durch Tradition eine männliche Prägung haben, die wir Frauen nicht ohne weiteres umformen können. Hier müssen sich Frauen erst in die feststehende Organisation und das Wesen der alten Ordnung einleben, um dann, wenn sie die alte Form voll und ganz begriffen haben, ihre persönliche Note und Eigenart in die Ausübung dieses Berufes zu bringen."

Auch wenn an diesem Text nicht ganz deutlich wird, wie die Vorstellungen der Autorin über eine "weibliche Prägung" der Berufswelt sich zu traditionellen Weiblichkeitsentwürfen verhalten[22], fällt doch auf, daß hier die Probleme weib-

21 Stefanie Behm-Cierpka, Die öffentliche Aufgabe der Frau, in: Neulandblatt, 11.Jg. 1926, Nr. 10, S. 119-120, 120

22 Diesem Problem sehen sich Frauen auch heute noch gegenübergestellt, wenn es ihnen nicht nur um Gleichheit im Sinne einer Anpassung an männliche Normen geht, sondern um Vorstellungen von einem weiblichen "Anderen", das, ausgegrenzt, vornehmlich als Wunsch zu formulieren ist.

licher Erwerbstätigkeit aus der Perspektive von Frauen dargestellt und diskutiert wurden. Eine solche Position, in der weibliche Interessen nicht völkischen Gemeinschaftsideen oder kulturkritischen Moral- und Wertvorstellungen untergeordnet wurden, war im bündischen Blätterwald nicht allzu häufig zu finden. Die bemerkenswerte Parteilichkeit der Autorin wird auch sichtbar, wenn sie meint, es sei "eine Frage der Macht der Frau", ob "neue Dinge" oder bisher "Unbeachtetes in den Vordergrund" rückten. Das wiederum sei nur erreichbar, wenn die "Frauen festen Zusammenhalt suchen und pflegen" und ihre "Art in der männlichen Berufsorganisation entfalten". "Richtig heimisch im Berufsleben" würden Frauen allerdings erst werden, wenn der "Verkehr der Menschen untereinander" allmählich umgeformt sei.

Der frauenzentrierte Blickwinkel dieser Autorin wird auch an der Stelle deutlich, wo sie betont, daß "wir Frauen während der Umgestaltung des Berufs natürlich dauernd auf die außerberufliche Formung unseres Lebens bedacht sein müssen." Dies umso mehr, als die berufstätige Frau die sei, "der aus irgendeinem Grunde die Ehe versagt" bliebe; sie müsse deshalb versuchen, "menschlicher Mittelpunkt für andere zu werden". Da sie "beweglicher" als andere sei und "mehr über sich verfügen" könne, "kann sie sich ihr kleines Strahlennetz von menschlichen Beziehungen schaffen und hat damit die Möglichkeit, einen seelischen Mittelpunkt für viele zu bilden".

Dieses Problem, "außerhalb des Berufslebens Heil und Aufgabe" zu finden, sieht die Autorin für sich und ihre Bundesschwestern glücklich gelöst:

> "Wir berufstätigen Mädchen im BDJ brauchen doch ganz gewiß nicht um eine Gestaltung unseres außerberuflichen Lebens zu ringen. Wir haben eben unseren zweiten Beruf, unsere Arbeit im Bund. Diese müssen wir voll und ganz zu erfassen und damit zu beherrschen suchen, damit es uns so geht, wie im ersten Beruf, daß wir durch Beherrschung der Aufgabe zu schöpferischer Tätigkeit auch in unserem Bundesleben kommen können."[23]

Mit dieser Aussage verweist die Verfasserin auf eine zentrale Bedeutung der Jugendbewegung. Deren soziales Geflecht eröffnete den jungen Frauen in der Tat bis dahin nicht gekannte kollektive Zusammenhänge außerhalb der Familie. Wo immer die Ideenwelt der Bünde offen war für neue - außerbündische - Erfahrungen der Mädchen und Frauen, bot sie einen Raum, wo sich weibliche Jugend notwendige Kompetenzen auch für ihre beruflichen Tätigkeiten aneignen konnte. Im Hinblick auf die neuen Angestelltenberufe hieß das für sehr viele, Vorurteile abbauen zu können und Ermutigung zu erhalten, daß auch eine Frau

---

Hier geraten Frauen immer wieder vor dasselbe Problem: Bei ihrem Versuch, sich aus männlichen Projektionen zu befreien und einen eigenen Ausdruck von Weiblichkeit zu entwickeln, finden sie ihre Vorstellungen und Imaginationen längst "besetzt" und in traditionellen Weiblichkeitsbildern festgeschrieben.

23 Luise Nippert, Berufstätigkeit der Frau - Kulturarbeit!, in: Unser Bund, 13. Jg. 1924 Nr. 5, S. 103-105, 103

"in diesem Beruf Freude und Befriedigung finden" könne. Davon etwas zu vermitteln, war die Absicht einer jungen Frau aus dem "Bund der Köngener"; von fünfjährigen Berufserfahrungen berichtend, meinte sie, wenn auch "das Mütterliche und Sorgende" von vielen Mädchen "im kaufmännischen Beruf schmerzlich vermißt" würde, halte sie es doch "für falsch, darum schlankweg zu behaupten, wie das heute vielfach geschieht, daß der kaufmännische Beruf dem Leben der Frau niemals Inhalt geben kann." Sie selbst habe nicht nur erkannt, daß der Beruf durchaus nicht so "öde und langweilig" sei, wie sie zuerst gedacht habe, sondern durch ihre Arbeit auch "vieles" von sich entdeckt, das sie "vielleicht in keinem anderen Beruf so klar und deutlich hätte empfinden und erkennen können." Auch diese Autorin betonte die Notwendigkeit einer Ausbildung. "Am besten" sei es, "wenn man genau wie die Jungens eine richtige kaufmännische Lehrzeit durchmacht und eine gute Handelsschule besucht, (denn) der ungeschulten und ungeübten Kraft werden die leichtesten, unbeliebtesten und eintönigsten Arbeiten zugewiesen."
Wer ohne Ausbildung sei, müsse "die Augen offen halten und lernen, wo nur Gelegenheit dazu geboten ist." Auch dann könne man erreichen, daß den beruflichen "Leistungen Vertrauen und Achtung entgegengebracht" werde. Dies sei aber "keineswegs leicht, denn im kaufmännischen Beruf herrscht ein furchtbarer Konkurrenzkampf zwischen den beiden Geschlechtern."[24]

Daß dies ein Kampf war, der weit vor jedem weiblichen Anspruch auf Erwerbstätigkeit geführt und zulasten von Frauen entschieden war, wird nirgend so deutlich, wie an jenen jugendbewegten Weiblichkeitsbildern, die kaufmännische Tätigkeiten als "unweiblich" qualifizierten. Wenn dieser Zusammenhang damals auch noch kaum erkannt werden konnte, so zeigen die beiden zuletzt vorgestellten Texte doch, daß Frauen begonnen hatten, sich zu wehren. Obwohl sie ihre Erkenntnisse und Aktivitäten nicht mit dem Begriff des "Geschlechterkampfes" assoziierten, schufen sie sich doch bessere Voraussetzungen für die stattfindenden Auseinandersetzungen. Auf einer überbündischen Zusammenkunft 1926 waren sich die versammelten Frauen und Mädchen darin einig, daß "man nicht von männlichen und weiblichen Berufen reden (sollte), sondern von männlicher und weiblicher Art, einen Beruf auszuüben."[25] In der überbündischen Zeitschrift "Die Kommenden" meinte ein junges Mädchen im selben Jahr:

> "Wir freuen uns, daß wir jetzt ebenso wie die Männer mitten in das Leben hineingestellt sind, nun müssen wir uns durchkämpfen zu unserem Frauentum. Wir wollen unabhängig dastehen, wenn uns nicht die Gnade unseres eigentlichen Be-

---

24 Ruth Ehrhardt, Aus dem kaufmännischen Beruf, in: Eine Zeitschrift für die Frauen und Mädchen im Bunde, 1. Jg. 1926, Heft 2, S.9-16, 11f

25 Margret Scheuffele, Zusammenfassender Bericht über das überbündische Mädchentreffen, in: Mitteilungsblatt für die Frauen und Mädchen im Bunde der Köngener, 1. Jg. 1926, Heft 3, S.5-7, 6

rufes zuteil wird. Wenn es Mädchen zu Männerberufen treibt, wird es ihnen innerste Pflicht sein; darum ist es gut daß ihnen alle Berufe offenstehen."[26]

Die hier vertretene Rangfolge - zuerst der "eigentliche" und dann erst der"andere" Beruf - gehörte zu den nicht zu hinterfragt Grundwerten der jungen Frauen in der weiblichen Jugendbewegung. Wenn sie - wie auf einer Tagung der "Freischar"-Frauen - bei der Frage "Ehe und Beruf?", gegen die Berufstätigkeit plädierten, bezogen sie sich auf das Problem der Vereinbarkeit von Familie und Beruf. Die Antworten verweisen auf ein grundsätzliches Dilemma, das allerdings nicht weiter untersucht wird:

"Jeder weiß, daß die Nervenruhe der Frau so häufig für Gedeih und Verderb einer Familie maßgeblich ist, Kinder und ein Mann stellen Ansprüche."[27]

Dieser Hinweis hatte (und hat) großes Gewicht. Es wird aber immer noch nicht gern zur Kenntnis genommen, daß sich das in diesem "privaten" Sachverhalt dokumentierende Herrschaftsverhältnis auch im öffentlichen "Konkurrenzkampf" der Geschlechter auswirkt. Die Schwierigkeit von Frauen, kollektive Vorgehensweisen zu entwickeln, hängt nicht zuletzt daran, daß sie immer auch den Abhängigkeiten und Verantwortlichkeiten ihrer individuellen Beziehungen unterworfen sind.

6.2.4. Lohnarbeit von Frauen zwischen "dem harten: 'Du mußt'" und sozialistischer Emanzipation

Die Probleme weiblicher Erwerbstätigkeit wurden in der sozialistischen Jugendbewegung unter anderen Gesichtspunkten diskutiert und beurteilt als in den bürgerlichen Bünden. Zum einen galt die Berufstätigkeit von Frauen hier als Bedingung für die programmatisch angestrebte Gleichberechtigung der Frau, zum anderen leisteten die hier organisierten Mädchen ihre Arbeit zumeist unter "dem harten 'Du mußt!'", ohne Annahmen darüber, welcher "Beruf der Veranlagung einer Frau wohl am meisten entspricht"[28], umständlich ideologisieren zu können. In den Zeitschriftenartikeln der sozialistischen Jugendbewegung zum Thema fällt auf, daß die behandelten Probleme, wie der bedingungslose Zwang zum "Beruf, der nicht Berufung ist" oder die Forderung nach wirt-

26 *** Hamburg, Deutscher Frauengeist, in: Die Kommenden, 1. Jg. 1926, Heft 49, S. 562f; vgl. zur Vorrangigkeit der Ehe auch Annemarie Burr, Die Vorbereitung auf unser Frauenleben, in: Die Kommenden, 2. Jg. 1927, Heft 9, S. 100f

27 Annemarie Luckow, Ehe und Beruf? in: Deutsche Freischar, November 1930, 3. Band, Heft 2, S. 47-49, 48

28 Emmi Adam, Frauen-Erwerbsarbeit, in: Jungsozialistische Blätter, 2. Jg. 1923, Heft 9, S. 155f

schaftlicher Unabhängigkeit, eingebettet werden in politisch-ökonomische Analysen. Die gesellschaftspolitischen Betrachtungsweisen konzentrierten sich auf eine Sicht, die den Zusammenhang zwischen den Problemen weiblicher Erwerbsarbeit und der kapitalistischen Wirtschaftsordnung herausstellte. Die Interessengegensätze zwischen den Geschlechtern wurden als durch den Kapitalismus verursacht dargestellt, ohne daß das geschlechtliche Herrschaftsverhältnis problematisiert wurde. Dementsprechend erschienen Geschlechterkonflikte, wie die Diskriminierung der "'doppelverdienenden' Ehefrau, die den arbeitslosen Familienvätern Arbeit und Brot 'wegnimmt'" oder "die notorische Minderbewertung der weiblichen Arbeit," und "die mangelnde Solidarität der männlichen Gewerkschaften", als durch die sozialistische Gesellschaft überwindbar. Insofern ist der Schlußsatz eines Artikels, nach dem "auf dem Wege zum Sozialismus für Männer und Frauen das gleiche gilt: Einreihen in die proletarische Klassenfront"[29], eine sehr typische Aussage.

Diese Grundposition wurde auch dann nicht in Frage gestellt, wenn eine Autorin, wie in einem Artikel der Bundeszeitschrift der "Freien sozialistischen Jugend", zu der Aussage kam, daß nicht selbstverständlich zu erwarten sei, "daß im Sozialismus keine Frauenfrage besteht." In einer systematischen Kritik hatte sie als ursächlich für die Frauendiskriminierung hervorgehoben, daß "die Arbeit der Hausfrau und Mutter als die natürliche Lebensbetätigung der Frau betrachtet" würde.[30] Zu den "unheilvollen" Folgen dieser Tatsache rechnete sie auch Haltungen der weiblichen Erwerbsarbeit gegenüber:

> "Soweit die Berufsarbeit von Mädchen und Frauen unanfechtbare Tatsache geworden ist, sucht man sie bei den Mädchen als die gegebene Betätigungsweise für einen kurzen Lebensabschnitt, bei den Frauen als eine bedauerliche Folgeerscheinung allgemeiner Verarmung hinzustellen".

Die Autorin, für die noch selbstverständlich schien, daß Frauen im gemeinsamen Kampf der Geschlechter um eine gerechte Welt die bessere Chance hätten, die Interessen ihres Geschlechts durchzusetzen (eine aus meiner Sicht fragwürdige Annahme), meinte abschließend, daß "die Mädchen und Frauen besonderen Grund haben, für eine sozialistische Wirtschaft und Gesellschaft zu kämpfen."[31] Von der sozialistischen Utopie einmal abgesehen, weisen diese Überlegungen eine beachtenswerte Nähe zu Argumentationen von kritischen Frauen aus den bürgerlichen Bünden auf. Soweit diese, ähnlich wie die Sozialistinnen, für das weibliche Recht auf Erwerbstätigkeit eintraten und sich gegen frauen-

---

29 Grete Stoffel, Die Offensive gegen die Frauenarbeit, in: Jungsozialistische Blätter, 10. Jg. 1931, Heft 6, S. 182-184, 183

30 Auf den ersten Blick mag scheinen, daß dies historisch überholt sei. Dennoch meine ich, daß die Familienarbeit von Frauen noch immer als quasi "natürliches" weibliches (Arbeits-) vermögen angesehen wird und dementsprechend auch für diese selbst handlungsleitend geblieben ist.

31 Erika Loeberich, Zur Mädchenfrage,. 1.Teil: Arbeit und Stellung der Frau in der Gesellschaft, in: Freie Sozialistische Jugend, 3. Jg. 1927, Heft 9, S. 135-141, S. 138

verachtende Weiblichkeitskonstruktionen wehrten, verbanden auch sie ihre Einsichten nicht mit einer selbständigen frauenbewegten Perspektive. Für beide Gruppen war unvorstellbar, die Diskriminierung von Frauen als einen auf Herrschaft beruhenden Geschlechterkonflikt zu begreifen und daran ihre politischen Konzeptionen auszurichten.

6.2.5. Soziale Arbeit - ein (nicht nur weiblich-) jugendbewegtes Ideal

So gegensätzlich die Positionen im Hinblick auf die Arbeit von Frauen in den damals neuen Büroberufen in der Jugendbewegung auch waren, - einig waren sich alle Bünde in der Bewertung weiblicher Arbeit in den sozialen Berufen. Hier wurde die Erwerbstätigkeit von Frauen schon allein deswegen akzeptiert, weil die soziale Arbeit nicht mit traditionellen Weiblichkeitsvorstellungen in Konflikt geriet. In diesem Bereich war es für Frauen leicht, berufliche Orientierungen zu entwickeln und zu verfolgen. Die sozialen Frauenschulen hatten aufgrund ihrer Ausbildungsstandards einen guten Ruf. In diesen Schulen fiel "das Dilettantenhafte gänzlich fort," wie 1923 eine Frau in der Bundeszeitschrift des DMWB schrieb. Dieser Ausbildungsgang "war der einzige, der keinen Kompromiß in sich schließt, weil er kein Risiko bedeutet, wie die übrigen Bildungsgänge für die Mädchen. Denn hier fällt die Erziehung zu einer selbständigen Berufstätigkeit zusmmen mit der Erziehung zur Hausfrau und Mutter. Die aus diesen Schulen hervorgegangenen Mädchen sind also vollkommen für einen Lebensberuf vorbereitet, ob sie nun heiraten oder nicht." [32]
Neben dieser Begründung spielte auch die romantisch-soziale Vorstellung eine Rolle, mit jugendbewegtem Engagement ließe sich die soziale Not bewältigen. Tatsächlich spielten jugendkulturelle Ideale, wie die Geschlechter-"Kameradschaft", die "Gruppe" und der Gedanke der Selbsterziehung als sozialpädagogische und erzieherische Konzepte damals eine wichtige Rolle. Die Überzeugung, "soziale Arbeit sei mehr als irgend eine andere Dienst am lebendigen Menschen"[33] und damit ein Weg zur Erneuerung des Menschen und der "Volksgemeinschaft", zog allerdings nicht nur Frauen in dieses Berufsfeld. Hier bewahrheitete sich, was eine Frau aus dem "Bund der Wandervögel und Kronacher" auf dem Frauenweltkongress 1929 in Berlin den dort versammelten Vertreterinnen der Frauenbewegung als Positivum geschildert hatte:

32 Hanna Schäfer, Mädchenbildung, in: Der Mädchen-Rundbrief, 1. Jg. 1923, Heft 3 S. 1-10, 9
33 Therese Massing, Von der sozialen Arbeit als dem unteren Weg, in: Eine Zeitschrift für die Frauen und Mädchen im Bunde, 1. Jg. 1926, Heft 2, S. 17-20, 18

"Wir, die weibliche Jugend aus den Bünden, sind euch kämpferischen Frauen der Frauenbewegung dankbar für das, was ihr geleistet habt. Wir sind gern bereit, mit euch zu gehen, wo es gilt der Frau zu helfen, daß sie im Berufs-, Familien- und Wirtschaftsleben ihre Kräfte frei entfalten kann. Wir kommen aber nicht ohne unsere Brüder, weil uns ein Kampf da sinnlos erscheint".[34]

Gemäß dieser Überzeugung strömten mit den Frauen aus der Jugendbewegung auch ihre "Brüder" und "Kameraden" in die sozialen Berufe hinein, die von der Frauenbewegung erschlossen worden waren und bis dahin als traditionelle Tätigkeitsbereiche von Frauen gegolten hatten. Damit setzten sich auch hier Strukturen durch, in denen Männer die Weisungs- und Lehrbefugnisse übernahmen, Frauen aber weisungsgebundene Tätigkeiten ausführten und Lehrbefugnisse einbüßten.

6.2.6. Frauen-(Berufs- und)-Bildungsstätte Schwarzerden

Unter den vielen Erziehungs- und Bildungseinrichtungen, die in den zwanziger Jahren von Menschen aus der Jugendbewegung begründet wurden, nimmt die unter der Leitung von Marie Buchhold und Elisabeth Vogler[35] geschaffene Frauenbildungsstätte Schwarzerden eine besondere Position ein. Die Besonderheit dieses Projektes liegt nicht nur darin, daß diese Ausbildungsstätte noch heute besteht, sondern ebenso darin, daß hier Ideen jugendbewegter Frauen auf die Lebenswirklichkeit und das heißt auch auf Berufsperspektiven hin konkretisiert wurden.

Die Gründerinnen von Schwarzerden hatten beide dem Wandervogel und der Freideutschen Jugend angehört und wollten "eine Gymnastikschule entwickeln,

34 Elly Schüler, Bericht über die Jugend- und Frauenbewegung, in: Der Zwiespruch, 11. Jg. 1929, S. 315f

35 Vor ihrer Niederlassung in der Rhön war die gelernte Lehrerin Marie Buchhold mit einer Anzahl anderer junger Frauen und Männer an dem Aufbau der landwirtschaftlich und handwerklich ausgerichteten Siedlung Frankenfeld beteiligt gewesen. Wie viele andere war auch Elisabeth Vogler mit einer Gruppe junger Frauen nach Frankenfeld gewandert, um die Jugendsiedlung kennenzulernen. Nachdem diese im Herbst 1921 wegen finanzieller und persönlicher Probleme gescheitert war, nahmen die beiden Frauen wichtige Erfahrungen von dort mit, die ihrem neuen Plan zugutekamen. Elisabeth Vogler hatte schon als Lehrerin gearbeitet, hatte aber 1919 nach Konflikten um Wynekens Ideen der "Schulgemeinde" ihre Schule verlassen. Nachdem sie an etlichen Gymnastikkursen in Hellerau, der "Schule für Rhythmus, Musik und Körperbildung" teilgenommen hatte, war sie in das ebenfalls von einer Frauengemeinschaft gegründete "Seminar für klassische Gymnastik" Loheland gegangen, um dort eine Ausbildung zu absolvieren. Vgl. hierzu auch Irmgard Klönne, Auszug aus den Institutionen - weibliche Pädagogik der Jugendbewegung und Hedwig von Rohden und Louise Langgaard - die Gründerinnen Lohelands, in: Ilse Brehmer, Mütterlichkeit als Profession?, a.a.O.; Marion de Ras, Körper, Eros und weibliche Kultur, a.a.O., S. 154-172; Chronik der Schule Schwarzerden, Geschichte einer Frauensiedlung in der Rhön 1927 - 1987, Schwarzerden/Rhön 1989

die sich besonders mit der Einführung der Gymnastik in das soziale Leben befassen sollte."[36] Mit ihren Ausbildungs- und Berufsplänen bezogen sich die beiden Frauen ausdrücklich auf die "Frauenexistenzfrage", und zwar "im doppelten, leiblich-wirtschaftlichen und geistig-beruflichbildenden Sinne".[37]

Bevor allerdings der erste dreisemestrige Lehrgang beginnen konnte (1927), vergingen fast fünf Jahre. Diese Zeit war für die Frauen von äußerster Armut und harter Arbeit geprägt, denn das einzige, was sie mitbrachten, war ihr Wunsch, in einer Frauengemeinschaft zu leben und zu arbeiten und ihre sozialutopischen und lebensreformerischen Ideen gesellschaftlich wirksam werden zu lassen. Nachdem sie schon 1922 nach einer geeigneten Unterkunft gesucht hatten, bezogen Marie Buchhold und Elisabeth Vogler 1923 "pachtweise einen seit 30 Jahren leerstehenden Bauernhof, bestehend aus einem sehr verwahrlosten Wohngebäude, alten Stallungen und z.T. völlig zerfallenen Scheunen und Nebenräumen".[38]

Hier konnte sich die Gruppe endlich erweitern, sodaß seit 1924 ständig etwa sieben Frauen dazugehörten. Da im Pachtvertrag diverse Dienste festgelegt waren, die die Siedlerinnen in der Stall- und Weidewirtschaft abzuleisten hatten, spielte die landwirtschaftliche Arbeit von vornherein eine zentrale Rolle:

> "Wir arbeiteten wie die Bauern, z.B. zogen wir in der Heuernte morgens um 3 Uhr mit unseren Sensen auf die Eube, mähten bis ca. 6 Uhr ohne was zu essen. Wenn der Haushalt uns das Frühstück brachte, brüllten wir ihm 'Hunger, Hunger, Hunger' entgegen. Ab 10 Uhr wurde gewendet und abends brachten wir 1 - 2 Fuhren Heu nach Haus mit 4 Stück Vieh auf schlechtem Feldweg von der Hohen Eube herunter. das kleine kräuterduftende Heu mußte recht fest gepackt werden, daß wir unterwegs nichts verloren."[39]

Marie Buchhold hatte schon im Jungwandervogel dazu beigetragen, daß für die Mädchen und Frauen dieses Bundes der Gedanke einer eigenen Frauengemeinschaft bestimmend geworden war. Wie sie 1919 ausführte, hielt sie die "Koedukation" für eine "wichtige Aufgabe der Gemeinschaft", forderte jedoch gleichzeitig eine "zeit- und teilweise Abgrenzungsmöglichkeit für beide Geschlechter". Diese Ansicht rührte aus der Überzeugung, daß die "Menschheit, das Ziel der Gemeinschaft, auf der Ergänzung von männlichem und weiblichem

---

36 Elisabeth Vogler, Schwarzerden, ein Neubeginn mit klaren Zielen, Dokumentation III, a.a.O., S. 1607-1612, 1607

37 wahrscheinlich Marie Buchhold und Elisabeth Vogler, Die Frauenbildungsstätte, o.J., wahrscheinlich 1929/30

38 Elisabeth Vogler, Ländliche Wirtschaftsgemeinde und Frauenbildungsstätte Schwarzerden, handschriftliches Manuskript, wahrscheinlich 1925, Archiv Schwarzerden

39 Martha Neumayer, Erinnerungen - niedergeschrieben für meine Freunde, 1972/73, Archiv Schwarzerden

Wesen und Schaffen beruhte", diese aber auf "voneinander verschiedenen Wegen" erfolge, in "typisch männlichen bzw. weiblichen Denkformen".[40]

In den Texten der Gründerinnen über die Frauenbildungsstätte finden sich keinerlei Bemerkungen über aufzuhebende Benachteiligungen von Frauen im Bildungs- und Berufsbereich. Es heißt lediglich, die "absolute und anerkannte wirtschaftliche Selbständigkeit der Frau"[41] sei wünschenswert. In den konzeptionellen Begründungen für das Schwarzerdener Projekt tauchen Marie Buchholds Ideen von 1919 wieder auf. Wie sie damals meinte, daß weder Frau noch Mann "zu Trägern dieser Einheit werden, wenn wir nicht in uns selbst unsere naturgegebene Art erkannt und gepflegt haben"[42], so heißt es in einem Grundsatzpapier von 1929:

> "(Notwendig ist) eine grundlegende Erkenntnis der körper-seelischen Zusammenhänge ihrer eigenen Wesenheit und von da ausgehend, die grundsätzliche und bewußte Einstellung ihrer sich selber bewußt werdenden Frauenart zur Welt, die ebenfalls von der Frau als körper-seelischer Zusammenhang eines Natur-Ganzen begriffen werden muß."

Eine solche "frauenhafte Naturlehre" eröffnete sich nach den Vorstellungen der beiden Gründerinnen "organisch" in den "natürlichen Gegebenheiten" Schwarzerdens, in der "Hausarbeit", dem "Umgang mit Tieren und Pflanzen", mit aller "Unterbauung eines täglichen Lebens". Ebenso "Selbst-Zweck-haft", wie sich hierüber "eine neue Elementarlehre von Feuer, Wasser Luft und Erde" erschließen würde, sollten die "Körperlehre als Gymnastik" wie auch die "Atem- und Tonschulung" und die "Heilkunde und Ernährungslehre" gelehrt und gelernt werden. In Ergänzung dieser sinnlich anzueignenden "Naturlehre" standen auch Soziologie und Soziallehre auf dem Stundenplan, die "Lehren von den körperseelischen" Zusammenhängen zwischen den einzelnen und der Gesellschaft.[43]
In diesem "Körper-Seele"-Konzept drücken sich wichtige Motive der jugendbewegt-weiblichen Ideenwelt aus. Leitend darin ist die Sehnsucht nach Überwindung der Leib-Seele-Trennung und verbunden damit eine mystische Schau des "Eins-werdens" der inneren Natur des weiblichen Menschen mit der äußeren, die sich in der herben Rhönlandschaft ebenso offenbaren sollte wie in dem "natürlichen" Umgang mit den Dingen des täglichen Lebens. Die derart beschriebenen Erfahrungen als "Naturlehre" der weiblichen "Wesenheit" zu deuten, entsprang dem Wunsch, den Widerspruch zwischen Kultur und Natur mittels körpereigener, gewissermaßen naturgesetzlicher Kräfte aufzulösen.

---

40 Marie Buchhold, über Siedlung, Gemeinschaft und Schule, in: Freideutsche Jugend, 5.Jg. 1919, Heft 11, S.475-478, 478
41 Die Frauenbildungsstätte, a.a.O.
42 Marie Buchhold, Über Siedlung.., a.a.O., S. 477
43 Die Frauenbildungsstätte, a.a.O.

Die Körperkultur, und hier besonders die Gymnastik, spielte in diesem Denkgebäude eine wichtige Rolle. Im jugendbewegt-"natürlichen" Weiblichkeitsideal war sie mit Vorstellungen von einer befreiten weiblichen Identität verbunden[44], und in der von Marie Buchhold und Elisbeth Vogler vertretenen lebensphilosophischen Weltschau hatte sie eine zentrale Bedeutung. Hier galten Körperbildung und "rhythmische Gymnastik" als Weg, die "seelisch-körperliche Einheit" zu erleben:

> "Die unbewußte Verbindung von Körper und Seele, das gefühlsmäßige Erfassen von etwas Schwingendem, unausgesprochenem und das Ahnen einer Einheit."[45]

Indem Körperpflege und Gymnastik auch für die "Volksgesundheit" und die "Sozialhygiene" entdeckt wurden, sollten sich so "weiblich-wesensmäßige", berufspraktische und sozialpflegerische Ideen verknüpfen.

Im Jahre 1925 konnten der erste Weiterbildungskurs und Ferienkurse in Schwarzerden durchgeführt und ein berufsorientierendes "allgemeines Frauenbildungsjahr" begonnen werden. Bevor sich ab 1927 mit dem ersten Ausbildungsgang zur staatlich geprüften Sozialgymnastin endlich die "Ausbildungsstätte für sozial angewandte Gymnastik und Körperpflege" etablieren konnte, hatten die jungen Frauen noch ein anderes Betätigungsfeld für ihr soziales Engagement gefunden. 1925 hatten sie im nahegelegenen Gersfeld eine Erholungsstätte für Kinder eingerichtet. 1927 gilt als Gründungsjahr der Schule; 1929 wurde ihr Examen staatlich anerkannt. Nach 1933, als Gymnastik, Tanz und "Leibespflege" als "arteigene" Arbeitsgebiete von Frauen besondere Wertschätzung erhielten, gewann Schwarzerden zunehmend staatliche Aufmerksamkeit und Anerkennung. 1942 wurde von der Genossenschaft der Schwarzerdener Frauen und der Nationalsozialistischen Volkswohlfahrt (NSV) ein Verein gegründet, der nun als Schulträger firmierte. Nach dem Ende des Dritten Reiches durften die Schwarzerdnerinnen nach einjähriger Pause im Mai 1946 den Schulbetrieb wieder beginnen. Marie Buchhold, die in der nationalsozialistischen Frauenschaft aktiv tätig gewesen war, nahm auch nach ihrer Entnazifizierung im Jahr 1948 nicht mehr ihre Arbeit als Lehrerin im Schwarzerdener Seminar auf.

---

44 Dazu gehört, daß gesundheitspolitische Betrachtungsweisen zunehmend Gewicht erhielten. Vgl. Gertrud Weber, Rhythmische Körper-Gymnastik, in: Jungborn, 9. Heft 1925, S.269f; dieselbe, Unsere Sorge für den Körper, in: Jungborn, 4. Heft 1926, S. 131-134; Marianne Fleischhack, Lebensreform durch die Frau, in: Junge Menschen, 5.Jg. 1924, Heft 4, S. 78-82;

45 M. Wünkhaus, Dipl.-Lehrerin der Dora Menzler-Schule Leipzig über die Gymnastik und Körperkultur, in: Junge Menschen, 5. Jg. 1924 Heft 4, S. 76f

6.2.7. Eine singuläre Konsequenz: "Es heißt eine rein weibliche Kultur zu schaffen"

Die bisher gebrachten Hinweise zum Zusammenhang von Weiblichkeit und Erwerbsarbeit bzw. Sozialarbeit im Denken der weiblichen Jugendbewegung sind noch zu ergänzen. Allerdings sind die im folgenden zitierten Thesen singulär; die dort entwickelten Sichtweisen durchbrechen die weiblich-jugendbewegten Geschlechterdiskurse radikal und geben dem Verlangen nach einem Eigenen, imaginären "Anderen" von Frauen einen überraschend klaren Ausdruck. In einem Text aus dem "Mädchen-Rundbrief" des DMWB geht es um das "soziale Engagement" von Frauen; da heißt es, es sei verständlich, wenn diese angesichts der bedrückenden sozialen Nöte an allen Brennpunkten zu helfen versuchten:

> "Wenn sie aber diese Arbeiten als die Hauptaufgabe ihres Geschlechtes innerhalb der Gesellschaftsgestaltung ansehen, so ist das eine recht bedauerliche, irrtümliche Auffassung. Die Kräfte unzähliger aufopferungsfreudiger Frauen gehen an diese vermeintlichen Aufgaben verloren, anstatt für die wahren Aufgaben ihres Geschlechtes wirksam zu sein. - Sämtliche Reformbewegungen stehen auf der Grundlage der männerstaatlichen Gegebenheiten. Für die Beteiligung an den Reformbewegungen kommen daher eigentlich nur die Frauen in Betracht, die unter Anerkennung der männerstaatlichen Grundlage sich willig in den Dienst der Männerkultur stellen, um deren Schäden auszubessern. Diese Frauen stehen zu der eigentlichen Frauenbewegung in gar keiner Beziehung, wenn nicht im Gegensatz zu ihr. Zwar glauben sie vielfach gerade durch die reformatorische Tätigkeit den Männern Stück um Stück ihres Einflusses auf die Gesellschaftsgestaltung entreißen zu können. Aber so revolutionär das auch klingt, dieser Weg führt nicht zum Ziel. Vielmehr laufen wir Gefahr, uns durch die Beteiligung an den Reformen nur wieder verwerten zu lassen. Wir müssen uns darüber klar sein, daß wir, die wir durch Jahrhunderte unsere Natur vergewaltigen, unsere Menschenwürde treten ließen, die wir uns eine 'weibliche Bestimmung' nach der anderen aufzwingen ließen und uns je nach Bedarf der Männer umprägen ließen wie tote Münzen, daß wir heute unmöglich einen kulturellen Faktor von so großer Macht und Einflußkraft darstellen können. Es hilft uns wenig oder nichts, daß viele Frauen als vereinzelt dastehende Individuen dieses Selbstbewußtsein, diese Würde bereits in sich tragen, daß sie im steten Kampf mit der Umwelt sich als freier Mensch behaupten. Die Hauptsache bleibt das Erfassen des weiblichen Geschlechts als Gemeinschaft, als einheitlichen Faktor!" [46]

Für dieses Ziel einer sich selbst erschaffenden "rein weiblichen Kultur" wollten die Mädchen und Frauen bei ihrer eigenen Bundesgemeinschaft ansetzen "und

46 Hanna Schäfer, Stellungnahme zu den Reformbewegungen, in: Der Mädchen-Rundbrief, 1. Jg. 1923, Heft 2, S. 5-7

sich zunächst unter keine andere Idee stellen, als unter die unserer selbst." Um diese Kultur zu gestalten, sprachen sie sich gegen die Koedukationsschule und für reine Mädchenschulen aus. Sie verlangten weibliche Vertreter in Ministerien und Behörden und erwarteten sich nichts von Reformen und Revolutionen. "Die 'Weiblichkeit' finden, das können wir nur selber tun."

Diese Vorstellungen könnten in den achtziger Jahren in einem Frauenprojekt formuliert sein und stammen doch aus dem Jahre 1923. Sie waren entworfen in einem Bund, in dem sich die jungen Frauen noch neun Jahre zuvor zur Aufgabe gesetzt hatten, "dem Volke zu dienen" und sich vorzubereiten auf "die zukünftige Mutterschaft".[47] Der Lernprozess während der nachfolgenden Jahre, durch die Errichtung der Republik eingeleitet und durch die Auseinandersetzungen mit dem völkisch-nationalistischen Bund der "Geusen" vorangetrieben[48], hatte die jungen Frauen zu neuen, autonomen Weiblichkeits- und Selbstentwürfen geführt. Welche Rolle dabei die besondere Symbolisierung der "Mädchengemeinschaft" in diesem Bund gespielt hat, ist schwer zu sagen. Solche Ideen paßten weder zu den sich ausbreitenden völkischen Vorstellungswelten, noch vermochten sie in dem sich formierenden Geschlechterverhältnis im Gros der Jugendbewegung Grenzverläufe zu verschieben. Sie gerieten in Vergessenheit, und es brauchte fast 20 Jahre neuer Frauenbewegung, bis sie wieder zur Kenntnis genommen werden.

6.3. Politisierung von Weiblichkeit an Beispielen: Kleiderkultur und Bubikopf

6.3.1. Kleiderreform und Wandervogelmode

Die sogenannte "Kleiderfrage" war während der gesamten Jugendbewegungszeit ein gleichbleibend wichtiges Thema. Dennoch verschoben sich die Diskussionsschwerpunkte im Laufe der Jahre erheblich; während es den Wandervogelmädchen vor 1918 vornehmlich um praktische Alternativen zur herrschenden Mode ging, waren für die weibliche Jugendbewegung der Bündischen Zeit die Fragen nach Kleidung und Haartracht überfrachtet mit ideologisch-politischen Bedeutungen.

Mit neuen Kleiderideen herumzuexperimentieren, hatte sich schon anläßlich der ersten Wanderungen als notwendig erwiesen. Lange Röcke, Spitzen und

47 Luise Walbrodt, Rückblick und Ausblick, in: Der Mädchen-Rundbrief, 1. Jg. 1923, Heft 2, S. 3-5,4

48 Ebenda, S. 4

Faltenbeläge, Plisses und Volands an Blusen und Röcken über einengenden Korsetts aus Fischbeinstäben waren die Kennzeichen der bürgerlichen Damenmode zu Beginn des Jahrhunderts gewesen. Kein Wunder, daß die herausputzende Kleidung von den wandernden Mädchen abgelehnt wurde. Die schmükkende Eleganz hatte den Bewegungsmöglichkeiten von Frauen schon körperlich enge Grenzen gesetzt und zeigte sich für die jugendbewegten Lebensformen als absolut ungeeignet, ebenso wie die dazugehörigen großen Hüte und Absatzstiefelchen. Hinter der Ablehnung der Modeerzeugnisse standen allerdings nicht allein Nützlichkeitserwägungen. Die Wandervogelmädchen drückten mit ihrer einfachen Kleidung auch eine Kritik an den bürgerlich-konventionellen Verkehrsformen aus. Dementsprechend schufen sie sich mit ihren Kleidern nicht nur praktische Gebrauchsgegenstände, sondern zugleich Symbole ihrer Geselligkeitskultur und Lebensform. Anstatt mit einem "Berg von Koffern und Schachteln" zu reisen, waren sie stolz, "mit dem Rucksack auf dem Rücken (zu) wandern" und an "hübscher eigener Kleidung als Wandervögel erkennbar" zu sein.[49] Sie hatten Freude daran, Aufmerksamkeit zu erregen, und erwähnten in ihren Fahrtenberichten, welche Kommentare ihnen nachgerufen worden waren. An Bezeichnungen wie "Terauler", "Zigeuner" oder "Klosternonnen" und "Heilsarmee" schmeichelte ihnen die Bewunderung, die ihrem ungewöhnlichen Aufzug gezollt wurde und die Neugier, die "keine Ruhe mehr ließ, - dann macht es den Leuten immer arge Kopfschmerzen, wie wir wohl bis hierher gelangt sein mögen."[50]

Mitunter hatten sich ganze Gruppen ähnliche Kleider genäht. Werner Helwig erzählt von "einem ganzen Rudel hellgekleideter Jungfrauen, umweht von Gitarrenbändern, bunte Mieder zu weißen Röcken, die nackten Füße in Riemensandalen", die auf einem Bundestag in Thüringen 1913 Aufsehen erregten.[51] Diese Mädchen konnten sicher sein, ihre Nachahmerinnen zu finden. Schnell hatte sich eine spezielle Mode der "Gewänder", Dirndl-, "Insel-" und "Eigenkleider" herausgebildet, die trotz vielerlei Abwandlungen doch eindeutige Erkennungsmerkmale darstellten. Die Haare wurden zu Zöpfen geflochten, oft um den Kopf gelegt oder zu Schnecken geformt über den Ohren festgesteckt. Persönliche Vorlieben ließen sich mit Stirnbändern, gehämmerten Silberreifen oder Blumenkränzen, aber auch durch Stickereien, aufgesetzte Bordüren und farbige Holzperlenketten und Silberbroschen zur Geltung bringen.

Auf die Anfertigung ihrer Kleidung verwendeten die jungen Frauen viel Phantasie und Aufmerksamkeit. Von den Mädchenämtern wurde, wie 1919 im AWV, gebeten, daß ein Mädchen sich melden möge, "wir dachten an eine

---

49 Martha Friedenthal, Mädchenkleidung, in: Sachsenspiegel, Heumond 1913 S. 328f

50 Tagebuch von Anni Leder, Unsere Schwedenfahrt 1911, Selbstverlag Karlsruhe, o.J., Eintrag vom 11. August; vgl. auch Elisabeth Knothe, Laßt sie reden, ich schweig still, in: Wandervogel, 13. Jg. Heft, S. 48f

51 Werner Helwig, Die blaue Blume, a.a.O., S.143

Kunstgewerblerin, an die sich die Mädel unseres Bundes in allem was Kleidung und sonstige wichtige Äußerlichkeiten angeht, wenden können." Diese sollte nicht nur "mit guten Ratschlägen helfen, sondern in ihrer eigenen Werkstatt auch Kurse einrichten können."[52] Die "geradezu schablonenhafte Gleichförmigkeit und Einfachheit" der zu kaufenden Kleider ließ einige Frauen ein Selbsthilfeprojekt vorschlagen, in dem eine "Kunstgewerblerin und eine technisch geschulte Kraft auf Grund eines kleinen Kapitals eine bescheidene Werkstätte einrichten" sollten.[53] Broschüren erschienen mit entsprechenden Vorschlägen[54], und in den Zeitschriften wurden Anregungen gegeben, Arbeitsanleitungen erbeten oder auch ein selbstorganisierter Schnittmusterversand vorgestellt.[55] Einige Gruppen präsentierten selbst entworfene Modelle auf Bundes- oder Gautagen, andere veranstalteten eigene "Kleidertage" und prämierten die schönsten Erzeugnisse.[56]

6.3.2. Kleiderkultur - "natürlich" und "wahrhaftig"

Die Mädchen und Frauen der Bündischen und auch der sozialistischen Jugend entdeckten dieselben der "Natur" abgeschauten Schönheitsideale für sich, wie sie schon von den Wandervogelmädchen vertreten worden waren:

> "Erst wenn wir lernen, unseren Körper frei zu bewegen, frei zu entfalten, können wir das Kleid schaffen, das unserem Wollen, unserem Inneren entspricht, ein Harmonisches, ein Ganzes."[57]

Dieses Zitat macht deutlich, wie sehr die jungen Mädchen und Frauen der Jugendbewegung ihre Kleiderkultur als Teil eines "eigentlichen", "natürlichen" Menschseins auffaßten. Wandern, freies Bewegen und eine bewegungs- und körpergerechte Kleidung schienen erst ein "natürliches" weibliches Sein zu ermöglichen. 1923 beschrieb eine junge Frau in den "Jungsozialistischen Blättern", wo die Mädchen bei aller sie umgebenden Not und Elend Vorlage und Maßstab für die Schönheit ihrer Körper und ihrer Kleider finden sollten:

---

52 Das Mädchenamt, in: Alt-Wandervogel, 14. Jg. 1919, Heft 8/9, S. 147f

53 Trude Hellmuth, Olga Schmitz, Liebe Bundesschwestern, in: Wandervogel, 13. Jg. 1918, Heft 4, S. 119f

54 Grete Kilian, Kleider machen Leute, Anregungen und Winke, allen Wandervögeln gewidmet.

55 Alt-Wandervogel, 14.Jg. 1919, Heft 10/11, S.83f

56 Vgl. Fußnote 6 in diesem Kapitel und Käthe Jakobsen, Vom Halleschen Kleidertag, in: Wandervogel, 13. Jg. 1918, Heft 3, S. 70

57 ebenda, S. 70

"In der bunten weiten Welt. Da draußen wachsen so viele Blumen. Auf steinig hartem Boden, am staubigen Wegrand auf sattem, sonnigen Land. Sie haben alle etwas von Sonnenschein, von Sommerlicht und blauem Himmel."

Sich diese "blühende Natur" in quasi mimetischem Verfahren "zu erhalten", schilderte die Schreiberin als "unsere Pflicht. Seht, es ist ja gar nicht so schwer, den Leib zu bekleiden, wenn man weiß wie er aussieht; wenn man fühlt wie er wächst und sich bewegt."[58] Da die gepriesenen Farben, Linien, Formen der Blüten dennoch keinen eigenen Kleiderstil schufen, wurden weiterhin Fertigung und Schnitt des "Eigenkleides" erörtert.[59] Jugendbewegt ideologisiert gaben sich die Gesichtspunkte, die es dabei zu berücksichtigen galt, anspruchsvoll. So wurde in der "Arbeiter-Jugend" betont, daß "das Äußere das Innere des Menschen ausprägen und unsere Kleidung unser Fühlen und Denken kundgeben soll"[60], und im "Jugend-Bund", der Jugendzeitschrift des Gewerkschaftsverbandes der Angestellten (GDA), hieß es, daß "das Kleid zum Wesen des Mädels passen soll"[61], im DMWB, Farben und Formen müßten auf die Trägerin abgestimmt werden;[62] in der evangelischen Christdeutschen Jugend erinnerte eine junge Frau daran, daß lange Röcke "weder jugendlich, noch schön, noch praktisch" seien.[63] Damit sich die weibliche Jugend in allen Stilfragen der neuen Kleiderkultur zurechtfinden möge, wurden mehrfach "Gebote der Kleidung" verfaßt. In der Zeitschrift des DMWB hieß es, diese solle "aus möglichst wenig Stücken bestehen, alle unnötige Schneiderarbeit vermeiden, also billig und herstellbar sein, persönlich sein, also auf Gestalt, Hautfarbe, Beschäftigung Rücksicht nehmen."[64]
Im BDJ wurden anläßlich einer von einer Gruppe des Bundes veranstalteten Kleiderausstellung folgende Leitsätze publiziert:

"Kaufe nur gute Stoffe, laß sie wirken. Bringe nicht zu viel darauf. Gestickte Blumen machen es nicht, in der Natur sind sie schöner. Sei so wahrheitsliebend, daß Du keine 'falschen' Knöpfe aufsetzt. Schlicht, einfach und gesundheitsgemäß wie die Oberkleidung sei auch die Unterkleidung, sonst scheinst du nur obenauf

58 Lene Müller, Unser Kleid, unsere Wohnung; Der Wille zu Schönheit, in: Jungsozialistische Blätter, 2. Jg. 1923, Heft 9, S. 162f

59 Vgl. z.B. "Für die Kleiderwerkstatt" in: "Der Führer", (Zeitschrift der Arbeiterjugend), 3.Jg. 1921, Heft 3, S. 35 und Heft 4, S. 48; Marianne Blesse, Das Eigenkleid, in: Der Jugend-Bund, 1923, Heft 7, S. 105; Anni Helming, Zwei einfache Wollkleider, in: Der Ring, 1. Jg. 1925, Heft 1, S.30ff; Das Eigenkleid, ein Brief, in: Jungborn, 1925, Heft 2, S. 48-50; Cewi, Kleidung, in: Der Jungstreiter, 5. Jg. 1928, Heft 2, S. 14-16

60 Grete Brosterhuis, Körperpflege und Reformkleidung, in Arbeiter-Jugend, Juni 1922, S. 181-183, 182

61 Das Mädelkleid, in: Jugend-Bund; 1927, Heft 2, S. 44

62 Unsere Tanz- und Festkleider, in: Deutscher Mädchen-Wanderbund, 8. Jg. 1922, Heft 1/3, S. 15

63 Ellruth Faber, Noch einiges von unserer Kleidung, in: Der Jungstreiter, 3. Jg. 1926, S. 86f

64 Zehn Gebote der Kleidung, in: Deutscher Mädchen-Wanderbund, 8. Jg. 1922, Heft 1/3, S. 16

ordentlich. Mädchen müssen aber jeden Schein meiden. Wie sie sich zeigen, müssen sie sein."[65]

Die normativen Bezugspunkte dieser Äußerungen liegen auf der Hand. Die geforderte Ästhetik der "Schlichtheit, Natürlichkeit und Wahrhaftigkeit" wie auch die gesundheitspflegerischen Hinweise verweisen auf den jugendbewegten Wertekatalog und markieren geschlechtsspezifische Rollenerwartungen. Auffällig ist, daß in der Kleiderfrage im Gegensatz zu anderen Themen des jugendbewegten Weiblichkeitsdiskurses auf die persönliche Entscheidungsfähigkeit abgehoben wurde. Dies deutet darauf hin, daß die Kleiderfrage den Mädchen die besondere Möglichkeit bot, den eigenen Stil auszuprägen und etwas Neues zu schaffen, ohne daß sie gleich mit gesellschaftlichen Normen gebrochen hätten. Grenzen zeigen sich allerdings dort, wo die erotisch-sexuellen Aspekte der Kleidermode Anlässe für sittlich-moralische Appelle gaben. So ermahnten auf einem Bundestag des Jungborn Ausführungen über "das Empfinden unserer Brüder" die Mädchen dazu, sich "schwesterlich" zurückzuhalten und keine "Stoffe wie Voile, Tüll, Seidentrikot" zu verwenden[66], oder Kleider mit einen "weiten Halsausschnitt, kurze Ärmel, kurze Kleider" zu tragen, da dies "den Jüngling und den Mann" reize.[67] Sicherlich ist eine solche Argumentation insbesondere für den katholisch-konfessionellen Geschlechterdiskurs typisch;[68] dennoch kommen in den Empfehlungen allgemeine Merkmale jugendbewegter Ästhetik zum Tragen.

6.3.3. "Wider die undeutsche Mode"

Mit der Ausbreitung des völkischen und nationalistischen Ideenguts in der Jugendbewegung wurde auch die "Kleiderfrage" zunehmend mit politischen Bedeutungsgehalt unterlegt. In manchen Bünden, wie z. B. in der "Christdeutschen Jugend" blieben "alt"-jugendbewegte Denkweisen neben neuen, national beton-

65 Luise Nippert, Mädelarbeit bei unsere Hirschberger Tagung, in: Unser Bund, 14. Jg. 1925, Heft 10, S. 263-266, 264;

66 Hedwig Pahls, Noch einmal : Unser Kleid, in: Ringen und Reifen, Unser Bundestag auf Haus Hoheneck, Sondernummer 8/10 des Johannisfeuer-Werkblatts, 1924, S. 44-46, 45

67 Kampf um die Reinheit, in: Die junge Schar, 6.Jg. 1929, Heft 5, S. 266f

68 Hier ist mitzubedenken, daß die Jugendlichen des katholischen Jungborns aus dem proletarischem Milieu kamen. Die Sublimierung von Sinnlichkeit und Sexualität diente hier auch dazu, materielles Elend zu vermeiden; für diese Überlegung spricht auch, daß in dem Schwesterbund des Quickborn, in dem bürgerliche junge Katholiken organisiert waren, dieses Thema keinen solchen Stellenwert hatte.

ten stehen.[69] Hier hieß es z. B. 1926 in einem Beitrag, daß "die Kleiderfrage" nur scheinbar eine "äußerliche Angelegenheit" sei; wie aber "das Äußere eines Menschen immer seinem sonstigen Wesen (entspreche)", käme es für die Mädchen im Bunde darauf an, nicht auf der einen Seite gegen die "so fremde und undeutsche Mode, wie die unserer Zeit zu kämpfen". Auf der anderen Seite müsse sich Jugendbewegung hüten, der Mode "selber in die Hände zu fallen. Wie leicht wird alles, was sich die Jugendbewegung errungen hat, wieder zu toter Mode."[70] Der Kampf gegen die "fremde und undeutsche Mode" bildet in diesem Beitrag von 1926 nur den Hintergrund für den Appell, den jugendbewegten Kleiderstil nicht zu einer Äußerlichkeit verkommen zu lassen. In welche Richtung sich der Bedeutungsgehalt jugendbewegter Weiblichkeit im Kleiderstil in weiten Teilen der bürgerlichen Jugendbewegung zu dieser Zeit verschoben hatte, läßt sich an einem Textbeispiel aus "Drude" verdeutlichen. Die Autorin dieses dreibändigen Kultbuches der weiblichen Jugendbewegung, Gertrud Prellwitz, gehörte zu dem Kreis um den Maler Hugo Höppener, genannt "Fidus". Sie verstand sich selbst als Prophetin "deutscher Gottgläubigkeit" und hatte sich in dem Roman mit der Figur der "Tante Gertrud", die Mutterstelle an einem früh verwaisten Mädchen einnahm, selbst als Vorbild und Denkmal präsentiert. Die Heldin des Buches, das junge Mädchen "Drude", war der 17jährig verstorbenen Tocher Hugo Höppeners, nachgestaltet. Ein von diesem Mädchen angeblich hinterlassenes Tagebuch bildete die Grundlage der Prellwitzschen Erzählungen. In dem folgenden Dialog zwischen "Drude" und dem nicht zu den "Eingeweihten" gehörenden Mädchen Erika geht es um das Thema "Kultur" und "Mode":

> "Habt ihr nicht viel Geld, Drude? fragte Erika. Du hast so schöne Sachen, du siehst immer so vornehm aus. Die sind schön aus Kultur, nicht aus Reichtum, sagt Drude. So schöne Sachen, die ewig halten, die kosten dann längst nicht so viel wie eure Kleider, die immer mit der Mode wechseln. Wir fragen überhaupt nicht nach Mode. Mutti pflegte zu sagen: Wer danach strebt, sich modern zu kleiden, hat nicht Kultur. A! sagte Erika staunend. Nicht wahr? rief Drude. Denk mal, Erika, wir richten uns nicht einmal in den Kleidern nach der Mode! und nun sollte mein Vater sich in seiner Kunst nach der Mode richten! Nein, nein, sagte Erika, ich sehe es schon ein. Liebe Drude! Verzeih mir! Kultur schaffen, sagte Drude stark, in freudigem Entdecken, kann nur wer aus eigenem Quellgrunde lebt. Das junge Kunstgewusel, das sich nach der Moderne richtet, weiß gar nichts von Kultur."[71]

Das "freudige Entdecken" Drudes zeigt, daß diese sich als Heranwachsende zwischen den in der völkischen Ideenwelt als Widerspruch konstruierten Anfor-

---

69 Vgl. z. B. die Beiträge zum Thema "Körper und Kleid",in: Mädel im Bunde, 1.Jg. 1926 Heft 6, S.153-184

70 Anna Steinheil, Unsere Kleidung, in: Der Jungstreiter, 3. Jg. 1926, Heft 10, S 66f

71 Gertrud Prellwitz, Drude, Ein Buch des Vorfrühlings, der neuen Jugend gewidmet, Woltersdorf 1921, S. 132

derungen von Zivilisation und Kultur "artgemäß" zurechtfindet. Der Text macht deutlich, daß der in der Frühzeit der Jugendbewegung hervorgehobene Widerspruch zwischen Natur und Kultur sich inzwischen verschoben hatte zum Konflikt zwischen Kultur und Moderne, Kultur und Mode. Im Kontext völkischer Ideologie wurden diese Widersprüche gleichgesetzt mit einem schicksalhaften Konflikt zwischen dem "tiefen deutschen Wesen", dessen "eigenem Quellgrund" und der "internationalistischen Verflachung".

In einem Text des "Großdeutschen Jugendbundes" aus dem Jahr 1928 werden Kleidungsgewohnheiten von Frauen eindeutig nationalistisch gedeutet:

> "Dann möchte ich Euch auf eine zweite Modelaune aufmerksam nachen, nämlich die Baskenmützen. Hier nennt man sie nur Franzosenkäppi. Ihr habt nicht Tag für Tag die Alpenjäger an Euch vorbeilassen müssen mit ihren sogenannten Baskenmützen. Ihr würdet sie sicher nicht tragen, wenn Ihr unter fremder Herrschaft gestanden hättet. Warum wollen wir das alles nachmachen?"[72]

Für eine noch aggressivere nationalistische und rassistische Argumentation rechter Bünde kann der hier zitierte Beitrag der "Geusen" als beispielhaft gelten:

> "Warum lehnen wir Geusenmädels die sogenannte 'Mode' ab? Nicht etwa, weil es nun einmal zum Wandervogeltum gehört, sondern aus der Erkenntnis heraus, daß fremder Geist unser inneres Leben zerstören will, bewußt zerstören will! Ein raffinierter Modeschlager jagt den anderen und steigert die Eitelkeit. Den Erfolg dieses systematischen Angriffes können wir täglich, ja stündlich um uns herum beobachten. Aufgeputzt mit Tand und mit fremdländischem Plunder behangen stelzen die innerlich vollkommen verflachten Geschöpfe durch die Straßen, zur Schande ihres eigenen Geschlechts: In erschreckendem Maße greift diese Verseuchung um sich, echte Weiblichkeit, wahren Seelenadel begrabend, die Gesundheit unseres Volkes zerstörend."[73]

Dieser Text ist von 1929. Die darin ausgedrückten Positionen gehörten zum rechten Rand des bündischen Spektrums und sind nicht ohne weiteres auf die anderen Bünde der bürgerlichen Jugendbewegung zu übertragen. Dennoch wird eines deutlich: Zu diesem Zeitpunkt ging es im völkisch ausgerichteten Weiblichkeitsdiskurs der Bünde nicht mehr nur um eine Definition von "weiblicher Natur" und "natürlicher" Weiblichkeit, sondern um "deutsche" Weiblichkeit, die sich in sozialbiologischer Perspektive als "echt" und "gesund" nur in der Gegenüberstellung zu "fremdrassiger Verseuchung" erweisen konnte.

72 Unsere Stellung zum Bubikopf, in: Das deutsche Mädel, 3. Jg. 1928, Heft 8, S. 97
73 Brunhilde Bülk, Unsere Kleidung, in: Die Geusen, 1929, Heft 1, S 3f

6.3.4. Der "Bubikopf" - eine Bedrohung nicht nur der bündischen Kultur?

Als ein Symbol des Fremden und "Fremdrassigen", für die "deutsche" Weiblichkeit Zerstörerischen galt in vielen bündischen Diskussionen der sogenannte "Bubikopf", was in dem folgenden Beitrag deutlich wird:

> "In diesem Zusammenhang sei auch auf die Bubenkopfmode hingewiesen, die jüdischen Hirnen entsprungen, auch nur als Mittel zur Zersetzung unserer Art und unseres Volkstums ersonnen wurde. Macht Euren Mitschwestern begreiflich, daß sie sich durch das Abschneiden ihrer Haare nicht nur selbst ihrer schönsten Zierde berauben, sondern sich ihre ganze weibliche Eigenart mit abschneiden, sich zur Nummer, zur Schablone herabwürdigen. Für die Masse (bedeutet) der Bubenkopf nichts anderes als ein Herausstreichen, ein Herausputzen und Interessantmachen der eigenen Person! Für diese Massen sind die ganzen Moden nichts weiter als ein Mittel, sich dem anderen Geschlecht gegenüber zu empfehlen! Ist es denn nicht so, daß gerade die Mädels 'Hahn im Korbe' sind, die über die größte Raffinesse im Äußeren verfügen? Diese Mädels sind 'tonangebend', und auf sie stürzt sich eine ganze Männerwelt, während Mädels, die ihrem alten Volkstum treu bleiben, in dieser Zeit unbeachtet beiseite stehen müssen! Erst machte sich jemand mit Schuhen interessant, alle Blicke hingen an diesem irgend jemand. Bald trug jedermann diese Schuhe anstatt der Stiefel und die Person, die sie eingeführt hatte, ragte nicht mehr aus der Masse hervor. Neues kam! Seidene Strümpfe und die immer kürzer werdenden Röcke! Schminke, Lippenstift, Puder kamen auf und zuletzt der Bubenkopf."[74]

So borniert die hier entwickelte Sichtweise auch erscheint, ist der Text doch besonders aufschlußreich. Da ist zunächst der Widerspruch, den Bubikopf mit dem Verlust aller Weiblichkeit und dem Absinken zur auswechselbaren "Nummer" und "Schablone" gleichzusetzen, ihn zugleich aber als "raffiniertes Mittel" zu bezeichnen, mit dem die "eigene Person" interessant gemacht werden sollte. (Ein im übrigen legitimes Bedürfnis, das sich kaum von dem der Wandervogelmädchen unterscheidet, die es mit Zopffrisuren, Blumen oder einem Goldreif im Haar versuchten.) Der "Hahn im Korbe" ist wichtig; denn hätte sich nicht "eine ganze Männerwelt" auf den neuen Typus Frau gestürzt und die "art- und volksbewußten Mädels" auf der Strecke liegen gelassen, - wer weiß, ob es diese Polemik gäbe.

In diesen Ausführungen offenbart sich ein doppelter Sachverhalt, der von der Autorin allerdings nur zur Hälfte gesehen wurde. Richtig bemerkt sie, daß die "neue Frau" aktiv wurde im Geschlechterspiel, sich nicht mehr über "Sippe" und "Volkstum" ins Spiel brachte, sondern als einzelne sich inszenierte und "herausputzte" - in ihrer sexuellen Attraktivität. Der "volksbewußte" Frauentyp hingegen erfuhr vier Jahre später durch die Bevölkerungspolitik der nationalsozialistischen Männerwelt jene Aufwertung, um die die Schreiberin pro-

74 ebenda, S. 4

grammatisch gekämpft hatte. Aber auch dabei ging es um die Frau als Geschlechtswesen.

Die ideologische Bedrohung, die Mitglieder der Bündischen Jugend im Bubikopf wähnen mochten, faßte eine junge Frau 1928 folgendermaßen zusammen:

> "Der Bubikopf wird zum Symbol einer untergehenden Welt, aus der wir heraustreten, wenn wir uns mit ernstem Streben zum Bunde wenden, darum lehnen wir ihn ab."[75]

Allgemein gesprochen hieß "bündisch-sein" hier, sich der "liberalistischen und individualistischen Willkür (zu) begeben und (sich) der Gebundenheit in unser Volk hinzugeben"; konkret bedeutete dies, daß Mädchen mit dem neuen Kurzhaarschnitt gesagt wurde, sie hätten mit ihren Haaren zugleich die "Bundesgemeinschaft zerschnitten" und die Bundesnadel abzugeben.[76]

Eine umstürzlerische Bedeutung wurde der neuen Haartracht in einem Artikel unterstellt, der 1926 in "Die Kommenden" erschien. Hier problematisierte ein Autor die Frisur unter dem Aspekt des Geschlechterverhältnisses. Er vermutete die Hintergründe des "Buben-Kopfes" in homosexuellen Motiven, und zwar in männlichen wie auch in weiblichen. Danach stammte die aufsehenerregende Frisur aus "gleichgeschlechtlichen Kreisen in New York, wo sich die Frau, um noch irgendeinen Anwert zu bekommen, dem Manne möglichst ähnlich zu machen versuchte. Am willigsten griff diese Forderung des gleichgeschlechtlich veranlagten Mannes die ebenso veranlagte Frau in ihrem naturgemäßen Drange, sich männlich zu kleiden auf."

Von New York nach Paris kommend, sei die Modefrisur "von den Jüdinnen in ganz Europa nachgeahmt" und schnell von "Kreisen des deutschen 'Proletariats'" übernommen worden. Wenn auch von den meisten Trägerinnen unbeabsichtigt, zöge "sie doch die gleichgeschlechtlichen Neigungen, deren Verbreitung weit größer ist, als die Allgemeinheit glauben möchte, groß".

Dementsprechend warnte der Autor: "Diese Mode ist wahrlich nichts Harmloses", auch nicht im Hinblick auf die "demokratische Annahme der Gleichheit und Gleichberechtigung von Mann und Weib". Gegen solcherart "kulturzerstörende" Anwandlungen setzte er die These:

> "Wenn wir somit nicht aus einem willkürlichen, zufälligen Empfinden, sondern aus der langen Überlieferung arischen Menschentumes, also von einem geistig fest gegründeten Kulturbewußtsein aus die Frage 'Bubikopf' betrachten, so werden wir wohl zur der Anschauung gelangen, daß der gestutzte und zum Teile geschorene Kopf nicht der richtige Ausdruck der weiblichen vom Manne naturnotwendig tief verschiedenen Wesenheit vorstellt. Wir suchen im Weibe weder

---

75 Trudi Klipfel, Persönliche Freiheit? in: Die Pfadfinderin, 6.Jg. 1928, Heft 8, S. 67-69, 69

76 ebenda, S. 67; ebenso: Unsere Stellung zum Bubikopf, in: Das deutsche Mädel, 3.Jg. 1928, Heft 8, S. 97; und: Unsere Stellung zum Bubikopf, Ein offener Brief, in: Der Jungstreiter, 4. Jg. 1927, Heft 2, S. 13-15, 14

den nüchternen rechnerischen und geschäftlichen Geist, auch nicht das scharfe wissenschaftliche Überlegen und die unbeugsame Härte eines kämpferisch bewußten Willens, sondern den Reichtum der Empfindung, die Tiefe des Gemütes, Wärme, Innigkeit, die Kraft der Liebe und des Glaubens und - doch auch eine Natur, die befähigt ist, die feindlich gegeneinander stehenden Kräfte auszugleichen und zu versöhnen. Und noch etwas suchen wir im Weibe: die Schönheit! Die weibliche Schönheit."[77]

Im "Jungstreiter", einer Zeitschrift der "Christdeutschen Jugend", wurde 1927 über mehrere Nummern hinweg eine "Bubikopf"-Kontroverse abgedruckt; in einem Artikel findet sich hier laut Einleitung "die Sache noch einmal sehr kraß (aufgerollt)":

"Stellt euch einmal eine Raffaelsche Madonna oder besser noch eine von Uhde oder Gebhardt oder Schiestl mit einem Bubikopf vor! Ihr lacht; ja es ist grotesk, widersinnig; aber warum? - Sie, die absolut Unberührte, hat auch das von keiner Schere berührte Haar. Sie, die Natur ist, die mit der lebendigen quellenden Natur in nächster Verbindung steht, trägt auch das Haar, wie die Natur es ihr schenkt. Ihr werdet einwenden: Wir können aber doch nicht alle Madonnen sein! - Doch, denn die Gottesmutter ist die höchste Stufe oder das Idealbild der Frau, des weiblichen, oder wie ihr es nennen wollt. Was soll, wie soll die deutsche Frau sein, Sie ist zuallererst Mutter; Lebensgrund und Lebensquell, Natur, Heiligtum, Ruhe und Pol für den Mann und die ganze Familie."

Daß überzeitliche Weiblichkeitsideale, wie "Unberührte, Natur und Naturverbundene, Mutter und Heiligtum, Lebensgrund und Lebensquell" mit einen einzigen, absolut diesseitigen Sinn unterlegt wurden, nämlich "Ruhe und Pol" für die männlichen und kindlichen Menschen zu erbringen, mag nicht ungewöhnlich erschienen sein. Daß aber die Bewahrung dieser Werte an ein Haar geknüpft sein sollte, das von keiner Schere berührt sein dürfte, mußte offenbar doch erst in Schreckensvisionen dargelegt werden, um überzeugend zu werden:

"Ich habe eine junge Frau dasitzen sehen mit ihrem Kindlein auf dem Schoß - im Bubikopf, im Röckchen, das die Knie nicht erreichte, und es hat mich des Kindleins gejammert, denn es sah aus, als wäre nichts da, was es tragen und einhüllen und vorm Frieren schützen könne."

In einem historischen Abriß wird die schmachvolle Stigmatisierung beklagt, die deutsche Frauen durch das Abschneiden ihres Haupthaares erfuhren:

"Die Germanin war stolz auf ihr langes Haar und ihr geschah die größte Schmach, wenn sie, gefangen und als Magd verkauft, als erstes ihr Haar abgeschnitten bekam. Im Mittelalter hat man den Frauen, die als Dirnen entlarvt wurden, das Haar kurz geschnitten, und noch 1919 ff haben die Franzosen im besetzten Gebiet den

77 Herwig Hartner, Vom Bubikopf, in: Die Kommenden, 1. Jg. 1926, Heft 41, S. 469f; entnommen einem vom selben Autor stammenden Buch über Erotik und Rasse

deutschen Frauen dasselbe getan, die auf die sog. schwarze Liste gekommen waren."

Zum Abschluß werden rassistische Thesen über das Wesen einer "deutschen Frau" vermittelt:

"Seht sie euch aber einmal ganz genau an (die Frauen und Mädchen mit einem Bubikopf, I. K.)! Glaubt ihr bestimmt, daß diese Frauen Ruhe und Lebensgrund für Mann und Familie sind? Sind sie nicht Rassenmischlinge mit Juden, Polen, Franzosen, Russen oder wer weiß was für anderen Völkern, direkt oder über Generationen hinweg? Ein Ausspruch behauptet von der französischen Frau, sie solle für den Mann nicht nur Baldrian, sondern auch Sekt sein. Die nicht-deutsche Frau - ja, aber die deutsche - nein!"[78]

Offensichtlich sollten die jungen Mädchen mithilfe solcher wahnhaften Vorstellungen darauf eingeschworen werden, "erdgebunden" und "allmütterlich" das "deutsche Wesen" gegen westliche "Zersetzung" zu retten. Erstaunlich ist, mit welchen Charaktermerkmalen der oder die VerfasserIn die Leserinnen begeistern zu können meinte. "Baldrian" für andere Menschen, und speziell für Männer sein zu sollen - und nicht Sekt, "lebensgründig" und nicht "feurig", das klang auch in den zwanziger Jahren nicht sehr aufregend.

Einen einzigen Beitrag in der jugendbewegten Publizistik habe ich gefunden, in dem der Bubikopf nicht als Symbol für Dekadenz und kulturellen Untergang abgelehnt wurde. 1925 wurde er im "Ring", einer von "Quickborn"-Frauen initiierten Mädchenzeitschrift veröffentlicht, und die Autorin mutmaßte darin, der Bubikopf hätte möglicherweise "mit einem kühnen Schnitt" den "Zopf der Neuzeit" weggeworfen und abgestandene Fragen nach einem gegen die Mode resistenten Weiblichkeitsausdruck überwunden. Vielleicht, schrieb sie, sei er "ein noch unbegriffener Anfang, Rückkehr zur Einfachheit, Ausdruck zeitgemäßer Sachlichkeit, notwendige Form eines neuen Frauentyps?"
Dieser Überlegung nachgehend, meinte sie, langes Haar stände dem neuen Lebensgefühl von Frauen und Mädchen entgegen:

"Ihr wollt Sport treiben, turnen, schwimmen, tanzen, wandern, das lange Haar behindert euch, - ihr haßt die Umständlichkeiten im Verkehr und Umgang, ihr liebt das kurze Wort, das Telegramm, die rasche, sichere Gebärde - das lange Haar ergäbe einen Widerspruch, entspräche nicht dem neuen Bilde eurer Fraulichkeit."[79]

Solche realistischen Einstellungen zu neuen weiblichen Lebensformen, die sich unter den Bedingungen der kapitalistisch-industriellen Gesellschaft herausgebil-

---

78 M. S., Noch einmal Bubikopf, in: Der Jungstreiter, 4.Jg. 1927, Heft 3, S.61-63, 61f; weitere Diskussionsbeiträge von Ria Jost, Noch einiges über unsere Kleider , in: Der Jungstreiter, 3. Jg. 1926, Heft 12, S. 87; Unsere Stellung zum Bubikopf, in: Der Jungstreiter, 4. Jg. 1927, Heft 2, S. 13-15

79 Annie Bender, Zeitbilder weiblicher Haartracht, in: Der Ring, 1. Jg. 1925, Heft 12, S.354-358, 357

det hatten, waren in den Bünden nicht zuhause. Zwar war die Romantik des Wandervogels zurückgedrängt worden, aber die völkisch ideologisierende Kritik an Entwicklungen der Moderne stand im Zentrum der bündischen Kultur.

Demzufolge war es für jugendbewegte Mädchen und Frauen eine "Tat", sich einen Bubikopf schneiden zu lassen. Dies gilt auch für jene Bünde, in denen, wie in der sozialistischen Jugendbewegung, der Bubikopf kein politisch-ideologisches Problem darstellte. Das jugendbewegte Weiblichkeitsideal war nicht leicht zu vereinbaren mit dem "Modernitätsschub" im weiblichen Lebensstil. Hier spielten allerdings auch Vorbehalte von Eltern, die eine traditionalistische Wertewelt für ihre Töchter zu schätzen wußten, eine nicht unwesentliche Rolle. Eine ehemals dem Jugend-Bund des GDA zugehörige Frau erinnerte sich noch fast 70 Jahre später an den familialen Konflikt um ihren "Bubikopf":

> "Von meinem Vater erhielt ich die erste und einzige Ohrfeige, als ich mir als 18jährige einen Bubikopf schneiden lassen wollte. Das taten nur 'gewisse Mädchen'! Ich tat es trotzdem, spüre aber jetzt noch die Angst vorm ersten Gegenüberstehen. Meine Mutter stand auf meiner Seite - wenn auch geteilten Herzens, die Arme! Die Mutter eines unserer Mädchen drohte ernsthaft mit der Einsperrung in ein Kloster. Es gelang allen Bemühungen nicht, eine Vertrauensbasis herzustellen. Mit unserer Unterstützung lebte dieses Mädchen dann zwei Jahre ohne Papiere bis zu ihrer Großjährigkeit in einer anderen Stadt. Es ist gut ausgelaufen."[80]

Das war 1925. Nur wenige Jahre später hatte sich der Bubikopf weitgehend durchgesetzt - trotz des verzweifelten Kampfes für das Symbol völkisch gedachter Weiblichkeit, für das deutsche, lange Frauenhaar. Jedenfalls meinte nun der Theologe Wilhelm Stählin, ein Begleiter der Jugendbewegung, daß außer der "Schwesternschaft des jungdeutschen Ordens kaum irgendeiner der Jugendbünde dem Eindringen des 'Bubikopfes' wehren konnte."[81]

Der "Antimodernismus", der das Weiblichkeitsbild der Jugendbewegung beherrschte und der an der Beschäftigung mit dem Bubikopf beispielhaft deutlich wird, verweist auf eine Frage, die im folgenden noch einmal aufgenommen werden soll, nämlich die nach dem Nebeneinander oder Gegenüber von weiblicher Jugendbewegung und Frauenbewegung.

---

80 Katharina Jacob in einem Brief an mich vom 6. 5. 1989

81 Wilhelm Stählin, Über den gegenwärtigen Stand der Jugendbewegung, in: Die Erziehung, A. Fischer, Th. Litt, H. Nohl, E. Spranger (Hg.), 2.Jg. 1927, Heft 8, S. 469-490, 473

6.4. Zum problematischen Verhältnis zwischen weiblicher Jugendbewegung und Frauenbewegung

Einerseits betonten Vertreterinnen der Jugendbewegung und auch der Frauenbewegung, daß diese beiden sozialen Bewegungen nicht nur auf dem Hintergrund derselben sozio-ökonomischen Umbrüche entstanden seien, sondern auch ähnliche Zielvorstellungen hätten. 1927 zitierte z. B. eine Frau in der überbündischen Zeitschrift "Der Zwiespruch" in diesem Sinne das Jahrbuch des Bundes Deutscher Frauenvereine (BDF):

> "Der innere Sinn der Frauenbewegung ist doch die Überzeugung davon, daß auch der weibliche Mensch das Recht und die Pflicht hat, sein Leben wirtschaftlich, geistig und seelisch unter eigener Verantwortung zu leben. In diesem ihrem Kerne ist die Frauenbewegung mit der Jugendbewegung aufs engste verwandt. Was wollten all die Jugendbünde, die sich 1913 auf dem Hohen Meißner trafen? Doch nichts anderes, als sich zu dieser Verpflichtung bekennen. Die Formel vom Hohen Meißner deckt sich mit dem Grundbekenntnis der geschichtlichen Frauenbewegung."[82]

Solchen Beteuerungen zum Trotz begegneten sich andererseits die diesen Bewegungen zugehörigen Frauen mit Vorbehalten und Vorwürfen. Gertrud Bäumer gab 1925 ihrer Kritik an der Jugendbewegung in einem einzigen Satz treffenden Ausdruck. Sie meinte, diese lebe "in der Gefahr des Träumens und Schweifens, 'in a fool's paradise' - sie lebt an den wirklichen Aufgaben und Verhältnissen vorbei, statt sie zu packen."[83]
Die Vertreterinnen des BDF, zu dem eine große Anzahl sehr unterschiedlicher Organisationen gehörte, erwarteten von der jüngeren Frauengeneration, daß diese die gerade erst erkämpften Rechte weiter ausgestalten und nicht etwa nur auf dem gegebenen Stand nutzen sollte. Schon 1914 hatte Gertrud Bäumer in einem Beitrag über die Jugendbewegung deren "Programmlosigkeit" und die "daraus hervorgehende Zurückhaltung und Askese den Ideen und Gütern gegenüber, die des Schweißes der Edeln wert sind"[84], kritisiert. Auch die "Formlosigkeit" der bewegten Jugend beanstandete sie:

---

82 Else Wex, Jugendbewegung - Frauenbewegung, in: Die Frau Nr. 3, Beilage zu Der Zwiespruch, 9. Jg. 1927, Blatt 49; vgl. auch Ilse Kaiser-Krüger, Die Entwicklung der Frauenbewegung, in: Deutscher Mädchen-Wanderbund, 6. Jg. 1920, Heft 8, S. 111-118, 118; und Stefanie Behm-Cierpka, Die öffentliche Aufgabe der Fau, in: Neulandblatt 11. Jg. 1926, Nr. 10, S. 119f; Ruth Schmidt, Frauenbewegung - Jugendbewegung, in: Christdeutsche Stimmen, 6. Jg. 1926, Heft 12, S.186-192; Gertrud Heß, Helene Lange und wir, in: Wir Mädchen, Mädchenbeiblatt zur Mai-Treue, 1927, S.1-4; Luise Riegger, Jugendbewegung und Frauenbewegung, in: Der Kronacher Bund, 9. Jg. 1929, Heft 1/2, S. 7-11;

83 Gertrud Bäumer, Die seelische Krisis, Berlin 1931, S. 163; Erstausgabe 1925

84 Gertrud Bäumer, Freideutsche Jugend, in: Die Frau, 21. Jg. Heft 7, April 1914, S. 385-392, 390

"Prachtvolles Material - diese jungen Barbaren aus Wahl und Protest. Aber sind sie auf dem richtigen Weg? Oder vielmehr: an dem richtigen Anfang? Ich sah sie, junge Männer und Mädchen, bei der Mittagsrast. Muß man so vagabundenhaft aussehen, müssen Mädchen so häßliche Haare, so plumpe Kleider haben, um die neue Kultur zu beginnen? Ist das Beginn der neuen Kultur, wenn ein Mädchen ihr Brot und ihr Messer unter gebrauchter Wäsche, viel getragenen Stiefeln und sehr primitiven Waschutensilien aus dem Rucksack gräbt? Berührt diese - künstliche oder vielleicht auch naive - Genügsamkeit nicht die Grenze, wo die Anspruchslosigkeit zum Mangel an Selbstachtung wird und die 'Rückkehr zur Natur' zur bloßen Verwilderung? Gesundheit und Kraft, Abhärtung und der neue Bund mit der Natur sind herrliche Güter, aber sie müßten ohne schmutzige Nägel, schlampige Kleider und wüste Haare auch möglich sein. Und daß zwischen dem unappetitlichen Rucksackkram auch Goethes Gedichte liegen, löst die Disharmonie nicht auf, im Gegenteil. Wo ist die Brücke von dieser Lebensform zu einer Kulturleistung, die dem deutschen Volk die seiner Begabung entsprechende Weltgeltung gibt? Ist diese künstliche Primitivität Rückkehr zu Ursprüngen, aus denen neue Formung steigt? Oder offenbart sie nicht doch wiederum den einen schwachen Punkt des deutschen Wesens: die Formlosigkeit?"[85]

Die Aufsatzsammlung, zu der dieser Text gehört, war 1926 von den Führerinnen der autonomen Mädchenbünde, des Alt-Wandervogel Deutscher Mädchenbund und des Wandervogel-Mädchenbundes[86] als eine Diskussionsgrundlage für ihren beabsichtigten Zusammenschluß gewählt worden. Gertrud Classen[87], die Führerin des Wandervogel-Mädchenbundes, meinte in einer Kritik der Literaturauswahl, daß "dieses Buch vielleicht besser nicht geschrieben worden wäre." zumindest sei das, "was G. B. über Jugendbewegung sagt, nicht unbedingt ernst zu nehmen."[88]

Selten allerdings war das Negativurteil der Frauen und Mädchen aus der Jugendbewegung über die Frauenbewegung durch nähere Beschäftigung mit derselben gewonnen worden. Schon 1916 hatte eine junge Frau in der "Freideutschen Jugend" darüber geklagt, daß man "nur das Wort 'Frauenbewegung' zu erwähnen braucht, um auf fast allen Seiten ein Lächeln und ein wenig verächtlich ablehnendes Verhalten sehen zu müssen."[89]

An dieser Einstellung hatte sich auch in den zwanziger Jahren wenig geändert, obwohl inzwischen - wie eine Frau vom Kronacher Wandervogel 1929 auf dem Internationalen Frauenkongress in Berlin sagte - "immer mehr der älter gewordenen Mädchen und Frauen aus der Jugendbewegung in den äußeren Ring der Frauenbewegung" getreten seien:

85 Gertrud Bäumer, Die seelische Krisis, a.a.O., S. 159;
86 siehe dazu die Passage über die Mädchenbünde in dem Abschnitt 4.7.1.
87 siehe dazu den Abschnitt über das offiziöse Standardwerk
88 Gertrud Classen, Gertrud Bäumer: "Die seelische Krisis", in: Erster Rundbrief des Alt-Wandervogel Mädchenbund und Wandervogel Mädchenbund, Das Bundesführerinnentreffen im Oktober 1926
89 Lucia Schmidt, Unsere Mädchen und die Frauenbewegung, in: Freideutsche Jugend, 2. Jg. 1916, Heft 5, S. 123-127

"Ein großer Kreis von Frauen, der dennoch nicht mit einspringt in die Organisationsformen der Bewegung, der an der Peripherie verharrt, dort aber in dem kleinen, jede einzelne umgebenden Kreis wirkt und schafft für die ewigen Ziele der Bewegung."[90]

Solche Worte gehörten schon zu den seltenen Sympathieerklärungen jugendbewegter Frauen für die Frauenbewegung und sie stellen eines klar: Von den der Jugendbewegung entwachsenen Frauen war kaum ein frauenbewegtes Engagement zu erwarten. Genaueres über deren Haltungen läßt sich einem Beitrag entnehmen, den eine Studentin aus dem zur katholischen Jugendbewegung gehörigen studentischen Bund "Hochland" schrieb. Sie meinte, für ihre jugendbewegten Kommilitoninnen seien "die Berge zwischen sich und der Frauenbewegung zuweilen so hoch, daß man den, von dem man vermutet, daß er sehnsüchtig und staunend und ehrfürchtig hinüberschaut, aus dem eigenen Kreis irgendwie fernhält, daß man ihm abspricht, noch ganz treu zur 'Jugendbewegung' zu gehören."[91]
Wie diese Abgrenzungen mit unterschiedlichen Emanzipationsvorstellungen begründet wurden, macht ein Beitrag deutlich, der 1925 (mit einem Kommentar von Gertrud Bäumer) in der Zeitschrift "Die Frau" erschien und der zwischen den beiden sozialen Bewegungen vermitteln wollte. Die der "Neulandbewegung" angehörige Autorin vertrat die Auffassung, daß entgegen dem Bäumerschen Vorwurf der "Formlosigkeit"der Jugendbewegung auch das Festhalten an traditionellen Werten "sehr zweifelhafter Natur" sei und daß es umgekehrt der Frauenbewegung guttäte, "konventionellen Ballast" wegzuräumen. Gegen die im frauenbewegten Emanzipationsbegriff angelegte Idee der "sozialen Gestaltung" stellte sie den für die Jugendbewegung zentralen Gedanken persönlicher Lebensgestaltung und meinte:

"Die Jungen sehen, wie die ältere Frauengeneration sich einsetzt, um bessere Bedingungen für eine gesunde Volkskultur zu schaffen, sie vermissen aber eine letzte innere Wahrhaftigkeit, mit der auch im eigenen Lebenskreis mit dem erkannten Prinzip Ernst gemacht wird."

Gemäß dem jugendbewegten Postulat der "Wesentlichkeit" kritisierte die Autorin die "Äußerlichkeit" in den Verkehrsformen der Frauenbewegung. Mit dem Argument, daß diese keine "Zweckorganisation, sondern auch Schicksalsgemeinschaft" sei, beanstandete sie, daß die Tagungen "so sehr unter dem Zeichen der Eile" ständen und keine Möglichkeit ließen, "Fäden zu knüpfen, innere Beziehungen herzustellen". In der Jugendbewegung verliefen diese "zwar oft sehr formlos und ohne greifbares Resultat, dafür haben wir aber hier

90 Luise Riegger, Jugendbewegung und Frauenbewegung, in: Der Kronacher Bund, 9. Jg. 1929, Heft 1/2, S. 7-11, 10

91 Luise Becher, Frauenbewegung und Jugendbewegung, in: Neues Studententum, 8.Jg. 1926, Heft 3, S. 12-14, 12;

oft eine Gemeinsamkeit und Wucht des Erlebens, die stärker nachhallt als noch so wichtige Beschlüsse und Resolutionen."[92]
Welche Rolle neben diesen einer rationalen Diskussion zugänglichen Kritikpunkten andere Vorbehalte spielten, die sich einer Klärungsmöglichkeit entzogen, geht aus Berichten über eine Tagung auf der Freusburg 1928 hervor. Diese war, wie es im Bundesrundbrief des "Kronacher Bundes" hieß, nicht zuletzt in der Absicht veranstaltet worden war, "daß wache Menschen aus der Frauenbewegung und aus der Jugendbewegung einmal zusammenkommen zu gegenseitigem Kennenlernen und zu gemeinsamer Arbeit." Zur Überraschung einer Berichterstatterin waren die frauenbewegten Frauen mit etwa 130 Teilnehmerinnen weit in der Überzahl:

> "Ich hatte gerade das Gegenteil erwartet: Daß man aus der 'bürgerlichen Gesellschaft' nur zögernd kommen würde, um auf harten Matratzen und unter rauhen Wolldecken zu schlafen und ohne Spind und Spiegel auszukommen".

In den Arbeitsgruppen, die neben den Vorträgen angeboten wurden, stand eine Reihe von Themen zur Auswahl: "Persönliche Lebensgestaltung, Frau und Familie, Frau und Beruf, Frau und Staat, die Frau als Weltgewissen, die unverheiratete Frau". In der letztgenannten Diskussionsrunde ereilte die Berichterstatterin ein Schrecken, den sie folgendermaßen beschrieb:

> "Es wurde im heißen Ringen um die Erkenntnis und mit großer beinahe letzter Kraftanstrengung ein sehr logisches Gebäude aufgeführt, das nach seiner Fertigstellung stolz mit der Inschrift geziert wurde: Hier wird erstmalig der unverheirateten Frau die volle und gleichwertige Wesenserfüllung außerhalb der spezifisch weiblichen Erfüllung zuerkannt; Glücks- und Leidmöglichkeiten sind innerhalb und außerhalb der Ehe die gleichen. Da war ich einfach hilflos. Es waren doch solch prächtige Menschen, die meisten, und viele verheiratete Frauen dabei, - und zu solch einem Schluß zu kommen! ... Als man am Ende fragte, wer etwa noch anders dächte, war's mir darum schwer, mich zu melden, als einziger Finger noch dazu. Ich sagte, man möge doch nicht von Glücks- und Leidmöglichkeiten sprechen (denn wo wäre das in einem rechten Leben und vor allem in der Liebe zu trennen!), sondern von gottgewollter Wesenserfüllung und eben dem Gegenteil davon.Und ich sähe es an jeder Blume, an jedem Baum, daß auf ein Wachsen und Blühen notwendigerweise ein Reifen und Früchtetragen folgen müsse."

---

92 Stefanie Behm-Cierpka, Frauenbewegung und Jugendbewegung, in: Die Frau, 32. Jg. 1925, Dezemberheft, S. 144-149, 146f; als Beispiele für dialogische Beziehungen zwischen der Jugendbewegung und der Frauenbewegung: Eine Zuschrift auf das Nachwort Gertrud Bäumers im Rundbrief des Deutschen Mädchen-Wanderbundes von 1926 und ein Artikel von Eva Dechow, Wandlungen der Jugendbewegung, in: Die Frau, 32. Jg. 1925, Oktoberheft, S. 213-215. Bei der von jugendbewegten Frauen vorgetragenen Kritik fehlender Emotionalität und Personenbezogenheit in der Frauenbewegung muß bedacht werden, daß die emotionalen und geistigen Impulse dieser zeitlich älteren Bewegung für die nachfolgende Frauengeneration nicht mehr in dem Maße erfahrbar waren, wie für die der Gründerinnengeneration. Vgl. dazu das Nachwort Gertrud Bäumers und von derselben Autorin eine Besprechung des Sammelbandes, Die Kameradin. Junge Frauen im deutschen Schicksal, in: Die Frau, 43. Jg. 1936, S. 257-261

Dieser Bericht zeigt jene Denkbilder, denen die Mehrzahl der Bünde verpflichtet war. Ob nationalistisch oder völkisch bestimmt, ob mehr oder weniger christlich oder einfach mit der "Natur" oder dem "weiblichen Wesen" begründet, mit kulturgeschichtlichen Beweisführungen oder mit bündisch-männlichen Definitionen und entsprechenden Erfahrungen untermauert, aus allem hatte die weibliche Jugend der Bünde in der Mehrheit als Überzeugung gewonnen: Maßgebend für den richtigen Lebensentwurf sei nicht eine persönliche Vorstellung von einem "rechten Leben und Lieben" mit allen Glücks- und Leiderfahrungen, sondern die Unterordnung unter das Gesetz "weiblicher Wesenserfüllung". Gegenüber dieser Position mußten die liberalen und individualistischen Konzepte der Frauenbewegung der Berichterstatterin frevelhaft erscheinen, so daß sie den eigenen Ideen metaphysischen Nachdruck gab:

> "Fragt jede verheiratete Frau, die schwer seufzt unter Arbeit und Angebundensein und etwa eine Lehrerin so sehr um ihre Ferien beneidet, ob sie tauschen möchte -, ich lege meine Hand dafür ins Feuer, sie wird Nein! sagen. ... Hier hat alle Logik ein Ende; hier fühlt man nur noch: Wesenserfüllung oder Nichtwesenserfüllung. Und ist einer Frau der Gatte gestorben, sie hat ihn trotzdem; und ist ihr Kind fern von ihr, sie besitzt es dennoch!"[93]

Eine Frau aus dem "Bund deutscher Jugendvereine" berichtete von einer anderen Lektion, die die Tagung für sie bereitgehalten hatte, und auch diese berührte einen neuralgischen Punkt der abweisenden Haltung der Jugendbewegung zur Frauenbewegung. In der Diskussion über die noch zu erkämpfende Gleichberechtigung hatte eine der bündischen Frauen das Credo jugendbewegt-weiblicher Grundüberzeugungen vorgetragen: "Wenn erst unsere Jungs in den Parlamenten sitzen, dann wird die Stellung von uns Frauen ganz anders werden." Dagegen hatten Lida Gustava Heymann und andere Frauen eingewandt, daß dies eine verhängnisvolle Fiktion der weiblichen Jugendbewegung sei[94] - eine Ansicht, die wiederum deren Unbehagen hervorrufen mußte:

> "Daß 'unsere Jungs' aber 20 Jahre später auch Männer sein werden die dann auch über ihre Vorrechte wachen werden und sich den bestehenden Verhältnissen anpassen, ließen wir uns von anderer Seite weniger gern versichern."[95]

---

93 Friedel, Jugendbewegung und Frauenbewegung, ein Brief, in: Der Kronacher Bund, 8. Jg. 1929 Heft 4, S. 75-78, 78. Die Idee von der Frau als Mutter, die über den Tod hinaus mit Mann und Kind verbunden bleibe, wurde im Dritten Reich politisch funktional eingesetzt: Als "Heldenmütter" wurden diejenigen Frauen geehrt, deren Söhne gefallen waren.

94 Im Unterschied zu Heymann meinte Helene Lange ähnlich wie die jugendbewegten Frauen, die Männer der Bewegung würden sich für die Gleichberechtigung von Frauen einsetzen. Sie argumentierte, daß die "Männer der absteigenden Generation in ganz anderen Anschauungen groß geworden sind. Und darum wenden wir uns an das aufsteigende Geschlecht: es soll nicht festhalten, sondern praktisch durchführen, wozu die Frauenbewegung die Grundlagen gelegt hat. Da knüpft die Frauenbewegung an die Jugendbewegung an." Helene Lange, Frauenbewegung und Jugendbewegung, in: Unser Bund, 16.Jg. 1927, Heft 3, S.79-81, 81

95 Emmy Stählin, Nachklänge zur Frauentagung auf der Freusburg, in: Unser Bund, 18. Jg. 1929, Heft 4, S. 60-65, 61

Was diese Autorin so moderat berichtet, war ein Thema, das jugendbewegten Frauen fremd und provokant zugleich erscheinen mußte. Hier distanzierten sie sich bis zur Feindseligkeit von den "Frauenrechtlerinnen", was von der offiziellen jugendbewegten Referentin auf dem Berliner Frauenkongress nachdrücklich herausgestrichen wurde:

> "Die Frauen, die aus der Jugendbewegung kommen, haben am Anfang die Bundesgemeinschaft erlebt, jene enge und dauernde Kameradschaft, die die Seele bindet. Und wenn sie innerhalb des Bundes sich mühen um Wirkungsmöglichkeit und Mitarbeit, so können sie mit den Bundesbrüdern leichter zu diesem Ziel kommen, weil das Gemeinschaftserlebnis alle umschließt. Und wenn sie nun draußen im Beruf, in Politik, in sozialer Arbeit stehen, so wollen sie nicht den Mann bekämpfen, sich durchsetzen; sie wollen vielmehr mit ihm zusammen gangbare Wege suchen. Das mag utopisch gedacht sein, namentlich in unserer Zeit des verschärften Daseins- und Wirtschaftskampfes. Aber es ist eine Tatsache. Die Mädchen und Frauen der Jugendbewegung sind für den scharfen Kampf der Geschlechter nicht zu gewinnen."[96]

Die mit dieser Parteinahme für die "Kameradschaft" und gegen den "scharfen Geschlechterkampf" verbundene Absage an ein Zusammenkommen mit der Frauenbewegung war "für die älteren Zuhörer im Saal erschütternd", wie die Führerin des Pfadfinderinnenbundes fand. Aber auch den Jugendvertreterinnen anderer Länder - "Nachfolgerinnen der kämpfenden Frauenbewegung um die Gleichstellung der Frau mit dem Mann - war die große deutsche Frage 'Jugendbewegung' fremd."[97]

In der Tat war das Eintreten für die Geschlechtergemeinschaft in der Jugendbewegung ein Punkt, an dem auch völkisch-nationalistische Deutungen der Frauenfrage ansetzen konnten. Die "häßlichen und abschreckenden Auswüchse des Frauenrechtlertums", wie sie in der Jugendbewegung beklagt wurden, verbanden sich hier mit dem Feindbild von einem "Mannweib, wie es das Frauenrechtlertum unter jüdischem und westrassischem Einfluß so unheilvoll gezeitigt hat" - so jedenfalls meinte jemand 1929 im "Bund der Wandervögel und Kronacher". Der "deutschen Frau" dagegen stünde kein "äußeres Eingreifen in das öffentliche Leben (an), sondern ein oft unsichtbares, zähes Arbeiten nach innen." Dieses Ziel sollte mit einer "auf biologischen, körperlichen Grundlagen (ruhenden), in Heimat und Volkstum wurzelnden Erziehung aller Mädchen" erreicht werden.[98] Es sollte die "germanisch-deutsche, nationale Frauenbewegung mit allen Kräften bestrebt sein, das Edle, Innerliche und im wahren Sinne Aristokratische, zu pflegen und auszugestalten, in einer Richtung, die vom äußerlichen zum Innerlichen, von der Breite in die Tiefe, von der Masse zur

96 Luise Riegger, Jugendbewegung und Frauenbewegung, in: Der Kronacher Bund, 9. Jg. 1929, Heft 1/2, S. 7-11, 10

97 Erda, Die Zukunft der Frauenbewegung, in: Die Kommenden, 4. Jg. 1929, Heft 29, S. 337f

98 H., Die Frauenbewegung und wir, in: Deutscher Wandervogel, 1929, S. 108-111

Persönlichkeit, vom demokratischen Streben nach Gleichheit zum aristokratischen Streben nach Freiheit führt."[99]
Anders als in diesem Konzept, in dem gegen die "frauenrechtlerische" Bewegung ein Bild der Frauenbewegung als Hüterin nicht nur deutschen Volkstums und deutscher Sitte, sondern auch deutscher Rasse und nationalistischer Ideen aufgerichtet wurde, setzte die Neulandbewegung unter Guida Diehl auf eine "Sittlichkeitsbewegung" von Frauen.[100] Die Kontroverse mit Vertreterinnen der Frauenbewegung, die sich mit dem Erscheinen des Diehlschen Buches "Deutscher Frauenwille" 1928 zuspitzte[101], war aufseiten der Neuländerinnen mit einer hypertrophen Begrifflichkeit verbunden. Gegen die der Frauenbewegung zugeschriebenen libertären Positionen, wie die "Befürwortung der Kameradschaftsehe" und die "Duldung der bolschewistischen Propaganda für die Zerstörung der Familie und gegen § 218"[102] setzten diese den "wahren Frauenkampf" um "Frauennatur", "Frauenstolz" und "Frauenwürde". Während sie der Frauenbewegung die "Vermännlichung der Frau" vorwarfen, meinten sie, um dieser Werte willen könne sich die Frau alle "Selbständigkeit, Willensanspannung und Willensstärke aneignen ohne daß ihre Weiblichkeit davon berührt" würde.[103] Schließlich galt es, mithilfe dieser Eigenschaften gegen "Unsittlichkeit und Entartung" - das hieß auch gegen die Frauenbewegung - zu kämpfen:

> "Gegen die Lockerung des Schamgefühls, die Zerstörung des Würdegefühls, die systematische Verführung in Wort, Bild und öffentlichen Aufführungen, gegen die Unterdrückung der Mutterschaft und die doppelte Moral".[104]

Mit dieser Programmatik war es für Guida Diehl leicht, sich schon 1928 "zu der durchbrechenden männlichen Freiheitsbewegung (zu bekennen)", also zum Nationalsozialismus.[105] Wenn diese Allianz auch später brüchig wurde, ist doch bemerkenswert, wie die mit religiöser Militanz betriebene Moralitätskampagne der Neuländerinnen das bürgerliche Weiblichkeitsideal der asexuellen Hüterin der Tugend mit der nationalsozialistischen Weltanschauung verbinden konnte.[106] Bezeichnend ist allerdings auch, wie diese Moralreformbewegung Merkmale einer gewissermaßen klassischen "weiblichen Kulturpolitik" trug,

---

99 Erich Günter, Von zwei Arten der Frauenbewegung, in Jungdeutsche Stimmen, 1919, Heft 34/35, S. 254-256, 256

100 siehe dazu den Abschnitt über nationalsozialistische Deutungen, Guida Diehl

101 Vgl. dazu den Aufsatz von Agnes von Zahn-Harnack im Oktoberheft der "Frau" 1928 und die Gegendarstellung von Guida Diehl, in: Neulandblatt, 13. Jg. 1928, Heft 23, S. 300-302

102 Guida Diehl, Die Ausstellung 'Die Frau' in Berlin, in: Neulandblatt, 18. Jg. 1933, Heft 9, S.98f

103 M. Kiesow, Deutsche Frauen, deutsche Mädchen, besinnt euch auf eure Weiblichkeit!, in: Neulandblatt, 13. Jg. 1928, Nr. 4, S. 42f

104 Guida Diehl, Berichtigung, in: Neulandblatt, 13. Jg. 1928, Heft 23, S.300-302, 301

105 Prof. Hermann Hoffmann, Ein Frauenleben im Kampf, in: Guida Diehl zum 65. Geburtstag 1933, aus dem Neulandhaus, S. 3, Akte Guida Diehl, AdJB

106 siehe dazu den Abschnitt über nationalsozialistische Deutungen 2.4.

die, aus aus der Dialektik weiblicher Macht und Ohnmacht resultierend, die gesellschaftliche Unterlegenheit von Frauen durch moralische Überlegenheit zu kompensieren suchte.

Im Unterschied zu der bürgerlichen Jugendbewegung führten die Frauen in den sozialistischen Bünden keine vergleichbare Auseinandersetzung mit der Frauenbewegung, und zwar weder mit der bürgerlichen noch mit der proletarischen. Wenn auch hier hervorgehoben wurde, daß "die bürgerliche Frauenbewegung immer das Trennende betonte, indem sie ihren Kopf für die Freiheit der Frau gegen den Mann führte"[107], dann nicht, um die Fortschrittlichkeit der eigenen Ideen einer Geschlechtergemeinschaft hervorzuheben; hier stand im Vordergrund, den Klassengegensatz sichtbar zu machen. Mit dem Verweis auf die begrenzte Reichweite der von der bürgerlichen Frauenbewegung verfochtenen Kampfes um Gleichheit sollte klargestellt werden, daß es dieser um eine Umverteilung von Rechten innerhalb der bürgerlichen Klasse ginge, von der die proletarischen Frau aufgrund ihrer Klassenlage ohnehin ausgeschlossen wären. Eine solche Einstellung stand ganz im Einklang mit der Devise von der Einheit des Proletariats, die auch die Grundlage von Politik und Strategie der proletarischen Frauenbewegung war. Auch für Clara Zetkin, die Symbolfigur dieser Bewegung, war der Verzicht auf eine autonome Bewegung der Frauen ebenso selbstverständlich wie die Überzeugung, "daß nur der revolutionäre Umsturz der bürgerlichen Gesellschaft und die Verwirklichung des Sozialismus der Gesamtheit der Frauen voll erblühendes und sich auswirkendes Menschentum bringen werde."

Auch sie lehnte den von der bürgerlichen Frauenbewegung thematisierten Geschlechtergegensatz, den Kampf der "Frauen aller Klassen und Schichten zum gemeinsamen Kampfe von Geschlecht zu Geschlecht gegen die Vorrechte des Mannes" als "Frauenrechtlerei" ab[108] und war darüber in einen scharfen Gegensatz zu der bürgerlichen Frauenbewegung gekommen.[109]

In einem Grußwort der proletarischen Frauenbewegung an die Arbeiterjugend würdigte Zetkin die Geschlechterkameradschaft als ein der eigenen Bewegung verbundenes Moment, weil sie "das Vorurteil von der Minderwertigkeit des weiblichen Geschlechts (ausrotte) und Proletarier und Proletarierinnen von früh

107 Clara Bohm-Schuch, Die Frau der Zukunft, in: Jungsozialistische Blätter, 2. Jg. 1923, Heft 9, S.145f;

108 Clara Zetkin, Zur Geschichte der proletarischen Frauenbewegung Deutschlands, Frankfurt 1978, S. 153; Erstausgabe 1928.

109 Richard J. Evans äußert dazu eine Vermutung, der ich im wesentlichen zustimme. Er meint, daß Zetkins wiederholte Hinweise auf den bürgerlichen Charakter der "Frauenrechtlerei" ebenso wie ihre Absage an jede Zusammenarbeit mit der bürgerlichen Frauenbewegung die Genossen in der Partei beschwichtigen sollten und ihr so erst der Spielraum für eine eigene Frauenorganisation zugebilligt wurde. Der Frage, wie weit eine Separation der proletarischen Frauenbewegung und deren autonome Organisation politische Perspektiven eröffnet hätte, kann hier nicht weiter nachgegangen werden. Evans, Sozialdemokratie und Frauenemanzipation im deutschen Kaiserreich, Berlin/Bonn 1979, S. 316

an als gleichberechtigte und gleichverpflichtete Kameraden bei Arbeit und Kampf nebeneinanderstelle."
In ihrer weiteren Begründung wird etwas von dem sozialistischen Ideal dieser Kampfgenossenschaft als Überwindung einer durch den Kapitalismus verursachten Entfremdung zwischen den Geschlechtern deutlich:

> "Die Wirtschaftsordnung der Ausbeutung lockert und zerreißt die alten Bande zwischen Mutter und Kind, indem sie die eine hier, das andere dort erbarmungslos dem Räderwerk der Profitmacherei eingliedert; sie stellt Mann und Weib als Konkurrenten um Arbeit und Brot einander entgegen. Sie zeugt aber auch den proletarischen Befreiungskampf, welcher mit der Macht seiner Ideale Mutter und Kind, Mann und Weib als Bildungssehnsüchtige und Kämpfende fester und dauernder zusammenfügt, als der Kitt des Blutes, als der Zauber der Liebe allein es vermöchte."[110]

Eine der wenigen Aufforderungen, sich frauenpolitisch eigenständig zu engagieren, fand sich 1923 in den Jungsozialistischen Blättern. Hier wurde mit dem Hinweis auf die besondere Verführbarkeit der "abgestumpften Proletarierfrauen" argumentiert. "Verkümmert von Arbeit und Sorgen, (könnten) diese nur dumpf gefühlsmäßig mitgerissen werden" und seien so immer wieder auf die "'weibliche Gefühlseigenart'" verwiesen. Deswegen sollten sich "die jungen Genossinnen darüber klar sein, daß kein Zweig der Arbeiterbewegung so nach Erneuerung schreit wie die Frauenbewegung, und daß sie allen Anlaß haben, sich auf diese Aufgabe mit größtem Ernst vorzubereiten."
Aber auch in diesem Aufsatz wurde der Appell an ein frauenzentriertes Engagement nicht mit dem Geschlechterkonflikt, sondern mit Defiziten aufseiten der weiblichen Jugend begründet, die es zu kompensieren gälte, um die Gleichstellung der Geschlechter zu erlangen. Die Genossinnen sollten "durch strenge Arbeit an sich selbst zu ihrem Teil den Vorsprung einzuholen, den die Jungen durch die Entwicklung voraushaben und damit auch eine gemeinsame Basis für ein höheres geistiges Verhältnis zwischen den Geschlechtern zu schaffen."[111]
Dieses Geschlechterverhältnis wurde - mit unterschiedlichen Schwerpunktsetzungen - in allen Bünden der Jugendbewegung mit dem Begriff der "Kameradschaft" umschrieben. Gegen die in einer "Kampfstellung" zum Mann lebende "Frauenrechtlerin" gestellt, lebte das Bild der "Kameradin" aus den Imaginationen einer Gefährtenschaft der Geschlechter.

---

110 Clara Zetkin, Die proletarischen Frauen und die Arbeiterjugend, Februar 1909, in: Arbeiter-Jugend 1. Jg. Heft 2, S. 14f; wieder abgedruckt in: Clara Zetkin, Revolutionäre Bildungspolitik und Marxistische Pädagogik, Ausgewählte Reden und Schriften, eingeleitet und erläutert von Gerd Hohendorf, Berlin 1983, S. 256-260, 259

111 Hedwig Rowe, Frauenbewegung und Jungsozialismus, in: Jungsozialistische Blätter, 2. Jg. 1923, Heft 4, S.49-51, 50. Selbst diese durchaus nicht "feministische" Argumentation fand männerbündischen Widerspruch. Vgl. Werner Goldberg, Frauenbewegung und Jungsozialismus, in: Jungsozialistische Blätter, 2. Jg. 1923, Heft 7, S. 123f

6.5. Über das bündische Leben hinausweisende Bilder vom Geschlechterverhältnis

6.5.1. Die "Kameradin" - ein in der Jugendbewegung mehrheitsfähiges Bild

Die Konflikte, die mit der Ausdeutung des Bildes der "Kameradin" für die weibliche Jugend der Bünde verbunden waren, beschäftigten diese während der gesamten Jugendbewegungsära. "Ganz Frau" und "ganz Kameradin" zu sein, bedeutete faktisch, das bipolare Geschlechterkonzept in einer, der eigenen Person, auflösen zu sollen, ohne dabei die herkömmlichen sozialen Geschlechtergrenzen verletzen zu dürfen. Sich diese Anforderung als Lebenspraxis überhaupt vorzustellen, war offensichtlich für die Akteurinnen so schwierig, daß sie, wie in dem folgenden Zitat aus dem Jahr 1925 deutlich wird, in die Maßgeblichkeit der männlichen Perspektive flüchteten:

> "Wenn wir da an unsere Pflicht den Jungen gegenüber denken, so wissen wir, wie groß die Gefahr ist, daß bei dem nur 'Kameradseinwollen' ein Mädchen burschikos und unweiblich wird. Damit verleugnet sie ihre besten Kräfte und schadet sich und den Jungen."[112]

Den Spekulationen der Autorin, worin die Pflicht der Mädchen den Jungen gegenüber bestehe und warum diese meinen sollten, sie würden sich selbst und auch den Knaben schaden, wenn sie sich für die burschikose Variante der "Kameradin" entschieden, soll hier nicht weiter nachgegangen werden. Der Konflikt stellte sich immer wieder neu und blieb doch immer derselbe: "Kameradseinwollen" und "WeiblichseinSollen" waren Zumutungen, die sich gegenseitig ausschlossen.[113]

Von einer Frau, die es geschafft hatte, solchen Widersprüchen zu entgehen und eine private Lösung zu finden, wurde 1921 in der Zeitschrift "Junge Menschen" erzählt:

> "Nun gab es da in der Stadt ein Mädchen, an die er sich von früher her besann, als an eine hübsche und aufrechte, mit langen Zöpfen, die war noch nicht (wie die anderen Mädchen zum Helfen in der Obstpflanzung, I.K.) erschienen. An einem Nachmittag, als gerade alles von heftiger Arbeitslust befallen war, denn es waren schon ein paar andere Mädels da, kam sie auch und zwar in Feiertagskleidern und mit reinen Fingernägeln. Piep zeigte ihr nun gleich, wie schön die Arbeit bei den Mistbeeten wäre, machte ihrs vor und erwartete, daß sie begeistert ihm die Mistgabel aus der Hand nehmen würde. Das geschah aber nicht, vielmehr behauptete Eva, das wäre doch eine sehr unangenehme Beschäftigung. ... Dann machte sie

112 Gertrud Geß, Wir Mädchen im Bund, in: Unser Bund, 14. Jg. 1925, Heft 8, S 199-202, 201f

113 Vgl. dazu aus späterer Sicht Erika Trepte, Die Bedeutung der Jugendbewegung für die Erziehung des deutschen Mädchens, Jena 1942

sich mit der Bücherei des Hauses zu schaffen und sprach mit Hannes viel über diesen und jenen Schriftsteller, wobei Hannes erfreut war, zu merken, daß viele der Wandervogelklassiker gar nicht ihre Freunde waren. Später, beim Nestabend hantierte sie mit der Laute, die sie als Instrument für sich, ohne Gesang erklingen ließ. ... Hinterher meinte Piep, sie würde nicht hierherpassen. Es wurde auch die Vermutung ausgesprochen, daß sie wohl nicht wiederkommen würde, aber da sagte Hannes, sie würde es doch wohl tun müssen, da sie ihm ein Buch zum Lesen habe bringen wollen. Und wirklich, sie kam, sie brachte das Buch, sie aß wieder Kuchen zum Kaffee und spielte die Laute und schlug Bücher auf und sah herzlos, wie die anderen Mädels schufteten und rührte selbst keinen Finger. 'Sie darf nicht noch einmal herkommen', sagte Piep. ... Aber sie erschien doch einmal auf der Bildfläche, machte sich so nebenei im Haushalt zu schaffen, was zur Folge hatte, daß das Mittagessen, der Kaffee und das Abendbrot allen viel besser schmeckte als sonst, spielte auch etwas auf der Laute, scherzte herum, unterhielt sich mit den Schaffenden, pflückte einige Sträuße Blumen und stellte sie in den Zimmern umher und war dann wieder verschwunden. ... Kurz vor Weihnachten machte Hannes seinen Haus- und Arbeitsgenossen einen feinen Kaffee mit wundervollem Kuchen, räusperte sich und hielt die einzige Rede seines Lebens, die lautete: 'Hört mal, ich habe mich heute mit der Eva verlobt - '"[114]

So stellte sich das Ideal der "Kameradin" in der kultivierten Variante dar: Lange Zöpfe, sicher und zurückhaltend im Umgang mit Literatur, Laute schlagend und scherzend, mit weiblichem Schönheitssinn Blumen in alle Räume tragend, Hausarbeit so nebenbei, aber perfekt erledigend - denn Liebe geht durch den Magen. Sich zu einem solchen Kunstwerk von Weiblichkeit umzugestalten, war den realen Frauen vorenthalten. Die ihnen verbleibende Möglichkeit, sich durch begeisterte Arbeit am Mistbeet Anerkennung zu verschaffen, konnte wohl kaum männliche Wünsche zufriedenstellen. Mit einer so profanen Tätigkeit konnten die jungen Frauen sich dem Ideal der "Kameradin" nicht annähern und boten auch keinen Anlaß für Feierlichkeiten, die ganze Hausgemeinschaften hätten aufhorchen lassen können.

Ein weit weniger individualistisches Bild der "Kameradin" und der bündischen Geschlechterbeziehungen wurde 1926 in einem Beitrag im bündischen Pressedienst "Wille und Werk" von einem jungnationalen Führer entworfen:

"Gerade bei den Festen erscheint es uns nach Brauch und Art selbstverständlich, daß die Mädels dabei sind. Freilich erinnern wir uns köstlicher Augenblicke im Kreise der Kameradschaft und großer feierlicher Stunden im Ring der Jungmannschaft. Aber eine Festwiese ist ohne die Mädels nicht denkbar. Und wenn uns nach Kriegsspiel und Marsch die Mädel begrüßen und unser Banner schmükken, oder wenn wir die Mädel in langer Reihe durch das Gatter der gesenkten Wimpel hindurchziehen lassen, dann ist das doch nicht mehr Zufall noch geschickte Anordnung, sondern ein klares Sinnbild jener bündischen Kameradschaft, die zwischen den Mädeln und den Jungen der jungen Generation besteht."

114 Robert Budzinski, Eva, in: Junge Menschen, 2. Jg. 1921, Heft 19, S. 303f. Vermutlich ist der Text ironisch gemeint.

Das in diesem Text vorgestellte "klare Sinnbild" für die "bündische (Geschlechter)-Kameradschaft" gibt ein sehr beredtes Zeugnis; entgegen der Beteuerung des Autors, nichts sei "geschickt angeordnet", ist das Arrangement auf der Festwiese doch eine grandiose Inszenierung der gegebenen Beziehungen zwischen den Geschlechtern: Man wird annehmen können, daß die Burschen siegreich von Kriegsspiel und Marsch heimgekehrt waren. Nach ihren Kämpfen und Taten im feindlichen Leben erhielten die Helden verdienten Ruhm und Ehre erst durch das schöne, schwache - daheimgebliebene Geschlecht, das, grüßend und die "Banner schmückend", auch selbst erfuhr, was es entgegenbrachte. In langer Reihe durch "das Gatter der gesenkten Banner" ziehend, nahmen die Mädchen männliche Ehrerbietung entgegen und demonstrierten ihre auf den privaten Innenraum hin definierte Weiblichkeit. Allein dadurch, daß diese, zum Gruße für die heldischen Aktionen der Burschen, in der bündischen Öffentlichkeit zelebriert wurde, wurden die Mädchen zu "Kameradinnen". Historische Rituale spielten eine besondere Rolle bei der Inszenierung des Geschlechterverhältnisses, denn durch die Symbolisierung deutscher Geschichte und deutscher Größe gewannen die zum Ausdruck gebrachten Geschlechtsrollen mythologische Bedeutung. Wie direkt diese Inszenierung der Geschlechterbeziehungen in der Bundesgemeinschaft auf politisch wirksame Verhaltensmuster hinführte, wird auch vom Autor betont:

> "Wir können uns nicht lossagen von der Idee der Volksgemeinschaft, die unserem Bund und einigen andern Bünden die gestaltende Kraft war. Wir wollen daran festhalten, auch wenn ihr bündisches Sinnbild: der Bund der Jungen und Mädel zum Problem geworden ist."

Interessant ist in dem Artikel, wie der Autor programmatische Entgegensetzung und organisatorische Trennung der Geschlechter, wie sie sich in der Jugendbewegung durchgesetzt hatten, interpretiert:

> "Es ist wichtig zu bedenken, daß dieser Kampf um das Daseinsrecht der Jugendbewegung auch von Mädels und auch für die Mädels geführt wurde. Die Mädels waren überall an dem großen Aufbruch beteiligt; zunächst jedoch nicht als bewußt weibliche Ergänzung des Ganzen, sondern ganz einfach und unproblematisch als Kameraden. Die Parole lautete noch nicht: Jungen und Mädel! sondern viel allgemeiner: Gemeinschaft."[115]

Was hier als "ungeheuer wesentliche" Entwicklung der Jugendbewegung bezeichnet wird, war für die beteiligten Mädchen mit den schon beschriebenen negativen Auswirkungen verbunden. Die auch von diesem Autor angedeuteten Veränderungen im jugendbewegten Geschlechterverhältnis hatten nämlich aus den "unproblematischen Kameraden" streng auf Geschlechtsrollenverhalten festgelegte Mädchen und Jungen werden lassen und damit die Hierarchie zwi-

115 Karl Rode,Jungen und Mädchen in einem Bund, in: Wille und Werk, 1926, Heft 8, S. 58-61, 60;

schen den Geschlechtern grotesk verstärkt. Indem die Mädchen ihre Bedeutung als "bewußt weibliche Ergänzung des Ganzen", will sagen "Ergänzung des Mannes" erhielten, und nicht mehr einfach die "Gemeinschaft" (der Jugend) das Ziel beider Geschlechter war, wurden sie aus der jugendbündischen, das heißt: jungenbündischen "Tat-Gemeinschaft" weitgehend ausgeschlossen.

Wie bedrückend es unter den gegebenen Bedingungen war, dem Ideal einer "Kameradin" nachzueifern, macht ein Text aus dem Jungdeutschen Bund deutlich, einem Bund, aus dem die Mädchen nicht hinausgewiesen worden waren:

> "Äußerlich stehen wir zwar neben den Jungen, und über diese Erscheinungsform sagt ein Junge im 'Jungen Deutschland': 'Es scheint tatsächlich, als könnte das Mädchen nur Frauenrechtlerin oder Marketenderin und Köchin sein. Gegenwärtig sind die Mädchen im Jungdeutschen Bund Mitläufer - woweit sie überhaupt Mädchen und nicht neutral geschlechtliche Wesen sind."

Obgleich die diffamierenden Zuschreibungen des knabenhaften Blicks grotesk wirken, nimmt die Autorin - offensichtlich eine erwachsene Führerin des Bundes - doch die männlichen Perspektiven ernst; um "neben den Jungen zu stehen", meint sie, "müssen wir der verstehenden, fraulichen Seele in uns folgen, und den Jungen auch einmal nachgehen." Was daraus entstehende persönliche Bindungen angeht, so rät die Autorin den Mädchen, "dies erste Leid zu überwinden und in diesem Erleben die Stufe zu einer Höherentwicklung (zu) finden." Erst dann könnte aus "begehrender die dienende Liebe" erwachsen, eine Liebe, die "demütig und bereit zur Hingabe macht", eine Liebe, die ebenso erstrebenswert, wie notwendig sei, da - die Männer und Jungen "niemals sich selbst dienen, sondern ihr Leben, Namen und Streben nur in den Dienst des Gedankens stellen. Im Eifer haben sie vergessen, daß sie neben dem Streben auch noch einen Körper haben, und daß sie die Verpflichtung haben, sich für den Dienst an dem Gedanken, dem sie leben, zu erhalten. Sollte es da nicht unsere Aufgabe als Mädchen sein, für leibliche und geistige Entspannung des Führers zu sorgen, still und bescheiden, so daß es nicht lästig wird."

Sieht man davon ab, wie demütigend es für die betroffenen Mädchen und Frauen sein mußte, so still und bescheiden sorgen zu sollen, daß nichts daran lästig werde, macht dieser jugendbewegt-bündische Weiblichkeitsentwurf doch deutlich, wie die Kameradin in der bündischen Phase mehr und mehr gedacht wurde. Während in der Wandervogelzeit dieses Leitbild sich noch aus "Wesensbedürfnissen" der weiblichen Jugend hergeleitet hatte und insofern auch der "Kameradin" Subjektcharakter zugebilligt worden war, begründete sich dieses Leitbild nach den oben zitierten Vorstellungen nur noch aus Wesensbedürfnissen der männlichen Führer. Diese, die ihre höheren Weihen dadurch erhielten, daß sie als im Dienste von "Staat" und "Volksgemeinschaft" stehend gedacht wurden, konnten auch als männliche Individuen von solchen Ideen profitieren; denn die jungen Frauen waren - ohne eigenen Lebenssinn - leicht zu neuen

Diensten zu motivieren, und sei es nur dadurch, daß in den Männern, "wenn sie diese innere Bescheidenheit des Mädchens sehen, die tiefe Ritterlichkeit erwacht. Ich weiß auch, daß Jungen mit solchen weiblichen Mädchen auch Reden durchgesprochen haben, die sie aus der eigenen Tiefe geholt haben und das Mädchen gebeten haben: Sage du mir mit deinem Gefühl, ob ich das Richtige getroffen habe."[116]

Für die Kunstfertigkeit, solche Vorstellungen mehrheitsfähig werden zu lassen und als "emanzipatorisch" zu deuten, brauchte es die Ideen des Volkes und der "Volksgemeinschaft". Als beispielhaft für die so angebahnte Argumentation können Thesen, wie sie in der Deutschen Freischar vertreten wurden, gelten. Dort hieß es zum bündischen Verständnis von "Volk" und "Staat", daß beide im Bunde verankert seien:

> "Wenn auch Frauen und Männer in beiden zugleich stehen, so ist ihre Stellung damit doch nicht dieselbe. Als Glieder des Volkes sind alle im Angesichte des 'Lebens' gleich berechtigt, vom Staat her gesehen, der Ordnung, Einordnung verlangen muß, jedoch nach Veranlagung verschieden verpflichtet. Staat setzt Führung und Herrschaft voraus. Wer aber ist zu ihr bestimmt?"[117]

Die letzte Frage war schon beantwortet, indem sie gestellt wurde. Mit dem Hinweis auf das bündische Selbstverständnis, an der "Gestaltung des Volkslebens" teilhaben zu wollen, nahmen die Mädchen in Anspruch, daß hierfür "nicht allein arbeitende Männer, sondern auch mütterliche Frauen" vonnöten seien.[118]

Das bündische Ideal der "Kameradin" wie auch der Geschlechterkameradschaft war untrennbar mit der Ideenwelt der "Volksgemeinschaft" verbunden. Mann wie Frau wurden gedacht als in deren "Dienst" stehend. Gestritten wurde nur darum, wie weit der Platz der Frau hier eigenständig oder durch den Mann, den "Führer", zu bestimmen sei.

Wie der Begriff der "Kameradin" die Konflikte um die männliche Dominanz im Geschlechterverhältnis verfremdete, zeigen Ausführungen von Hilda Mothes-Eilts. Diese, zeitweilig Führerin der Mädchen in der Deutschen Freischar, wehrt sich energisch dagegen, daß irgendjemand "nicht nur einem Individuum, sondern einer ganzen Kategorie, einem Geschlecht (sagt), wozu es 'befugt'sei." Die absolute, "tiefe Gleichberechtigung von Seiten der Männer" fordernd, meint sie:

> "Die Frau von heute, die in der Öffentlichkeit wirkt, steht dem Manne vielfach als Kamerad zur Seite. ... Aber bei anderen wird als eine Frage der Würde der Frau hingestellt, ob sie dem Manne als Kamerad oder als Frau zur Seite steht, und na-

116 Margarete Reiser-Rawe, Brief an die Mädchen, Jungdeutsche Stimmen, 3. Jg. 1921, Heft 2, S. 48-50, 50

117 Hermann Goern, Frauen und Mädchen im Bund, in: Deutsche Freischar, Juli 1928, Heft 3, S. 120-126, 121

118 Annemarie Luckow, Der Bund und die Frau, in: Deutsche Freischar, Juli 1928, Heft 3, S. 126f

türlich wird die Haltung als Kamerad unter die der Würde als Frau gestellt. Welches Mißverstehen auf Schritt und Tritt! An den schillernden Hahn muß man denken, den seine Hennen umgackern! Denn würdelos war das Gebaren manchen Mädchens einer anderen Zeit, das als 'Frau'auf den Mann 'wirken' wollte. Wir Mädchen, die wir heute das Gesicht der Zeit mitbestimmen, freuen uns, daß es nicht mehr so ist."[119]

Als "Kameradin" zu gelten und nicht nur als "Frau", war das Ziel auch der erwachsenen Frau. Mit solchen Wünschen übertrug sich das Leitbild, das den Mädchen und Frauen in der Jugendbewegung öffentliche Räume erschlossen hatte, auf den privaten Bereich. Auch ihrem "Lebensgefährten" wollte die Frau mehr "Kameradin" als "Frau" sein. Welche Vorstellungen mit einer "Kameradschaftsehe" verbunden waren, mag das folgende Zitat zeigen:

"Der Mann braucht eine Kameradin fürs Leben, eine Lebensgefährtin, die nicht nur die schönen Nächte, sondern auch die schönen Tage erleben kann, willensstark und aufrecht genug, das schwerste Leid zu ertragen, eine Frau, der der Beruf und die Interessen des Mannes, seine Gedanken und Pläne nicht gleichgültig sind, die in ihm nicht nur den Ernährer und Versorger sieht."[120]

Man muß diesen Text schon gründlich lesen, um erkennen zu können, daß seinen Aussagen in gewissem Sinne emanzipatorische Bedeutungen unterlegt waren. Damit werden aber die Grenzen deutlich, die mit dem Kameradschaftsideal gesetzt waren und die Frauen daran hinderten, weibliche Lebensentwürfe zu entwickeln, in denen die Beziehungen zum anderen Geschlecht so frei und unabhängig waren, daß sie ohne die Hilfskonstruktion der "Kameradin" hätten auskommen können. Das Leitbild der "Kameradin" schloß jeden Gedanken an eine Autonomie von Frauen aus. Wo diese dem Wunschbild einer getreuen "Kameradin", die sich für den "Gefährten" und seine Ideale opferte, nicht folgen wollten, bot ihnen die bündische Ideenwelt keine Legitimation mehr.

Die hier vorgestellten Aussagen sind dennoch nicht so zu verstehen, als sei das Bild der "Frau im Bunde" in der Jugendbewegung zur Zeit der Weimarer Republik unumstritten oder klar gewesen. Die Fülle der immer wieder auftretenden Deutungen von Wesen und Ziel der "Kameradin" weist auf Unsicherheiten hin und läßt wie in einer 1933 erschienenen Studie fragen, ob solche Denkfiguren nicht vielfach nur "Wahngebilde und wirklichkeitsspottende Hirngespinste" waren.[121]

In jedem Falle aber fanden im bündischen Diskurs die jungen Frauen nur wenig Gelegenheit, ihre Bedürfnisse nach einem Geschlechterverhältnis zu artikulieren, das den neuen Bedingungen weiblicher Existenz hätte gerecht werden

119 Hilda Mothes-Eilts, Zur Mädchenfrage, in: Deutsche Freischar, Februar 1929

120 Albert Brettschneider, Staat und Bund, in: Deutschwandervogel, (Sonderheft) 1927, S. 38, zit. nach Werner Pohl, Die Bündische Erziehung, Weimar 1933, S. 62

121 ebenda, S. 60. (Werner Pohl gehörte der Deutschen Freischar an.)

können. Nur selten ist darüber auch nur halbwegs offen gesprochen worden. Eine der Ausnahmen bildet ein Bericht aus dem Qickborn-Jugendbund über ein großes Bundesfest. Auch in diesem Text werden alle Aspekte des bündischen Weiblichkeitsideals betont, wie z. B. das im Bund gewachsene "Frauentum", das frei von jeder "Kampfstellung zum Mann" dennoch die frühere "Enge des Frauenlebens" überwunden habe; zugleich aber heißt es dort:

> "Da ist noch vieles ungeklärt. Die Frau im Quickborn ringt in sich mit Fragen, die auf den großen Things nicht geahnt werden, wodurch sie scheu wird zum Sprechen vor den Jungen und die sie doch beantwortet wissen will."[122]

Einen Kontrast zu den vielen Bünden, in denen solche "Frauenfragen" nicht gestellt wurden, bildet die Argumentation einer bündisch-sozialistischen Gruppierung, auf die abschließend hingewiesen werden soll.

6.5.2. Peripher: Eine sozialistisch-feministische Sicht auf die "Geschlechterfrage als Frage des Gesamtlebens"[123]

Ganz ungewöhnliche Meinungen über ein neues Geschlechterverhältnis wurden von diesem kleinen Bund aus dem Terrain zwischen der "Freien sozialistischen Jugend" und bürgerlich-kulturrevolutionären, freideutschen Gruppierungen, dem "Bund", vertreten. In einer 1932 veröffentlichten Broschüre dieser Gruppe heißt es:

> "Man hat sich nie an den vielen praktischen Fragen des Lebens klargemacht, wie tief die Forderung wahrer Gleichberechtigung der Geschlechter in das persönliche Leben eingreift, wieviel Umstellung auf allen Lebensgebieten (sie erfordert)"

Um klarzustellen, "wieviel Unbestechlichkeit gegenüber tief eingewurzelten Bedürfnissen, wieviel unsentimentales Zupacken bei liebgewordenen Neigungen und Lebensgewohnheiten" in dieser Sache notwendig sei, wird betont, daß "der Geist der Männerrechtsgesellschaft, also ein tausendjähriger Geist, alle Teile des gesellschaftlichen Organismus durchzogen und durchsetzt" habe:

> "Unser ganzes Leben, über die Erziehung in Schule und Familie, bis zu Liebe, Ehe, Beruf - alle Formen des geselligen Lebens, der Aufbau und die Gestalt der öffentlichen Einrichtungen, der Schulen, der Universitäten, der Kirchen, alle un-

---

122 Anni Bender, Das Burgfest und die Frau im Bund, in: Quickborn (Sonderheft), 17. Jg. 1929, Heft 3, S. 94-98, 97

123 Junge und Mädchen in der proletarischen Jugendbewegung, in: Die Bresche Nr. 4, hg. vom Bund, Essen 1932, S. 18. In derselben Schriftenreihe erschien: Das Trugbild von der weiblichen Eigenart, Die Bresche Nr. 13, und in einer anderen Reihe, "Schriften des Bundes": Mann und Frau als Kampfgenossen.

sere Vorstellungen, Wertschäzungen, Theorien vom Leben sind durchzogen von alteingewurzelten Vorstellungen von Mann und Frau." 124

Anstatt daß die Jugend die Chance ihrer Generation und der sozialistischen Idee von der "Kampfgenossenschaft von Mann und Frau" nutze, sei auch in den Bünden der Jugendbewegung alles beim alten geblieben:

"Daß ein Mädchen Fanfare bläst, unmöglich, das bleibt den Jungens vorbehalten. Auf Feiern, im Sprechchor bekommen die Mädchen die sanften Rollen, die weichen, schmachtenden Sonnenuntergangstöne, die Jungens das Markige, Kämpferische. Während die Jungens in stampfenden, harten, 'männlichen' Kampfposen auftreten, tändeln die Mädchen in 'rhythmischen' Bewegungen ihre revolutionäre Gesinnung. Mädchen, die politisch tüchtig sind, werden (oft) geradezu von Jungens boykottiert. Folge: eine dauernde Not der Mädchen, die niemand merkt. Nie in sich selbst ruhen, nie aus eigenen Impulsen schöpfen, immer auf die Jungens, auf das Persönliche sehen."

Um diese Zustände zu überwinden, wird, wie nirgend sonst innerhalb der Jugendbewegung, die männliche Jugend aufgefordert, alle geschlechtsspezifische Arbeitsteilung aufzugeben:

"Weg mit den Spießer-Idealen des Hauspaschas, der sich bedienen läßt, der Einkaufen, Zimmerputzen, Kochen, Spülen für unter seiner männlichen Würde hält! Feinhörig werden für alle Männlichkeitsposen, für alle Kraftmeier-Gesten des 'starken' Geschlechts! Jugend vor die Front, die hier eine Bresche schlägt, die tapfer genug ist, ihre männliche Würde durch Kochen, Flicken, Einkaufen, durch Stopfen, Nähen nicht bedroht zu fühlen." 125

Männliche "Ritterlichkeit" gegenüber den Mädchen wird als lächerlich, auch als verlogen herausgestellt:

"Auch Mädchen haben Beine, um über Gräben zu springen, über Zäune zuklettern. Auch Mädchen können lernen, Fahrräder zu flicken, Karten zu lesen, technische Aufgaben zu übernehmen, Plakate zu entwerfen, mit Genossen in den Betrieben, an den Stempelstellen zu diskutieren, eine politische Feier zu organisieren, eine Versammlung zu leiten." 126

Kritisiert wird aber auch die Verkürzung des Problems zu "angeblich 'marxistischer' Sexualpolitik und -theorie".
Um die vom "Bund" imaginierte Geschlechtergemeinschaft in die Wirklichkeit umzusetzen, wird dazu aufgefordert, feste Lebensformen als "sinnliche Verkörperungen von Grundsätzen" zu suchen. In allen Bereichen gälte es:

---

124 ebenda, S. 5f
125 ebenda, S. 10
126 ebenda, S. 12

"Lebensformen (zu schaffen), die den Willen zur Gleichberechtigung und Gleichverpflichtung der Geschlechter aus dem Nebelreich der Ideologie in den realen Boden des gesellschaftlichen Seins verpflanzen."127

Die Gründung "sozialistischer Lebensgemeinschaften", in denen "Sinnlichkeit und sinnenhaftes Leben " erfahrbar würden, solle eine neue Praxis ermöglichen:

"Wir brauchen eine lebendige Gemeinschaft, in der Traditionen wachsen können, in der sich 'öffentliche Meinung' bilden kann, die der eigenen Bequemlichkeit, der geschlechtlichen Selbstsucht Schranken setzt, die aber zugleich weit genug gespannt (ist), um alles, was kräftig und lebenswert ist im Menschen, voll ausschwingen zu lassen."128

Anders als die Mehrheit der Bündischen Jugend unterwarf der linkssozialistisch-bündische "Bund" seine Utopie eines neuen Geschlechterverhältnisses nicht männlich gedachten Maximen eines "Dienstes an Volk und Staat". Anders als die Mehrheit der Arbeiterjugendbewegung ließ sich der "Bund" auf die Probleme der Lebenswirklichkeit von Mädchen und Frauen ein und verfiel nicht der Abstraktion einer "klassenlosen Gesellschaft", mit der sich "Frauenfragen" verflüchtigten.

Utopisch aber blieben die Entwürfe des "Bundes"; sich ihnen anzunähern, hätte Erfolge in einem von Mädchen und Frauen zu führenden "Geschlechterkampf" vorausgesetzt, der damals nicht von ihnen geführt wurde - und wohl auch nicht geführt werden konnte.

127 ebenda, S. 11
128 ebenda, S. 19

7. Ein Hinweis auf Nachwirkungen: Die "Kameradin" im "Volkskörper" des nationalsozialistischen Deutschland

Mit der "nationalen Revolution" des Jahres 1933 kam die Geschichte der Mädchen und jungen Frauen in der klassischen deutschen Jugendbewegung an ihr vom nationalsozialistischen Staat erzwungenes Ende. Die Bündische Jugend in all ihren Richtungen und auch die sozialistische Jugendbewegung wurden aufgelöst und verboten; ausgenommen blieben für eine Weile noch die katholischen Jugendorganisationen. Die Hitler-Jugend entwickelte sich zur Staatsjugendorganisation und setzte ihr Monopol im Bereich jugendverbandlicher Erfassung bei den Mädchen (mit den "Jungmädeln" und dem "Bund Deutscher Mädel" - BDM) nicht anders als bei den Jungen durch, ab 1936 gesetzlich abgesichert und ab 1939 durch die "Jugenddienstverordnungen" zur Dienstpflicht für alle 10-18jährigen Jugendlichen erhoben.

Die Geschichte staatlich organisierter weiblicher Jugend im Dritten Reich ist nicht Gegenstand meiner Untersuchung;[1] ich möchte aber auf einige Nachwirkungen hinweisen, die das Weiblichkeitsbild und das Geschlechterverhältnis in der Jugendbewegung vor 1933 auf die organisierte weibliche Jugend im nationalsozialistischen Deutschland hatten. Dem stelle ich einige Ausführungen der ehemaligen Reichsreferentin des BDM, Jutta Rüdiger, voran. In einer Veröffentlichung, mit der sie sich "um der Wahrheit willen und um eine künftige objektive Beurteilung der HJ und des BDM zu ermöglichen", gegen ihrer Meinung nach verfälschende Darstellungen wehren will, schreibt sie über die politische Sozialisation von Mädchen in der nationalsozialistischen Staatsjugendorganisation:

> "Kritisch und bewußt setzten sich die Mädel - ihrem Lebensalter entsprechend - mit allen Fragen auseinander, die im Heimabend, bei Sport und Spiel, auf Fahrt, im Lager und in der Kulturarbeit auf sie zukamen und die ihre körperliche und seelische Fortentwicklung betrafen. Sie lernten, sich ein Urteil zu bilden und Stellung zu nehmen zu den politischen, kulturellen und sozialen Fragen des Zeitgeschehens; zu erkennen, daß ihre eigene Existenz abhängig ist vom Wohlergehen des ganzen Volkes und daß ein Volk nur lebensfähig ist, wenn jeder Einzelne dafür einsteht.- Der Jungmädelbund und der Mädelbund waren die Grund-

---

1 Zum BDM: Martin Klaus, Mädchenerziehung zur Zeit der Faschistischen Herrschaft in Deutschland - Der Bund Deutscher Mädel - Band I und II, Frankfurt, 1983; Dagmar Reese-Nübel, "Straff, aber nicht stramm - herb, aber nicht derb". Zur Vergesellschaftung der Mädchen durch den Bund Deutscher Mädel. Ein sozialstruktureller Vergleich zwischen einer Großstadt (Wedding/Berlin) und einer Kleinstadt (Minden/Westfalen), Weinheim/Basel, 1989; Gabriele Kinz, Struktur und Funktion der nationalsozialistischen Kulturarbeit im Bund Deutscher Mädel, Dissertation Bielefeld, 1989

schule des Bundes Deutscher Mädel, in der die Grundsteine zur Persönlichkeitsbildung gelegt wurden: Einordnung in die Gemeinschaft und Leistungsbereitschaft für die Volksgemeinschaft. Die Forderung: 'Deutsches Mädel, Deine Ehre ist die Treue zum Blut Deines Volkes' sollte durch Gesunderhaltung des Körpers und die spätere Wahl des Lebenskameraden aus dem eigenen Volk die persönliche Verpflichtung gegenüber dem deutschen Volk zum Ausdruck bringen."[2]

Mit diesen Ausführungen aus dem Jahre 1983 werden von der Autorin völkisch-rassistische und jugendbewegt-reformerische Leitbilder von Mädchenerziehung zusammengestellt und als Ideenwelt des BDM präsentiert, wobei das herangezogene Zitat der von Jutta Rüdiger selbst geprägte Wahlspruch des BDM war. Unschwer läßt sich aus dem BDM-Motto erschließen, welches die letztgültigen Deutungen der nationalsozialistischen Idee vom Volk waren. Mit einer aus der Rassenlehre stammenden Wertkategorie des "Blutes" gab der NS-Staat allen Maßnahmen seiner Politik der "Auslese" und "Ausmerze" den Anschein naturgesetzlicher Systematik.

Wenn Jutta Rüdiger an anderer Stelle ihrer "Richtigstellung" unkommentiert Zitate verwendet, die besagen, daß Rasse und Volk, Blut und Boden und deren Reinerhaltung "letzte Erkenntnisse und Bekenntnisse des Glaubens" seien[3], die auch für den BDM Geltung hatten, dann bleibt offen, worauf sich das von ihr reklamierte kritische Denken im BDM beziehen konnte. Aufschlußreich ist in diesem Zusammenhang auch die Verwendung des Begriffs der "Treue". Mit ihm wird der persönliche Bezug auf Verpflichtungen des Volkes umschrieben, die durch die Ordnungskategorie des "Blutes" ihre absolute und nicht zu hinterfragende Wertigkeit erhielten. Die Treue hatte im nationalsozialistischen Staat ihren besonderen Klang als ein für die deutsch-"germanische" Kultur zentraler Tugendbegriff. Treue war keine Frage des persönlichen Gewissens; sie bezeichnete das Verhältnis der "Gefolgschaft" zum "Führer", was in der Praxis nichts anderes bedeutete als unbedingte Gehorsamspflicht. Wenn in dem Wahlspruch des BDM ebenso wie in der ähnlich lautenden Ordensregel der SS die persönliche Ehre mit der Treue identifiziert wird, besagt das nichts anderes, als daß die Ehre der jungen Mädchen dem Willen des Führers und seiner Unter-Führerinnen überantwortet wurde. Ungehorsam bezeugte nach dieser Ideenwelt als Untreue die Unehrenhaftigkeit der Person. In der Konsequenz bedeutet dies, daß die historische "Einzigartigkeit" des "Führers" nicht nur die politische, sondern auch die persönliche Moral der Mädchen im BDM, der "deutschen Mädels", konstituierte.

Mit den rassetheoretischen Grundlagen des NS war aber nicht nur definiert, wer dem "Volkskörper" zugehörig war und wen es auszugrenzen und auszurot-

2 Jutta Rüdiger, Die Hitler-Jugend und ihr Selbstverständnis im Spiegel ihrer Aufgabengebiete, Lindhorst 1983, S. 23

3 ebenda, S. 103

ten galt; definiert war der Überlegenheitsanspruch der eigenen "Rasse" oder des eigenen Volkes im sozialdarwinistisch gedachten "Überlebenskampf der Völker". Und etwas weiteres lag in diesen "rassebiologischen" Grundannahmen über gesellschaftliche Zusammenhänge: Sie begründeten die nazistische Politik des Geschlechterdualismus, die ebenso Eingang in das Erziehungskonzept des BDM fand. So gehörte die Mutterschaft als weiblicher Lebenssinn wie das Bild der Frau als Lebensspenderin im Generationenerbe zu den Grundlagen nationalsozialistischer Frauen- und auch Mädchenpolitik.

Angesichts der diktatorisch-politischen Rahmenbedingungen, die dem von Jutta Rüdiger umrissenen Erziehungskonzept zugrundelagen, kommt dem Widerspruch zwischen objektiver Funktion und subjektiver Bedeutung eine gewichtige Rolle zu. Und auch hier ist der von der ehemaligen Reichsreferentin des BDM stammende Text aufschlußreich, zeigt er doch, wie die Gesunderhaltung des Körpers und die Wahl des Lebenspartners in Verbindung gebracht wurden mit subjektiven Wünschen der Mädchen selbst. Wer wollte nicht gesund sein und die richtige Wahl des "Lebenskameraden" treffen?

Tatsächlich scheint die von den jungen Mädchen geforderte Unterwerfung unter den rassistischen Staat, soweit Erinnerungen darüber Auskunft geben, die Realitätserfahrung der BDM-Mädel kaum berührt zu haben.[4] Die persönliche Verpflichtung auf die "Volksgemeinschaft" und den "Volkskörper" nahm in der Vorstellungswelt der Mädchen offenbar ganz andere Züge an, idealistische, fürsorgende, sozialutopische, die vielleicht in Verbindung mit Wünschen nach persönlicher Teilhabe an Politik und Gesellschaft gedeutet werden können. Der Mädchentypus aber, in dem die NS-Ideologie von Rasse und Geschlecht im Volkskörper Ausdruck finden sollte, ist ohne die Weiblichkeitsideale und Lebensstile der deutschen Jugendbewegung nicht vorstellbar. Die staatliche Jugendorganisation des Dritten Reiches und die diversen Dienste des BDM knüpften an jugendbewegte Gedanken- und Gefühlsbestände an und ermöglichten so eine symbolische Integration der dort zum Ausdruck gebrachten Wünsche nach Selbstentfaltung. Das Profil des "deutschen Mädels", das sich mit den Massenorganisationen des BDM ausbreitete, hatte manches gemeinsam mit dem des Wandervogel-Mädchens und noch mehr mit dem Mädchentyp der Bündischen Jugend in der Weimarer Zeit:

- Die Option für das "Einfache" und "Natürliche", gegen das "Übertriebene" und "konventionell Angepaßte" (heute würden wir sagen: den Protest gegen das Sexistische im herrschenden Frauenbild);
- die Entdeckung des eigenen Körpers, Interesse an Gesundheit und Körperkultur, im Widerspruch zu überkommenen puritanisch-bürgerlichen Verhaltensmustern;

4 Vgl. etwa Eva Sternheim-Peters, Die Zeit der großen Täuschungen, Mädchenleben im Faschismus, Bielefeld 1987

- das Interesse an Brauchtum und Volkstum und den Affekt gegen die Entfremdung in der "Massen-, Klassen- und Konsumgesellschaft";
- das Streben nach "Erlebnis" und "Gemeinschaft", das Unbehagen über Erfahrungsverlust und Vereinzelung;
- die Stellungnahme für Emotionalität und "Betroffenheit", gegen Intellektualismus und Rationalismus.

Gemeinsam waren der Jugendbewegung und der Staatsjugend des Dritten Reiches auch die sozialen Formen des Gruppenlebens: Heimabende, Wanderungen und Fahrten, Sommer- und Winterlager, Feuerrunden und Feiern, etwa der Sonnenwende, aber auch musische Aktivitäten, wie volkstümliches Theaterspielen und Tanzen, Musizieren, Singen und Basteln.

Besondere Bedeutung aber hatte für die Mädchen und Frauen in der Jugendbewegung wie auch im BDM die Entdeckung von "Jugend" als spezifischem Lebensraum, in dem auch Mädchen soziale Rechte eingeräumt werden sollten. Das Bewußtsein, zum Stand der Jugend zu gehören und einen Anspruch auf jugendgemäße Lebensformen zu haben, war ein zentraler Punkt im neuen weiblichen Selbstbewußtsein.

Im Rahmen der Jugendbewegung war das Bestreben der weiblichen Jugend, sich von patriarchalen Familienbindungen zu emanzipieren, in den Sog männerbündischer und dann auch völkisch-nationalsozialistischer Ideologien geraten. Gewechselt hatten damit tendenziell und im Dritten Reich endgültig die Bezugspunkte weiblicher Identifikation: Statt der Unterordnung unter den Mann als Vater, Bruder und zukünftigen Gatten, ging es nun um die Unterordnung unter die Prinzipien von "Volk und Reich", sprich unter den Mann als Führer und Kameraden.

Der Prozeß der Umlenkung jugendbewegter Ideen in nationalsozialistische Normen läßt sich an dem Weiblichkeitsideal der "Kameradin" verdeutlichen, das, von der Jugendbewegung geprägt, im Nationalsozialismus das ideologische Muster für die öffentliche Rolle junger Frauen darstellte. Schon die Wandervogelmädchen umschrieben ihre Wünsche nach Gleichstellung mit dem Leitbild der "Kameradin". In Absetzung von ihrem überkommenen Schicksal, als bürgerliche Töchter keinen anderen Lebenssinn zu haben als den des Wartens auf den zukünftigen Ehemann, ging es ihnen um ein neues "natürliches" Verhältnis zum anderen Geschlecht. Sie wünschten es sich frei vom dem Diktat bürgerlicher Konventionen und bürgerlicher "Doppelmoral". Mit dem Schwur auf einen "kameradschaftlichen" Umgang zwischen den Geschlechtern erkämpften sie sich aber nicht nur die elterliche Erlaubnis für die Freiheiten eines Jugendlebens, sondern sie versprachen gleichzeitig, dem doch ebenso zur bürgerlichen Moral gehörigen Keuschheitsgebot Folge zu leisten. Wenn sich der Wunsch nach einer Neugestaltung des Geschlechterverhältnisses später aus dem persönlichen Bereich hin zur sogenannten "Volksgemeinschaft" verschob, dann auch deshalb, weil die erotisch-sexuellen Dimensionen der Geschlechterbeziehungen aus der persönlich-sozialen Praxis der Jugendbünde durchweg ausgeschlossen waren. Während es in den konkreten Bezügen der jugendlichen Gesellungen für die jungen Frauen nahezu unmöglich war, dem Ideal der "Kameradin" gerecht zu werden - das ihnen abgeforderte und zugemutete Maß des "Zuviel" oder "Zuwenig" einer imaginären Substanz von "Weiblichkeit" wechselte mit dem männlichen Blick darauf - fand sich auf der abstrakten Ebene von "Volk und Volksgemeinschaft" eine Fülle von positiven Bestimmungsmerkmalen des Leitbildes. Dennoch waren die Diskussionen über die "Mädelfrage" und über die Gestaltung des Geschlechterverhältnisses in vielen Bünden der Jugendbewegung auch in Zeiten der Annäherung an die "Volksgemeinschaft" ein ständiger Anlaß für Konflikte geblieben, in denen die Mädchen immer wieder auf den Status des minderen Geschlechts verwiesen wurden.[5]

Erst die Gleichschaltung beziehungsweise das Verbot der freien Jugendbewegung 1933 beendeten diese Auseinandersetzungen. Seit dieser Zeit war nicht mehr bestritten, daß Mädchen der Jugendorganisation angehören sollten. Auch der weiblichen Jugend wurde nun "ohne Wenn und Aber" das Recht auf eine organisiertes Jugendleben eingeräumt. Freigesetzt aus familialen Autoritätsverhältnissen und von der Ausgrenzungspolitik einer männerbündischen Jugendbewegung, waren die "deutschen Mädel" im Dritten Reich unter die totalitäre Kontrolle des Staates gekommen.

Dieser Wechsel der gesellschaftlichen Kontrollinstanzen zeigte sich auch im Wandel des äußeren Erscheinungsbildes der organisierten weiblichen Jugend. Die in den meisten Bünden bis in die dreißiger Jahre hinein getragenen Reform- und Inselkleider, die als Ausdruck weiblicher Eigenwilligkeit und Freiheitswünsche galten, verschwanden nun. Stattdessen trugen die "Mädelschaften" des BDM Uniformen - weiblich aber streng - mit Halstüchern und Knoten, eine Aufmachung, die sich im männlichen Teil der freien Jugendbewegung schon Mitte der zwanziger Jahre durchgesetzt hatte, und mit der nun die Gleichstellung der Mädchen mit den Jungen, der gemeinsame Kampf um ein nationalsozialistisches Deutschland versinnbildlicht wurde.

Den Mittelpunkt des jugendkulturellen Lebens im BDM bildete die Körpererziehung. Sie stand im Dienste der "rassischen" Gesunderhaltung und hatte eine entscheidende Funktion im Konzept der nationalsozialistischen Persönlichkeitsbildung. Über Wettkämpfe und Auszeichnungen in sportlichen Disziplinen und auf allen Ebenen der staatlichen Jugendorganisation lernten die Mädchen Leistungsnormen und Leistungswillen kennen, die sie dazu anleiteten, den "völ-

5 Nachdem die Mädchen und Frauen in den zwanziger Jahren schon aus den unmittelbaren Nachfolgebünden des Wandervogels hinausgewiesen waren, wurde in der Deutschen Freischar, einem der größten Bünde in der Bündischen Jugend, 1930 die Trennung von den Mädchengruppen erneut angezielt; die "Mädelfrage" kam offenbar nicht zur Ruhe. Hingegen öffnete sich der 1929 gegründete, zunächst extrem jungenschaftliche Bund dj.1.11, der am radikalsten den Gedanken der Jugendautonomie vertrat, um 1933 für Mädchen und Mädchengruppen.

kischen Anforderungen" gerecht zu werden. Die Eingliederung in den "Volkskörper" reichte bis in die weiblichen Körper hinein und gab den leiblichen Verhaltensweisen der Mädchen ihre "artgemäße" Zurichtung. Es wurde ihnen selbstverständlich, diszipliniert und zweckorientiert mit dem eigenen Körper umzugehen.

Diese Erziehung zur umfassenden Funktionsfähigkeit blieb auch dann noch wirksam, als Deutschland in Schutt und Asche fiel. Was die "Kameradinnen" der männlichen "Kämpfer" beim Aufbau des "Reiches" gelernt hatten, fand seine Bewährungsprobe bei dessen Untergang in den letzten Kriegsjahren...

Der Sport im Bund Deutscher Mädel war ein Bereich körperlicher Betätigung, in dem die weibliche Jugend auch in abgelegenen Dörfern und gegenüber strengen elterlichen und kirchlichen Zumutungen und den damit verbundenen traditionellen Weiblichkeitsbildern Freiräume gewinnen konnte; die nationalsozialistische Leibesertüchtigung kam auch den Wünschen nach Spiel und Bewegung entgegen und brachte so eine Erweiterung weiblicher Fähigkeiten. Im Unterschied zur nationalsozialistischen Jungenerziehung wurde im BDM auch allen musischen Aktivitäten viel Raum gegeben, eine Tatsache, die offenbar bis zum Ende des Dritten Reiches auch dann noch zur Anziehungskraft des BDM-Dienstes beitrug, als die HJ für die männliche Jugend schon viel an Attraktivität verloren hatte.

Die geschlechtsspezifische Besonderung der weiblichen Jugend begründete sich nun nicht mehr aus der alten Familienordnung, stand aber auch nicht unter dem Ziel, weibliche Rechte zu erweitern; es drückte sich darin eine Mischung traditioneller Rollenvorstellungen mit öffentlicher Aktivierung von Mädchen und Frauen zu Zwecken der nationalsozialistischen Herrschaftserhaltung aus. Gleichwohl boten sich hier für die Mädchen Möglichkeiten des Austausches und sinnlichen Umgangs miteinander, - nicht nur individueller Erlebnisse, sondern auch der "Erfahrung" von Gemeinschaft mit anderen Mädchen und jungen Frauen, eine Lebensdimension, die bis dahin der großen Mehrheit der weiblichen Jugend vorenthalten gewesen war, die nun aber als Teil staatlicher Jugenderziehung ihre organisatorische Grundlage im BDM bekam.

Die Anknüpfung an Lebensformen und Leitbilder der Jugendbewegung war konstitutiv für den Aufbau und die Ausbreitung der nationalsozialistischen Staatsjugendorganisation insgesamt; in den weiblichen Gliederungen der HJ konnten aber jugendbewegte Traditionen in gewissem Umfange eher als in den männlichen HJ-Gliederungen aufrechterhalten bleiben und trugen vermutlich auch dazu bei, daß die spätere Erinnerung an die Zeit in der Hitler-Jugend sich auf der weiblichen Seite häufig positiver darstellt als auf der männlichen, soweit autobiographisches Material dazu Auskunft gibt.

Die Gründe für diese Differenz sind erkennbar: Eben wegen der geschlechtsspezifischen Ausrichtung, die in den Jugendbünden vor 1933 Benachteiligungen von Mädchen mit sich gebracht hatte, eröffnete organisiertes Jugendleben in der

NS-Staatsjugend Mädchen oder jungen Frauen Aktivitätschancen, die den meisten von ihnen - anders als Jungen oder jungen Männern - vor dem Dritten Reich nicht zur Verfügung gestanden hatten; darin lag so etwas wie Aufwertung. Weibliche Jugendsozialisation in der NS-Staatsjugend war, den offiziellen Weiblichkeitsidealen entsprechend, nicht in einem solchen Maße "gestrafft" und reglementiert, wie dies in den männlichen Gliederungen der HJ der Fall war, bot also insofern mehr Gelegenheiten, den Zwang als Freiwilligkeit wahrzunehmen. Hinzu kam, daß die illegale, zur Hitler-Jugend oppositionelle Fortführung bündischer Jugendkultur vornehmlich männerbündisch geprägt war; umso rigoroser zog deshalb die Staatsjugendführung im männlichen Bereich den Trennungsstrich zur Tradition der Jugendbewegung, wozu im weiblichen Teil kein so massiver Anlaß bestand.[6]

Das Bild von der "Kameradin" neben dem "Kameraden" schien mit der Staatsjugendorganisation des Dritten Reiches zum ersten Mal insofern realisiert, als nun Mädchen ebenso selbstverständlich BDM-Mädchen waren wie Jungen HJ-Jungen. Daß die beiden Geschlechter in der Staatsjugendorganisation nicht nur organisatorisch, sondern auch im Hinblick auf ihre Kompetenzen getrennt und gestuft blieben, widersprach nicht dem mit der Idee von der "Kameradin" verbundenen Weiblichkeitsideal, wie es schon in der Jugendbewegung formuliert worden war. Die "Kameradschaft" hatte ihre nationalsozialistische Grenze dort, wo es um die politische Entscheidung auch in der Jugendorganisation ging; an der Spitze der NS-Jugendführung stand - wie hätte es anders sein können - ein Mann, der seinerseits dem Führer des Staates zu folgen hatte. So hatte alles denn doch seine gewohnte Ordnung.

6 Allerdings gab es minoritär bemerkenswerte Beteiligungen von Mädchen aus der Jugendbewegung an Widerstandsgruppen gegen den NS und auch Öffnungen illegaler jugendbündischer Gruppen für die Teilnahme von Mädchen. Dieser Teil der Geschichte weiblicher Jugend im Dritten Reich ist bisher noch kaum erforscht.

8. Nachbetrachtungen

Die sozio-ökonomischen und kulturellen Veränderungen auf dem Weg in die industrielle Gesellschaft hatten keine Gruppe der Bevölkerung so in Isolation gedrängt wie die weibliche Jugend. Gegenüber dem ihnen zugedachten "Niemandsland" der patriarchalen Familie bot die Jugendbewegung für Mädchen und junge Frauen eine Hoffnung auf Chancen zu Selbstentfaltung. Zumindest in der Zeit bis in den Ersten Weltkrieg hinein fanden Mädchen aus dem Bürgertum in der sozialen Form der Jugendbewegung zum erstenmal einen Lebensbereich, in dem sie Bedürfnisse nach einer gemeinsamen Auseinandersetzung mit ihrer Umwelt realisieren konnten.

Daß Mädchen und junge Frauen außerhalb der einengenden patriarchalen Familienverhältnisse Vorstellungen von selbstbestimmtem Handeln entwickeln und ausprobieren konnten, ist nicht gering zu zu schätzen. Dort gewonnene Selbständigkeit und soziale Anerkennung vermittelten ein Gefühl des Selbstwertes und bedeuteten eine beachtliche Erweiterung von Handlungskompetenzen.

Andererseits wirkte sich die männliche Dominanz im jugendbewegten Sozialisationszusammenhang hemmend oder destruierend auf Möglichkeiten weiblicher Selbstbefreiung aus. Die vorherrschende Gleichsetzung von jugendbewegten Aktivitäten mit männlichen Verhaltens- und Lebensformen erzwang von den Mädchen die Betonung spezifisch weiblicher Ausdrucksweisen, gewissermaßen "im zweiten Rang".

Zu Beginn der Wandervogelbewegung war die Anerkennung der "Wanderschwestern" vonseiten der Jungenbünde unverzichtbar, um diesen überhaupt den Zugang zur neuen Jugendkultur zu eröffnen, und es kam jedem gruppierten Zusammensein der Geschlechter damals große Bedeutung zu. Auch wenn die Wandervogelmädchen schnell in spezifische "weibliche" Verhaltensmuster hineingedrängt wurden, so eröffnete doch das gemeinsame Jugendleben abseits der strengen bürgerlichen Konventionen, selbst und gerade in der vielgescholtenen Nachahmung männlichen Verhaltens, aber auch in den neu entwickelten jugendbewegten Umgangsweisen, wichtige Erfahrungsmöglichkeiten.

Dies gilt insbesondere für die ersten Jahre der Jugendbewegung. In der späteren Zeit lag wohl in dem Zusammensein der weiblichen mit der männlichen Wandervogeljugend, soweit dieses erhalten blieb, eher eine Behinderung für das Wachsen weiblichen Selbstbewußtseins. Ständig unter die Beweislast gestellt, "rechte Weiblichkeit" einerseits und "rechte Wandervogelart" andererseits miteinander zu verbinden, blieben Mädchen und Frauen in den "gemischten" Bünden mit der Bewältigung nicht zu lösender Widersprüche beschäftigt. In den reinen Mädchenbünden hingegen hatten Mädchen und junge Frauen vermutlich mehr Chancen, selbständig die Formen ihres Jugendlebens zu entwickeln, auch bessere Möglichkeiten, die Erfahrungen weiblicher Diskriminierung ernstzunehmen. Im Zusammensein mit der männlichen Jugend waren sie darauf konzentriert, ihr Selbstverständnis in der Auseinandersetzung mit und zugleich in Abhängigkeit von männlichen Ansprüchen und Wunschbildern zu konstruieren.

Die Jugendbewegung war geprägt durch Unbehagen an der "Moderne" und ihren sozialen Folgen, an der Rationalisierung gesellschaftlicher Bezüge und Strukturen, bestimmt auch durch Kritik am "Intellektualismus". Die von der Jugendbewegung angefeindete moderne Gesellschaftsform war aber historisch geprägt durch die "Männerwelt". Insofern bedeutete die jugendbewegte Hinwendung zu einer romantischen Gegenwelt der Innerlichkeit und Naturnähe und zu einer "Gemeinschaft", in der die Beziehungen der Menschen nicht von sachlichen Interessen, sondern von gefühlsmäßiger Zuneigung bestimmt sein sollten, ein Aufgreifen traditionell weiblicher Werte. Eine Grundtendenz "kulturpubertären" Verhaltens in der Jugendbewegung lag darin, Stimmungen und Gefühle ausleben zu können. Das brachte aber die Frauen in der Jugendbewegung in eine eigentümliche Paradoxie. Von einem Weiblichkeitsbild bestimmt, das einseitig die Momente des Gefühls und der "Natur" als bestimmende Wesensmerkmale von Frauen ausgab, konnten Mädchen und Frauen glauben, in den Glückserfahrungen der Jugendbewegung auf den "Grund weiblichen Wesens" vorzudringen; insofern bestätigte und vertiefte die Sozialisation in der Jugendbewegung bei Mädchen und Frauen wohl weitgehend die gesellschaftlich ohnehin vorherrschenden Weiblichkeitskonzepte. Andererseits aber brachte das Leben in den Gruppen der Jugendbewegung für die weibliche Jugend Erfahrungen und Impulse, die auf Selbstbestimmung oder auf Verselbständigung hinausliefen.

Diese Widersprüche lassen sich besser verstehen, wenn folgendes mitbedacht wird: In gewisser Hinsicht und in traditionellen Begriffen gedacht, läßt sich die Jugendbewegung in ihrer Hervorhebung des Emotionalen und Irrationalen als "weibliches" Phänomen bezeichnen. So läßt sich sagen, daß die Jugendbewegung "männlicher Emanzipation" auch insofern entgegenkam, als sie deren Spielraum von Verhaltensorientierungen in Richtung auf die Welt der Gefühle erweiterte.

Für die Frauen aber bedeuteten die bestimmenden Momente jugendbewegter Ideologie keine substantielle Erweiterung des traditionellen weiblichen Wertekanons; die Aneignung männlicher Verhaltenswerte blieb ihnen auch in der Jugendbewegung fast durchweg verwehrt. Hier stand die männliche Vorherrschaft im Diskurs der Jugendbewegung weiblichen Interessen an der Befreiung von patriarchaler Unterdrückung entgegen. Der Antiintellektualismus der Jugendbewegung und die Verachtung intellektueller Bildung als "äußerlich" oder "leer" waren für die Entwicklungschancen der weiblichen Jugend nicht nur hinderlich, sondern auch verhängnisvoll.

Wohl selten sind Mädchen und Frauen so unmittelbar von männerbündischer Misogynie bedrängt gewesen wie die weiblichen Mitglieder der Jugendbewegung. Das frauenverachtende Weiblichkeitsbild Hans Blühers war nicht untypisch und zugleich auch prägend für die Frauenbilder in der Jugendbewegung. Vorherrschend lag in ihnen die Vorstellung von einer Polarität der Geschlechter; das "Wesen" der Frau wurde aus ihrer Mutterschaftsfähigkeit hergeleitet und die Rede davon verband sich mit Aussagen darüber, was sie nicht könne und dürfe und rechtfertigte auf diese Weise Unterordnung und Unterdrückung. Auf der Suche nach weiblicher Identität verfielen manche jugendbewegten Mädchen und Frauen auf die auch von Blüher angebotene "wahre Frauenbewegung", die "Emanzipation von der Emanzipation", und hüllten sich in den Nebel einer "geheimnisvollen Aura", eines undefinierbaren Gemischs aus naturhaftem Mythos und "unantastbarer Würde" des "weiblichen Eros". Daß sich andere Mädchen und Frauen gegen diese ideologische Verdoppelung patriarchaler Hegemonie empört zur Wehr setzten, soll nicht unerwähnt bleiben.

So ähnlich die Argumentationen bei Blüher und in anderen jugendbewegten Weiblichkeitsvorstellungen waren, so gab es in den Konsequenzen doch erhebliche Differenzen. Während Blüher den radikalen Ausschluß der Frauen aus jeder staatenbildenden und -tragenden Öffentlichkeit - also auch aus der Jugendbewegung - forderte, wurde in anderen Weiblichkeitskonzepten der Jugendbewegung nach Möglichkeiten gesucht, wie "Weiblichkeit" (als "geistige Mütterlichkeit") sozial zum Tragen kommen könne. Die dabei zustandekommenden gedanklichen Kompromisse waren angefüllt mit Ideen weiblicher "Aufopferung" und "Selbstaufgabe", sei es in der Zuordnung zu männlichen Subjekten oder im "Dienst am Ganzen". Die hier auch von der weiblichen Jugend getragene Absage an Lebensmöglichkeiten, die nicht in Mutterschaft und Mütterlichkeit aufgingen, entsprach der hergebrachten Selbstbescheidung von Frauen, die erst zu lernen hatten, mehr für sich zu fordern.

Das Zauberwort, mit dem in der Jugendbewegung die Gleichberechtigung zwischen den Geschlechtern und gleichzeitig deren auf Ergänzung hin gedachte Verschiedenheit imaginiert wurden, war das der "Kameradschaft". Mit diesem Begriff beschrieben die bewegten jungen Menschen ihr Ideal eines neuen "natürlichen" und "reinen" Geschlechterverhältnisses. "Kameradschaft" bedeutete im zwischengeschlechtlichen Umgang, sich nicht mit sexuell geprägten Erwartungen zueinander zu verhalten, ein Anspruch, der für die weibliche Jugend eine deutliche Aufwertung enthielt, denn außerhalb der Jugendbewegung war ihre Lebensrealität vom Augenblick der Pubertät an bestimmt von der gesellschaftlichen Funktion als Geschlechtswesen. Die an die Mädchen und junge Frauen gestellten Keuschheitsforderungen, die ihre zukünftige Stellung als Ehefrau sichern sollten, erhielten in der Jugendbewegung durch das auch für die männliche Jugend geltende Keuschheitsgebot eine deutliche Umwertung. In diesem Sinn stellte das Kameradschaftsideal einen Schritt hin zu einem auf Gleichheit zielenden Wertewandel dar, und doch blieb der Widerspruch zwischen Aufbegehren und Anpassung dem Bild der "Kameradin" eingeschrieben. Da darüberhinaus die Begründungen dieses Ideals keineswegs aus der Kritik an der untergeordneten gesellschaftlichen Stellung von Frauen und Mädchen herrührten, sondern sich allein auf die Ablehnung der "bürgerlichen Doppelmoral" beriefen, wurde die gesellschaftlich nachgeordnete Stellung von Frauen und Mädchen in der Jugendbewegung nicht zum Thema gemacht. So konnten im Schatten des Kameradschaftsideals weiterhin massive Diskriminierungsmuster wuchern.

Das Kameradschaftsverhältnis wurde einem durch Sexualität und/oder Liebe definierten Beziehungsmuster zwischen den Geschlechtern entgegengestellt; darin drückte sich die Vorstellung aus, daß beide Geschlechter eine gemeinsame Hinwendung zu übergreifenden Zielen hätten. Die Ideen darüber, was dieses jeweils Gemeinsame sein könnte, wandelten sich mit den Veränderungen, die die Jugendbewegung selbst erfuhr. In der Frühzeit des Wandervogels meinte dieses Gemeinsame vor allem den Kampf darum, daß auch den Mädchen das Recht auf "Jugend" zuerkannt würde. Übrig blieb davon später am ehesten die Vorstellung von einem auch bei Mädchen legitimen Interesse an Aktivitäten und Sinnstiftungen, wie sie im Zusammenhang der Jugendbewegung entwickelt wurden. In dem Augenblick, wo es aber um deren jeweilige Konkretisierung ging, erschienen die geschlechtsspezifischen Differenzen durchweg als der eigentliche Sachverhalt.

Bei der Betrachtung des jugendbewegten Geschlechterverhältnis fällt schon in der Wandervogelphase auf, daß die Trennungen zwischen den Geschlechtern und der von den männlichen Mitgliedern geführte "Geschlechterkampf" im jugendbewegtem Diskurs einen viel größeren Raum einnahmen als die Suche und Verwirklichung von Gemeinsamkeiten. Kommunikation zwischen den Geschlechtern als Austausch unter "Gleichen" und auf dieselben Themen bezogen, findet sich in der jugendbewegten Öffentlichkeit kaum. Hier kam zum Tragen, daß Mädchen und jungen Frauen immer wieder die Fähigkeit zu einer aus sich selbst lebenden jugendbewegten Gemeinschaft bestritten wurde.

In den sozialistischen Jugendorganisationen und -bünden hatte die weibliche Jugend freilich einen anderen ideologischen Ausgangspunkt als in der bürgerlichen Richtung der Jugendbewegung. Hier wurden jugendkulturelle Normen zugunsten des Gleichberechtigungsstrebens der weiblichen Jugend hinterfragt, während in den bürgerlichen Jugendbünden die "Mädelfrage" immer wieder der Unangemessenheit weiblicher Wünsche zugeschrieben wurde. Durch diesen gleichbleibenden Vorwurf ließen sich hier die jungen Frauen und Mädchen in die Defensive drängen. Sie stellten das "Mehr" ihrer Wünsche auf Gleichberechtigung hinter den Anspruch auf weibliche Partizipation an dem mit männlichen Symbolen und Praktiken besetzten Leben in der Jugendbewegung zurück. Anstatt deren Normen im Hinblick auf die den Mädchen darin zugewiesene

Rolle zu kritisieren, hatten sie genug damit zu tun, ein Mindestmaß an Existenzrechten im Rahmen der jugendbündischen Kultur zu behaupten. So gelang es ihnen kaum irgendwo, die Ineinssetzung von jugendbewegten Werten mit männlichen Lebensentwürfen zu problematisieren. In ihren Auseinandersetzungen fanden die jungen Frauen in der bürgerlichen Jugendbewegung außer dem Begriff der "Jugend" keine dem Ideal der sozialistischen oder "revolutionären" Kampfgenossenschaft von weiblicher und männlicher Jugend vergleichbare Wertewelt, auf die sie sich hätten berufen können. Aus dem Begehren auch der weiblichen Jugend nach einem "Recht auf Jugend" speisten sich die dem Kameradschaftsideal innewohnenden Ideen weiblicher Emanzipation. Diese Gleichheitsansätze verloren sich aber in eben demselben Maße, wie die jungen Männer weibliche Ansprüche auf "Jugend" als Angriff auf männliche Privilegien werteten. An diesen Stellen wurde das Kameradschaftsideal auch aufgekündigt und auf unverblümte polaristische Modelle zurückgegriffen, in denen der Knabe oder der junge Mann andere und weit größere Rechte erhielt als die ihm zugeordnete "Kameradin".

Wahrscheinlich hätten die Mädchen und Frauen ihr Interesse an der Jugendbewegung nicht mit dem Kameradschaftsideal verbinden dürfen. Die von ihnen in jugendbündischen Freiheitsräumen gelebte Kritik an der gesellschaftlichen Rolle von Frauen wäre wohl nur um den Preis einer Absage an das Kameradschaftsideal zu einer wirklichen weiblichen Protestbewegung auszugestalten gewesen. Solche Überlegungen über das Verhältnis des jugendbewegten Kameradschaftsideals zur Frauenbefreiung geraten jedoch leicht in Gefahr, abseits der gesellschaftsgeschichtlichen Bedingungen frei zu spekulieren.

Mit dem in der Bündischen Phase sich ausbreitenden Konzept der "Volksgemeinschaft" wurde das Kameradschaftsideal auf die abstrakte Ebene der völkischen Politik und des Staates verschoben. So entfernt placiert, verlor es für die männliche Jugend seinen beunruhigenden Charakter. Nun kam es nicht mehr so sehr darauf an, Handlungsräume und Umgangsweisen zwischen den Jungen und Mädchen reformerisch neu zu gestalten, denn die Idee einer Erneuerung der "Volksgemeinschaft" setzte ebenso wie die in den konfessionellen Bünden geltenden Ideen eines gemeinschaftlichen religiösen "Aufbruchs" Grundsätze einer sich "ergänzenden natürlichen Andersartigkeit" der Geschlechter voraus.

Die Jugendbewegung als historisch-gesellschaftlicher Vorgang war durch mancherlei Brüche zwischen den in ihr geltenden Ideologien und ihren Wirkungen in der sozialen Realität gekennzeichnet. So sehr auch die jugendbewegten Weiblichkeitsbilder, wie im einzelnen dargelegt, dem überkommenen Denken vom "Wesen" der Geschlechter ganz überwiegend verhaftet blieben, so nachhaltig wurde doch durch die Jugendbewegung als soziale Erfahrung ein Bedürfnis nach selbstbestimmten Lebensräumen bei Mädchen und jungen Frauen hervorgerufen, so daß "weibliche Jugendbewegung" im Laufe der Weimarer Republik in der gesellschaftlichen Öffentlichkeit an Akzeptanz gewann und schließlich nach 1933 in der Form des "Bundes Deutscher Mädel" im Rahmen der Hitler-Jugend erstmals allen Mädchen als Möglichkeit zur Verfügung stand und auf diese Weise eine Verallgemeinerung erfuhr, die aber zugleich Unterwerfung bedeutete - nun unter Herrschaftszwecke des nationalsozialistischen Staates.

In der Umpolung weiblicher Bestrebungen nach Verselbständigung und Distanzierung von bürgerlichen Familienkonventionen in das Konzept eines "fraulichen Dienstes am Volke", wie sie von der völkisch-nationalen Richtung der Jugendbewegung eingeleitet worden war, hatte die spätere nationalsozialistische Mädchenerziehung ihren Anknüpfungspunkt.

Es ist nicht falsch, wenn gesagt wird, der Nationalsozialismus habe eine "Zerlegung des Volkskörpers", hier männlich, dort weiblich, bedeutet. Aber das war es nicht allein; es kam im nationalsozialistischen Staat auch eine Korrektur des traditionellen Weiblichkeitsbildes zum Zuge, ohne daß damit die patriarchale Substanz angetastet wurde. Mädchen und Frauen wurden nun als nicht nur "familienorientiert", sondern auch als "gemeinschaftsfähig" definiert. Es ist anzunehmen, daß diese Entwicklungstendenz auch auf die Anstöße der Jugendbewegung zurückzuführen ist.

Vielleicht läßt sich vermuten, daß die zwischen den Weiblichkeitsvorstellungen und den realen Erfahrungen von Jugendbewegung angelegten Widersprüche, also die inneren Konflikte von patriarchal definiertem Frauenbild und Ansätzen und Versuchen weiblicher Selbstbestimmung, in der weiteren Entwicklung sehr viel schärfer aufgebrochen wären und andere Konsequenzen gezeitigt hätten, wenn nicht das "Dritte Reich" diese Widersprüche "aufgehoben", also an sie angeknüpft, sie in seinem Sinne "gelöst" und damit zugleich um ihre Chance auf freie Austragung gebracht hätte.

Literaturverzeichnis

1. Zeitschriften aus der Jugendbewegung und ihrem Umfeld - allgemein

- Alt-Wandervogel. Monatszeitschrift für Deutsches Jugendwandern, hg.von der Bundesleitung des Altwandervogel, Bund für Jugendwandern e.V., 1913-1919
- Arbeiter-Jugend, Organ für die geistigen und wirtschaftlichen Interessen der jungen Arbeiter und Arbeiterinnen. Monatszeitschrift des Verbandes der Arbeiterjugendvereine Deutschlands.(Ab 15. Jg. 1923: Monatsschrift des Verbandes der sozialistischen Arbeiterjugend Deutschlands), 1921-1931
- Das junge Deutschland, hg. vom Reichsausschuß der Deutschen Jugendverbände, Heft 12, Dezember 1929; Heft 1, Januar 1930; Sonderheft: Wandlungen und Stand der gemeinsamen Erziehung der Geschlechter in den Jugendverbänden, Heft 4, April 1930; Heft 8, August 1930; Sonderheft: Mädchenerziehung in den Jugendverbänden. Wandlungen, Zustände, Ziele, Heft 9, September 1930; Sonderhefte: Junge Generation spricht, Heft 7 und 8, Juli und August 1931,
- Der Adler, Blätter für junges Deutschtum, Für Freude und Jugendwandern. Organ der Jüngeren im Bund Adler und Falken, 1920-1933,
- Der Falke, Blätter für junges Deutschtum, für Jugendfreude und Jugendwandern. Organ der Älteren im Bund Adler und Falken, 1920-1935,
- Der Anfang, Zeitschrift der Jugend, hg. von Georges Barbizon, Berlin/ Siegfried Bernfeld, Wien (Redaktionsleitung Gustav Wyneken), Monatsschrift, 1913-1914
- Der neue Anfang Zeitschrift der Jugend, hg. von Eckart Peterich, Halbmonatsschrift, 1919/20
- Der Aufbruch, Monatsblätter aus der Jugendbewegung hg. von Ernst Joel, 1915/16
- Der Bannerträger, Zeitschrift des Jungnationalen Bundes, ab 1924 auch der Deutschen Jungenschaft Nibelungen, 1920-1924
- Der Führer, Monatsschrift für Führer und Helfer der Arbeiterjugendbewegung, 1921-1931
- Der Führer, Zeitschrift der Führerschaft im Jung-Wandervogel, 1914-1918
- Der Jugendbund im GDA, Gewerkschaftsbund der Angestellten, 1920-1930
- Der Jungstreiter, Blatt der Jungstreiter in der Christdeutschen Jugend, Beiblatt der Christdeutschen Stimmen, hg. von L. Cordier, "Mädelnummern" und "Bubennummern", 1924-1928
- Der Kronacher Bund, hg. vom Kronacher Bund, (ab 1928 Bundesrundbrief des Bundes der Wandervögel und Kronacher), 1921-1930
- Der Wanderer, Monatsschrift für Jugendsinn und Wanderlust, hg. vom Hamburger Wanderverein, 1916-1926; (zwischendurch zusammengelegt mit der Freideutschen Jugend); 25. Jg. 1930: Sonderausgabe "25 Jahre Bund Deutscher Wanderer", hg. vom Bund Deutscher Wanderer, Wittenberg/Halle
- Der Zwiespruch, Unabhängige Zeitung der Jugendbewegung, 1919-1929
- Deutsche Freischar, Rundbrief der Bundesführung, 1928-1931
- Deutscher Wandervogel, 1910-1918
- Deutscher Wandervogel, hg. vom Österreichischen Wandervogel und vom Bund der Wandervögel und Kronacher, 1928/29
- Die Geusen, Jungvölkische Blätter, 1920 -1931
- Die junge Schar, Blätter aus dem Jungborn, 1925-1930
- Die Kommenden, Großdeutsche Zeitung und Nachrichtenblatt der deutschen Jugendbewegung, 1926-1933
- Die Pachantei, Meinungsaustausch der Wandervögel, hg. von Kurt Schulz und Fritz Cotta, 1914
- Die Tat, Monatsschrift für die Zukunft deutscher Kultur, hg. von Eugen Diederichs und Karl Hoffmann, Jena, 1915-1925

- Die Treue, Verbandsblatt des Bundes Deutscher Jugendvereine, seit 1921 zusammengeschlossen mit Die Freude, ab 1928 als Jungenblatt und Mädchenblatt, 1920-1932
- Die Wacht, Jungenzeitschrift des katholischen Jungmännerbundes, 1931
- Einigungshefte, hg. von Walter Köhler, Braunschweig 1912
- Freideutsche Jugend. Eine Monatsschrift für das junge Deutschland, hg. von Knud Ahlborn, 1914-1922
- Freie sozialistische Jugend, 1925-1930
- Führerblatt des Wandervogel, Schweizer. Bund für abstinente Jugendwanderungen, 1915
- Johannisfeuer. Werkblatt des Jungborn-Jugendbewegung des Kreuzbündnis, 1920-1924
- Jungborn, Ausspracheblatt der werktätigen Jugend. Werkblatt der katholischen abstinenten Jugend, 1923-1933
- Jungdeutsche Stimmen, Rundbriefe für den Aufbau einer wahrhaften Volksgemeinschaft, hg. von Hans Gerber, Frank Glatzel, u.a., (1919-1921, Wiederherausgabe 1925-1932), 1919-1921 und 1925-1927
- Junge Menschen, Blatt der Deutschen Jugend, Stimme des neuen Jugendwillens (ab Ende 1923: Monatshefte für Politik, Kunst, Literatur und Leben aus dem Geiste der jungen Generation), Halbmonatsschrift hg. von Knud Ahlborn und Walter Hammer, 1920-1927
- Jungnationale Stimmen, hg. von dem Jungnationalen Bund und der Freischar junger Nation, 1926-1933
- Jungsozialistische Blätter, hg. Vom Zentralbildungs-Ausschuß der SPD, 1922-1932
- Jung-Wandervogel, Zeitschrift des Bundes für Jugendwandern Jung-Wandervogel, hg. von der Bundesleitung, 1910-1919
- Bundes-Fahrtenblatt des Jung-Wandervogel, Bund für Jugendwandern, 1914-1918
- Neues Studententum, 1926
- Quickborn, Bundesblatt des Quickborn, 1918-1934
- Beiblatt Unter der Thinglinde, 1921-1922
- Unser Bund, Zweimonatsschrift der Älteren im Bund Deutscher Jugendvereine, hg. vom Bund Deutscher Jugendvereine e.V., 1923-1930
- Vivos Voco, Zeitschrift für neues Deutschtum, (ab 1920: Werkland), 1919-1925
- Wandervogel, Monatszeitschrift für Jugendwandern, hg. vom Wandervogel Deutscher Bund, 1907-1911
- Wandervogel, Monatszeitschrift für deutsches Jugendwandern, hg. vom Verband deutscher Wandervögel (Alt-Wandervogel, Wandervogel D.B., Wandervogel E.V., Posener Wandervogel, Steglitzer Wandervogel, Österreichischer Wandervogel), 1912-1919;
- Wandervogel Gelbe Zeitung ab 1920 Bundesblatt des Altwandervogel und des Wandervogel E.V., ab 1925 Zeitschrift des jungen Wandervogels, 1920-1927
- Wandervogel-Führerzeitung, Führerzeitung für die deutschen Wandervogelführer (ab 1916 Führerzeitung), hg. von Friedrich Wilhelm Fulda, 1912-1920 ;
- Wille und Werk, Unabhängige Zeitschriftenschau der deutschen Jugendbewegung, hg. von Werner Kindt, 1926-1929
- Wir, Blätter der Ältern im Wandervogel, völkischer Bund für Jugendwandern, 1919

Gaublätter:

- Führerbrief für den Wandervogel Gau Niedersachsen, 1918
- Märkischer Fahrtenspiegel, Brandenburgisches Fahrtenblatt, 1917-1920
- Nordmark, Niederdeutscher Wandervogel, 1914-1919
- Sachsenspiegel, Gaublatt der Wandervögel für Niedersachsen, 1913
- Streusandbüchse, Heimat- und Nachrichtenblatt der Kreise Berlin Mark Brandenburg und Sachsen, (Gaublatt des Alt-Wandervogel), 1909
- Wandervogel, Fahrtenblatt für Ems-Weserland, 1913-1919

- Wandervogel, Gaublatt für Sachsen, 1910-1921
- Wandervogel, Gaublatt für Westfalen und Ems-Weserland, 1913-1920
- Wandervogel, Wandervögel in Hessen und am Rhein, 1912
- Wandervogel, Gaublatt für West- und Ostpreußen, 1910-1919
- Westfalen-Gau im Bund der Wandervögel und Kronacher e.V., 1929

2. Mädchenzeitschriften aus der Jugendbewegung

- Das deutsche Mädel, Mädelblatt des Großdeutschen Jugendbundes), 1927-1930
- Der Landfahrer. Blätter des Deutschen Mädchen-Wanderbundes, 1917-1919;
- Deutscher Mädchen-Wanderbund, Blätter des Deutschen Mädchen-Wanderbundes, 1920-1922; danach: Der Mädchen-Rundbrief, Blatt für freien Meinungsaustausch in Mädchen- und Frauenfragen, 1922-1924; danach: Wandervogel-Mädchenbund, Bundesrundbrief, September 1924, September 1925;
- Die Wandervogel-Mädchen/Wandervogel-Mädchenbund, hg.vom Wandervogel-Mädchenbund und dem Alt-Wandervogel-Mädelbund e.V., 1926-1927
- Der Ring, Eine Mädchenzeitschrift, hg. von Helene Helming, Quickborn, 1925-1927
- Der neue Ring, hg. von Helene Helming unter Mitarbeit von Dr. Luise Bardenheuer, Dr. Anni Bender, Josef Edmonds, Dr. Josefa Fischer-Erling, Romano Guardini u.a., 1928
- Deutsche Freischar, Mädchenführung, Bundesrundbriefe, 1931-1933
- Die Pfadfinderin, Zeitschrift des Bundes Deutscher Pfadfinderinnen, 1923-1932
- Eine Zeitschrift für die Frauen und Mädchen im Bunde (Heft 3: Mitteilungsblatt für die Frauen und Mädchen im Bunde der Köngener), hg. vom Bunde der Köngener/Marie Cauer, 1925/26, Heft 1-3 (nur in drei Heften erschienen)
- Mädchen. hg. von der Deutschen Freischar, 1930/31-1933
- Mädchenwerkblatt des Quickborn, 1929-1934
- Mädelblatt der Bünde "Österreichischer Wandervogel" und Wandervogel Deutscher Bund", hg. vom Österreichischen Wandervogel, 1932, Heft 1-4
- Mädel im Bunde, hg. vom Jungnationalen Bund, 1925/26-1932/33
- Neulandblatt. Für erneuertes Christsein, für soziale Gesinnung, Für wahres Deutschtum, für mutige Tat (zunächst: Ein Blatt für die gebildetet weibliche Jugend), hg. von Guida Diehl, 1917-1933
- Unser Pfad, Kunde aus der Tatgemeinschaft Christlicher Pfadfinderinnen Deutschlands, 1925/1926
- Unser Blatt, hg. vom Deutschen Bund der Mädchenbibelkreise, 1930/31
- Unser Weg, hg. von M.E. Herrmann, Blankenese, Eine Stellungnahme der Führerinnen zu Wandervogelfragen, 1915, Heft 1-4 (nur in vier Heften erschienen
- Weibliche Jugend, hg. vom Evangelischen Verband für die weibliche Jugend Deutschlands, durch Pastor Wilhelm Thiele, 1923

3. Herangezogene Bücher und Aufsätze (bis 1945)

- Ahrens, Heinrich, Die deutsche Wandervogelbewegung von den Anfängen bis zum Weltkrieg, Hamburg 1939
- Aus deutschem Jugendleben. Jahrbuch des Bundes Jungdeutschland e.V. und des Deutschen Jungmädchendienstes, hg. vom Jungdeutschlandbund/Rüdiger von der Goltz und Gertrud von Willich, Berlin 1928
- Bäumer, Gertrud, Die seelische Krisis, Berlin 1931
- dies., Freideutsche Jugend, in: Die Frau, hg. von Helene Lange, 21. Jg. April 1914, Heft 7, S. 385-392
- Bebel, August, Die Frau und der Sozialismus, Berlin 1954

- Behm-Cierpka, Stefanie, Frauenbewegung und Jugendbewegung, mit einem Nachwort von Gertrud Bäumer, in: Die Frau, Organ des Bundes Deutscher Frauenvereine, hg. von Gertrud Bäumer, Dez. 1925, S. 144-149
- Blüher, Hans, Wandervogel. Geschichte einer Jugendbewegung (Band 1 und 2); Die deutsche Wandervogelbewegung als erotisches Phänomen (Band 3), Berlin 1912
- ders., Der bürgerliche und der geistige Antifeminismus, Berlin 1916
- ders., Die Rolle der Erotik in der männlichen Gesellschaft, Band 1, Jena 1917, Band 2, Jena 1919
- ders., Gesammelte Aufsätze, Jena 1919
- ders., Werke und Tage, Jena 1920
- ders., Werke und Tage, Berlin 1953
- Bondy, Curt, Die Proletarische Jugendbewegung in Deutschland. Ein methodischer und psychographischer Beitrag zur Jugendkunde, Lauenburg 1922
- Brodnitz, Friedrich (Hg.), Gemeinschaftsarbeit der jüdischen Jugend 1933-1936, Berlin 1937
- Busse-Wilson, Elisabeth, Liebe und Kameradschaft, in: Grabowsky, Adolf/Koch, Walther, Die Freideutsche Jugendbewegung, Gotha 1920, S.50-58 und in: Elisabeth Busse-Wilson, Die Stufen der Jugendbewegung, Jena 1925, S. 93-103; wiederveröffentlicht in: Kindt, Werner, Dokumentation der deutschen Jugendbewegung, Grundschriften, Band I, Düsseldorf/Köln 1963 S. 327-334
- dies., Die Frau und die Jugendbewegung, Ein Beitrag zur weiblichen Charakterologie und zur Kritik des Antifeminismus, Hamburg 1920, Wiederveröffentlichung, Münster 1989
- Cordier, Leopold, Evangelische Jugendkunde, Band 2, Schwerin 1926
- Der Durchblick, Wesen und Wege des Bundes deutscher Jugendvereine, im Auftrag des Bundes hg. von Curt Vangerow, Göttingen 1928
- Das Weimar der arbeitenden Jugend, hg. vom Hauptvorstand des Verbandes der Arbeiterjugendvereine Deutschlands, Berlin o.J.
- Dechow, Wandelungen in der Jugendbewegung, in: Die Frau, Organ des Bundes Deutscher Frauenvereine, hg. von Gertrud Bäumer, 32. Jg. Oktober 1925, S. 213-215
- Diehl, Guida, Das Werden der weiblichen Jugend, in: Vesper, Will (Hg), Deutsche Jugend - 30 Jahre Geschichte einer Bewegung, Berlin 1934, S. 376-383
- Eggebrecht, Axel, Junge Mädchen, Berlin 1932
- Engelhardt, Emil, Gegen Muck und Muckertum, Hartenstein 1921
- Engelhardt, Viktor, Die deutsche Jugendbewegung als kulturhistorisches Phänomen, Berlin 1923
- ders., Der Mann in der Jugendbewegung, Berlin 1924
- Fick, Luise, Die deutsche Jugendbewegung, Jena 1939
- Fischer, Josepha, Die Mädchen in den deutschen Jugendverbänden. Stand, Ziele und Aufgaben, Leipzig 1933
- Flitner, Wilhelm, Ideengeschichtliche Einführung in die Dokumentation der Jugendbewegung, in: "Dokumentation" Band II, S. 10-17
- Franzen-Hellersberg, Lisbeth, Die jugendliche Arbeiterin, Tübingen 1932,
- dies. Die Frau und die Jugendbewegung, in: Thurnwald, Richard (Hg.), Forschungen zur Völkerpsychologie und Soziologie, Band IV, Die neue Jugend, Teil 1, Leipzig 1927, S. 129-144
- Frobenius, Else, Mit uns zieht die neue Zeit, Eine Geschichte der deutschen Jugendbewegung, Berlin 1927
- Fulda, Friedrich Wilhelm (Hg.), Sonnenwende, Ein Büchlein vom Wandervogel, Leipzig 1914
- Gemeinschaft, 6. Jungbornbundestag, Glogau Schlesien, hg. von Jungborn, Würzburg 1928
- Gauger, Gerda, Mädel im Freizeitlager Hg., i.A. des BDM.-Obergaues Pommern, Potsdam 1936
- Gnauck-Kühne Die Deutsche Frau um die Jahrhundertwende, Berlin 1904
- Gretor, Georg, Jugendbewegung und Jugendburg, Zürich 1918
- Hastenplug, Otto, Gautag der Westfalen, Festschrift i.A. des Wandervogels E.V. Gau Westfalen, 1918
- Heimann, Eduard, Das Sexualproblem der Jugend, Jena 1913
- Hodann, Max, Bub und Mädel, Gespräche unter Kameraden über die Geschlechterfrage, Rudolfstadt 1926, (1. Auflage 1924)

- Hoffmann, Hermann, Wehender Geist, Der zweite deutsche Quickborntag 1920, Burg Rothenfels o.J., wahrscheinlich 1920
- Hopffgarten, Elise von, Pfadfinderbuch für Mädchen, München 1912;
- Hotz, Aloysius/Adolph, Klara (Hg.), Lebenswille im Werktag, Vierter Bundestag des Jungborn 1925, Frankfurt 1925
- Jacobsen, Otto, Die sozialistische-proletarische Jugendbewegung, in: Thurnwald, Richard (Hg.), Forschungen zur Völkerpsychologie und Soziologie, Band IV, Die neue Jugend, Teil 1, Leipzig 1927, S. 103-114
- Jellinek, Camilla, Die Frau im neuen Deutschland, Stuttgart 1920
- Junge und Mädchen in der proletarischen Jugendbewegung, in: Die Bresche Nr. hg. vom Bund, Essen 1932
- Jungmann, Fritz, Autorität und Sexualmoral in der bürgerlichen Jugendbewegung, in: Horkheimer, Max/Fromm, Erich/Mayer, Hans/Marcuse, Herbert (Hg.), Studien über Autorität und Familie, Paris 1936
- Jungnationales Bundesheft, hg. vom Jungnationalen Bund e.V., Berlin o. J., wahrscheinlich 1926
- Jungsozialismus, Festschrift zur Bielefelder Jungsozialistentagung, hg. vom Zentralbildungsausschuß der SPD, Berlin 1921
- Kanowitz, Siegfried, Zionistische Jugendbewegung, in: Thurnwald, Richard (Hg.), Forschungen zur Völkerpsychologie und Soziologie, Band IV, Die neue Jugend, Teil 2, Leipzig 1927, S. 271-300
- Kemnitz, Mathilde von, Ein Wort an die weibliche Jugend, in: Süddeutsche Monatshefte, 18. Jg., Heft 1, S. 5-8
- Kempin, Lely, Freude, Bielefeld und Leipzig 1923
- dies., Insel des Friedens, Bielefeld und Leipzig 1928
- dies., Die heilige Insel, Bielefeld und Leipzig 1931
- Kilian, Grete, Kleider machen Leute, Hamburg 1920
- Klatt, Ellen, Die Deutsche Frau im Weltkrieg, Berlin/Leipzig o. J.
- Kneip, Rudolf, Vom Wandervogel zum Jungenbund. Geschichte der Sächsischen Jungenschaft, 1. Teil, Mittweida 1928
- Köhler, Werner (Hg.) unter Mitarbeit des Wandervogel Berlin-Hallische Vorstadt e.V., Das neue Paradies, Menschen und Blumen im Sonnenlicht, Berlin/Leipzig/Wien, 1927
- Korn, Karl, Die Bürgerliche Jugendbewegung, Berlin 1910
- ders., Die Arbeiterjugendbewegung, Einführung in ihre Geschichte, Berlin 1922
- Kurella, Alfred (Hg.), Die Geschlechterfrage der Jugend, Hamburg o.J.; zweite veränderte Auflage, Hamburg 1920
- Leder, Anni, Unsere Schwedenfahrt 1911, Selbstverlag Karlsruhe, o.J.
- Littmann, Arnold, Die Bündische Jugend, in: Vesper, Will (Hg), Deutsche Jugend - 30 Jahre Geschichte einer Bewegung, Berlin 1934, S. 121-187
- Lüders, Marie Elisabeth, Volksdienst der Frau, Berlin-Tempelhof 1937
- Lütkens, Charlotte, Die deutsche Jugendbewegung, Ein soziologischer Versuch, Frankfurt 1925
- Mein Arbeitstag - Mein Wochenende. 15o Berichte von Textilarbeiterinnen. Gesammelt und herausgegeben vom Deutschen Textilarbeiterverband/Hauptvorstand, Arbeiterinnensekretariat, 1930
- Neuendorff, Edmund, Turnen, Spiel und Sport für deutsche Mädchen, Berlin o.J., wahrscheinlich 1913
- Pohl, Werner, Die Bündische Erziehung, Weimar 1933
- Prellwitz, Gertrud, Mein Bekenntnis zu Muck Lamberty, Oberstein 1921
- dies., Drude, Ein Buch des Vorfrühlings (Band 1), Woltersdorf 1921; Neue Zeit (Band 2), Flammenzeichen (Band 3), beide: Oberhof im Thüringerwald 1926
- Randbemerkungen, hg. von der Geschäftsstelle des Wandervogel e.V., Braunschweig 1917
- Reichsjugendführung (Hg.), Mädel im Dienst. Ein Handbuch, Berlin 1934
- Ritzhaupt, Adam, Die "Neue Schar" in Thüringen, Jena 1921
- Salomon, Alice/Baum Marie (Hg.), Das Familienleben in der Gegenwart,182 Familienmonographien, Band 1, Berlin 1930
- Scheffen-Döring, Luise, Frauen von heute, Leipzig 1929

- Schlemmer, Hans, Der Geist der Deutschen Jugendbewegung, München 1923
- Schmidt-Beil, Ada (Hg.), Die Kultur der Frau, Berlin 1931
- Schneider, Elisabeth, Handbuch der weiblichen Jugendpflege. Grundsätzliches und Praktisches, Freiburg 1930
- Siebert, Clara, Frau und Volk, Freiburg 1929
- Siemsen, Anna, Buch der Mädel, Jena o.J.
- dies., Selbsterziehung der Jugend, Berlin 1929
- dies., Der Weg ins Freie, Zürich 1943
- Siemering, Hertha/Spranger, Eduard, Weibliche Jugend in unserer Zeit. Beobachtungen und Erfahrungen von Jugendführerinnen, Leipzig 1932
- Silber, Paula, Die Frauenfrage und ihre Lösung durch den Nationalsozialismus, Wolfenbüttel-Berlin 1933
- Staewen-Ordemann, Gertrud (Hg.), Kameradin, Junge Frauen im deutschen Schicksal, 1910-1930, Berlin 1936, S. 45
- Stählin, Wilhelm, Fieber und Heil der Jugendbewegung, Hamburg 1922
- ders., Schicksal und Sinn der deutschen Jugend, Wülfingerode-Sollstedt 1926
- ders., Über den gegenwärtigen Stand der Jugendbewegung, in: Die Erziehung, Monatsschrift für den Zusammenhang von Kultur und Erziehung in Wissenschaft und Leben, Hg. A. Fischer, Th. Litt, H. Nohl, E. Spranger, 2. Jg. 1927, Heft 8, S. 469-490
- Stein, Else/Schneider-Schlicht, Ursel, Unser Jahr, Arbeitsmaiden berichten, Berlin o.J.
- Strehler, Bernhard, Aus dem Werden und Leben Quickborns, in: Thurnwald, Richard (Hg.), Forschungen zur Völkerpsychologie und Soziologie, Band IV, Die neue Jugend, Teil 1, Leipzig 1927, S. 57-74
- Struve, Carola, Frauenfreiheit und Volksfreiheit auf kameradschaftlicher Grundlage, Heidelberg 1933
- Tepp, Max, Vom Sinn des Körpers, Hamburg 1919
- Thon, Alfred, Geburt und Jugend des Wandervogel, in: Vesper, Will (Hg), Deutsche Jugend - 30 Jahre Geschichte einer Bewegung, Berlin 1934, S. 9-22
- Trepte, Erika, Die Bedeutung der Jugendbewegung für die Erziehung des deutschen Mädchen, Jena 1942
- Turel, Adrian, Zur Theorie der Bünde, in: Gegner, Heft 6, 1931, S.19f
- Unterwegs, 5. Jungbornbundestag 1927 in Soest in Westfalen, hg. vom Jungborn, Frankfurt 1927
- Von Weimar bis Bielefeld, Ein Jahr Arbeiterjugendbewegung, hg. vom Hauptvorstand der Arbeiterjugendvereine, Berlin 1921
- Wachsen und Werden. Vom 3. Jungborn-Bundestag, Habelschwerdt 1924, Frankfurt 1924
- Wagner, Helmut, Geschlecht und Gesellschaft, Jena 1928
- Weber-Stumfohl, Herta, Ostmarkmädel, Ein Erlebnisbuch aus den Anfangsjahren und der illegalen Kampfzeit des BDM in der Ostmark Berlin 1939
- Wyneken, Gustav, Die neue Jugend, München 1914
- Zahn-Harnack, Agnes von, Die Frauenbewegung, Berlin 1928,
- Zetkin, Clara, Zur Geschichte der proletarischen Frauenbewegung Deutschlands, Frankfurt 1978; Erstausgabe 1928
- dies., Revolutionäre Bildungspolitik und Marxistische Pädagogik, Ausgewählte Reden und Schriften, eingeleitet und erläutert von Gerd Hohendorf, Berlin 1983

4. Herangezogene Bücher und Aufsätze (ab 1945)

- Acker, Joan, Was wurde aus dem Paradigmenwechsel?, in: Argument 177 1989, S. 683-693
- Ahlborn Knud, Wanderer und Freischar, in: Gedenkheft für die 50-Jahrfeier des Bundes Deutscher Wanderer, hg. von Johannes Aff, Göttingen 1963
- Ahrens, Heinrich/Copalle, Sigfried, Chronik der Freien deutschen Jugendbewegung, Band I, Bad Godesberg 1954

- Archiv der Arbeiterjugendbewegung (Hg.), Bilder der Freundschaft, Fotos aus der Geschichte der Arbeiterjugend, Münster 1988
- Aufmuth, Ulrich, Die deutsche Wandervogelbewegung unter soziologischem Aspekt, Göttingen 1979
- Baumann, Fritz, Der Schweizer Wandervogel, Das Bild einer Jugendbewegung, Aarau 1966
- Behn, Sabine, "...und die Mädchen verbengeln und verwildern!" Mädchen in der Jugendbewegung - Tradierungen und Abgrenzungen von weiblichen Rollenzuweisungen, in Archiv für die Geschichte des Widerstandes und der Arbeit, Heft 9, 1989, S. 77-90
- Berendt-Haas, Hilde (Hg.), Wir erinnern uns. Arbeitsdienst im Rheinland - Bezirk X, Wuppertal o.J.
- Behrens-Cobet, Heidi (Hg.), Rote Jugend im schwarzen Revier, Bilder aus der Geschichte der Essener Arbeiterjugend, Essen 1989
- Bias-Engels, Sigrid, Zwischen Wandervogel und Wissenschaft, Zur Geschichte der Jugendbewegung und Studentenschaft 1896-1920, Köln 1988
- Block, Sigrid, Frauen und Mädchen in der Arbeitersportbewegung, Münster 1987
- Bock, Gisela, Historische Frauenforschung: Fragestellungen und Perspektiven, in: Hausen, Karin, Frauen suchen ihre Geschichte, München 1983, S. 22-60
- Dertinger, Antje, Weiße Möwe gelber Stern. Das kurze Leben der Helga Beyer, Berlin/Bonn 1987
- Diotima, Philosophinnengruppe aus Verona, Der Mensch ist zwei, Wien 1989
- Evans, Richard J., Sozialdemokratie und Frauenemanzipation im deutschen Kaiserreich, Berlin/Bonn 1972
- Fiedler, Gudrun, Jugend im Krieg, Bürgerliche Jugendbewegung, Erster Weltkrieg und sozialer Wandel 1914-1923, Köln 1989
- Finck, Renate, "Mit uns zieht die neue Zeit", Baden-Baden 1979
- Fölling, Werner/Melzer, Wolfgang (Hg.), Gelebte Jugendträume, Jugendbewegung und Kibbutz, Witzenhausen 1989
- Frankenthal, Käte, Der dreifache Fluch: Jüdin, Intellektuelle, Sozialistin, Frankfurt 1981,
- Frauengruppe Faschismusforschung, Mutterkreuz und Arbeitsbuch, Frankfurt 1981
- Frevert, Ute, Vom Klavier zur Schreibmaschine - Weiblicher Arbeitsmarkt und Rollenzuweisungen am Beispiel der weiblichen Angestellten in der Weimarer Republik, in: Kuhn, Annette/Schneider Gerhard (Hg.), Frauen in der Geschichte I, Düsseldorf 1979
- Fürst, Max, Talisman Scheherezade. Die schwierigen 20er Jahre, München/Wien 1976
- Giesecke, Hermann, Vom Wandervogel bis zur Hitlerjugend, München 1981
- Gruppe Berliner Dozentinnen (Hg.), Frauen und Wissenschaft, Beiträge zur Sommeruniversität für Frauen Juli 1976, Berlin 1977
- Haraway, Donna, Geschlecht, Gender, Genre. Sexualpolitik eines Wortes, in: Hauser, Kornelia (Hg), Viele Orte. Überall?, Berlin/Hamburg, 1987
- Haug, Frigga/Hauser, Kornelia, Frauenerfahrung und Geschlechtsbegriff, in: Argument 177 1989, S. 695-708
- Karin Hausen, Die Polarisierung der "Geschlechtscharaktere" - Eine Spiegelung der Dissoziation von Erwerbs- und Familenleben, in: Werner Conze, Sozialgeschichte der Familie in der Neuzeit Europas (Industrielle Welt, Schriftenreihe des Arbeitskreises für moderne Sozialgeschichte, Bd. 21) Stuttgart 1976, S. 363-393
- Helwig, Werner, Die Blaue Blume des Wandervogels, Gütersloh 1960
- Hering, Sabine/Kramer, Edith (Hg.), Aus der Pionierzeit der Sozialarbeit, Weinheim/Basel 1984
- Herrmann, Gertrud, Die sozialpädagogische Bewegung der zwanziger Jahre, Berlin 1956
- Heymann, Lida Gustava/Augspurg, Anita, Erlebtes Erschautes, Deutsche Frauen kämpfen für Freiheit, Recht und Frieden 1850-1940, Margrit Twellmann (Hg.), Mannheim 1972,
- Honegger, Claudia/Heintz, Bettina (Hg.), Listen der Ohnmacht, Frankfurt 1981
- Irigaray, Luce, Genealogie der Geschlechter, Freiburg 1989;
- Jahrbuch des Archivs der deutschen Jugendbewegung, Heft 1 -16, Hg. Stiftung Jugendburg Ludwigstein und Archiv der deutschen Jugendbewegung, Burg Ludwigstein 1969-1986/87
- Karl-Fischer-Bund, Älterenring der Jugendbewegung (Hg.), 60 Jahre Wandervogel. 55 Jahre Mädchenwandern, 10 Jahre Karl-Fischer-Bund. Ein Erinnerungsheft, Berlin-Steglitz 1961

- Kater, Michael H., Bürgerliche Jugendbewegung und Hitlerjugend in Deutschland von 1926 bis 1939, in: Archiv für Sozialgeschichte, Band 17 1977, S. 127-174
- Kindt, Werner (Hg), Dokumentation der Jugendbewegung, Grundschriften (Band I), Düsseldorf/Köln 1963; Die Wandervogelzeit (Band II), Düsseldorf/Köln 1968; Die bündische Zeit (Band III), Düsseldorf/Köln 1974;
- Kinz, Gabriele, Struktur und Funktion der nationalsozialistischen Kulturarbeit im Bund Deutscher Mädel, Dissertation Bielefeld, 1989
- Klaus, Martin, Mädchenerziehung zur Zeit der faschistischen Herrschaft in Deutschland - Der Bund Deutscher Mädel - Band I und II, Frankfurt, 1983
- Klönne, Irmgard, Auszug aus den Institutionen, in: Brehmer, Ilse (Hg.), Mütterlichkeit als Profession?, Pfaffenweiler 1989
- Kluchert, Gerhard, Die deutsche Jugendbewegung. Sozialgeschichtliche Ansätze und Überlegungen zu ihrer Deutung, in: Neue Politische Literatur, 33. Jg. 1988, S. 25-51
- Kneip, Rudolf, Wandervogel - Bündische Jugend 1905 bis 1943, Frankfurt 1967
- ders., Jugend der Weimarer Zeit, Handbuch der Jugendverbände, Frankfurt 1974
- Koebner, Thomas/Janz, Rolf-Peter/Trommler, Frank (Hg.), "Mit uns zieht die neue Zeit", Der Mythos Jugend, Frankfurt/Main 1985
- Könneker, Marie-Luise, Mädchenjahre, Darmstadt/Neuwied 1980
- Korn, E./Suppert, O./Vogt, K.(Hg), Die Jugendbewegung - Welt und Wirkung, Düsseldorf 1963
- Kössler, Gottfried, Mädchenkindheiten im 19. Jahrhundert, Gießen, 1979
- Kuhn, Annette, Identitätsgewinnung durch Frauengeschichte - Gefahren, Grenzen, Möglichkeiten, in: Geschichtsdidaktik, 10. Jg. 1985, Heft 2, S. 117-128, 117
- Kuczynski, Jürgen, Geschichte des Alltags des deutschen Volkes 1600-1945, Band 4, Köln 1982
- Kuhnke, Wolf, Blaue Blume und Spinnrocken, Gießen 1984
- Laqueur, Walter Z., Die deutsche Jugendbewegung, Köln 1962
- Libreria delle donne di Milano, Wie weibliche Freiheit entsteht, Berlin 1988;
- Linde, Hertha Hg., So waren wir. Bildband zur Geschichte des BDM, Essen 1990
- Linse, Ulrich, Die Kommune der deutschen Jugendbewegung, München 1973
- ders., Entschiedene Jugend 1919-1921, Deutschlands erste revolutionäre Schüler- und Studentenbewegung, Frankfurt 1981
- Lück, Margret, Die Frau im Männerstaat, Frankfurt am Main, 1979
- Mau, Hermann, Die deutsche Jugendbewegung, Rückblick und Ausblick, in: Pädagogik, Beiträge zur Erziehungswissenschaft, 2. Jg. Heft 7, Berlin 1947, S.401
- Maschmann, Melitta, Fazit. Kein Rechtfertigungsversuch, Stuttgart 1963
- Mason, Timothy, Zur Lage der Frauen in Deutschland 1930-1940. Wohlfahrt, Arbeit und Familie, in: Gesellschaft. Beiträge zur Marxschen Theorie 6, Frankfurt 1976
- Meier-Cronemeyer, Hermann, Jüdische Jugendbewegung, Erster und zweiter Teil, in: Germania Judaica, Kölner Bibliothek zur Geschichte des deutschen Judentums, 8. Jg. 1969, Heft 1/2 und 3/4
- Mogge, Winfried, Bilder aus dem WandervogelLeben, Die bürgerliche Jugendbewegung in Fotos von Julius Groß, Köln 1986
- ders./Reulecke, Jürgen, Der Erste Freideutsche Jugendtag in Dokumenten, Deutungen und Bildern, Köln 1988
- Meyer, Sibylle, Das Theater mit der Hausarbeit, Frankfurt am Main 1982
- Mosse, George L., Ein Volk - ein Reich - ein Führer, Die völkischen Ursprünge des Nationalsozialismus, Königstein 1979
- Musial, Magdalena, Jugendbewegung und Emanzipation der Frau - Ein Beitrag zur Rolle der weiblichen Jugend in der Jugendbewegung bis 1933; Dissertation Essen 1982.
- Naujoks, Martina, Mädchen in der Arbeiterjugendbewegung, Hamburg 1984
- Neuloh, Otto /Zilius, Wilhelm, Die Wandervögel, Eine empirisch-soziologische Untersuchung der frühen deutschen Jugendbewegung, Göttingen 1982
- Niehus, Edith, Das Landjahr. Eine Jugenderziehungseinrichtung in der Zeit des Nationalsozialismus, Nörten-Hardenberg 1984

- Olivier, Christiane, Jokastes Kinder, München 1989
- Opitz, Claudia, Der "andere Blick" der Frauen in der Geschichte, in: Beiträge zur feministischen Theorie und Praxis, Heft 11 1984, S. 61-70
- Ottmüller, Uta, Die Dienstbotenfrage, Münster 1978
- Paetel, Karl Otto, Jugendbewegung und Politik, Bad Godesberg 1961
- Pauker, Arnold (Hg.), Die Juden im nationalsozialistischen Deutschland 1933-1945, Tübingen 1986
- Plessner, Helmuth, Die verspätete Nation, Über die Verführbarkeit bürgerlichen Geistes, Stuttgart 1959
- Prokop, Ulrike, Weiblicher Lebenszusammenhang. Von der Beschränktheit der Strategien und der Unangemessenheit der Wünsche, Frankfurt 1976
- Pross, Harry, Jugend Eros Politik, Bern und München 1964
- Ras, Marion E.P. de, Körper, Eros und weibliche Kultur: Mädchen im Wandervogel und in der Bündischen Jugend 1900-1933, Pfaffenweiler 1988
- Reese-Nübel, Dagmar, "Straff, aber nicht stramm - herb, aber nicht derb". Zur Vergesellschaftung der Mädchen durch den Bund Deutscher Mädel. Ein sozialstruktureller Vergleich zwischen einer Großstadt (Wedding/Berlin) und einer Kleinstadt (Minden/Westfalen), Weinheim/Basel 1989
- Riegger Luise, Die Geschichte der Mädchenbildung in Karlsruhe, ohne Verlagsangabe, 1973
- Rittmeyer, Trude (Hg.), So waren wir. Erlebnisberichte und Erinnerungen aus unserer Jugend, Selk/Schleswig 1985
- Rüdiger, Jutta, Die Hitler-Jugend und ihr Selbstverständnis im Spiegel ihrer Aufgabengebiete, Lindhorst 1983
- dies., Der BDM Bund Deutscher Mädel. Eine Richtigstellung, Lindhorst 1984
- Saul, Klaus/Flemming, Jens/Stegmann, Dirk/ Witt, Peter-Chr. (Hg.) Arbeiterfamilien im Kaiserreich, Düsseldorf 1982
- Schley, Cornelius, Die sozialistische Arbeiterjugend Deutschlands, (SAJ), Frankfurt 1987
- Smith, Dorothy, E., Eine Soziologie für Frauen, in: List, Elisabeth/Studer, Herlinde (Hg), Denkverhältnisse. Feminismus und Kritik, Frankfurt 1989,
- Schmitz, Peter, Die Artamanen. Landarbeit und Siedlung bündischer Jugend in Deutschland 1924-1935, Bad Neustadt a.d.S. 1985
- Schneider, Bernhard, Daten zur Geschichte der Jugendbewegung, Münster 1990
- Scholtz-Klink, Gertrud, Die Frau im Dritten Reich, Tübingen 1978
- Schwarzerden/Rhön e.V. (Hg.), Chronik der Schule Schwarzerden 1927-1987, Geschichte einer Frauensiedlung, Schwarzerden, 1989
- Siefert, Hermann, Der bündische Aufbruch 1918-1923, Bad Godesberg 1963
- Simmel, Monika, Erziehung zum Weibe. Mädchenbildung im 19. Jahrhundert, Frankfurt/New York 1980
- Stachura, Peter D, Das Dritte Reich und die Jugenderziehung, in: Bracher, Karl Dietrich/Funke, Manfred/Jacobsen, Hans-Adolf (Hg), Nationalsozialistische Diktatur 1933-1945, Bonn 1983
- Sternheim-Peters, Eva, Die Zeit der großen Täuschungen, Mädchenleben im Faschismus, Bielefeld 1987
- Stellrecht, Helmut, Das Gesicht der deutschen Jugendbewegung, in: Studiensammlung für Zeitgeschichte und Jugendforschung, hg. von Herbert Taege und Heiko Möhring, 1. Jg. Oktober 1988, S. 3-11
- Stoehr, Marianne, Jugendbewegt an Weichsel und Warthe, Eigenverlag 1970
- Szepansky, Gerda, Frauen leisten Widerstand 1933-1945, Frankfurt 1983
- Vinke, Hermann, Das kurze Leben der Sophie Scholl, Ravensburg 1980
- Wiener Historikerinnen, Die ungeschriebene Geschichte, Wien 1984
- Wittrock, Christine, Weiblichkeitsmythen, Das Frauenbild im Faschismus und seine Vorläufer in der Frauenbewegung der 20er Jahre, Frankfurt 1983
- Ziemer, Gerhard/Wolf, Hans, Wandervogel und Freideutsche Jugend, Bad Godesberg 1961
- dies., Wandervogel. Bildatlas, Bad Godesberg 1963

5. Archivmaterialien

- Akte 101/17: Mädchenwandern, Umfrage von Käte Mancke und Elisabeth Wolf, AdJB
- Akte 2-10/4: Lydia Neubauer, Ernst Buske und die Mädchen im Wandervogel, AdJB
- Akte Gertrud Classen, AdJB
- Akte 114/1, AdJB
- Akte Guida Diehl, AdJB
- Buchold, Marie und Vogler, Elisabeth, Die Frauenbildungsstätte o.J., wahrscheinlich 1929/30, Archiv Schwarzerden
- Vogler, Elisabeth, Ländliche Wirtschaftsgemeinde und Frauenbildungsstätte, handschriftliches Manuskript,wahrscheinlich 1925, Archiv Schwarzerden
- Neumayer, Martha, Erinnerungen - niedergeschrieben für für meine Freunde, 1972/73, Archiv Schwarzerden

Anhang

1. Erinnerungen von Hede Riegger-Leder, niedergeschrieben 1960

Aus der Frühzeit der Heidelberger Mädchengruppe[1]

Daß wir zwei Schwestern schon 1907 mit Hans Breuer bekannt wurden, kommt mir noch jetzt wie eine Fügung des Himmels vor. Damals war ich noch ein Backfisch in der Oberklasse der Heidelberger Mädchenschule. Es war langweilig, und wir Schwestern sangen in schmerzvoller Übereinstimmung:

Wir armen kleinen Mädchen sind gar so übel dran,
Ich wollt', ich wär kein Mädchen, ich wollt' ich wär' ein Mann!"

Wir fühlten uns eingeengt und bockten. An allen Fronten, offen oder mit List und Tücke. Meine Schwester zum Beispiel hätte gern Sterngucken werden wollen, ich Matrose. Aber wir waren ja nur Mädchen! In der Familie meiner Mutter gab es ein Stipendium zum Studium - natürlich nur für Männer; denn es war aus grauer Vorzeit. Von der Literaturstunde her sympatisierten wir mehr mit "Sturm und Drang" und natürlich den außerordentlichen Frauen aller Epochen - bei unseren engen Verhältnissen ein schier hoffnungsloser Fall! Wir waren eben nur Erziehungsobjekte, was von unseren ziemlich fortschrittlich gesinnten Eltern her noch nicht mal so schlimm war, aber dafür von der ganzen übrigen Erwachsenen-Umwelt her um so schlimmer - es war zum Auswachsen.

Alles, was wir gern wollten, war für uns Mädchen nicht "Sitte", also tabu. Es ist bezeichnend, daß wir zwei damals die Schule als einzige interessante Angelegenheit empfanden: denn gleichaltrige ähnlich denkende Mädchen waren dort und, was die Hauptsache war: Dort durfte und sollte man sich an allem beteiligen! Immer wieder bekenne ich heute, wie gern ich in die Schule ging! Sozusagen der ganze dargebotene Lehrstoff interessierte uns, und wir "schimpften" nur über Lehrer, die es nicht verstanden, dem "Stoff" seine schönsten Seiten abzugewinnen; denn schön war er, das merkten wir. Es ging so weit, daß wir uns in den Ferien oft langweilten, denn was war uns Mädchen denn überhaupt erlaubt? Schwimmen - ja, gerade noch, einmal im Tag 15 Minuten in der geschlossenen Frauenbadeanstalt am Neckar, angetan mit den berühmten knallroten, ellenlangen, schlotternd weiten Flanellhosen mit weiß gerändertem Gürtel. Wenn sie naß waren, konnte man sich wenigstens zu einem unförmigen Frosch aufblasen und damit auf dem Wasser treiben, bis die Luft raus war und der zeternde Bademeister einen aus dem Bassin heraustrieb.

Sport? für Mädchen gab es diese Vokabel nicht. Soweit wir es bezahlen konnten, also ganz selten, paddelten wir im "Grönländer" von der neuen zur alten Neckarbrücke, auch wohl mal durch den "Hackteufel" bis zur Höhe der Herrenmühle - das war aber

---

1 Hede Riegger-Leder, Aus der Frühzeit der Heidelberger Mädchengruppe, in: Gerhard Ziemer/Hans Wolf, Wandervogel und Freideutsche Jugend, Bad Godesberg 1961, S. 352-357

auch alles. In der Schulturnstunde kommandierte der Rechenlehrer, W2 genannt: Kreuzwirbel, Wiegeschritt, Wiegeschritt - in den nächsten 20 Minuten Krafthangeln an den Ringen oder Barrenschwingen, angetan mit sämtlichen Schulkleidern, darunter zwei weiße Unterröcke. Höchstes Lob des Turnlehrers: "Wie die Knaben in O III."

Bücher? Ich vergesse nie, wie unsere, wegen ihres lustigen Pfälzer Mundwerks eigentlich sehr beliebte Tante Schillers "Kabale und Liebe" für unanständige Lektüre erklärte. Junge Mädchen dürften die Klassiker eben nur in besonderen Schulausgaben kennen lernen. Unsere Eltern wurden verurteilt, weil wir ganz selbstverständlich aus den vollständigen Werken lasen und im "Großen Meyer" die Fremdwörter nachschlugen. "Wenn Ihr mei wärt! ich hätt' Eich annersch zoche! "

Sie klagte über diese Jugend von heute, wir über diese Erwachsenen, von denen wir schon längst wußten, daß sie bloß nicht so konsequent und ehrlich waren wie Schiller. Daß wir das auch noch laut sagten! Die Höhe!! Wir sollten mal endlich lange Röcke anziehen statt der zu kurzen, und unsere Zöpfe zu einem Nest nach oben drehen und die Beine nicht übereinanderschlagen; und daß wir kein Korsett anziehen wollten, wäre auch unvorteilhaft für die Figur. Damals hätten wir ungestört in fußlangen und weiten Hosenröcken und Wagenrad-Hüten in der Anlage spazierengehen können, das war erlaubt, weil modern. Dagegen erinnere ich mich mit Vergnügen an die Empörung meiner Rote-Kreuz-Stationsschwester, bei der ich in den Ferien mal im "'Hilfsdienst"' war.

..Ich bekam als Extrapflicht die Beförderung der Männerkleider. Bei den Kranken war ich beliebt, weil ich gern half und jung und lustig war - bei ihren Flöhen aber noch viel mehr. Glücklicher Siegfried mit deiner Hornhaut! Allmählich merkte ich aber doch, daß die Sittenstrenge mich nie an die Bündel erinnerte, wenn ich sie im Bad abzuholen "vergaß". Sie war also doch halb so schlimm.

Aber "Schwester" wollte ich doch nicht werden, dann schon lieber Lehrerin. Das war zu unserer Zeit die einzige wissenschaftliche Weiterbildungsmöglichkeit, die Mädchen in Heidelberg hatten. Das Seminar war unserer Schule angegliedert, meine Schwester war schon Seminaristin. Sie befreundete sich mit einer Mitschülerin, Sanne Riegler, (deren jüngere Schwester kurz vor dem Weltkrieg Hans Breuers Frau wurde).

Dieser Hans Breuer hatte in Heidelberg eine Jungengruppe, die sich "Wandervogel" nannte. Sannes Bruder war dabei. Sanne flüsterte nur, wenn sie von dem "streng geheimen" Plan einer Gründung des "Mädchen-Wandervogels" erzählte. Schließlich 'keilte' sie uns Schwestern zur Teilnahme. Wir sollten "mittippeln" bei einer Fahrt ins Neckartal. Was sollte das Wort "Wandervogel" eigentlich bedeuten?

Sanne erklärte es ungefähr so: "'Wandervogel' ist eine Gemeinschaft, bis jetzt nur von Jungens, die in kleinen Gruppen wandern. Hauptsache, ist, daß kein Erwachsener dabei ist. Kosten darf eine 'Tagesfahrt' höchstens 2o Pfennig, sonst darf doch niemand mit. Schlechtes Wetter macht gar nichts, das ist sogar besser als Sonne; denn dann sind wir allein im Wald. Man braucht feste Schuhe, einen Rucksack und ein Regencape, ja keine Sonntagskleider! Auf die Kleider wollen wir ja nicht aufpassen. Brot wird mitgenommen, zum Mittagessen wird ein 'Schlamm' gekocht, und zwar auf offener Feuerstelle. Einen großen 'Pott' nehmen wir mit, gegen Mittag kaufen wir Milch beim Bauern, Grieß lassen wir uns von daheim mitgeben. Der Kochtopf ist Eigentum der 'Horde'. Außen ist er schwarz vom Holzfeuer, darum muß man einen passenden

Überzug dazu nähen. Das können wir Mädchen doch auch alles? Wir wollen für die Mädchengruppe nur solche 'keilen', die was aushalten, die sich nichts einbilden, auch keine 'Affen' sind, unterwegs keinesfalls Bier oder Wein trinken, keine Klatschereien machen und sich nicht wichtig tun.

Eine von der Horde wird als Führerin gewählt, dann sind wir aber auch verpflichtet, ihr freiwillig zu folgen. Man trifft sich morgens zur bestimmten Zeit, es sind immer ganz neue Wege mit unbekannten Zielen."

Wir mußten natürlich zu Hause fragen. Unsere Mutter ließ uns mitgehen! Sie fand es sogar verständlich, daß wir ohne Erwachsene gehen wollten, und weil wir in Gruppen von 9-12 Mädchen gingen, hatte sie auch keine Angst um uns. Insgeheim bewunderten wir unsere Mutter, weil sie doch genau wußte, wie außergewöhnlich solche Fahrten anderen Mitmenschen erscheinen mußten. Mädchen aus Höheren Schulen sonntags allein in den Wäldern herumstreichen lassen, war bisher noch nie dagewesen; als Mädchen durfte man doch nie auffallen, das war doch oberstes Gesetz!

Jede Fahrt war unvergeßlich schön. Wenn es regnete, fanden wir irgendwo einen Unterschlupf, wenn wir durchnäßt waren, wurden wir duch die Bewegung wieder trocken; darum gab es auch keine Erkältung. Tief in den Wäldern verstckt hatten wir unsere Lieblingsspielplätze, eine verlassene Burg oder ein Jägerhäuschen mit einem wackeligen schrägen Dach, von dessen First wir stundenlang auf alten Säcken ins weiche Gras rutschten. Wir setzten in großen Sprüngen durch das Unterholz und über den Waldbach, es gab steckengebliebene Schuhe voll Schlamm und Wasser und erfindungsreiche Trockenlegungen. Stauwerke wurden gebaut und Burgverließe entdeckt. Wir haben gezeichnet, photographiert, Kränze gewunden, gesungen und getanzt. Schließlich mußte man aber doch nach Hause. Jedesmal mußten wir Dauerläufe einschieben, um beizeiten zu Hause zu sein. Hans Breuer und seine Bachanten halfen den beiden Mädchen Riegler, für uns andere meist unsichtbar, über die Anfangssschwierigkeiten: Das erste Abkochen an einem stillen Waldbach, ein vorbildlicher Herdbau aus herbeigeschleppten Steinen, das Holzkommando, das Milchholen in benachbarten Häusern der Bauern, das Unterkunftsuchen für die Nacht, alles war ja Neuland für die Mädchen und mußte erst gelernt werden. Unvergleichlich schön steht diese Zeit in unserer Erinnerung. Was für ungewohnte Erlebnisse, Gespräche, Gefahren, aufeinanderprallende Meinungen!

Wir tippelten immer ohne die Jungens, aber anscheinend wurden bei Rieglers unsere Mädchenfahrten geplant, so daß die Jungensgruppe "zufällig" autauchen konnte, um das Drum und Dran mit den Neulingen einzuüben. Manchmal begleiteten sie uns ein Stück auf dem Heimweg. Da beschwerte ich mich einmal bei Hans Breuer über die groben Klotzlieder, die anfangs geschmettert wurden. Beispielsweise das Revolutionslied "Blut muß fließen, knüppelhageldick" oder im Bänkelsängerton "Publikum, vernehmet die Geschichte" und weitere ebenso "schöne" Lieder. Da hatte ich ahnungslos Hans Breuer ein Stichwort gegeben. Er fing an, von der Aufgabe des Wandervogels zu sprechen, wir sollten auf unseren Fahrten das im deutschen Volk noch vorhandene Liedgut aufspüren und niederschreiben! Ja, wie sollen wir das machen? Uns fragen doch die Bauern immer nach Liedern und hören gar zu gern zu, wenn wir singen! Da wurde er noch gesprächiger: Um so leichter könnten wir daran anknüpfen und unsere Zuhörer auffordern, uns zum Dank ihre alten Lieder vorzusingen! Von seinen Plänen sprach er dann, diese alten Lieder zu sammeln und ein Wandervogel-Liederbuch herauszubringen. Es schadet auch nichts, wenn Lieder im Volkston dazu kommen wie "Der König von Thule", "Sah ein Knab' ein Röslein steh'n", "Es fiel ein Reif in der Frühlingsnacht": Mit den Liedern wurde unser Wandervogeltum noch schöner, die Schauerballaden verschwanden zugunsten von Tages- und Nachtliedern, Soldatenliedern, Schnurren, Liebes- und Spinnstubenliedern. Unsere Auswahl wurde immer größer, und so auch die Freude am Singen und Tanzen. Mit Sannes Hilfe hatten wir eine Zupfgeige aufgetrieben, und das mühevolle Noten- und Akkordelernen begann. Schon 1908 bekamen wir den ersten Zupfgeigenhansl. Die "Leute unter uns " fanden uns plötzlich zu laut, denn wir zwei waren unermüdlich im üben. Von nun an gehörte zu unserer Ausrüstung, außer dem Lodenhütchen, dem Cape, dem Rucksack, auch noch die Klampfe, die unter dem Umhang verschwinden konnte. Aber die überdimensionalen Ausbuchtungen sahen besorgniserregend aus. Wir taten, als störte uns das gar nicht, aber es war doch ein gut Teil Trotz an dieser Unbekümmertheit. In Heidelberg selbst versuchten wir möglichst unsichtbar zu bleiben.

Um so lauter ging es im Wald und auf fremden Landstraßen zu. Auf der berühmt gewordenen Neckartalfahrt suchten wir unter dem vorspringenden Dach eines violett getünchten Bauernhauses Schutz vor dem strömenden Regen. Dabei lehnten wir uns mit dem nassen Umhang an die Hauswand, so daß wir alle bei Abziehen einen violetten Buckel hatten. Es erwies sich als unmöglich, die nasse Schmiere zu entfernen, so daß wir durch die Hauptstraße von Heilbronn marschierten, eskortiert von Schutzleuten, die Schaulustige zerstreuen mußten. Doch dieses Spießrutenlaufen war selbst uns zu viel, wir machten, daß wir weiterkamen. Trotzdem war es eine pfundige Fahrt! Abends landeten wir in Wimpfen und hörten dort, daß die Bubengruppe ein Quartier in der Scheune der Kaiserpfalz für uns besorgt hatte. In der Dunkelheit tauchten einige der Jungen auf, an einzelne kann ich mich nicht mehr erinnern. Unermüdlich hatten sie für jede von uns ein glattes Lager zurechtgemacht, die Rucksäcke, nassen Schuhe und Umhänge an den Balken aufgehängt und anschließend uns alle mit genügend Heu zugedeckt. Unten wurde mit den Bauern das Scheunenlicht ordentlich versorgt, dann verschwanden sie in ihr eigenes Quartier. Wir Mächen flüsterten und lachten natürlich noch lange; denn wir waren unerhört aufgedreht durch das Außergewöhnliche! Und jetzt war es warm und gemütlich - und passieren konnte uns gar nichts mehr. Am anderen Morgen gab es trotzdem eine große Aufregung: Der Rock meiner Schwester war "verschütt gange". Irgendwohin ins Heu hatte er sich verkrümelt und blieb unauffindbar. Die Bäuerin lieh ihr für den Rest der Fahrt einen alten aus ihrem Schrank, was ihr vollends das Aussehen einer Vogelgelscheuche gab, so daß wir aus dem Lachen nicht mehr herauskamen.

Aber am folgenden Schul-Montag lachten wir nicht mehr. Schon um 8 Uhr wurden Sanne und meine Schwester in das Konferenzzimmer zitiert. Irgend ein Lehrer hatte bei Einmarsch in die Scheune von Wimpfen zugeguckt, ein Mädchen erkannt, das vorschriftsmäßige Ärgernis genommen und Anzeige bei der Direktion der Schule erstattet. Einige Schülerinnen hätten in Wimpfen in männlicher Begleitung im Heu geschlafen. Kommentar überflüssig! Wer war dabei? Natürlich meldeten wir uns alle. Unser gefürchteter Rechenlehrer rückte mir sogleich auf die Pelle: "Sie waren also auch dabei, na ja, Sie werden alle aus dem Seminar fliegen." Alle Mitschülerinnen rückten von uns ab, es war eine mehr als unmögliche Situation. Wie "Sünder" waren wir vor den Kopf geschlagen. Was in aller Welt hatten wir denn getan, daß man uns für so verworfen hielt?

Im Direktorzimmer sah es schon anders aus. Dort hinein wurden wir Aussätzigen schließlich alle beordert. Ich fühle noch heute die Hände unseres Rex, der hinter mir stand, auf meinen Schultern liegen. Auf einmal hatte ich keine Angst mehr. Sanne und Anni hatten in dem ersten peinlichen Verhör, das sie allein zu bestehen hatten, versichtert, daß die Jungens nicht in der Scheune geschlafen hätten. Sie hatten allerdings auch keinen Zweifel darüber gelassen, daß nach ihrer Ansicht gar nichts dabei gewesen wäre, wenn die Jungens auf der anderen Seite der Scheune die Nacht über geblieben wären. Wir alle verstanden überhaupt nicht, was die anderen von uns dachten.

Als wir alle versammelt waren, Lehrer und Sünder, hielt der gute Rex eine Ansprache. Er redete von der guten Sitte, die wir verletzt hätten. Über Anstand und gute Sitten müßten wir als "Höhere Töchter" und angehende Lehrerinnen Bescheid wissen. Das Kollegium wäre aber nach reiflicher Überlegung der Meinung, daß er als Direktor von einer ernstlichen Bestrafung absehen könne, wenn wir ihm in die Hand ein Gelöbnis ablegen. Angesichts der Gefahr, die unsere Art zu wandern ohne Aufsicht von Erwachsenen mit sich bringt, sollten wir den "Wandervogel" meiden. Heulend ging eine nach der anderen zu ihm hin und gab ihm die Hand. Dieses Versprechen empfanden wir alle sofort als das Begräbnis unserer Jugendfreude.

Uns waren wirklich alle Felle davongeschwommen. Auch unsere Eltern hatten es nämlich im Interesse unserer Berufsausbildung für ratsamer gefunden, daß wir vorerst einmal den Fahrten der Wandervögel fern blieben. Sie hatten sich bisher so verständnisvoll und großzügig gezeigt, wir konnten wirklich nicht bocken. Unsere Mutter war immer eine ihrer Zeit vorauseilendende Frau gewesen. Wir Schwestern hatten schon mit 5 Jahren schwimmen und wandern dürfen, sie zwang uns später nich in Korsetts und Stöckelschuhe, wir brauchten nicht schon mit 16 Jahren lange Kleider und Hochfrisur zu tragen. In die Turnstunde der Schule brachten wir die erste schriftliche Erlaubnis der Eltern, nur in Hosen zu turnen. Mutter hatte für alle Reformbestrebungen der damaligen Zeit ein verständnisvolles Ohr. Es war den Eltern aber wichtig, uns zu unabhängigen Menschen zu erziehen, die nicht ängstlich auf's Heiraten warten mußten, weil sie nichts gelernt hatten.

Wir beide hofften also auf die Zukunft und auf unsere männlichen Kameraden, die unter Hans Breuers Führung versprachen, schon Mittel und Wege zu finden, um auch den Mädchen-Wandervogel zu retten. Von der Ferne lebten wir mit.

Es wurde wirklich eine kurze Wartezeit. Schon im folgenden Jahr bekamen wir einen neuen Direktor, dem sich niemand von uns verpflichtet fühlen konnte. Als ich gelegentlich einer Einladung im Hause meiner Freundin mit dem jungen Scholaren Otto Ewald tanzte, flüsterte er mir zu, daß der Mannheimer Schulprofessor Schmitthenner eine Mädchengruppe gegründet habe. Meine Schwester meldete uns dort gleich an. In der Folge machten wir mit dieser Gruppe etliche Fahrten. So schön konnten sie nicht werden wie diese ersten heimlichen Ur-Wandervogelfahrten, denn erstens war es eine sehr große Gruppe und zweitens unter lehrerhafter Aufsicht und Verantwortung. Entschädigt wurden wir allerdings durch die Reiseziele, es ging in die Schweiz und später nach Schweden und Norwegen - aber im Grunde waren wir etwas enttäuscht - es war keine Freiheit und Selbständigkeit mehr dabei.

In dieser Zeit drang die Sage von dem Grötzinger Tiermaler Otto Fikentscher an unsere Ohren. Er hatte sich für die Wandervogeljugend im Badischen Landtag eingesetzt, wo unsere Wimpfen-Episode Anlaß gegeben hatte zu einer Auseinandersetzung zwischen den Verleumdern der neuen Bewegung und den Verfechtern der wirklichen Ziele.

2. Erinnerungen von Katharina Jacob, niedergeschrieben 1981 und 1989

"Erinnerungen, die überschrieben werden könnten: Vom Kättchen us der Kasparstroß bis zur Hamburger Katharina Jacob"[2]

...Nun durfte ich mich zwar Kontoristin nennen, aber würde ich mit meiner schlechten Ausbildung in einem modernen kaufmännischen Betrieb Arbeit finden? Ich hätte so gern endlich mehr verdient. Ich hatte die Berufsschule mit besten Zeugnissen verlassen, dort etwas Stenografie, Maschinenschreiben und Buchführung gelernt, aber ich steckte voller Hemmungen, daß ich mich nicht um eine neue Stelle zu bewerben traute. Ich bin sechs Jahre von 1921 bis 1927 in dieser Firma bei kümmerlichem Gehalt geblieben, in der ich keine Zukunft für mein Berufsleben und besseres Einkommen und damit ein schöneres Leben sah. Die Kasparstraße schien mich nicht loszulassen.

Und doch entstand der erste feine Riß in diesem anscheinend festen Gefüge "Kasparstraße", als ich 1921 nach meiner Schulentlassung anfing, die Zusammenkünfte der Evangelischen Jugend in der Rheingasse zu besuchen. Wie ich es heute sehe, begann mit diesem Schritt ein Prozeß der Entkrampfung und damit eine neue Entwicklung, die mir aber noch lange, lange nicht bewußt war.

Der Pfarrer hatte für diesen Jugendverein geworben. Es geschah dort nicht viel "Frommes", wenigstens erinnere ich mich nicht daran. Wir sangen und spielten, machten Volkstänze, unternahmen Wanderungen, alles Dinge, die mich stark ansprachen und von meinem tristen Alltage wegführten. Hinzukam, daß bei unseren Zusammenkünften und Wanderungen wir Mädchen alle einfache weiße Nesselröcke und bunte Blusen trugen, aus billigen Stoffen selbst angefertigt. Da konnte ich mithalten. Es gab keine Sprünge in meiner Entwicklung, aber Auge und Ohr und besonders das Herz öffneten sich neuen, schönen Erlebnissen. Wir waren eine Mädchengruppe, trafen uns aber bei manchen Gelegenheiten mit Jungen. Das war ebenfalls sehr schön.

Im gleichen Haus der Rheingasse tagte der Jugendbund des GdA (Gewerkschaftsbund der Angestellten). Ich wurde als Mitglied für diese Gewerkschaft gewonnen und wechselte 1922 oder 1923 mit anderen in deren Jugendgruppe über. In diesen Jahren waren die Ideen des Wandervogels und der Freideutschen Jugend von vielen jungen Menschen, die nach einem neuen Lebensstil suchten, aufgegriffen worden. Auch ich und meine Freunde versuchten ernsthaft, nach neuen Formen zu leben. Wir trugen Reformkleider und Sandalen, hochgesteckte Zopffrisuren (Schnecken), lehnten Nikotin und Alkohol ab, wir wollten "rein" bis zur Ehe bleiben. Auf der Hochzeit meiner Schwester 1922 lehnte ich kategorisch ab, auch nur einen Tropfen Wein o.ä. zu trinken. Von heute aus gesehen: eine kleine Heldentat (für mich überhaupt). Wir pflegten das Volkslied und den Volkstanz, zogen mit Klampfen und Fiedeln auf wunderschöne Fahrten. Es gab Diskussionen jeder Menge und Güte. Für mich eine herrli-

2 So Katharina Jacob in einem Brief an die Verfasserin. Die Erinnerungen sind aus Notizen und Briefen aus den Jahren 1981 und 1989 übernommen worden. Über die Erfahrungen Katharina Jacobs während des Nationalsozialismus, ihre Widerstandstätigkeit, Verfolgung und Gefangenschaft vgl.: Gerda Szepansky, Genossin - Frau - Mutter, in: dieselbe, Frauen leisten Widerstand: 1933-1945, Frankfurt 1983, S. 15-49

che Zeit! Aber ich mußte jeden Tag zurück in meine Welt, in der ich wegen meiner "verrückten" Ideen belächelt wurde. Ich ließ mich aber nicht zurückholen. Meine erste kleine, Liebe, Hans hieß er, feite mich außerdem dagegen. "Das Kättche hätt ne Kavalier"; sagten die Nachbarn.

In einer Gewerkschaftsgruppe stehen naturgemäß soziale und wirtschaftliche Fragen zu Diskussion. Wenn sie auch in dieser sogenannten "gelben" Gewerkschaft und bei uns Jugendlichen nicht die Rolle spielten, waren sie doch ein neuer Komplex in unseren Diskussionen, wir wurden "politischer". Wir hatten schon unsere eigenen Erfahrungen. Unsere Reformvorhaben scheiterten mehr oder weniger an der harten Wirklichkeit. Auf der Suche nach den Ursachen stießen wir immer mehr auf die Politik. In der Gruppe waren die verschiedensten Strömungen vertreten. ich würde heute sagen: von links bis konservativ, im Anfang noch mit einem christlichen Übergewicht. Einige waren aus dem christlichen Arbeiterverein gekommen. Viele nahmen eine ähnliche Entwicklung wie ich und den meisten bin ich bis heute in Freundschaft verbunden.

Die politischen Diskussionen unter uns wurden stärker. Die wirtschaftlichen Verhältnisse zwangen dazu. Es war das Jahr 1923, die Zeit der Inflation. Morgens ergatterte man noch ein Brot für eine Billion. Wenn man sein Geld nicht blitzschnell in Waren umsetzte, hatte man am Abend nur ein Stück wertloses Papier in Händen. Meine "Kölner Frauenzeitung", hier war ich beschäftigt, konnte in diesen Krisenzeiten sowieso nicht mithalten. Ein Teil der kleinen Beträge, die eingingen, wurden gleich an uns weitergegeben. Wir setzten uns dann sofort in Trab, um irgendetwas dafür einzukaufen. Die Billionenbeträge erst am Abend zu Hause abzuliefern, wäre sinnlos gewesen. Man war auf etwas Eßbares aus, kaufte aber auch die unmöglichsten Dinge, um nur das wertlose Geld umzusetzen. Zu Hause legten wir die erstandenen Sachen vor Mutter auf den Tisch. Ich sehe noch, wie sie den Kopf schüttelt und ihr die Tränen übers Gesicht laufen. Was sollte sie nur auf den Tisch bringen, um sechs Leute sattzumachen? Mit dem Humor, den wir alle hatten, gaben wir ihr gute Ratschläge, wie sie aus der Seife, den Kartoffeln, der Steckrübe und dem Holzlöffel u.a. ein schmackhaftes Essen bereiten könnte. Zum Schluß lachte sie unter Tränen mit.

Es war die Zeit der Ruhrbesetzung. Sie wurde in unserem Kreis diskutiert. Ich war 16 Jahre alt. Ich habe die wirtschaftlichen politischen Hintergründe der Ruhrbesetzung nicht verstanden, erinnere aber noch, daß wir abgeändert ernsthaft sangen: Siegreich wolln - wir dürfen es nicht sagen -... (statt: Siegreich wolln wir Frankreich schlagen).

Als wir im Sommer 1924 zu einem Deutschlandtreffen des GdA nach Stralsund fuhren und vor dam alten Rathaus ein einem großen Rheinlandblock aufmarschierten, sangen wir dieses Lied unter dem frenetischen Beifall der Zuschauer und Teilnehmer. Wenn auch Stralsund ein Höhepunkt war: Das Erlebnis der vielen jungen Menschen in der alten schönen Stadt, das Fröhlichsein bei Singen, Volkstanzen und Theaterspielen - zuhause in Köln nahmen wir bei unseren Zusammenkünften die ernsthaften Diskussionen wieder auf, obwohl wir auch das Fröhlichsein nicht vergaßen.

Der Vorstand des GdA hatte die Entwicklung unserer Gruppe schon lange mit Mißtrauen beobachtet. Im Herbst 1924 erschien plötzlich unangemeldet ein Vertreter desselben auf einem unserer Abende und erklärte die Gruppe wegen linker Tendenzen für aufgelöst. Alle Zuwendungen würden gestrichen. Wir protestierten heftig - aber ohne Erfolg. Es sollte uns verziehen werden, wenn wir auf den Boden des GdA zurückkehrten. Es kam für die meisten von uns nicht in Frage, zu weit hatten wir uns schon von den Auffassungen des GdA wegentwickelt. Einige wenige blieben Mitglied, aber der Kern der Gruppe kündigte seine Mitgliedschaft in diesem Verband. Auch ich trat in den ZdA (Zentralverband der Angestellten) über, der als Freie Gewerkschaft dem ADGB (Allgemeiner Deutscher Gewerkschaftsbund) angehörte. Das war ein wichtiger Schritt in meiner Entwicklung. Ich gehörte jetzt dahin, wohin ich als Arbeiterkind und Arbeitnehmer gehörte.

Nach Auflösung unserer GdA-Jugendgruppe im Oktober 1924 beschlossen wir in der Mehrheit, zusammenzubleiben; (vielleicht 20 Leutchen). Wir einigten uns auf den Namen "Wanderbund Florian Geyer" (W.F.G.). Es war eine kämpferische Aussage und entsprach dem Stand unserer politischen Ansichten. (Für mich ist es bis heute eine überzeugende Strophe aus dem Florian-Geyer-Lied: Als Adam grub und Eva spann, wer war denn da der Edelmann?). Die Stadt Köln anerkannte uns mit unseren Statuten (nicht mehr bekannt!), und wir kamen in den Genuß eines Heimes in Köln-Sülz und anderer Vergünstigungen (z.B. Fahrpreisermäßigungen). Jeden Abend trafen wir uns dort; nur sonntags nicht, denn da gingen wir auf Fahrt. Wir isolierten uns nicht von anderen Jugendgruppen. Junge Frei-Gewerkschaftler, Naturfreunde, SAJ'ler, Kreuzfahrer und Jungkommunisten suchten uns auf, oder wir diskutierten mit ihnen bei Begegnungen auf Fahrt. In der Kölner Jugend wurden wir bekannt als "die Geyer".

Eine Stralsundreise wiederholte sich nicht. Aber im Sommer 1925 gingen wir alle (fast alle) auf "Große Fahrt". Sie führte von der Schweizer Grenze über den Schwarz- und Odenwald, den Spessart, Taunus, Hunsrück, das Moseltal, die Hohe Eifel bis zurück nach Köln. Die Teilnahme vollzog sich gruppenweise in Etappen, wie wir Urlaub hatten. Ich stieß in Stromberg dazu. Die Reise war von allen Mitgliedern als Ganzes finanziert worden, jeder trug nach seinen Möglichkeiten dazu bei. Unsere Ansprüche waren bescheiden. Es kam darauf an, für jeden "Geyer" die Teilnahme zu sichern.

Erinnerungen an Einzelheiten sind nicht mehr da. Nur ein gutes Gefühl von: Das ist schön gewesen! Und wir Mädchen mitten drin! Wir waren junge aufgeschlossene Menschen, erst einmal frei von allen bürokratischen Zwängen. Die Besonderheit war der neue Lebensstil, dessen Problemen und Forderungen wir uns mutig zu stellen versuchten, was nicht immer leicht war, allein, wenn ich an unsere äußere Erscheinung denke. In der Familie blieben die Auseinandersetzungen nicht aus. Es war sehr schwer, die Eltern z.B. zu überzeugen, daß es bei uns eine natürliche und saubere Sache sei, wenn Jungen und Mädchen ein Zelt oder eine Scheune zusammmen als Schlafplatz benutzten. Ich weiß, daß bei Nachtfahrten manches der Mädchen schwindeln mußte.

Es gab auch tolerante Mütter und Väter. Sie fragten: Was war das Motiv, dem KJVD (Kommunistischer Jugendverband Deutschland) beizutreten? und knüpften eigene Überlegungen an. Für mich ist es ein folgerichtiger Schritt gewesen. Vielleicht genügt es, wenn ich sage, unser "Florian Geyer" hatte sich inzwischen politisch so entwickelt und orientiert, daß es die Konsequenz daraus war, aktiv in einer Partei mitzuarbeiten, in der wir unsere Auffassungen und Interessen verankert und vertreten sahen.

Für mich ist die Florian-Geyer-Zeit nicht nur eine der schönsten meines Lebens, sondern auch eine ganz entscheidende. Hier wurden Türen aufgestoßen. Unsere Dis-

kussionen an unseren Heimabenden in Köln-Sülz über "Gott und die Welt", fortgesetzt von Haustür zu Haustür und wieder zurück und wieder hin und her - wir haben sie wohl alle nicht vergessen.

Wir hatten unsere Probleme, auch manches persönliche. Aber was ein junger Mensch braucht und sucht, das gab mir unsere Gemeinschaft: Kameradschaft: Kennenlernen von Schönem. Freude am Schönen, politische Diskussionen. Und nicht zuletzt persönliche Anerkennung. Sie hatte ich - wie wir wohl alle - besonders nötig. Minderwertigkeitskomplexe und Hemmungen hat mir die "Kasparstraße" in reichem Maße mitgegeben. Die Gruppe hat mir geholfen, gerade in dieser Beziehung manches abzubauen, wenn auch längst nicht alles. Aber es geriet manches in Bewegung, das später seine Früchte getragen hat. (Nicht zuletzt trug dazu die Liebe eines und zu einem Walther Hochmuth bei.)

Es war zu einer späteren Zeit, in Köln, als Helene Otto, eine kommunistische Lehrerin, in einem Vortrag sagte: "Wir wollen nicht nur Wein trinken, wir wollen ihn auch aus schönen Gläsern trinken." Sie hatte damit Worte für etwas gefunden, das ich nur empfand.

3. Flugblatt hrsg. vom Altwandervogel, Bund für Jugendwandern [Göttingen o.J. (ca. 1913)]

An alle wanderlustigen deutschen Mädchen!

Wem Gott will rechte Gunst erweisen,
Den schickt er in die weite Welt,
Dem will er seine Wunder weisen
In Berg und Tal und Strom und Feld.

Aus jungen Kehlen klingt dieses frische Wanderlied zu uns heraus aus den Schulstuben. Aber kennt ihr, die ihr das singt, auch diese frohe Wanderlust?
Ich höre die bedrückte Antwort: „Wir sind ja nur Mädels!" Ja, müßt ihr denn Jungens sein, um hinaus aus der Stadt ins Freie zu können? Ich will euch etwas sagen: Vater und Mutter erlauben euch das Eislaufen im Winter, im Sommer das Tennisspielen, in der Schule kommen immer mehr die Turnstunden auf euren Stundenplan. Das ist der Sport. Er ist für eure körperliche Ent-

wicklung nötig und nützlich. Das haben die Menschen endlich erkannt, die „gute alte Sitte" zwängt euch junge Menschenkinder nicht mehr so viel wie früher in dumpfe Stuben an die nicht enden wollende Handarbeit. Doch der Sport, und sei es der gesündeste, dient fast nur der Ausbildung körperlicher Geschicklichkeit, ist beschränkt auf einen bestimmten Raum und von mancherlei Äußerlichkeiten bedingt.

Das Wandern aber, das Wandern! Da steht euch die ganze große, schöne Welt offen, da atmen Leib und Seele ein neues Leben. Laßt euch nicht genügen, die Natur auf euren „Sonntagnachmittagsspaziergängen" kennen zu lernen. Denn da seht ihr sie nicht, wie sie wahrhaft ist.

Ihr wißt den rechten Weg nicht zu ihr? Nun, habt ihr schon einmal von den Wandervögeln gehört? Das sind junge Menschen, die das Wandern als etwas Wundervolles erkannt haben, das Geist und Körper fördert. Zuerst waren es Männer und Knaben, die sich zu großen Bünden zusammenschlossen, ihre Ortsgruppen erstrecken sich heute über ganz Deutschland.

Seit ein paar Jahren gibt es nun auch Mädelgruppen. Und das muß etwas sein, was bei den Mädeln warmen Anklang findet, zu dem auch die Eltern gern ihre Zustimmung geben, denn stetig wachsen die Gruppen.

Kommt einmal mit und seht, wie es bei uns auf einer Fahrt zugeht.

Mit dem langen Schlafen am Sonntag ist es allerdings nichts. Früh heraus, ihr Langschläfer, und lernt einen Sonntagmorgen unter freiem Himmel kennen! Aber die Stiefel mit den hohen Absätzen sind verpönt. Weiße Kleider gibt es auch nicht. Bedenkt einmal, wie ihr ohne zweckmäßige Kleidung aussehen würdet, wenn ihr am Abend heimkehrt. Einen Rucksack mit den schönen breiten Riemen habt ihr noch nicht? Nun, das nächste Mal, heute seid ihr erst einmal unsere Gäste.

Aber nun los! Ihr Mädels mit euren Zupfgeigen, spielt uns ein Wanderlied. Da singt ihr es erst mit der rechten Begeisterung, und da klingt es jubelnd hinaus in den sonnigen Morgen:

Wem Gott will rechte Gunst erweisen,
Den schickt er in die weite Welt.

Die Führerin hat die größten Mädels um sich. Sie haben eine Generalstabskarte in der Hand, um sich nach ihr, nötigenfalls mit Hilfe des Kompasses zu vergewissern, daß sie sich auf dem rechten Wege befinden. Denn Landstraßen mit Wegweisern werden nur selten benutzt, lieber laufen wir quer durch die hohe Heide, auf Feldwegen und Waldschneisen. Die Kleinen vertrauen sich getrost der Führerin an und folgen ihren Weisungen. Sie haben ja so viel zu sehen, zu singen und zu sagen. Ach, ist das eine Lust!

Aber Hunger gibt es. Mit allgemeinem Jubel wird die Frühstücksrast begrüßt. Ihr Gäste merkt wohl, daß ihr zu wenig mitgebracht habt. Ja, hier draußen kann man essen. Und wenn es bei einer nicht langt, da teilen die andern redlich mit ihr. Aber so sehr der sonnige Waldplatz auch zum Bleiben lockt, auf, auf, wir wollen doch wandern! Früh wird dann Mittag gemacht. Im Winter kochen wir seltener ab, weil dann nur kleinere Fahrten gemacht werden. Da erfrischt uns nur eine heiße Tasse Kaffee

oder Kakao, daheim sorgt Mutter dann, wenn wir um 5, 6 Uhr heimkommen, noch für ein bissel Warmes. Wenn wir im Sommer aber tüchtig marschieren wollen, so muß der Magen auch gründlich sein Recht haben. Die Führerin macht einen Platz ausfindig, der sich gut zum Abkochen eignet. Den Spirituskocher brauchen wir nicht, wir bringen unseren großen Hordenkochtopf mit. Ach, wie herrlich ist es in dieser windgeschützten Sandgrube. Behaglich liegst du langgestreckt auf der warmen Erde und läßt in dem wohligen Bewußtsein, daß deine Arbeit erst später beginnt, die anderen das Mittagessen rüsten. Die einen holen Wasser vom nächsten Bauernhofe, andere schleppen trockenes Holz herbei und bald flackert ein lustiges Feuer unter dem großen Topfe, dem liebliche Düfte entsteigen. Seht nur, wie schmeckt die einfache, kräftige Kost den verwöhnten Leckermäulchen. Sind alle die Hungrigen gesättigt, dann wird alles fein säuberlich abgewaschen, und der Platz wird gereinigt von den Resten und Papierschnitzeln, diesen Naturschändern. Solange Zeit und Wetter es gestatten, bleiben wir auf dem Rastplatz. Wir spielen und singen ein Stücklein, die nimmermüden Kleinen tanzen dazu einen der alten schönen Bauerntänze. Da und dort liegt eine in der Heide oder im hohen Grase und schaut den Vögeln und den Wolken zu, wie sie am blauen Himmel dahinziehen. Eine andere hat ihren Skizzenblock aus dem Rucksack geholt, um ein verfallenes Hünengrab, eine schöne Baumgruppe darin festzuhalten.
Wenn die Führerin zum Aufbruch ruft, dann ziehen alle erfrischt und fröhlich weiter. Wie köstlich ist dies Wandern durch die freudige Feierlichkeit der Natur. Klangen je all die Vogelstimmen so hell? Duftete je der Wald in so süßer Herbigkeit? Bist du auf deinen Sonntagsgängen schon einmal in so wundersamer Waldesstille gewesen? Nur dem, der sie liebt und ihr mit sehnsüchtigem Herzen naht, dem offenbart sich die Natur in ihrer ganzen Schönheit, mit ihrem vollen Zauber. So lernen wir unsere Heimat kennen. Am Abend kehren wir fröhlich heim, nichts ist zu spüren von der üblichen Sonntagslangeweile, wir haben einen Tag voll Freude und Schönheit gehabt und Frische gesammelt für die ganze kommende Woche. Fröhlicher geht uns die Arbeit von statten in der Aussicht auf die nächste Fahrt.
Die weitere Heimat lernen wir auf mehrtägigen Fahrten kennen. Auf diesen kommen wir auch mehr mit den Landleuten zusammen. Ihr würdet überrascht sein, wenn ihr sähet, wie freundlich der Bauer die Städter als Wandervögel aufnimmt. Bei ihm

kehren wir ein, wenn wir draußen keinen passenden Abkochplatz finden. Zuerst hält sich die ganze Bauernfamilie etwas zurück. Die Kinder sind die ersten, denen die Neugierde keine Ruhe läßt. Eine Apfelsine, ein Stückchen Schokolade hat rasch ihr Herz gewonnen. Und wenn wir dann auch mit den Erwachsenen plaudern und auf ihre Gewohnheiten und Interessen eingehen, ihnen ihre Volkslieder vorsingen und ihre Tänze auf der Diele oder auf der Wiese tanzen, dann schickt uns keiner zum Schlafen ins Wirtshaus. Freude machen wir ihnen, wenn wir am nächsten Morgen ihnen mit einem Liede danken und ihnen später eine Karte aus der Stadt senden. Und wir selbst, wieviel haben wir lernen dürfen an praktischem Wissen und schlichter Lebensweisheit aus ihren einfachen Erzählungen.

Bringen die Wandervögel nicht unendlich viel heim von ihren Fahrten? Besinnt euch nicht lange und kommt, ihr Mädels! Denn da draußen beim Wandern, da lernt ihr die Welt und ihre Schönheit kennen, da vergeßt ihr dumme Gedanken und holt euch rote Wangen. Nur wandert in der rechten Art und Weise. Der Wandervogel hat es verstanden, das Wandern zu einer Kunst zu erheben. Und: Wanderkunst – Lebenskunst! sagt Johannes Trojan so schön.

Also auf ein zukunftsfrohes: „Heil!" ihr Mädels.